齋藤瑞穂 著

弥生土器型式細別論

同成社

目　　次

第 1 章　本書の研究対象と射程……………………………………………………3
1. 土器型式概念の成立　　3
2. 山内清男の土器型式とは何か　　6
3. 有効性の熟考か、実戦での高度化か　　9
4. 鍛えられる単位、疎外される単位　　14
5. 本書の射程と構成　　18

第 2 章　弥生時代の貝塚と環境変動……………………………………………26
――九州・玄界灘沿岸を例として――
1. 弥生時代貝塚の隆替　　26
2. 貝塚の位置と貝種　　30
3. 板付Ⅱb式と須玖Ⅰ式の間　　33
4. 「倭の水人」の影　　40

第 3 章　壺形土器の文様帯……………………………………………………43
――九州地方前期弥生土器型式の細別――
1. 「前期末～中期初頭」問題　　43
2. 板付Ⅱc式の再確認　　45
3. 胴部文様帯の構成――福岡平野と響灘沿岸を比較する――　　45
4. 区画文と連弧文の関係――響灘沿岸地域のなかで比較する――　　51
5. 馬場山遺跡第33号竪穴例との関係――現行の「中期初頭」と比較する――　　52
6. 前期と中期の境はどこか――問題の所在――　　55

第 4 章　東北「遠賀川系土器」の拡散と亀ヶ岡文化の解体……………………57
――東北地方初期弥生土器研究――
1. 東北「遠賀川系土器」論の環境　　57
2. 東北「遠賀川系土器」研究の今日的課題　　57
3. 八戸周辺の「遠賀川系土器」　　58
4. 生石 2 式の上限　　60
5. 福島「遠賀川系土器」のヒアタス　　62
6. 「遠賀川系土器」と亀ヶ岡文化の解体　　64

第5章　田向冷水式と東北「遠賀川系土器」の行方 …………65
　　　　　──東北地方前期末〜中期初頭の土器型式──

1. 田向冷水式の軌道と位置　65
2. 砂沢式と五所式の間　72
3. 「遠賀川系土器」縦区画文様帯の動向　76
4. 「弥生式文化の北方伝播」と「続縄文式文化の形成」の視座　81

第6章　三陸・山田湾沿岸の弥生土器型式 …………84
　　　　　──弥生三陸地震津波研究──

1. 弥生時代研究と東北北部の立ち位置　84
2. 岩手県山田町沢田Ⅰ遺跡の弥生土器　84
3. 山田町紅山B遺跡および宮古市千鶏Ⅳ遺跡の例　91
4. 山田湾弥生集落の盛衰　91

第7章　大石平4段階変遷案再考 …………95
　　　　　──東北地方中期弥生土器型式の提唱──

1. 齋藤瑞穂（2004）論文の問題点　95
2. 大石平遺跡出土土器の推移　100
3. 大石平遺跡出土土器の上下限　107
4. 大石平式の提唱　117

第8章　佐渡島・浜端洞穴の研究 …………120
　　　　　──北陸地方の弥生時代海人──

1. 佐渡島の貝塚形成と環境変動　120
2. 「北陸系」土器からみた浜端洞穴の年代　121
3. 「東北系」土器の編年的位置　126
4. 浜端洞穴を使った海人の素性　129
　附論　洞窟・洞穴・岩陰と弥生時代の人々──新潟県域の遺跡から──　129

第9章　下戸塚式という視点 …………140
　　　　　──関東地方後期弥生土器型式の提唱──

1. 破壊された前提　140
2. 下戸塚遺跡研究の役割と課題　141
3. 環壕内部エリア出土土器の縦横　143
4. 環壕外部エリア出土土器の縦横　150
5. 下戸塚式土器の分布　153
6. 問題の所在　157

第10章　埼玉の二軒屋式土器の位置と意義……………………………160
　　　　——関東地方後期弥生土器型式の縦横——
　1．「附加条縄文系」土器群と埼玉県域　160
　2．東関東における「附加条縄文系」と「南関東系」　161
　3．埼玉の二軒屋式土器の位置　163
　4．「附加条縄文系」土器群と「南関東系」土器　168

第11章　赤穴式対向連弧文土器考………………………………………173
　　　　——東北地方後期弥生土器型式の感触——
　1．赤穴式研究の課題　173
　2．対向連弧文土器の由来と湯舟沢式　177
　3．対向連弧文土器の種々　180
　4．対向連弧文土器の分類　185
　5．試案の検証　188

第12章　東日本後期弥生土器の「縄」・「櫛」・「線」…………………191
　　　　——横糸の型式学——
　1．蒲原平野における後期弥生土器研究の現在　191
　2．課題の設定　191
　3．重弧文の系譜　194
　4．縄文原体押圧文の性格　198
　5．「縄」と「線」の行方　200
　6．十王台式の北漸現象と蒲原平野　202

第13章　十王台式の北漸と赤穴式羽状縄文技法の成立…………………204
　　　　——東北地方における弥生土器の終末——
　1．目的と問題の所在　204
　2．十王台式の北漸　204
　3．いわゆる赤穴式における羽状縄文の受容　210
　4．東北地方における弥生土器の終末　214

第14章　勒島式細別編年試案……………………………………………217
　　　　——韓半島無文土器型式の細別——
　1．勒島式研究の課題　217
　2．勒島遺跡出土土器の変遷　225
　3．勒島式・修正勒島住居址式の再検討　239
　4．勒島式細別編年試案　245

第15章　土器型式の運動と伝承の論理……………………………………………………250
　1. 土器型式という単位　　250
　2. 土器型式が「かわる」こと　　253
　3. 土器型式が「ちがう」こと　　257
　4. 土器型式の「ちがう」・「かわる」と人の「かかわる」　　263

引用文献………………………………………………………………………………………269
あとがき………………………………………………………………………………………303

弥生土器型式細別論

第 1 章　本書の研究対象と射程

1. 土器型式概念の成立

土器研究と日本考古学の黎明　東京都文京区向ヶ岡弥生町貝塚で発見された壺が学術雑誌の誌面を飾って、「弥生式土器」の名をそれにあたえて以来、弥生土器の研究には 1 世紀を優に超える蓄積がある。多くの先学が手に取り、そなわった様々な特徴に注目して、人類の辿ったあゆみの復原に取り組んできた。

縄文土器と区別され、やがては 1 つの文化の指標となり、縄文時代とも古墳時代とも内容を違える 1 つの時代として地歩を獲得する経緯については、小林行雄「弥生式土器論」や酒井龍一「考古学者と弥生土器」といった優れた解説がすでにあり（小林行雄 1971、酒井龍一 2003）、もとより本書の筆者の力量をはるかに超える作業であるから、ここではとりあげない。

しかし、現今の日本考古学の情勢を縦覧すると、土器編年をテーマにした論文の数が、どの時代の研究においても頭抜けて多いことに気がつく(1)。叢書『縄文の実像を求めて』の冒頭、今村啓爾は次のように記した。

「本書は考古学の専門家のためのものではない。専門家の目に触れることもあろうが、そのことをあまり意識したくない。したがって考古学の成果のうち一般の人に知ってもらってもしかたがないことはあまり書かない。たとえば土器編年である。これまでの縄文文化研究のエネルギーの過半は土器編年の確立と精密化にかけられてきた。全国で数百の型式の土器編年網が組み立てられ、縄文時代の時間的地理的変化が細かく読み取れるようになっている。この土器編年があってはじめて縄文研究は確実な基礎の上にこれだけの成果を挙げることができたのである。しかし土器編年は建築にたとえれば足場である。それは建築作業に不可欠のものではあるが、建物が完成し披露されるときには取り払われる。ただし土器の変化と動きが人間の生態を反映している部分については積極的にとりあげよう」（今村啓爾 1999：3〜4 頁）、と。

日本の先史考古学では、このように足場としての役割を土器が担うようになった転換点が、1910 年代に訪れる。弥生時代研究のあゆみにおいては、弥生式土器が貝塚を営む石器時代の土器なのか、あるいは鉄器を使う古墳時代に属するかという二分法を克服する兆しがみえはじめた頃と期を同じくし(2)、神奈川県川崎市幸区南加瀬貝塚を調査した N.G. マンローや八木奘三郎が「中間土器」を提案した直後にあたる（Munro 1906、八木奘三郎 1906・1907a・1907b・1907c、Munro 1911）。南加瀬貝塚の調査では、上から順に「中間土器」の貝層→石器時代の貝層→粘土の層序が確認され、「是れ明かに**二時代二民族の遺跡を重ねたる現象を示すに似たり**(3)」とまで接近しながら、両貝

層間に間層を欠いていたがために、民族や人種と結びつける往時の支配的理解に付けいる隙をあたえ、「上下の貝層は中間に分界の土壌なきにより或る点に於ては二種の土器混交して宛然二人民相接し居たるが如くに思はるるなり」（八木　前掲1907a：139頁）との評価に傾いてしまう。

　濱田耕作の手による大阪府藤井寺市惣社国府遺跡や鹿児島県指宿市十二町橋牟礼川遺跡の調査は、こうした状態に大きな一石を投じる（濱田耕作 1918・1921）。異種の土器が、畿内地方においても九州地方においても上下に重なって検出されるという事実はもちろん、ことさら重要だったのは、橋牟礼川遺跡においてその両土器包含層間に厚い火山灰層を挟んでいた点であり、これによって濱田は、異種の土器の関係を時間の先後として捉えられたのであった。すなわち、下位の「貝塚式土器を残した石器時代の人民」が「恐らく其の部落を挙げて全滅に帰し」、「此の悲劇の済んだ後、若干年月を経て、悲惨な記臆の消え去った後ち」、「平和なる部落の生活は再現せられた」と復原し、「新来の石器時代人民即ち弥生式土器の製作者は、矢張り大体に於いて前代の石器時代人民の後裔である」（濱田　前掲1921：45〜47頁）るとの理解に到る。もっとも濱田の場合、イタリア・ポンペイを見知っていたことが大きい。火山灰層を歴史的なトピックとして説明しうることを実感して戻った濱田の蓄積が（濱田青陵 1919）、ものを言ったというべきであろう。

単位としての土器型式の成立　1919年発表の「日本先史人類論」において、「中程及び最近にかけて土器様式よりアイヌ式と弥生式との区別があると云ふ事が八釜敷く論ぜられ、前者の人民はアイヌであり先住民であるとされ、後者の人民は原日本人であり日本人の祖先であると説かるゝに至った。これは鳥居氏濱田博士その他諸考古学者の考である。予等の見る如くんば弥生式より古墳時代に向っても漸遷的であると同様にアイヌ式より弥生式に向っても漸遷的である」（松本彦七郎 1919a：20頁）と喝破した松本彦七郎の態度は、土器の相違を民族・人種の違いとして理解する従来の考古学者のそれとはもちろん、この頃、先史原史両時代の中間期間として金石併用時代を提唱した中山平次郎とも（中山平次郎 1917）、また、縄文土器と弥生式土器の新古を確認したとはいえ、人種論の軛から脱しきれずにいた濱田とも、明らかに一線を画していた（松本彦七郎 1918）。そうして、「漸遷的であるものを二大別する位ならば、寧ろ一層細別して型式や期間を的確に指示し得る様にするの利あるに如かぬ」（松本　前掲1919a：22頁）と、

　　　　第1期：大木式
　　　　第2期：獺沢式
　　　　第3期：宮戸式
　　　　第4期：大境五層式
　　　　第5期：大境四層式
　　　　第6期：埴瓮齋瓮時代

を「遺跡の型式」として設定し、日本の先史時代に初めて縦糸を通したのであった。このうち、第5期の大境四層式が弥生式土器の時代にあたる。各々の型式に人種的観念を含まず、かつ、弥生式土器に独立した一期をあたえたのは、この論文を嚆矢とする。

　そうして、同年に発表された「宮戸嶋里浜及気仙郡獺沢介塚の土器」では、先に略述した序列の根拠と方法とを、詳細に解説する（松本彦七郎 1919b・1919c）。複数の貝塚を分層発掘し、層の

上下や遺跡間の比較を通じて、形態や焼成や文様の「漸遷的」な変化を、

  第1期：大木式＝凸線紋アイヌ式曲線模様の全盛
  第2期：獺沢式＝凸線紋アイヌ式曲線模様の上退と凹線紋アイヌ式曲線模様の発展
  第3期：宮戸式＝凹線紋アイヌ式曲線模様の上退と縄紋の発展
  第4期：大境五層式＝縄紋の上退と直線模様の発展、第一次の耳及アイヌ式曲線模様の全滅
  第5期：大境四層式（弥生式）＝縄紋の全滅
  第6期：埴瓮齋瓮期＝「古生物学的層位学的の式別乃至代別としては埴瓮を弥生式土器とし又齋瓮を全く別種のものとして引き放して考ふる事は不可なり。この期は既に石器時代を脱して金属時代に入り、先史時代を脱して歴史時代に入り、又古墳時代に入れり。」

と整理する。全盛ないし発展と上退・全滅とが連続して対の関係になっているのがみてとれよう。型式間の連続性を保証することによって、日本の先史時代資料の内部に時間の概念をあたえ、かつ、その遠近に確かさを加えたのであった。ここまで松本が「遺跡の型式」の設定と序列にこだわったのは、列島で出土する古人骨の新古を決め、日本人の形成過程を解明しようとしていたからにほかならない。[7] 土器によって座標を定め、それにもとづいて他の現象を把握する、という分析の順序を日本考古学に導入したのは、松本と言ってよい。

 なお、「若しも二型式間の中間式に現れた遺跡がある様な場合にはその通りに指示すべく、無理にも何れかの一型式に結び付ける様な事は禁物である」（松本 前掲1919a：22頁）との方針は、現在まで受け継がれてきた先史土器研究の基本である。松本自身、その後の調査を通じて、型式を再編しており（例えば、松本彦七郎 1919d）、むしろこの方針の提示と実践こそ最も評価されるべきポイントなのかもしれない。

 さて、ここまで略述してきた松本の業績に対して、「何故同一地方に若干の型式が存在するか。その意味について年代の相異、同時代に於ける住民の系統の差、部族差等々多くの考按があった。しかし、後にはこれが年代差であると一般的に認められる様になった。これは大正後半期の先史考古学の一般的改革機運によって誘致され、就中松本博士の実際的の業績が指導的役割を持った」（山内清男 1937：29頁）と評価したのは、山内清男である。まずは、松本の方法を自らの手で点検して、縦の年代的考察を進めた成果を「下総上本郷貝塚」で発表し（山内清男 1928）、翌年の「関東北に於ける繊維土器」および翌々年の「斜行縄紋に関する二三の考察」では、地域を違え、特徴を異にしていながらも、時期を同じくする併行型式の探索へと問題意識を研ぎ澄ませていった（山内清男 1929a・1930a）。結果、山内は関東・陸前・陸奥の3地方を横断する土器型式の対応関係を把握して、数直線的な松本の座標系を縦横の直交座標系へと拡げることに成功する。

 そうして「所謂亀ヶ岡式土器の分布と縄紋式土器の終末」では座標系の範囲を中部地方にまで拡げ（山内清男 1930b）、著名な「縄紋式の終末は地方によって大きな年代差を持たなかったことを悟ることが出来る。与えられた材料の範囲から云っても三河と東北に於ける差は僅々土器一型式、畿内と東北の間にも二三型式の差を超えないと思はれる」（山内清男 1932c：50～51頁）との発言に到る。縄文土器の作られた時期が「形に於ても装飾に於ても多くの変遷を持つ」（山内清男 1934：

1～2頁）ほど長期間に及ぶこと——その長さと、長さの等しさ——を、土器型式の数によって示したのであった。

2. 山内清男の土器型式とは何か

山内清男の土器型式　山内の学問の内容は、筆者程度の理解の及ぶところでもとよりない。すぐれた解説が幸いにしてすでにあるので（例えば、佐藤達夫 1974b、鈴木正博 1991・1995a、大村裕 2014 など）、委細はそれらの参照を乞い、さしあたり土器型式に限って、山内自身の記述をもとにみていくと、「一定の形態と装飾を持つ一群の土器」であり、「地方差、年代差を示す年代学的の単位」であって（山内清男 1932a・1964）、「一定の内容を持ち、一遺物層、一地点又は一遺跡から純粋にそればかり出で、他の型式とは内容を異にし、遺物層、地点又は遺跡を異にして発見される」ものであるという。それが「短時日に残された土器の一群を意味し、年代的変遷の一階段に相当する」（山内清男 1935b：84 頁）。

　山内は、この単位の設定によって何をめざしたのだろうか。山内は、「縄紋土器の使用された長時期の**文化の発達**を調査するには、先づ出来るだけ多くの階段を定め、その年代順を明にせねばならない」（山内清男 1934：3 頁）とし、「縄紋土器の**文化の動態**は、斯くの如くして——土器型式の細別、その年代、地方による編成、それに準拠した土器自身の変遷史、これによって排列されたあらゆる文化細目の年代的及び分布的編成、その吟味・・・等の順序と方面によって解明に赴くであらう」（山内清男 1932a：42 頁）と言う。文化の発達や文化の動態の解明をめざして、土器型式を設定し、土器型式を細別せよと力説しているわけである。この、

　　　①単位としての土器型式の設定
　　　②縦横直交座標系への土器型式の配列→土器の変遷史の作成
　　　③座標系を基盤とした文化動態の観察

という分析の順序が、「日本先史考古学の入門書」（山内清男 1939b：1 頁）との意を込めた論文の冒頭に示されたことをふまえれば、この順序にこそ意味があり、この順序こそ山内先史学の根幹をなすと理解すべきなのであろう。実際山内は、順序を違え、土器の変遷史の作成から論をスタートさせた所説に厳しい批判を向けている（山内清男 1929b）。

　しかし、そうであるのなら、②変遷史の作成を以て土器の分析は役目を終え、御役御免となるのであろうか。

　戦後、山内が土器の変遷史をさらに追及する過程で明言したのは、土器型式を基盤とする先史社会システムの探究であり、土器型式による先史社会構造の追究であった（山内清男ほか 1964）。例えば「縄文文化の社会」では、土器型式の範囲の変化や消滅の意味に試論を提示し、土器製作をめぐる分業の問題についても言及する（山内清男 1969）。こうした山内の態度から察すると、土器型式の研究は変遷史の作成によって終わるわけでなく、上述の 3 項目に、

　　　④土器型式そのものを分析対象とする先史社会の解明

を加えて引き続き検討すべきものらしい。冒頭でとりあげた今村啓爾も、「土器編年は建築にたと

えれば足場である。それは建築作業に不可欠のものではあるが、建物が完成し披露されるときには取り払われる」(今村啓爾 1999：3〜4頁)と述べているものの、土器型式の研究を取り払えとは言っていない。直後の箇所で「土器の変化と動きが人間の生態を反映している部分については積極的にとりあげよう」と続けて、土器型式が足場以上の有意性をそなえていることを説示し、実際、土器型式の実態から縄文時代前・中期の社会を豊かに描いてみせている(今村啓爾 2010)。

土器様式の考え方　本書は、弥生時代の土器型式を分析の対象として、弥生時代社会への接近を図るものである。そうであるにも関わらず、ここまで紹介してきた文献に縄文土器を扱った論著が多いのは、「縄紋式土器では型式を、弥生式土器では主として様式をつかう」(佐原眞 1970b：93頁)ことが影を落としているのかもしれない。ならば、弥生土器研究で「主として」使われてきた土器様式とはどのような性格の単位であり、土器型式とは何が違っているのか。その設定によって、何を解明しようとしているのだろうか。

小林行雄「先史考古学における様式問題」は、土器様式研究の方法と順序とが示された基本論文である。同論文で目立つのは文化的環境という言葉の頻度で、土器型式との対比で注目されるのは、小林が、八幡一郎の「形だけの相異、紋様の精粗などに基いてきわめて素朴な分類が行はれた。資料の不充分さ或は偏り、そしてもっと重要な点は無目的であったが為に多くの業績がそれだけで終って了った」(八幡一郎 1931：331頁)との言をことさら引用して、目的的な分類の必要性を強調している点である。そうして、「文化的環境を考慮に入れて分類を行ひ、分類の結果に依って文化的環境を再現しよう」(小林行雄 1933a：236頁)との理念を掲げ、「全体・様式統一体から出発して、個々の様式現象の細部にまで、明確な説明・叙述を与へる」(小林行雄 1933b：242頁)という分析の順序が提示される。文化的な環境の変化を基準とする以上、当然「様式現象は大きくも、又小さくも現はれる」し、かつ、「すべてのものが同じ速度をもって動き、同じ密度をもってその様式を細分して行くとは限らない」(小林 前掲1933a：237頁、第1図)。

そうして、「弥生式土器の様式構造」において、同土器の「全体」が構想される。すなわち、様式を貫く3つの性格、4つの用途形態、5つの形式を、

　　　㋐飾られざる土器　　：A煮沸形態・・・甕
　　　㋑飾られ得る土器　　：B供餐形態・・・鉢
　　　　　　　　　　　　　　　供餐形態・・・高杯(器台)
　　　　　　　　　　　　：C貯蔵形態・・・壺(大甕)
　　　㋒真に飾られた土器：D特殊形態・・・飾壺

と構造化し、弥生式土器の上下限をこの基本構造の成立と崩壊にもとめた。すなわち、「弥生式土器の様式構造の破壊は最も大きく用途形態の斉一性の破壊としてあらはれる。鉄の釜の出現が煮沸形態の土器を不用にするのであった。鉄の釜に伴ふ竈の出現が尚土器の釜を用ひ得たとしても、竈によって止揚せられたものは既に甕でなく釜であり、弥生式土器ではなくならうとするのであった」と、他の器物の発達と様式構造の転換とを重ね、「土器の上に土器の形式を追ふのではなく文化の形式を考へよう」(小林行雄 1935：9頁)と締め括る。まずは全体を通観し、そのうえで文化の比較の尺度となり、かつ、文化の動向を察知するのに適切な土器様式を摘出する、というのが小

縄紋土器型式の大別と細別

	渡島	陸奥	陸前	関東	信濃	東海	畿内	吉備	九州
早期	住吉	(+)	槻木 1 〃 2	三戸・田戸下 子母口・田戸上 茅山	曾根？× (+)	ひじ山 粕畑		黒島×	戦場ケ谷×
前期	石川野× (+)	円筒土器 下層式 （4型式以上）	室浜 大木 1 〃 2a, b 〃 3-5 〃 6	蓮田式 花積下／関山／黒浜 諸磯 a, b 十三坊台	(+) (+) (+) 踊場	鉾ノ木×	国府北白川 1 大歳山	磯ノ森 里木 1	轟？
中期	(+) (+)	円筒上 a 〃 b (+) (+) (+)	大木 7a 〃 7b 〃 8a, b 〃 9, 10	五領台 阿玉台・勝坂 加曾利E 〃 （新）	(+) (+) (+) (+)			里木 2	曾畑 阿高 出水 ?
後期	青柳町×	(+) (+) (+) (+)	(+) (+) (+) (+)	堀之内 加曾利B 〃 安行 1, 2	(+) (+) (+) (+)	西尾×	北白川 2 ×	津雲上層	御手洗 西平
晩期	(+)	亀ヶ岡式 (+) (+) (+) (+)	大洞B 〃 B-C 〃 C1, 2 〃 A, A'	安行 2-3 〃 3	(+) (+) (+) 佐野×	吉胡× 〃 × 保美×	宮滝× 日下×竹ノ内× 宮滝×	津雲下層	御領

註記　1．この表は仮製のものであって，後日訂正増補する筈です。
　　　2．(+) 印は相当する式があるが型式の名が付いて居ないもの。
　　　3．(×) 印は型式名でなく，他地方の特定の型式と関聯する土器を出した遺跡名。

第1表　等価型式群による縄紋土器の多様性の分節：山内清男の場合

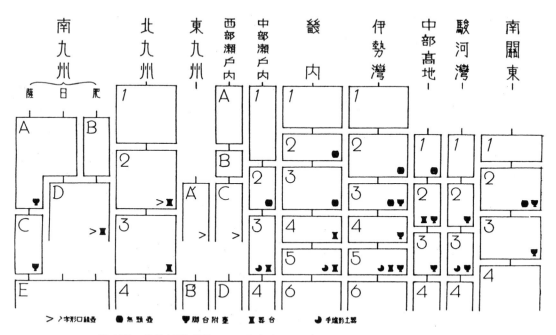

第1図　非等価様式群による弥生土器の多様性の分節：小林行雄の場合

第1図　小林行雄が表現した土器様式現象の大小（大塚達朗 1996）

林考古学の順序であった（小林行雄 1939）。

　土器様式の摘出によって、弥生文化の伝来と展開を考えようとした小林の企ては多くの賛同を得、肯定的にせよ、あるいは批判的にせよ、広く継承されることとなる。杉原荘介『原史学序論』が、「接触式土器」概念で文化の伝播を説明し、展開を跡付けようとしたのは（杉原荘介 1943b・1946）、その初期の一例である。[16]

3. 有効性の熟考か、実戦での高度化か

　戦後、日本は外地を失う。結果、日本考古学の対象地域は内地のみに狭まり、民族の移動や移住といった外からの影響よりも、内的要因を重視する方向に傾いた（穴沢咊光 1990、川西宏幸 1997・2008、大塚達朗 1999・2003 など）。それは土器研究にも新たな展開を呼び込み、土器型式や土器様式の意味するところを問う論文があらわれるようになる。

　ところで、終戦以降現在に到る先史土器研究は、山内の土器型式および小林の土器様式を出発点として、肯定的あるいは批判的に継承しつつ、ときに相互に影響しあいながら進んできた。しかしながら、先に紹介した佐原眞の弁にあったように、縄文土器の研究では土器型式を、弥生土器の研究では主に土器様式を理論的基盤として採用してきた経緯があって、戦後の先史土器研究の展開をふりかえる場合に、本書のテーマである弥生土器のそれをとりあげただけでは、全く意味をなさない。それゆえ、煩瑣を厭わずに縄文土器の研究をも引き続きとり扱い、先学が土器型式や土器様式に何をみていたかを、可能な範囲で辿っていこうと思う。

　芹澤長介「縄文文化」は、土器型式の意味に迫ろうとした初期の一篇として挙げられる。「日本列島の北は礼文島から南は薩南諸島あたりまで、あますところなく足跡をのこしているこれらの土器は、型式という最小の単元において捉えることができる。型式 a はある限られた地域で、限られた時間内につくられた土器の組合せをいう。その型式 a はそこで生まれ、土器を作り、用い、死んだところの人間の集団を意味すると解することができる。考古学的遺物を人間の歴史的遺品として把握するための、最小の単元が「形式（型式）」であるといえるであろう」（芹澤長介 1958：159～160 頁）という発言は、以後の議論に長く影響をあたえることとなった。

　早くもその 2 か月後には、高橋護「土器とその型式」が、「最初は、全く器物としての土器の分析として出発した研究も、ひとたび型式として把握されるに至るや、それはもはや土器としてではなく、それらの土器を作り、用いた人間として把握されるのである。同一の土器型式によって結ばれる人々、限られた年代に、限られた地域に生きたそれらの人々がどのような社会的なつながりの中に生活していたか。この手掛りも、また土器の中にすでに見られる」と謳い、かつ、「同一型式の土器をもつ遺跡群は、何らかの意味において一つの社会的な構造を反映するものとして理解される」（高橋護 1958：2 頁）と芹澤の展望を襲って、社会や地域をより前面に押し出す。土器型式にも歴史的な意味をあたえようという機運は、若手を中心に高まっていった。[17]

　向坂鋼二「土器型式の分布圏」は、土器型式がどのような広がりをもつか、またそれが次の時期にどのように変化するかを、氏のフィールドを例に可視化してみせた。結果、型式圏は「昔時の

「国」二つ位にほぼ一致する」との帰結に到るが、何より重要なのは「分布圏は、隣接する他の分布圏と重複した部分を共有する場合があり、それはかなり一般的であったらしい」(向坂鋼二 1958：2頁) という指摘であった。土器から地域や社会を考えるうえで、この重複はどのような人間活動の反映であるかが、新しい課題として生まれたのである。こうした土器型式の意味に関する模索には、小林の土器様式が少なからず影響をあたえているらしい。

以上の所説は、いずれも土器型式を採用した縄文土器の研究であるが、土器様式に立脚する弥生土器研究もまた新しい展開へと歩を進めていた。特にみてとれるのは、㋐土器様式の細分化であり、㋑土器様式を基盤とした社会論の深耕である。

小林の設定した土器様式に対しては、たとえ膝元の畿内地方であっても、西瓜破式や瓜破式など細別型式によって再編しようとする対案が早くから提出されていた(今里幾次 1942、杉原荘介 1943b)。戦後、杉原は講座本『日本考古学講座』と『世界考古学大系』とでその姿勢をいっそう強調し、それによって弥生文化の波及プロセスを説いたが(杉原荘介 1955・1960、**第2図**)、これに対して佐原眞が、畿内の「第Ⅰ様式土器は、第Ⅱ様式・第Ⅲ様式土器にたいするものとして、一つの様式にまとめておくべきと考える」という対極の態度をとり、第Ⅰ様式のなかで(古)・(中)・(新)に三分する新案を提示した。ただし、「現状では畿内第Ⅰ様式の細別は、特定の遺跡名を冠して唐古式・瓜破式などとよびわけられるほど明快なものとはおもわない。私は、そのなかに新古の様相がみとめられながら、なおはっきり分離できない様式にかんしては、それを一つの様式としてまとめておきたいとおもう」(佐原眞 1967：112頁)と述べていて、文化の比較や文化の動向によって界線を定めた小林の方針とは大きく違っていることに注意しておきたい。

ちなみに、「このようにみると、雲ノ宮遺跡の土器は、削り出し突帯がなお純粋に区分紋様としての役割をはたしている時期のものであって第Ⅰ様式(中)でも**前半を占めるものであろう**」(佐原 前掲：119頁)という一文は、佐原の姿勢をよく表している。すなわち、第Ⅰ様式土器という「様式統一体」の諸特徴をならべ、出現の順序にしたがって同様式の枠組みを(古)・(中)・(新)の3つに分割する。そうして(中)段階というまとまりを、今度は2つに分割して雲ノ宮遺跡出土土器の位相を定めていく。全体が先にあって、それを分割するというのが、ここで実践されている方法論であり、この点においては小林の方針がよく継承されている。なお、田中琢による庄内式の設定や田辺昭三の須恵器編年のスタンスは、同じ畿内地方を扱い、かつ、同時期に発表されていながら、全くこれと違う(田中琢 1965、田辺昭三 1966・1981)。

ところで、戦後の弥生土器様式研究のもう1つの特徴として挙げられるのは、㋑土器様式を基盤とした社会論の深耕である。静岡県静岡市駿河区登呂遺跡での領域横断的研究によって、生産手段の実態を明らかにし(駒井和愛ほか 1949、後藤守一ほか 1953)、また岡山県津山市沼遺跡と福岡県福岡市博多区比恵遺跡の研究によって、生産の主体に鋭く切り込んだのと軌を同じくして(近藤義郎 1959)、文化的環境の復原を目的とした土器様式の研究が深化をみせはじめた。

例えば、佐原眞が櫛描文で飾った土器を対象として、製作者の手の動きを復原し、かつ、遺物として残らない労働手段を復原してみせたのは、成立や伝播ではない部分で社会に肉薄した最も早い頃の論考である(佐原眞 1959)。また、分業の問題をとりあげた小林行雄「技術と技術者」は、漠

第2図 杉原荘介が描いた弥生文化の波及（杉原荘介 1960・1977）

年代		南九州	北九州	東九州	四国	瀬戸内西	瀬戸内東	近畿	伊勢湾	東海	南関東	北関東	東北南	東北中	東北北
B.C.300	前期		板付 立屋敷 下伊田		穂 阿方	中山I 中山II	高尾 門田	唐古Ia(唐古) 唐古Ib(瓜破)	西志賀I(西志賀)						
B.C.100 A.D.100	中期	山ノ口 松崎	城ノ越(須玖I) 須玖(須玖II)	下城 名草台	土居窪 中寺	中山III 中山IV	高田 菰池	唐古II(桑津) 唐古III	西志賀IIa(貝田町I) 西志賀IIb(貝田町II)	丸子 原添 有東	須和田 宮ノ台	野沢I 野沢II	南御山I 南御山II	桝形囲	
A.D.100 A.D.300	後期	免田 成川	伊佐座 水巻町 西新町(雑餉隈)	安国寺	大空 大塚	上深川I 上深川II	上東 酒津	唐古IV 唐古Va(西ノ辻) 唐古Vb(穂積)	西志賀III(高倉) 瑞穂 桜田	登呂 曲金	久ヶ原 弥生町 飯田 前野町	水沼 石田川	天王山 桜井	常盤	田舎館

然とイメージされていた土器製作者の性別にメスを入れた（小林行雄 1965）。ここでは、天平勝宝二年（750）の正倉院文書「浄清所解」と延暦二十三年（804）の『皇太神宮儀式帳』の記事を紹介して、土師器の製作者として女性の名が、須恵器の製作者に男性の名が挙がっている点から、それ以前の弥生土器も女性の手によって成り、他方、窯業は男性の技術として到来した可能性を推測する。

小林が製作者の性別に迫ったこの年、奇しくも彼方では、J・ディーツがアリカラ・インディアンの土器を素材として、文様の分布拡大から社会規範の変化を論じている（Deetz 1965）。これは、「社会」を渇望していた日本考古学にとって、まことに時宜を得た好著であった。こうした

ニュー・アーケオロジーの風が届いたからであろう、土器様式からの弥生時代社会へのアプローチがいっそう深まっていく。それは何より、土器様式のひとつひとつが往時の文化的環境を再現する単位との前提があるからこその前進であって、1960年代の縄文土器研究が、どのようにして土器型式を認識するのか、どのように設定すれば有効性を持ちうるかをストイックに追求したのとは（岡本勇 1959、鈴木公雄 1964・1969、大井晴男 1970）[23]、好対照をなした。

　土器様式研究の動向に論を戻すと、この頃みられはじめるのが、土器の移動による地域間交渉の復原研究であり、佐原眞「大和川と淀川」が先陣を切った。チョコレート色を呈し、胎土の角閃石が目立ついわゆる生駒西麓産土器（今里幾次 1943、藤井直正 1968）が、分布圏を超えた摂津方面でみつかる現象に着目して、

　　㋐摂津の人々がその美しい土器自身をもとめた結果

　　㋑河内の産物をはこぶ容器としてもたらされた交易品

　　㋒河内の人々が、みずから土器をたずさえておとずれた結果

という3つの可能性を提示する（佐原眞 1970a）。加えて、限られた器種のみが動いているのか、あるいはすべての器種が動いているかに、注意を喚起した（佐原眞 1971）。

　装飾要素の存否や器形の単純化など、土器様式の比較を通じて専業化の問題に取り組んでいた都出比呂志もまた、生駒西麓産土器に熱い視線を注いでいた。日常土器の作り手として女性の可能性を挙げた小林の考察をふまえ、胎土の共有圏と技法のそれとのズレや、その境界の不明瞭ぶり、また古代史や民俗学の成果等をも勘案して、都出は土器様式の地域色を通婚圏の反映と推測したのである（都出比呂志 1974）。そうして、佐原が論じた土器の移動についてもさらに踏み込み、

　　移動A型：壺などの貯蔵形態の土器が相互に移動、搬入先での混入率は1～2％未満→内容物の交流

　　　B型：壺、甕、高杯、鉢など全器種の移動、混入率は10％に達する場合もある→人間そのものの移動

　　　C型：庄内式期に河内産甕が一方的に他地域に搬出→土器そのものが交易品になっている可能性

の3類型に整理する（都出比呂志 1979）。

　一方、土器様式の変化を単に変化するものとしてでなく、変化の理由に切り込んだのは、川西宏幸「形容詞を持たぬ土器」であった。川西は煮沸用土器の形や大きさや加熱痕の位置を様式順に較べて、煮沸効率の向上という使用上の要請が強くはたらいていたことを説くとともに、第Ｖ様式において新しい煮沸方法が採用された点を、また、一新と表現して良い布留式後の急進的変化に新しい生活様式の伝来を、それぞれうかがう（川西宏幸 1982）。

　こうした佐原や都出や川西の分析に対して、いま、系統の錯綜がそうはみあたらない畿内土器様式圏中央部を扱ったからこそ、鮮やかなモデルができたのだ、と評することは簡単である。当時とは比較にならない圧倒的な数の力で、重箱の隅をつつくこともまた容易に違いない。しかし、たとえそうであっても、土器様式から弥生時代の社会や人々に肉薄した大きな業績であることは疑いない。以後の弥生土器研究を方向づけた点で、いずれも高く評価されるべきであろう。

ところで、先に、60年代の縄文土器の研究では、土器型式の認識方法や有効性についての議論が重ねられた、と述べた。土器様式における小林の場合と違って、土器型式に関する山内の解説がそう多くない点に要因があるのかもしれないが、その長い熟考期間を経て、土器型式そのものをさらに分析して縄文社会の復原へと歩を進めたのは、70年代の堀越正行「土器型式の事象と論理」であり、佐藤達夫「土器型式の実態」であった。堀越は、土器型式の広がりが生業の異同とは相関せず、また石器石材等をはじめとする物資流通の限界とも、加えて精神文化の共有範囲とも相関しないことを確認し、ただ地縁的な社会的行動が背景にあることを説く（堀越正行 1973）。

　佐藤は、「同一の系統に属する一群の土器があり、それらが紋様の特徴から単一の時期に属すると考えられる」ような、「型式の認定ないし同定に対して、大きな困難もなく、まさにお誂え向きの条件を具備する」稀なケースでなく、実際はむしろ多い「異系統土器の同時共存という事態」（佐藤達夫 1974a：81頁）に注意を払う。就中、縄文時代中期前半の北関東と中部地方とをとりあげ、㋐1遺跡に多数の型式が共存する例や、㋑1個体に異系統の文様が施される例があることを示した。そうして、この頃の例が交易用としてはそもそも不向きであり、かつ、いちいち搬入したとは思えないほど多数の異なる型式が共存する㋐の状態をもって、搬入の「場合も、もちろんあったと思われるが、むしろ当該集落内に、それらの異系統の土器を製作した、おそらく女性達が、集落の成員として存在したと単純に想定する方が、一般的にはより自然と思われる。しかしそのような状態がいかにして起こったかが問題である。それぞれ異なる系統の土器をもつ集団間の、婚姻またはその他の事情による、人間そのものの移動に基づくのか、あるいは単なる異系統紋様の伝習によるのであろうか。実はこの二つの要素が、互いにからみ合っているのではあるまいか。このような土器型式のあり方は、方言の構造と共通する点があろう」と、また㋑の「異系統の紋様が一個の土器に組合わされることは、明らかに異系統紋様の伝習が行われたことを示している」（佐藤 前掲：97～98頁）と論じた[24]。

　佐藤が展開した議論は、土器型式には「大きな困難もなく、まさにお誂え向き条件を具備する」例も、「異系統土器の同時共存という事態」もあり、構造が一様でないことを示した点が何より重要であって、土器様式を方法の基盤とする立場にとって看過できない提言でもあった。型式の構造が一様でないことの先に、婚姻等に代表される社会システムの状況の違いを見通し、結局は細別しなければ社会や人々に肉薄できないことを示してみせた点が、日本先史考古学のあゆみのうえで特筆されるように思う。

　以後、縄文時代後期の加曽利B式の細別をもとに、より「婚姻的」な搬入形態の摘出を企図した鈴木正博「婚姻動態から観た大森貝塚」や、異系統土器の出土位置や用途をもとに女性の出自を探求した佐々木藤雄「縄文時代の通婚圏」など、縄文時代研究においても土器型式から往時の社会システムに迫る論文の公表が続く（鈴木正博 1980b、佐々木藤雄 1981）。一方で、山内の型式概念によってでなく、新しい概念を加えて理解しようという主張もなされはじめた（小林達雄 1977）。

4. 鍛えられる単位、疎外される単位

　構造とエージェンシーの対立を克服しようとし、あるいは普遍性を徹底的に疑うといった新しい風が吹き始めた1980年代は、大きなインパクトをあたえた学説をさらに補強し、精緻化させる都出比呂志の態度がある一方（都出比呂志 1982a・1983・1989）、研究者の数が一段と増えたことと比例して、いっそう様々な角度から土器型式や土器様式を扱う研究が生まれていった。

　コミュニケーション論の盛行　充分に咀嚼し、誤りなく紹介するほど学習できていない点を自覚したうえで、そのうちの二三を紹介するならば、まず第一に挙げられるのは、土器型式や土器様式をコミュニケーションの一側面と捉えるアプローチの盛行である。まずは理論的前提を、上野佳也「情報の流れとしての縄文土器型式の伝播」が説き（上野佳也 1980）、佐原眞や都出比呂志が摘出していたモノや人の移動に、新しく情報の移動を加えた。事例を多く挙げて解説してみせたが、しかし論理の展開にやや乱暴な部分が眼につく点は否めない。これに対して、田中良之と松永幸男は、縄文時代後期の磨消縄文土器に対象を絞り、同土器が九州島に進出・定着していく漸進的な過程を、開放的なコミュニケーション・システムによる情報浸透の実例として説示した（田中良之 1982、田中良之ほか 1984）。田中らが行った分類方法は、いちはやく九州の弥生土器研究で採り入れられ、流行する（岩永省三 1989、溝口孝司 1987a・1987b）。

　田中の場合、とりあげた属性を等価に扱うところに方法上の特徴がある。他方、小杉康は縄文時代前期の諸磯a式の模倣土器などをとりあげて、模倣しやすい要素と模倣しがたい要素とがあることを指摘し（小杉康 1984）、林謙作もまた縄文時代早期の素山上層式の細別にもとづいて、

　　　overt elements：じかに目に見える要素、みようみまねのできる要素
　　　covert element：じかに目にはみえない要素、みようみまねの利かない要素

の2概念を用意した（林謙作 1990）。その後、90年代にコミュニケーション論はいっそうの深化をみせる。九州弥生土器と韓半島無文土器との折衷現象に対し、中園聡はモーターハビットやハビトゥスという観点から製作者の本貫に迫ろうとし（中園聡 1993）、松本直子は視覚的な属性である土器の色調の地域差と、非視覚的な属性である厚さのそれとがどのように違っているかを比較して、製作者の認知構造に踏み込んだ（松本直子 1996）。

　概念と方法論の検証　概念や方法そのものの検証がより徹底的になされるのが、80年代の特徴の第二である。大井晴男は、自身が手掛けた北海道礼文郡礼文町香深井A遺跡の調査での所見をもとに、「「○○式」と呼ばれたある一定の型式論的特徴をもつ一群の土器が、ある一定の期間その特徴を変えずに存続する」のでなく、「時間を追って、全く漸移的な形で進行しているものとみてよいのではないか」（大井晴男 1982a：31・36頁、第3図）と説く。若干不思議なのは、「山内清男氏によって提案され、日本の考古学・就中縄文文化研究の方法論的支柱とされてきた、そしてオホーツク文化研究にも一部で利用されてきた、『年代学上の単位』としての「型式」論・そしてその上に組立てられる「型式編年」論は、こうしたオホーツク式土器群・縄文土器群の型式論的変遷の実態とは乖離しているものと断ぜざるをえない。実際上、そこでえられた「型式」は『年代学上

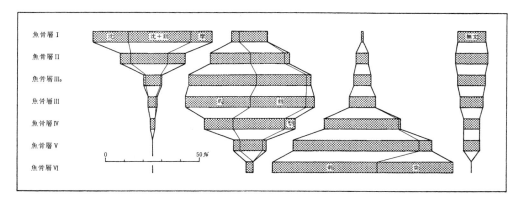

第4図　香深井A遺跡の各魚骨層土器群における文様要素の変遷（大場・大井，1981による）

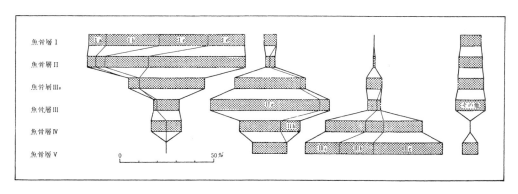

第5図　香深井A遺跡の各魚骨層土器群における器形の変遷（大場・大井，1975・1981による）

第3図　大井晴男が指摘した型式変遷の実態（大井晴男　1982a）

の単位』としての意義をもっているとはいえない」（大井晴男　1982b：37頁）と、山内への批判としてこれが述べられている点である。「相継ぎ、又は相隣接して存した」土器型式を、「**器形相互の比例、同一器形に於ける精粗土器の比例等**種々の点に於て差異がある」（山内清男　1930b：2・4頁）と説き、「土器型式の変遷は在来の土器の伝統及び**多少の変遷**と、新しく他地方から来た影響との二者から成立する」（山内清男　1932a：43頁）と論じた山内にでなく、「A-Ⅰなる土器型式の存在が知られる場合」における土器様式の設定の例えとして、「様式A（ABC）」・「様式D（DEF）」・「様式G（GHI）」（小林行雄　1939：9頁）と説いた小林に向けてならばわかるが、遺憾ながら筆者の理解の及ぶところでない。[27]

　土器様式の研究においても、その設定がどのようになされてきたかを徹底して読み直した寺沢薫が、基本概念である形式・型式・様式を、

　　　形式：人間が環境に対する働きかけによって生みだされた器物・道具等々のバラエティを、
　　　　　　原則的には機能面を重視した把握概念
　　　型式：形式を前提として把握された時間と空間を属性としてもつ概念
　　　様式：形式と型式との関連としてあらわれ、縦に系列化された形式の各型式組列を各形式相

　　　　　　　互間の時代性つまり同時代性を前提とした型式群によって纏めた横のつながり。様式
　　　　　　　の大別・細別を考える際にさきの型式の変化以上に重要な意味をもってくるのが形式
　　　　　　　の出現と象徴

と再定義する。

　ただし、当時の人間が生みだした器物のバラエティをこんにちの我々が認識できるかという問題
は、当然残る。寺沢も、「実際にはあらゆる形式的検討は永遠に課せられた前提的操作であって、
この意味では便宜的なものとならざるを得ない」(寺沢薫 1980：161頁)との但し書きを忘れな
かったが、この点を松本完が鋭く衝いた(松本完 1986)。松本は加えて、神奈川県横浜市中区市道
高速2号線 No.6遺跡において、いわゆる「南関東系」土器群と朝光寺原式土器との割合が拮抗
し、また、後者の群で甕以外の器種がきわめて乏しい点をふまえ、様式論が「「分層化」「分節化」
の理解を妨げ」、「「集団関係」のレベルでは成層的に交叉する様々な集団」「を切り捨てることにお
いて足枷以外の何ものでもない」。「土器の機能・あるいは製作・(流通)・使用・廃棄の過程にかか
わる全体的なメカニズムの解明とその社会・文化的脈絡における位置づけ」を追求するうえで、
「「様式」を前提とした分析そのものが障害になる」(松本完 1984：115頁)とまで言い切った。大
村直もまた、「「形式の出現はその新形式が具体的に新たな機能をその社会・文化の中において与え
られたことを意味し、その消長は社会的・経済的機能の消滅を意味する」とし、「様式の大別・細
別を考える際に(中略)型式の変化以上に重要な意味をもってくるのが形式の出現と象徴である」
とする見解もあるが(寺沢 1980)、これはすくなくとも土器を編年的に、時間的な尺度として活用
する場合においては前提的な理解ではない」(大村直 1983：35頁)と、寺沢の方法を退ける。

　寺沢が矢面に立ち、寺沢も真摯な態度で応えたが(寺沢薫 1986)、松本や大村が批判した点はひ
とり寺沢のみの問題ではもちろんなく、土器様式の概念が抱えていた学理上の問題であった。すな
わち、畿内地方の外に眼を転じ、例えば東海地方に眼をやれば、共伴が確かめられていた遠賀川甕
と条痕文甕が(吉田富夫 1934)、1つの様式として括られることなく、「伊勢湾第一様式」と「伊
勢湾第二様式」とに振り分けられた経緯があり、関東地方でも「南関東地方第Ⅲ様式に伴う特殊な
土器」の評価に対して激論が戦わされたのである。佐藤達夫が異系統の共存を論じた後、とりわけ
東海地方や関東地方の弥生土器研究でこの種の議論が興起したのは当然のなりゆきであった。例え
ば、石黒立人「弥生中期土器にみる複数の〈系〉」は、複数の「〈系〉」が一地方に並立し、相互に
干渉しながら変化していく姿を描く(石黒立人 1990)。やがて瓜郷式という視認しやすいまとまり
ができあがるというプロセスは、偶然であろうが佐藤が説いた勝坂式の生成過程を彷彿とさせる。

　土器型式を成立させる社会的背景の探究　谷口康浩「縄文時代の親族組織と集団表象としての土
器型式」は(谷口康浩 1986)、須藤隆「弥生土器の様式」よりも(須藤隆 1986)、はるかに鋭い問
題意識を示した。谷口は、既往の土器研究において、土器型式なり土器様式なりが社会の一側面を
表す、という大方の理解に同調するのでなく、むしろ我々が捉えうる土器型式という現象を成立さ
せるには、どのような社会組織が存在していなければならないのか、という逆の観点から土器と社
会の問題に迫る。そうして、女性が作り手であるならば、㋐外婚制が製作者の移動を促し、㋑父処
居住規則が一括資料における新古相の併存を助長すると述べ、縄文時代草創期末葉における撚糸文

系土器の成立を、竪穴住居の普及にともなう移動性の低減なども勘案して、父処居住規則の成立とみた（谷口康浩 1987）。

　谷口が製作者の移動に迫ったのに対し、小杉康「木の葉文浅鉢形土器の行方」は、土器そのものが動く背景に肉薄する。縄文時代前期の諸磯b式にみられる精製の木の葉文浅鉢形土器が、儀礼の場で用いられる一方、圏外である北白川下層Ⅱc式の型式圏に搬出され、その地においても儀礼の場で消費される。さらには模倣品も作られ、再び諸磯b式圏に搬出されるらしい。土器の性格を推測し、行方を辿ることによって、連続かつ安定した広域の交換システムの姿を描いてみせた（小杉康 1985）。

　深澤芳樹「木葉紋と流水紋」もまた、民族例を参照しつつ、土器と社会の問題にメスを入れた。縄文時代から弥生時代に引き継がれた文様とその描出手法には厳密な使い分けがみられるといい、木器・骨角器・土器のいずれを飾るかから男女分業の徹底ぶりを、描出手法の変質から社会構造の変質を、それぞれあぶり出す（深澤芳樹 1989）。

　90年代に入ると、日本の土器研究者も既往の民族例を援用するのではなく、自ら民族調査を行うようになる（小林正史 1989・1993・1994、楢崎彰一 1994など）。当初の成果は、良く言えば網羅的な、ことさら論うと総花的という印象を受けるが、やがて一定の形態と装飾を持つ一群がどのようにして生産されるかに議論が成長し（小林青樹 1998、小林正史 2000）、近年では土器型式の認識を主眼においた調査も、積極的に行われている（高橋龍三郎ほか 2007）。

　文化人類学の金子守恵による一連の仕事は、先史考古学が喉から手が出るほどの情報を提供したといって良い。参与観察にもとづいたその成果は、単なる労働形態の記述にとどまらず、娘はまずどの器種を作り始めるのか（金子守恵 2005・2007）、母が娘の土器づくりにどの程度手を出すのか（金子守恵 2002）、形とサイズの違いをどのように呼び分け、使い分けているのか（金子守恵 2004）、人生において土器づくりがどう変わっていくか等々を活写する。これらの著述は、改筆されて『土器つくりの民族誌』に収められ（金子守恵 2011）、その画期的な内容はあらためて大きな反響を喚んだ（長友朋子 2011）。土器型式のメカニズムを考えるうえで、ひとつの参照枠となる金子の議論は、前掲の一書以後の論考も含めて、第15章であらためてふれることとなるから、ここでは深入りを避け、ひとまず先に進むこととしよう。

　こんにちの土器研究と土器型式・土器様式の役割　さて、本節では80・90年代を経て、現在に到る新しい土器型式（土器様式）研究の動向について、特に3つの側面を掻い摘まんで紹介してきた。したがって、近年、長足の進歩を遂げ、時代の定義を激しく揺らしている種実圧痕研究はもちろんのこと、被熱痕や炭化物の付着位置をもとにした調理手法の復原や、器面に描いた絵画について等々はとりあげておらず、あくまで土器型式や土器様式に限って説き起こしている。

　それでもなお、㋐コミュニケーション・システムの復原から認知構造の探究に進んだ流れがあり、㋑概念・方法を徹底的に検証し、学理上の不備を克服しようとする方向があり、これに㋒民族誌の積極的な利用から、土器研究者が自ら民族学的な調査を行って先史土器の理解をめざすという趨勢がみてとれる。土器型式・土器様式の両研究が対照的な態度で土器に相対していた70年代前半までとは様変わりして、両立場が世界的な動向をふまえつつ、互いに影響をあたえながら前進し

ているといってよい。そのいずれに立脚するにせよ、理論と実践とを往還するなかで概念を鍛え、方法を鍛え、新しい刺激を咀嚼しながら、往時の社会への接近をめざしているようである。

ところが、土器型式・土器様式研究の深化は、一方で単位概念の疎外へと行き着く。型式学を超えて、と謳う認知考古学の浸透が一役買っていることは容易に察せられるが（中園聡 2003）、例えば長友朋子『弥生時代土器生産の展開』は、近年、弥生土器をテーマとして上梓された指折りの雄篇で、中期弥生土器にあらわれる地域色の推移を丁寧に辿る。また、みずから民族調査を行って弥生土器の生産体制を推測し、加えて食器・食事様式という観点から弥生時代中・後期の移行に画期をみいだす。そうして東アジア全体の動向をふまえつつ、専業化のあゆみを復原してみせている（長友朋子 2013）。しかし土器の生産の研究であり、土器から見た弥生時代社会の研究であっても、ここでは土器型式なり土器様式なりを単位とした叙述はみあたらない。日本の先史考古学が土器型式・土器様式概念を深めるべく種々の視点を導入したにも関わらず、逆にそれらがいま必ずしも必要とされなくなっているのである。

土器型式や土器様式はいまや、役割を終えたのだろうか？

5. 本書の射程と構成

細別の意義 土器を洗っていると、「中期？」という声があがる。これに、「中期。平沢より少し新しいくらいじゃない？」などと返ってくるのは、日本考古学のありふれた日常である。

松本彦七郎が、日本先史時代に初めて縦糸を通し、山内清男がこれを縦横の座標系へと拡げて以来、山内が作製した編年表において広く空欄になる部分などいまではないだろうし、『弥生式土器聚成図録』で仮の「A様式」「B様式」などの名があたえられた様式も、内容の充実した立派なナンバー様式に昇格している（柴田昌児 2011）。したがって、「中期」かどうか、あるいは「平沢より少し新しい」かどうかを判定するためだけであれば、エネルギーをそう傾ける必要もないのかもしれない。われわれは先学が空欄を埋め、内容を充実させてきた成果を学んでいるから、「平沢より新しい」というアタリをつけることができる。

アタリをつけられるかどうかでいえば、早くも1930年代に「斯学の編年がほゞ見通のつく安心に達した」（景山哲二 1935：467頁）という評価がみられ、1950年代には「今日では細部に関してこそ多くの問題を残すとはいえその大綱はすでに完成の域にあるものといえよう」（高橋護 1958：1頁）という発言がある。そうした雰囲気が長年にわたって積み重なれば、「いつまで編年をやるか」（藤森栄一 1969：1頁）という思いに辿りつくのは当然である。

しかし、アタリをつけるというレベルをはるかに超え、小破片を「○○式！、○○式！」とズバズバ当て得る状況まで編年表が成長していたとしても、細別を止めていいとは思わない。

何となれば、土器型式の範囲の変化や消滅などに、土器を作った人々の社会を展望しうるからであり、もとよりその成員である人類の歩んだ途はすぐれて連続的だからである。連続は切断しなければ明らかにし得ないし、切断したならば、さらに中間が存することに気付く。これが、連続するということの本質である。すなわち、現行の土器型式はあくまで切断しえた一面にすぎず、その中

間は必ず存在する。刻々と変化し、あるいは無限の連なりをみせる人類社会の実態は、時間及び空間を切断し、また、その中間を切断することによって軌道と輪郭が鮮明になる。だから細別するのである。[36]

　土器型式の採用理由　次項で詳述するとおり、本書では土器型式を設定し、かつ、設定した土器型式から土器型式そのものを考える。

　すでにみてきたように、日本の先史考古学では、土器型式のほかに、土器様式の概念も用意されており、本書で対象とする弥生時代の場合は、「主として様式をつかう」（佐原眞 1970b：93頁）。それでもなお土器型式を用いるのは、下記の理由による。

　　㋐土器様式は、弥生土器の全体・統一体から出発し、構造を把握した後で個別の現象へと論を進める方法であるが、本書の範囲は小林行雄が全体・統一体を認識した範囲を超えており、その範囲を包括する全体の構造がまだ把握されていない。

　　㋑本書で扱う予定の弥生土器のまとまりには、煮沸、供饗、貯蔵、特殊の4機能をそなえた5つの器種では構成されていないケースが存する。もとより、このようにして用途や機能によって分類されることは望ましいものの、現代の我々はそれを客観的に認識することができない。用途や機能は、むしろその他の様々な条件をあわせて初めて認識できるものである（今村啓爾 1988）。

　　㋒土器型式の概念にはこうした前提条件が課せられていない。山内自身が土器型式概念にもとづいて弥生土器を分析した前例もあり、適用できないわけでない。

　簡約すると、土器様式を使いうる条件を充たしていない、というのが本書で土器型式を用いる理由になる。[37]

　ところで、「土器と集団、文化、社会との問題は、山内の型式研究とは全く異なる次元に属するが故に、その延長線上に期待することはできないのであり、別の方法を必要とする理由を知るのである。そのためには山内型式学を解きほぐし構築し直す止揚の作業が不可欠である」（小林達雄 1994：14頁）という立場が、一方では存する。すなわち山内の型式学は「型式の概念がひとつあるにすぎ」ず、この「一概念で解明するには、あまりに複雑である」（小林達雄 1977：168頁）として、小林達雄は型式、様式、形式の3概念を用意した。弥生土器様式研究における各々とは意味が異なっているので、この場合の指示内容については小林達雄の著述を参照願うとして、さしあたって土器型式研究では本当に概念が1つしかないかというと、そうではない。

　山内清男が集団や文化や社会を論じた「縄文文化の社会」の冒頭ページを開くと、「縄文式土器研究においては、一時期に属する文物の一群とは、土器型式にあたる（したがって、その土器の形態（ママ）。文様、文様のつけ方、製作技術などの面で一致している一群に、一つの土器型式があてられる）。その土器型式にはまた多少の器種があり、さらに、いくつかの類型（カテゴリー）に分けられる。」（山内清男 1969：86頁）とあるからである。これは大塚達朗が指摘したところであるが（大塚達朗 2008）、「精粗二様」という下位概念もあり（山内清男 1930b）、佐藤達夫が強調した[38]「系統」も、土器型式を構成する下位概念の1つであるから（佐藤達夫 1974a）、小林達雄の指摘は全く正しくない。本書で対象とする弥生時代の土器もまた「あまりに複雑」だが、土器型式はそれ

を整理する体系をそなえており、無理に小林達雄の概念を用いなくともよいであろう。

本書の構成　本書は、弥生時代の土器型式を研究の対象とし、土器型式という現象に弥生時代社会のどのような側面が現れているかを議論する。文化的環境を考慮するなどの手を加えていない純粋の単位をまずは設定したうえで、その種々の現象・運動がどのような人間行動に起因するのかを順番に解いていく。

構成は至ってシンプルであり、以下の順序で行う。

　　①単位としての土器型式の設定
　　②縦横直交座標系への土器型式の配列
　　③土器型式そのものを分析することによって導く先史社会の復原

次章から第14章では、①列島の弥生時代もしくはその期間に属する土器型式をみいだし、②実態に即して細別を加えつつ配列・編成する。次章〜第4章で前期の、第5章〜第8章で前期末を含む中期の、第9章〜第13章で後期の土器が検討される予定である。また、第14章では、比較対象として韓半島の無文土器をとりあげ、日本の先史考古学の方法によって分析を試みた。以上で言及するのは西から韓半島、九州、北陸、関東、東北の5地域である。章ごとに単位の設定と配列を試み、変化の把握につとめつつ、貝塚の変化や洞窟利用など派生する問題についてもとりあげようと思う。

このようにして本書の大部分を費やして設定した土器型式自体を、今度は第15章で俎上にのせ、土器型式という形で姿をあらわした人間行動を検討する。「ちがう」、「かわる」、「かかわる」をキーワードとして用意し、[39]

　　㋐土器型式が「ちがう」とはどういう事態なのか
　　㋑土器型式が「かわる」とはどういった作用なのか
　　㋒そういった土器型式の「ちがう」・「かわる」は、作り手のどのような「かかわる」の結果
　　　であったのか

を考えることとしたい。

ここまで述べ来たったとおり、土器型式にはすでに定まった全体があるわけでない。土器型式という方法に筆者が魅力を感じるのは、未だ明らかでない部分を、新たに追加しうる可能性を秘め、[40]かつ、その余地を残してくれているからにほかならない。

註

（1）大塚達朗（1991）で示された集計結果を参照した。
（2）日本考古学における独自の時代区分について、林謙作は、「モースは、三時期区分とともに、大森貝塚の報告のなかで機能／材質にもとづく遺物の大別を導入した。材質にもとづく遺物の大別は、日本考古学の公理となっていったが、三時期区分の原理に対しては、多少の抵抗もあった（1）。」（林謙作 1996：51頁）と述べ、この註1において、「坪井正五郎は「三時代ノ順序ハ不自然ナリ」として、次のような意見を述べる。「青銅ハ二種ノ金属ヲ混ジテ作ラル〻（ママ）モノ、決シテ天然ニ産スルニ非ズ。石ヲ砕キ石ヲ研ギ以テ鏃ト成シ斧ト成シタル人民何ゾ自然ノ順序トシテ青銅器ヲ製シ出サンヤ。青銅器使用人民ノ鉄器ノ用ヲ

知ルニ至リシモ亦自然ノ順序トハ考ヘ難シ。(**中略**) 仮令同一人民ニシテ青銅器ト鉄器トヲ用ヰタル事アリトスルモ、鉄器ノ用ハ常ニ青銅器ノ用ニ後ルト定マリタルモノニハアラザルナリ」。三時期区分を適用する場合の一般的な注意とみるには執拗に過ぎる。三時期区分が日本の先史時代の区分には適用出来ない、という予測を抱いていたのか、あるいは感情的な反発を感じていたのか、理由は明らかではないが、三時期区分を積極的に導入しようという姿勢は見られない」(58 頁) と興味深い指摘を行っている。この点について私見を述べると、林が「(**中略**)」として省いた部分で坪井は「欧羅巴ニ三ノ地方ニ三時代変遷ノ跡アルハ、単ニ是等ノ地方ニ於テ偶マ斯カル変遷アリシトノ事ヲ証スルノミ」と論じ、また、別の箇所でも「人類ハ必シモ三時代ヲ経過セズ。亜米利加土人中ノ或者、「アウストラリヤ」土人、「ニウギニヤ」土人、「アンダマン」土人等ハ石器使用中ニ開明国人ニ接シテ鉄器ノ用ヲ知レリ。一旦青銅器ヲ使用スルニ非ズンバ鉄器ヲ使用スル事能ハズトノ理由一モ存スル事無シ。」(坪井正五郎 1897：12～13 頁) と述べており、ここに適用可能性に慎重な坪井の態度を読み取ることが可能である。したがって林が挙げた2つの候補でいうと、前者の可能性が高いように思う。

(3) 引用部分の原著はすべて同じ書体で表記されており、ゴシック体の箇所は本書の筆者が改変したものである。

(4) 濱田の編年研究に対する正しい評価として、中村五郎 (2009) が挙げられる。

(5) 小林達雄は、マンローの「三ツ沢貝塚の貝層を覆っていた火山灰を富士山の宝永噴火に正しく結びつけていることも、先史時代遺跡において火山灰を考察に組み入れた最初となり、鹿児島県橋牟礼川遺跡例 (浜田 1921) にはるかに先行する」と述べ、また、次に述べる松本彦七郎との関連性についても、「下層は厚手で粗製、上層は薄手、沈線文で特色づけられるとする。この厚手から薄手への変化は、三ッ沢貝塚における縄文土器の中期から後期への変遷に合致する。松本彦七郎 (1919) による分層的発掘の凸曲線紋から凹曲線紋へという成果に先駆けて、その事実がマンローによっても、いちはやく捕捉されていたのである」(小林達雄 1984：193 頁) と評価するが、筆者はそう思わない。なぜなら、火山灰層の堆積状況を、先史時代遺跡の年代差の根拠としてとりあげたわけではないし、「厚手から薄手へ」「変化」したと考えていたわけではないからである。マンローの成果は、後世の研究者が追検証しうる報告を残した点にこそむしろ評価があたえられるべきであろう。なお、濱田が弥生式とみなしたのはこんにちの成川式土器であり、弥生時代よりも新しい (橋本達也 2015)。

(6) 小林行雄の学史解説では、松本彦七郎を「縄文式土器編年論」のなかでとりあげ、「弥生式土器論」では言及していない。大正 8 年前後の動向については、「梅原末治『鳥取県下に於ける有史以前の遺跡』(大正 11 年) が、「わが国がその文化の発達に当りて、一種の金石併用時代を経過せしこと」は、中山説に賛成であるといいながら、弥生式土器をもって、石器時代にはじまり金石併用時代におよんだものと解釈したのは、あきらかに中山説と傾向を異にした。こうして、弥生式土器をめぐる論争は、そのはじまりは石器時代か金石併用時代かという対立説のみが表面にでて弥生時代が独立した時間を占めるか否かの問題は、なお十分にとりあげることなく、十数年を経過したのである。」(小林行雄 1971：32 頁) と解説されている。川西宏幸が注目したように (川西宏幸 1997)、東京考古学会の会誌『考古学』では 1932 年の第 3 巻以降、「縄文式時代」「祝部式時代」とならんで「弥生式時代」の名称が文献目録での区分に登場していて、これはたしかに大正 11 年の十数年後の出来事ではある。しかし、「第 5 期」として弥生式土器の時代を独立させた大正 8 年の松本の業績はもう少し評価されてよいであろう。なお、こんにち弥生土器として扱っているのは、第 4 期の大境五層式土器の一部と、第 5 期の大境四層式土器とである (鈴木瑞麿ほか 2008)。

(7) 長谷部言人もまた、「石器時代遺跡の類別 (アイデンティフィケーション) に最も重要なる土器の各遺蹟

に於ける型式及其配合を明にするは、之に伴ふ人骨を論ずる上に甚緊要なり」（長谷部言人 1919：42頁）と同様の指摘を行っている。これらは、村田章人の指摘するところである（村田章人 2012）。

（8）引用部分の原著はすべて同じ書体で表記されており、ゴシック体の箇所は本書の筆者が改変したものである。

（9）山内が土器型式に社会システム・社会構造を見据えていたという本文の理解は、筆者の拙い学習の成果ではあるが、もちろん筆者が初めて言及するものでない。参考としてとりあげたテキストは異なるものの、鈴木正博は㋐社会構造にアプローチする組列型式学（基本型式学）、㋑社会システムにアプローチする系列型式学（歴史型式学）、㋒環境にアプローチする組合せ型式学（生態型式学）と構造化し（鈴木正博 1995d）、「土器社会論」を提案する（鈴木正博 1980a）。大塚達朗も、山内清男（1930b）が展開した精製土器の議論がすでに、土器型式を基盤として価値体系、社会体制、使用環境、地方社会の分立など社会的枠組みの解明をめざしていた社会考古学研究であった、と解説した（大塚達朗 2008・2011）。なお、小林達雄（1975）の読み取り方も、一方ではある。

（10）こんにちでは、土器型式の立場で議論する弥生時代研究者の数も少なくない（例えば、安藤広道 2015）。

（11）傍点は小林による。

（12）大塚達朗や矢野健一は、この点を土器型式と土器様式との根本的な違いの1つに挙げる（大塚達朗 1996、矢野健一 2003）。一方、京都木曜クラブによる注解等では、この部分に関する詳しい言及はみあたらない（内田好昭 1992、網伸也ほか 1992）。

（13）原著の表記は、「高坏」である。

（14）小杉康が注目した「小林＝宇野テクスト」を考えるうえで（小杉康 1995）、筆者はこの部分の記述が気になっている。

（15）縄文時代研究の場合、先行する旧石器時代の存否が明らかでないうえ、最古の土器が次々に更新されている状況にあった（山内清男 1932b・1935a）。他方、弥生時代研究は、前後に縄文時代と古墳時代があるだけでなく、実年代についてもおおよその目安が得られていたから（富岡謙蔵 1918）、「全体」は縄文時代よりはるかに構想しやすかったに違いない。ちなみに、まず全体を様式として捉える点が中谷治宇二郎とも違っていることを、小杉康が指摘している（小杉康 1996）。

（16）『原史学序論』に、「例へば、信濃地方は関東地方についで研究が精密に行はれた所である。この結果は、一時この地方が、中期縄文式土器の出土量の多いことより、南関東は後期縄文式文化の中心地に違ひないが、中期縄文式文化の中心地は信濃であり、或は両者の文化が海岸文化と山岳文化であると云ふ全く対立的な文化とまで考へられたのである。然し、研究の進むにつれて、南関東に於ても同型式の土器が多く発見され、それは単に時期を異にするものであることが明瞭となったのである。即ち、研究が全国的になればなる程、南関東の縄文式文化の中心地であることが明瞭となりつゝあるのである」。「斯くの如く、土器型式が漸進的なる発展をなすと云ふことは何を意味するか。これは、この地方に於ける土器の創造性を、ひいては文化の創造性を物語るものに外ならないであらう。南関東地方に於けるこの文化の創造性が歴然たることを以て、私は此地方が文化の中心地であったとなす第一の根拠としたいと思ふ。試みに、他の地方の孰れかの土器型式と同系列の土器を、南関東に求むれば、必ずそれを認むることが出来るであらう」（杉原荘介 1943b：177～178頁）という記述がある。言うまでもなく、南関東地方で土器型式の「漸進的なる発展」が確認され、ある一時期に信濃地方へ影響が及ぶことはあったろうが、それが縄文時代全体を通して土器の変化を主導したことには必ずしもならない。これは、南関東地方の土器編年が他地域に先んじて整えられていたことに因る杉原の失考であるが、しかし、土器型式に意味をみいだそうとした意気込みは評価されるべきものである。ちなみに、こんにちの弥生時代研究においても、「早期以来、北部九州

の土器の変化は一般的に玄界灘沿岸地域が主導した」（武末純一 2011：95頁）や、「弥生時代にあって」九州の「土器様式の変化をリードしていた筑前地域」（武末純一 1982：838頁）のように土器の変化に関する特定地域の先進性を強調する発言はみられるが、そうであるならば具体例を挙げてみるがよい。「玄界灘沿岸地域」や「筑前地域」以外の資料もすでに充実をみており、こうした認識は自ずと撤回を迫られるであろう。なお、杉原の「接触式」構想に関しては、柳澤清一の分析がある（柳澤清一 1990）。

(17) 向坂鋼二は、「昭和33年夏、四年間にわたる浜松市蜆塚遺跡の発掘も終ろうとする頃、宿舎の大広間では発掘成果の報告と討論が行なわれた。討論が土器の型式の問題に移った時、自分も卒論で扱ったことでもあったから多少の自信も手伝って、生意気にも論陣を張ってみたのだったが、どうしたわけか、いつのまにか後藤先生が相手になってしまった。土器型式は一応単なる分類に過ぎず、これに歴史的な意味を附加するのが考古学だと主張したのであったが、先生はそれこそ未だ古い土器研究の変形だという意味の反ばくをされたと思う」と回想する（高橋護ほか 1960：14頁）。

(18) データにもとづいた向坂の議論は説得力がある。氏は後日、「縄文時代晩期前葉と、弥生時代後期前半とを選んで、遠江地方を中心とした土器型式の分布圏を設定したが、いずれも、半径約40キロ程度の円圏として表現できる範囲の分布圏を設定できるのである。これを、前節の遺跡群との関連において、同じ晩期前葉という時点にしぼってみると30個所程度の遺跡群を包括する地域としてとらえることができる」（向坂鋼二 1970：286頁）と述べ、遺跡群と型式圏の対応を数値で示した。それまで、所与のものとして、あるいは前提としていた地域を、実態に即して捉えなおした点で、この所説は大いに評価されてよい。もっとも、この説得力ゆえに、型式には一定の型式圏を必ずともなわなければならない、という認識を後進に植え付けた可能性はある。

(19) 岡本勇「土器型式の現象と本質」が、小林行雄「先史考古学に於ける様式問題」を引用する（岡本勇 1959）。

(20) 引用部分の原著はすべて同じ書体で表記されており、ゴシック体の箇所は本書の筆者が改変したものである。

(21) 「第Ⅲ様式の時期になると、畿内地方は中心部と周辺部との二つの地域に大きくわかれている。この対照的な両地域は、それぞれに特徴的な文様によって、櫛描きの簾状文土器の地域と、凸帯文土器の地域とよびわけることができる。畿内中心部の土器が、その地域独自の個性を多くもつのに対して、畿内周辺部の土器は、同時期の山陽・山陰・北四国の土器との共通性が大きい。いま、畿内地方を二つの地域にわけたが、こまかくいえば、両地域のうちの各小地域もまた、それぞれの地域色をもっている」（佐原眞 1968：61～62頁）という記述からすると、地域についても、畿内という全体があり、それを分割する視点でみていることが察せられる。様式と様式の間に空隙はなく（酒井龍一 1997）、こんにちの実年代論の一部はその前提で進められる（例えば、岸本直文 2015）。なお本文では、田辺昭三の須恵器編年をとりあげて方法を比較しているが、田辺に先行する森浩一のそれは（森浩一 1958）、むしろ佐原の姿勢と共通する。

(22) 例えば、Childe（1954）が挙げられる。ちなみに、甲野勇の「後期から晩期にかけての繊細なる作品、ことに亀ヶ岡式土器に見られる、小柄できめの細かい作風は、女性の技ということもできるかもしれません。しかし、ここで考えねばならないのは亀ヶ岡式土器では精粗とりどりのものが、きわめて多量につくられたという事実です。当時の女性にこれだけの精巧な品をこのように多く生産する力があったでしょうか。逆にこうした多量生産を裏づけるのは、やはり男性の力ではなかったかというような気もします」（甲野勇 1953［解説付新装版・1995］：152～153頁）という発言は、明治に生まれた男性研究者の女性観が素直にあらわれていて興味深い。しかし、これも検討の余地はある。

(23) 鈴木正博や谷口康浩も、この頃の縄文土器型式研究について、同様の評価を下している（鈴木正博

1986、谷口康浩 1986)。
(24) 馬目順一が、佐藤に先行して通婚の可能性に言及している点も注意しておきたい（馬目順一ほか 1971)。
(25) 都出比呂志「原始土器と女性」が民族例を参照して通婚圏の問題を理論的に補い、翌年に発表した「弥生土器における地域色の性格」は、通婚圏を識別する地域色そのものの性質を論じる。とりわけ、畿内地方における中期弥生土器の各種櫛描文土器の出現率を遺跡ごとに較べて、地域色の境界がいかに不明瞭であるかを円グラフによって明示する（都出比呂志 1982b・1983)。移動類型については都出比呂志（1989）で一新され、その後、森岡秀人（1991・1993）は距離・量・移動形態の別にもとづく様々なパターンを提示した。
(26) 「このようにかなり遠隔地の異系統の土器も併存することができる。本来なら遠隔地の土器であれば、なおさら異様なものであるし、容認しがたい等である」（上野佳也 1980：354 頁）などは、あくまで上野の価値観にすぎない。
(27) 引用部分の原著はすべて同じ書体で表記されており、ゴシック体の箇所は本書の筆者が改変したものである。ちなみに、冨井眞の「接ぎ木」もこれを示していようか（冨井眞 2005)。
(28) 原著では、「早期初頭の撚糸文系土器様式期において、きわめて個性的な土器様式が確立し、」（谷口康浩 1986：14 頁）と述べられている。本文の記述は、この時期を筆者が縄文時代草創期末葉と呼ぶものと習ったゆえである（齋藤瑞穂 2006)。なお、ここでとりあげた論文について、谷口は大林太良の評価は散々であったと述懐している（谷口康浩 2017)。
(29) 弥生土器研究では、若林邦彦がこのような視点で論を展開している（若林邦彦 1997)。
(30) 小林正史は、「主として参与観察に基づいて土器作り技術を記録した」（小林正史 1993：75 頁）と述べるが、その直後に「土器作りの観察は、断続的に計 7 日間（8 例）行われた」とも書かれており、どのような方法論が採られたかわかりにくい。
(31) なお、造形作家の井出政男が、作り手の立場から、土器製作に用いる粘土の善し悪しを論じた成果も（井出政男 2008)、技術に多少の変化を促す要素という観点で興味深い。
(32) 製作者の認知構造に踏み込んだ松本直子による分析も（松本直子 1996)、単位をベースにして論じたものではない。一方、松本と同様、数量化理論によって情報の伝達を論じた谷口康浩・永瀬史人「土器型式情報の伝達と変容」は土器型式を意識して分析を行ったうえで、その逸脱する部分の重要性にも注意を払う（谷口康浩ほか 2008)。
(33) 「某先史学者の別名」と紹介されている景山について（景山哲二 1935)、網伸也は藤森栄一に比定する（網伸也 1993)。
(34) 藤森栄一のこの発言に対して、編年は充分でないという反論があり、例えば柳澤清一は、現在はもとより、藤森が発言した当時においても、編年は混乱に満ちていたはず、と評した（柳澤清一 2004)。また、佐藤達夫が「時期を細かく区分してみると、東京周辺のこの地域においてさえ、資料の欠落が甚だ多いことにまず驚かされる」（佐藤達夫 1974a：97 頁）と記したのは、藤森の発言の 4 年後のことであった。ちなみに、佐原眞は「いつまで編年をやるか、と問われれば、考古学の続く限り、と答えよう。縦に横に編年表をますます充実させながら、考古学本来の目標をはたしてゆくのだ」（佐原眞 1972：6 頁）と述べているが、⑦なぜ編年をますます充実させ続けなければならないのか、④充実によって果たされる考古学本来の目標とは何か、に言及しておらず、編年が完備したと述べる藤森への反論として充分でない。
(35) こうした考え方を、筆者は鈴木正博に学んだ（鈴木正博 1981)。
(36) 鈴木加津子は「土器型式の実態とはどこで切って良いか分からないというのが本当なのではないかと考えます」（鈴木加津子 1999：428 頁）と述べる。

(37) 筆者が、このような考えを当初からもっていたわけではなく、例えば2004年に発表した「東北北部における弥生時代中期土器編年の再検討」は（齋藤瑞穂 2004）、様式論の立場から執筆した論文である。同論文に対する自評は、第7章を参照されたい。
(38) 紅村弘も、「「所謂亀岡式……」において山内はすでに「これらの型式は粗製土器と精製土器に分かれている。」と述べて、型式は構造を持っている事をしめしている」（紅村弘 1986：25頁）との認識を示す。なお、「土器には、手間暇かけて入念に製作されるものとそうでないものとがある。一般的には、精製土器・粗製土器という言葉で表現される」（松本直子 1996：65頁）という言説があるが、必ずしも粗製土器が入念に製作されていないわけでなく、同土器の理解として正確でない。粗製土器の性格は、西田泰民（1985）、阿部芳郎（1998）などに詳しい。
(39) 大田堯（2013）を参考にしている。
(40) この点が、土器様式と異なる点である（酒井龍一 1997）。

第2章　弥生時代の貝塚と環境変動
―九州・玄界灘沿岸を例として―

1. 弥生時代貝塚の隆替

　弥生時代の九州島で数多の貝塚が形成されたことは、すでに広く知られた事実である。100箇所は優に超え、例数だけを比較すれば、縄文時代にもそう劣らない（山崎純男 2007）。しかし、これらは必ずしも、縄文的生業体系の名残として、あるいは水稲農耕に生業基盤をおく弥生文化とは無関係な形で、営まれたのではないらしい。半島や大陸とのあいだを繋いだ玄界灘に臨んで、いくつもの貝塚が新たに形成されたことが（山崎純男 1991）、それを裏付ける何よりの証左である。

　第1表として掲げたのは、玄界灘沿岸で確認された弥生時代貝塚の一覧である。木村幾多郎が集成したデータをもとにして（木村幾多郎 1982）、以後の調査成果を追補し、参考までに採貝具であるアワビおこしの出土地を添えておいた。

　時期が確実な例でその消長を辿っていくと、まず、早期の貝塚は5例知られる。壱岐や対馬、小川島といった島嶼部にみとめられるほか、九州本島でも、福岡県遠賀郡芦屋町夏井ヶ浜貝塚や佐賀県唐津市宇木汲田貝塚で夜臼式単純期の貝層が検出されている。

　前期には、本島側で貝塚の形成が活発化した。板付I式期は、早期から続く宇木汲田貝塚、唐津市呼子町小川島貝塚、長崎県対馬市豊玉町住吉平貝塚に、福岡県福岡市西区長浜貝塚や唐津市菜畑遺跡が加わる程度だが、板付II式期に入ると、14遺跡21地点に急増する。ピット内に堆積した小貝塚が、この頃出現するようである。

　中期は前半代に多い。「前期末～中期初頭」と位置づけられた6遺跡8地点を除いても、ほかに6遺跡7地点が挙げられる。ところが、須玖I・II式期には極端に数が減じて、遠賀川の周辺で福岡県北九州市八幡西区黒ヶ畑遺跡や遠賀郡遠賀町城ノ越貝塚が、博多湾周辺で福岡市早良区西新町遺跡や糸島市志摩御床御床松原遺跡が散見される程度となる。ただし、島嶼部では小川島貝塚が早期以来続くのに加え、長崎県壱岐市勝本町カラカミ貝塚でも中期後半の貝層が検出されている。

　後期の貝塚は、4例ばかりとなる。島嶼部に偏り、小川島貝塚のほか、カラカミ貝塚で後期の、壱岐市芦辺町原の辻遺跡で後期ないし古墳時代前期の貝層が知られる。本島側の確実な例は、福岡市西区野方中原遺跡に限られる。

　以上、玄界灘沿岸地域における弥生時代貝塚の消長を簡約すると、島嶼部でコンスタントに形成されつづけたのに対して、九州本島側でははなはだしい数の増減があった。すなわち、前期後半に例数の増加がみとめられ、中期初頭までにピークをむかえる。ところが、中葉で著しい減少に転

第2章 弥生時代の貝塚と環境変動　27

第1表　玄界灘沿岸の弥生時代貝塚

No	遺跡名	海までの距離(km)	標高(m)	検出遺構	堆積状況	貝種 性格	貝種 詳細	時期 早	時期 前	時期 中	時期 後	時期 詳細	文献
福岡県													
1	北九州市八幡西区 黒ヶ畑	3	132	−	−	鹹水種	ハイガイ、サルボウなど			●		「中期後半主体」	轟次雄(1985)
2	遠賀郡芦屋町 夏井ヶ浜貝塚	0.25	?	−	貝層形成	鹹水種	アワビ製貝庖丁	●				「夜臼式土器単純」	小田富士雄(1973b)
3	中間市岩瀬西町 岩瀬貝塚	8.3	5	第2期工事時	貝層形成	鹹水種↓汽水種	カキ→シジミ			●		カキ層とシジミ層との間に中・後期の土器が、そのほか前期の土器も採集されている	小田富士雄ほか(1978)
4	遠賀郡水巻町 宮ノ下貝塚	7.9	?	−	−		ハマグリ、カキ、カワアイ、オキシジミ、アカガイ、タニシ、シジミ			●		「集落跡としては（中略）中期の宮ノ下貝塚」	黒野肇(1962) 大坪剛ほか(1993)
5	遠賀郡遠賀町 尾崎・天神	2.3	34	5次4号貯蔵穴	−	汽水種主体	シジミ主体、アワビ、ハマグリ	●				「前期末～中期初頭が主体」	武田光正ほか(1999)
				5次10号貯蔵穴	−	汽水種	シジミ					土器は出土していない	
				5次50号貯蔵穴	−	汽水種主体	シジミ主体、ハマグリ、カキ	●				「前期末～中期初頭が主体」	
6	遠賀郡遠賀町 慶ノ浦	2.9	10	3号貯蔵穴	ブロック	半汽半鹹	「シジミ貝類」：1.7 kg、「その他（ハマグリ・カキ、サザエ、マキ貝）」：1.0 kg	●				「前期末」	武田光正ほか(2001)
				13号貯蔵穴	ブロック	汽水種主体	「シジミ貝類」：7.15 kg、「その他（ハマグリ・カキ、サザエ、マキ貝）」：0.25 kg	●				「前期後半」	
				14号貯蔵穴	ブロック	汽水種主体	「シジミ貝類」：32 kg、「その他（ハマグリ・カキ、サザエ、マキ貝）」：1.1 kg	●				「前期後半」	
				15号貯蔵穴	ブロック	汽水種主体	「シジミ貝類」：35 kg、「その他（ハマグリ・カキ、サザエ、マキ貝）」：8.2 kg	●				「前期後半」	
				16号貯蔵穴	ブロック	半汽半鹹	「シジミ貝類」：1.0 kg、「その他（ハマグリ・カキ、サザエ、マキ貝）」：0.69 kg	●				「前期後半」	
7	遠賀郡遠賀町 金丸	2.5	16	1号貯蔵穴	−	−	−		●	●		「逆L字状口縁の甕も含まれているので、中期初頭」	武田光正(2007)
8	遠賀郡遠賀町 城ノ越貝塚	7.5	7.5	M区貝塚	貝層形成斜面堆積	汽水種主体↓鹹水種主体	①下部破砕貝層：ヤマトシジミ主体 ②混土貝層下部：ハマグリ、カキ、ハイガイ、サルボウ、シオフキ、サザエ、ウミニナ、テングニシ、ヤマトシジミ ③混土貝層上部：ハマグリ、カキ、ハイガイ、サルボウ、ウミニナ、エボウミニナに少量のシジミ、タニシ ③上部破砕貝層：カキ主体、ハマグリ、ハイガイ、サルボウ、ウミニナに少量のヤマトシジミ		●	●		①下部破砕貝層：城ノ越Ⅱ式を主体として、Ⅲa式・Ⅰ式を上下に交える ②混土貝層：城ノ越Ⅱ式～Ⅲb式 ③上部破砕貝層：城ノ越Ⅳa式	鏡山猛ほか(1961)
9	宗像市石丸 石丸	11.3	28	3号貯蔵穴	ブロック	汽水種主体	シジミ、カワニナ、ザルガイ、ハマグリ、アワビ、サザエ			●		「壺は中期初頭のものが大部分を占め、甕は前期末のものが多」い	橋口達也(1980)
10	福津市宮司浜 宮司大ヒタイ	0.4	11	SU-02	ブロック	−	−			●		「名残Ⅲ期」（飛野博文1991）＝石丸遺跡3号貯蔵穴併行	池ノ上宏(1993)
11	古賀市鹿部 鹿部東町貝塚	1.3	4	−	貝層形成斜面堆積	鹹水種主体	①下部貝層：マガキ（36.0%）、カワニナ（18.7%）、アサリ（15.2%）、ナミノコガイなど ②上部貝層：マガキ（37.3%）、アサリ（17.6%）、ウミニナ、ナミノコガイ、フトヘナタリなど		●			「板付Ⅱ式期に形成」	木村幾多郎ほか(1978)
12	糟屋郡新宮町 三代貝塚	2.7	10	−	−	純鹹	マガキ、アサリ、ウミニナ、アワビ	●	●			「板付Ⅰ・Ⅱ、須玖Ⅰ」	岡崎敬(1968)
				−	貝層形成斜面堆積	純鹹	サザエ、アサリ、ビナ、アワビ、カキ	●	●			「前期中頃～弥生時代中期にかけての貝塚」	西田大輔(1994)

No	遺跡名	海までの距離(km)	標高(m)	検出遺構	堆積状況	貝種 性格	貝種 詳細	時期 早	時期 前	時期 中	時期 後	時期 詳細	文献
13	糟屋郡新宮町夜臼	2.6	10	第1号竪穴	貝層形成	鹹水種主体	カキ、オキシジミ、アサリ・ウミニナが多い、ハマグリ、アカガイ、サザエ、アカニシ、テングニシ、クマノコガイ、フジノハナガイ、カワニナ、タニシ、ヒメエゾボラ？			●		「主として板付Ⅱ式土器が含まれていた」	森貞次郎(1961)
				？	鯨骨製有段アワビおこし				●				武末純一(2008)
14	小郡市美鈴が丘一ノ口	23	44	3号土壙	少量	鹹水種主体	アサリ、マガキ、イボニシ、カワアイ、カニモリガイ、カラスガイ、ホソウミニナ、オオタニシ、カワニナ			●		「前期末から中期初頭」	速水信也ほか(1994)
				59号土壙	ブロック	鹹水種主体	アワビ、マガキ、シオフキ、マツカサガイ、カワニナ、オオタニシなど			●		「前期末から中期初頭」	
				434号土壙	ブロック	鹹水種主体	アワビ（加工品か）、アサリ、カワニナ、オオタニシなど			●		「板付Ⅱa式から同Ⅱb式の時期」	
15	福岡市博多区雀居	5	6	10次SK002	少量	鹹水種主体か	巻貝2種、アカニシ？、二枚貝2種			●		「第Ⅲ面」	力武卓治ほか(2003a) 西本豊弘ほか(2003)
16	福岡市博多区板付	6.3	11	環状溝	ブロック	汽水種 鹹水種	ヤマトシジミ、カキ、アサリ			●		「板付Ⅱ式」	下條信行ほか(1970)
17	福岡市博多区比恵遺跡群	3.4	5	30次SU-012	ブロック	未詳	－			●		「板付Ⅱ古～中段階」	菅波正人ほか(1992)
18	福岡市城南区浄泉寺	5	25	40号Pit	貝層形成	鹹水種主体	アサリ（45.2%）、マガキ（22.6%）、ヒメタニシ、オオノガイ、スガイ、クロアワビ製貝庖丁			●		「板付Ⅱ-a式」に「新しい要素を含んだもの」	村岡和雄ほか(1974)
				47号Pit	ブロック	鹹水種主体	マガキ（42.1%）、アサリ（36.8%）、ヒメタニシ、カガミガイ、ウミニナ			●		「板付Ⅱ-a式」	
				52号Pit	ブロック	半淡半鹹	ヒメタニシ（50.0%）、アサリ（38.7%）、マガキ、イシガイ、イガイ、ハマグリ、バテイラ、アカニシ、カワニナ					土器は出土していない	
				53号Pit	ブロック	半淡半鹹	ヒメタニシ（57.5%）、アサリ（16.4%）、カワアイ、マガキ、オキシジミ、オオノガイ			●		「亀ノ甲式を含む板付Ⅱ-b式であるが、城ノ越式を一部含む」	
19	福岡市早良区西新町	1.3	5	9次SX01	少量	鹹水種	カキ、アサリ				●	「中期後半～末」	加藤良彦ほか(1997)
20	福岡市西区野方中原	3.6	20	A溝	少量	淡水種	カワニナか				●		柳田純孝ほか(1974)
21	福岡市西区長浜貝塚	0.2	5	A貝塚	小貝塚群集	鹹水種	マガキ（58.5%）、ヘナタリ（17.9%）、ウミニナ、イガイ、スガイ、アサリ、ナミノコガイなど		●			「板付Ⅰ式土器を主体とし、若干の夜臼式土器を共伴する」	和島誠一(1951・2015) 山崎純男(1975) 宮本一夫(2015a・b)
					「骨篦」								
22	福岡市西区今津貝塚	0.06	5	－	貝層形成	鹹水種	「蛤少なからず」			●		「板付Ⅱ式土器」	中山平次郎(1916) 山崎純男(1975) 宮本一夫(2015c)
23	福岡市西区今山	？	？	今山下	混貝土層	－	－			●		「第二系弥生式」	山本博(1932)
24	福岡市西区周船寺	3.5	11	13次SK001	骨or貝	鹹水種				●		「板付Ⅱa式」、もしくは「若干古くなり得る」	池田祐司(2001)
25	糸島市志摩御床御床松原	0.3	5	13号土坑	－	純鹹	アサリ、アカニシ、オキシジミ、クボガイなど				●	「中期後半」	井上裕弘ほか(1983)
				16号土坑	－	純鹹	ツメタガイ、オキシジミ、アサリ、スガイ、サザエなど			●		「中期初頭」	
				18号土坑	－	純鹹	サザエ、ツメタガイなど				●	「中期後半」	
				28号土坑	多量	純鹹	フトヘナタリ（32.4%）、クボガイ（20.1%）、スガイ、カリガネエガイなど			●		「中期初頭」	

第2章　弥生時代の貝塚と環境変動

No	遺跡名	海までの距離(km)	標高(m)	検出遺構	堆積状況	貝種 性格	貝種 詳細	時期 早	時期 前	時期 中	時期 後	時期 詳細	文献
25	糸島市志摩御床 御床松原	0.3	5	4号溝	多量	純鹹	オキシジミ（16.3%）、アサリ（10.5%）、サザエ、スガイ、ヘナタリ、ウミニナなど			●		「中期後半」	井上裕弘ほか(1983)
				2次SK04	−	純鹹	サザエ		●			「前期～中期初頭」	河合修(2010)
佐賀県													
26	唐津市柏崎 石蔵貝塚	5.1	10	九大調査	貝層形成	半汽半鹹	ヤマトシジミ（47.9%）、ウミニナ（29.96%）、ハマグリ（12.6%）、フトヘナタリなど		●			「前期後半から末頃」	小田富士雄ほか(1982b)
				県調査	貝層形成	汽水種主体	ヤマトシジミ（67.1%）、ウミニナ（21.4%）、ヘナタリ（3.9%）、ハマグリ		●			「板付Ⅱ式」	堀川義英(1980)
27	唐津市宇木 宇木汲田貝塚	5.8	7	Grid G-10	貝層形成	鹹水種主体	「個体数は少ないがマガキを主体とする」	●				「夜臼式土器単純の様相」	小田富士雄ほか(1982a)
				Grid E～I 3～6	貝層形成 斜面堆積	鹹水種主体	①H6黒褐色D：マガキ（90.08%）、ハマグリ、オキシジミ、ヤマトシジミなど ②I6黒褐色C（貝層）：ハマグリ（49.08%）、マガキ、カワニナなど		●			「上半部に板付Ⅱa式期の土器を含み、下半部には板付Ⅰ式と夜臼式の土器を主体とする」	
28	唐津市宇木 宇木鶴崎	5.8	7.5	−		鹹水種汽水種	カキ、ハマグリ、アカガイ、シオフキ、オキシジミ、マテガイ、サザエ、ヤマトシジミ		●			「夜臼式、遠賀川式土器」	松岡史(1962)
29	唐津市菜畑 菜畑	1.1	6	EⅠ 1・3区	斜面堆積	鹹水種	−		●			「弥生時代前期初頭（夜臼：板付Ⅰ式期）」	中島直幸ほか(1982)
30	唐津市千々賀 千々賀	7.1	10	Grid. L-8	−	−	−				●	詳細は不明	仁田坂聡(2001)
31	唐津市湊町 雲透	0.7	62	SX-202	斜面堆積	鹹水種主体	「岩礁性小型巻貝が中心を占める」、その他アワビ、トコブシ、マツバガイ、サザエ、クボガイ、バテイラ、カワニナ、マガキ、アサリ、ハマグリ、カガミガイ				●	「全面から中期前葉から中期中葉までの須玖式土器を検出」	仁田坂聡ほか(1998)
				鯨骨製突起付アワビおこし							●		武末純一(2008)
32	唐津市呼子町 小川島貝塚	0.05	7	試掘坑 A-D	貝層形成	鹹水種	D区第4層＝前期：カメノテ（36.2%）、タマキガイ、マツバガイ、ムラサキインコ、イガイ、サザエ、クマノコガイ、アワビ D区第3層＝中期：カメノテ（23.1%）、ムラサキインコ、イガイ、タマキビ、マツバガイ、クマノコガイ、サザエ、レイシ、イボニシ、アワビ A-3区第2層＝中・後期：イガイ（28.8%）、カメノテ、アオガイ、クマノコガイ、ムラサキインコ、アワビ・サザエの集積	●	●	●	●	「夜臼式」「板付Ⅰ式」「前期後半」「中期初頭」「中期中頃」「後期終末」	冨樹憲次ほか(1982)
				C区			鯨骨製アワビおこし（無突起）		●				武末純一(2008)
長崎県													
33	松津市御厨町 池田	0.3	15	−	貝層形成	鹹水種	シオフキ、アサリ、ハマグリ、ザルガイ、バカガイ		●			前期大型壺、如意形口縁甕、須玖Ⅰ甕	樋口隆康ほか(1951)
				B地点	貝層形成	鹹水種	マガキ、サザエ、イタヤガイ、マテガイ			●		「貝層内からは中期の甕形土器」	中田敦之(1997)
				−	アワビおこし								
34	平戸市田平町 里田原	1.2	17	第Ⅵ次 Pit 4	−	鹹水種	ウニ、トコブシ、サザエ、ヨメガカサ、イシダタミ			●		「中期前葉」	正林護ほか(1974)
				−	鯨骨製アワビおこし（無突起）				●			「前期後～中期初」	武末純一(2008)
35	壱岐市芦辺町 原の辻	1.4	10	1951年調査	貝層形成？	鹹水種	マガキ、アワビ、サザエ、バイガイ、ツメタガイ、ウミニナ			●			岡崎敬(1968)
				特定調査区2号旧河道	−	鹹水種主体	ハマグリ、サザエ、マルタニシ				●	「後期～古墳前期」	福田一志ほか(2005)
				9号土坑	−	鹹水種	アワビ		●			「前期末～中期中葉」	
				−	鯨骨製突起付アワビおこし				●	●		「前期末～中期初」、「中期～後期」	武末純一(2008)

No	遺跡名	海までの距離(km)	標高(m)	検出遺構	堆積状況	貝種 性格	貝種 詳細	時期 早	時期 前	時期 中	時期 後	時期 詳細	文献
36	壱岐市勝本町カラカミ貝塚	2	73	1952年第2地区	貝層形成	鹹水種	カキ、アワビ、サザエ、オキシジミ、イガイ、ウニ				●	「弥生式後期初頭」	岡崎敬(1968)
				1982年W15区	ブロック	–	–				●	貝層上の3層:「中期末～後期前葉」貝層下の5層:「前期末、中期中頃の土器が出土」	正林護ほか(1985)
				東亜第1地点	貝層形成	鹹水種	ウミニナ				●	「須玖Ⅱ式新段階」	宮本一夫ほか(2009)
				東亜第2地点	貝層形成	鹹水種	サザエ			●	●	「中期～後期」	宮本一夫ほか(2008)
				1977年2011年Tr.7(+環濠)	貝層形成	鹹水種主体	アワビ、マツバガイ、ツタノハガイ、ユキノカサガイ科、クボガイ、ヘソアキクボガイ、クマノコガイ、オオコシダカガンガラ、サザエ、スガイ、タツノコヘビガイ、ウミニナ、オニノツノガイ、アツキクスズメ、アカニシオハグロガキ、イタボガキ、イタヤガイ、イガイ、フネガイ、ザルガイ、シジミガイ科、チョウセンハマグリ、ハマグリ、アサリ、ウニ				●	「高三潴式～下大隈式」	宮本一夫ほか(2013)
				第1地点4b～c層	集中出土40点	鹹水種	アワビ				●	「後期前半を中心と」する	宮本一夫ほか(2011)**辻田淳一郎(2011)**
				第1地点5c層	2点	鹹水種	アワビ			●		「須玖Ⅱ式」	宮本一夫ほか(2011)辻田淳一郎(2011)
				–	鯨骨製突起付アワビおこし					●	●	「中期～後期」	武末純一(2008)
				1977年調査	鯨骨製アワビおこし(無突起)、鯨骨製突起付アワビおこし								宮本一夫ほか(2013)
				第1地点SB2	鯨骨製アワビおこし(無突起)					●		「須玖Ⅱ式」	
				第1地点5c層	鯨骨製アワビおこし(無突起)					●		「須玖Ⅱ式」	宮本一夫ほか(2011)
				第1地点第4層	鯨骨製アワビおこし(無突起)鯨骨製突起付アワビおこし鹿角製アワビおこし					●	●	「須玖Ⅱ式～下大隈式」	
37	対馬市豊玉町住吉平貝塚	0.03	10	A貝塚	斜面堆積	純鹹	スガイ(37.2%)、サザエ(17.9%)、オニアサリ、マガキ	●				「夜臼式土器のみを出土」	坂田邦洋ほか(1975)
				B貝塚	斜面堆積	純鹹	サザエ(35.5%)、スガイ(22.2%)、マガキ		●			「板付Ⅰ式土器を主体」	
38	対馬市峰町吉田貝塚	0.5	5	–	レンズ状堆積	純鹹?	「かきが最も多い」	●				「貝塚の主体をなすものは、夜臼式土器である」	曾野寿彦ほか(1961)

・文献欄のゴシック体で示した文献は、特に時期を参考にしたもの。

じ、後期には確実な例がほとんどなくなってしまう。

2. 貝塚の位置と貝種

弥生時代貝塚の二者　玄界灘沿岸の弥生時代貝塚をめぐる諸問題のなかで、筆者の関心を特に惹いたのは、遺跡自体の場所である。すなわち、㋐現在でも海岸線に臨む場所に存する例と、㋑現海岸線からは距離があって、河川の中流域に位置する例とがあり、後者には福岡県宗像市石丸遺跡のように、河口から11.3kmを測るものまでみとめられる。

この㋐・㋑の別は、地域的な特色ということでないらしい（**第4図**）。島嶼部はおしなべて㋐に

属するが、本島では小地域単位で両タイプが併存する。遠賀川流域の場合、福岡県北九州市八幡西区黒ヶ畑遺跡や遠賀郡芦屋町夏井ヶ浜貝塚は㋐のタイプであり、遠賀町尾崎・天神、慶ノ浦、金丸の各遺跡もここに含めておく。これに対して、中間市岩瀬西町岩瀬貝塚や水巻町宮ノ下貝塚や遠賀町城ノ越貝塚などは、遠賀川の河口から7ないし8km遡った㋑の貝塚である。

　釣川周辺域でも、福津市宮司浜宮司大ヒタイ遺跡や古賀市鹿部東町貝塚のような海浜沿いの例が

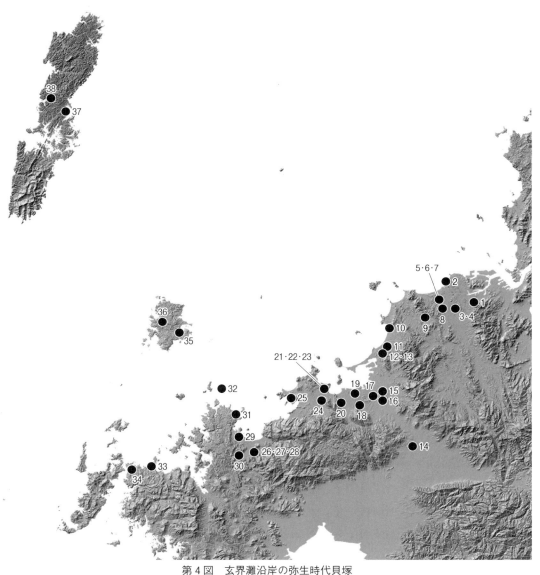

第4図　玄界灘沿岸の弥生時代貝塚

1 福岡・黒ヶ畑、2 福岡・夏井ヶ浜貝塚、3 福岡・岩瀬貝塚、4 福岡・宮ノ下貝塚、5 福岡・尾崎・天神
6 福岡・慶ノ浦、7 福岡・金丸、8 福岡・城ノ越貝塚、9 福岡・石丸、10 福岡・宮司大ヒタイ
11 福岡・鹿部東町貝塚、12 福岡・三代貝塚、13 福岡・夜臼貝塚、14 福岡・一ノ口、15 福岡・雀居
16 福岡・板付、17 福岡・比恵遺跡群、18 福岡・浄泉寺、19 福岡・西新町、20 福岡・野方中原
21 福岡・長浜貝塚、22 福岡・今津貝塚、23 福岡・今山、24 福岡・周船寺、25 福岡・御床松原
26 佐賀・石蔵貝塚、27 佐賀・宇木汲田貝塚、28 佐賀・宇木鶴崎、29 佐賀・菜畑、30 佐賀・千々賀
31 佐賀・雲透、32 佐賀・小川島貝塚、33 長崎・池田、34 長崎・里田原、35 長崎・原の辻
36 長崎・カラカミ貝塚、37 長崎・住吉平貝塚、38 長崎・吉田貝塚

ある一方で、現海岸線とは10km以上隔たった場所に営まれたのが、先述の石丸遺跡である。博多湾近傍に眼を転じれば、糟屋郡新宮町三代・夜臼両貝塚、福岡市早良区西新町遺跡、同市西区長浜貝塚、今津貝塚、今山遺跡、周船寺遺跡、糸島市御床松原遺跡は現海岸線に程近く、他方、福岡市博多区雀居、板付、比恵の各遺跡、同市城南区浄泉寺遺跡、西区野方中原遺跡は、博多湾に注ぐ那珂川や樋井川などを遡ったところに地を占める。唐津湾以西においても、佐賀県唐津市菜畑、同市湊町雲透、長崎県松浦市御厨町池田、平戸市田平町里田原の各遺跡は㋐に、唐津市柏崎石蔵貝塚、宇木汲田貝塚、宇木鶴崎遺跡は㋑に、それぞれ相当する。

このような占地の違いは何に起因するのであろうか。さしあたって注目されるのは、前節でみた貝塚形成のピークである。何となれば、前期後半代から中期初頭に形成された貝塚の大半が、㋑のタイプに属するからである。

木村幾多郎が残した宿題 この問題を、㋑の貝塚の代表格であり、九州弥生時代研究の進展に大きく貢献した遺跡でもある、福岡県遠賀郡遠賀町城ノ越貝塚と佐賀県唐津市宇木汲田貝塚の成果に立ち返って考えてみたい。

城ノ越貝塚は、遠賀川の左岸に位置し、河口からは直線距離にして7.5kmを測る。M区で斜面貝層が検出され、下方から

　　　　基盤粘土層（「城ノ越Ⅰa・b式」）
→ 下部破砕貝層（「城ノ越Ⅰa～Ⅲa式」）①
→ 砂礫質粘土層（「城ノ越Ⅱ・Ⅲa式」）
→ 混土貝層　　（「城ノ越Ⅱ～Ⅲb式」）②
→ 上部破砕貝層（「城ノ越Ⅳa式」）　③
→ 第一次表土黒土層「城ノ越Ⅳb式」

の順で堆積していた（鏡山猛ほか1961）。このとき設定された「城ノ越」諸式と現行型式との対比は容易でない。ひとまず、「城ノ越Ⅲa式」が現行の城ノ越式にあたるから（小田富士雄1973a）、「Ⅱ式」以前を前期、「Ⅲa式」以降を中期とみなし、「Ⅳb式」も須玖Ⅱ式の範疇に収まるものとみておく。前期後半から中期にかけての貝層が、少なくとも3面みてとれるわけである。

注目に価するのは、貝の組成が次第に変わっていく点である。①下部破砕貝層は「淡水産のやまとしじみ」がほとんどを占めていたが、砂礫質粘土層の上方の②混土貝層は、「鹹水産の貝類が増し」、「鹹水・淡水両産の貝類を交え」るようになるらしい。ここに「しじみを主とし、これにはまぐりを交えた純貝層が、上部より嵌入し」、次いで堆積した③上部破砕貝層は「かきを主体としはまぐり・はいがい・さるぼう・うみにな」（鏡山ほか　前掲：90～91頁）を含んで、ヤマトシジミは少量混じる程度まで減じる、というのである。

この変化に対して、木村幾多郎は「貝種の層位的変化を見ると、前期末はヤマトシジミがそのほとんどを占めるが、それ以降は、ハマグリ、カキ等鹹水産の貝類が増加している。古遠賀川の後退という自然環境の変化からすると、鹹水産貝類から、ヤマトシジミへの変化の方が理解しやすいのであるが」と首を傾げ、「縄文時代におけるこの地域の貝塚も、マガキが多く、これに砂泥性の貝類が伴い、ヤマトシジミは検出されないが、又は検出されたとしても少量であった。したがって、

ハマグリ・マガキの多い中期の貝層が城ノ越貝塚の本来の姿を示しているのかもしれない」（木村幾多郎 1982：393 頁）との解釈を提示した。

ところが、近年の調査成果は、この現象を城ノ越貝塚のみの特質とは言いきれなくしている。すなわち下流の慶ノ浦遺跡をみてみると、「前期後半」の 13 号・14 号・15 号貯蔵穴から出土した貝は（第 1 表 6）、「シジミ貝類」の占める割合が鹹水種のそれに比して桁違いに高い。一方、「前期後半」の 16 号貯蔵穴と「前期末」に属するという 3 号貯蔵穴では、「シジミ貝類」の割合が低下するのと反比例して、鹹水種のそれが高まっているのである（武田光正ほか 2001）。

古唐津湾（潟）との連動　唐津平野では、㋑のタイプの形成が遠賀川流域よりも早く、夜臼式単純期にはすでに汲田貝塚が形成されていた。これについて、井関弘太郎は「宇木汲田貝塚が形成された縄文晩期のころは、それを構成している貝殻の多くがヤマトシジミであることからみて、少なくとも同貝塚のあたりより下流側のかなり広い範囲に、汽水性の潟の広がっていたことが推測される」（井関弘太郎 1982：14 頁）と述べ、大きく湾入し、汲田貝塚の四辺で容易に採貝しうる古唐津湾（潟）を復原してみせた。これに対して、田崎博之は近年、「宇木汲田貝塚では夜臼式古段階に沼沢地の環境が湿潤低地へと変化し、弥生前期中葉には沼沢地環境へ次第に転じる」（田崎博之 2007：61 頁）と論じ、小松譲らは同市大字原梅白遺跡の成果をふまえて、汲田貝塚の周辺には後背湿地が広がっていたと説く（小松譲ほか 2009）。いま、両案のいずれが正鵠を射ているのか、地質の分野に疎い筆者が判断を下すことはもとよりできないが、しかし汽水にせよ、淡水にせよ、貝塚の近傍にウォーター・フロントが広がっていたことは間違いない(2)。

むしろ問題は、汲田貝塚に堆積した貝種の変転である。東の夜臼式貝塚および西の前期貝塚における「板付Ⅰ式と夜臼式の土器を主体とする」層ではマガキが主体であったが、「板付Ⅱa 式期の土器を含」む層にはハマグリが多く含まれていた（小田富士雄ほか 1982a）。この干潟群集種から内湾砂底性群集種への転換は、往時の嗜好が一変したと評価するのでもないかぎり、環境の変化として、遠賀川流域の状況と併せて理解されなければならないであろう。いまのところ、福岡平野ではこのようなケースがみあたらないが、しかし㋑のタイプの貝塚が板付Ⅱ式期に突如出現することは、板付、比恵、浄泉寺の各遺跡が示すところである。

畢竟、湾を違える城ノ越・汲田の両貝塚でともに貝種が変化し、かつ、その方向性を同じくすることは、板付Ⅱ式期に「暖の戻り」(3)があって、海水準が上昇したことを推測させる。玄界灘沿岸において、貝塚の形成が活発化した所以である。

3. 板付Ⅱb 式と須玖Ⅰ式の間

問題の所在　貝塚の増減からすると、板付Ⅱ式期に起こった「暖の戻り」は、少なくとも中期初頭まで余韻を残すようである(4)。実際、帰属時期が「前期末〜中期初頭」と報告されている貝塚は数多い。

しかし、ひとつの疑問がここで生じる。すなわち、「前期末〜中期初頭」の貝塚の多くは、ピットに堆積した小さな地点貝塚で、大規模な斜面貝層が形成されている例はほとんどない。この場

合、貝塚は短期間のうちに形成されたであろうし、混淆も起こりにくいであろうから、時期はもう少し限定されていてよいはずなのである。

要因はどうやら、時期を判別する土器編年の側に潜んでいるらしい。つまりは、板付Ⅱb式から須玖Ⅰ式までの各型式に対する研究者の認識がそれぞれ食い違い、あるいは「前期末〜中期初頭」として一括りにする説まで存するために（藤尾慎一郎 1984）、いま、前期か中期かさえも断定しづらくなっているのである。

近年の研究動向 「前期末〜中期初頭」に関するこんにちの編年研究は、小田富士雄による板付Ⅱ式の2細別（定村責二ほか 1965）、ⅡA・ⅡB・（諸岡）の3細別案提示（小田富士雄 1979）、および（諸岡）段階から板付Ⅱc式への改称と（小田富士雄 1983）、城ノ越式の整理・再定義（小田富士雄 1973a）とを基調とする。これまでも、多くの先学が様々な視角からアプローチしているが、そのなかでも地域・遺跡を絞って考察した菅波正人の論考と、前・中期の分離をめざした榎本義嗣のそれとに導かれながら、この問題を検討してみたい。

菅波は、90年代までに蓄積された資料をもとに、福岡平野の前期弥生土器編年を整理した。板付Ⅱc式を「甕は外反度、胴部の膨らみは（板付Ⅱb式に比べて）更に増す。底部は厚くなり、中央をくぼませる上底のものが見られるようになる。また、亀の甲式の甕の割合も増してくる。壺は小形、中形品は口縁は広く開き、水平を成すようになる。肩部には沈線や突帯を施すものがある。文様は無軸羽状文が多いが、これ以後、壺の文様は見られなくなる」（菅波正人 1996：20頁）[5]と説明し、その指標として福岡県福岡市博多区比恵遺跡群37次調査SU-037およびSU-039の両遺構例を挙げる。

榎本は、「甕棺の型式差ほど該期の日常土器の様式差（型式差）が現在でも明瞭に区分されておらず、日常土器の時期の表現において「前期末から中期初頭」という記述が頻繁に用いられることが多い」（榎本義嗣 2007：129頁）と、問題の所在を喝破する。そうして、器形、各部位の形態、刻目・突帯の存否といった種々の要素をとりあげて相関性の高い組み合わせを導き出し、土器型式群を再編成することによって、この問題の解決を図ろうとした。結果、「甕B-1型式」、「甕B-2型式」、「甕B-3型式」を新古の指標として、①〜③式が設定される。これらが、それぞれ「板付Ⅱc式」、「城ノ越式（古段階）」、「城ノ越式（新段階）」と呼び換えられた。

ところが、「城ノ越式（古段階）」とされた②式は（第5図）、看過できない問題を孕む。すなわち、②式は「甕B-2型式・A-2型式、壺B-2型式を主要な土器組成とする様式である」（榎本前掲：118頁）としているが、榎本自身が共伴状況を示した表を参照するかぎり（第6図）、「甕A-2型式」や「壺B-2型式」は「甕B-1型式」にともない、「甕B-2型式」と共伴するのは、むしろ氏が①式とした「壺B-1型式」なのである。この矛盾に対して、「②式においては壺A-1・C-1型式にも時間の接点があり、**やはり複雑な土器組成を示している**」（同：118頁）と述べるが、結局、ブラック・ボックスは依然として残り、「前期末〜中期初頭」という語が「城ノ越式（古段階）」に置換されただけにみえてしまう。[6]

板付Ⅱc式の特徴 もとより、甕は変化の緩やかな器種であり、古手の要素もよく残る。複雑な前期末から中期初頭を整理するのであれば、精製壺形土器における文様の一般則と手法の変遷とを

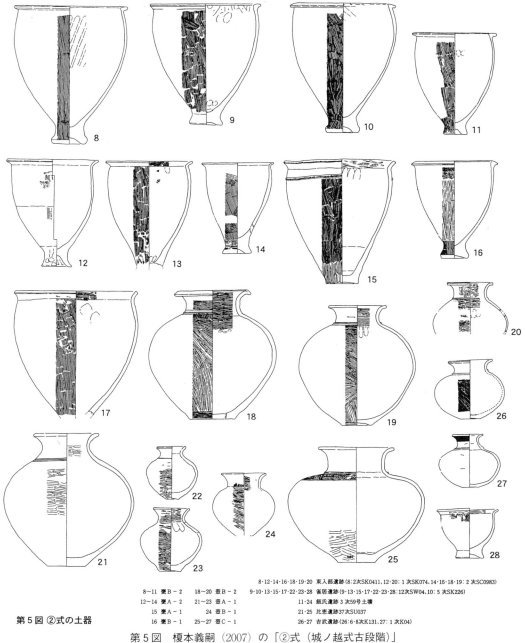

第5図 榎本義嗣（2007）の「②式（城ノ越式古段階）」

正しく把握するところから始めなければならないであろう。

　九州弥生土器の文様帯に着目したとき、前期と中期との根本的な違いは、文様帯を設ける位置の変更にもとめられる（第7図）。すなわち、板付Ⅱa式やⅡb式がヘラもしくは貝描き文様で胴部上方を飾るのに対して、須玖Ⅰ・Ⅱ式は縦方向の暗文による文様帯を頸部に配する。この大きな変転が、板付Ⅱc式ないし城ノ越式で起こっている、という視点をまずは示しておく。

第13表 甕・壺各型式の遺構共伴状況

遺跡名	遺構名	甕 B系譜			甕 A系譜		壺					文献
		B-1	B-2	B-3	A-1	A-2	A-1	B-1	B-2	C-1	D-1	
浄泉寺1次	51号A Pit	●				●	●					東洋開発1974
東入部2次	SC0983	●				●	●					福岡市教育委員会2000b
雀居12次	SW04		●		●	△						福岡市教育委員会2003a
飯氏3次	59号土壙		●	△			●					福岡市教育委員会1993c
姪浜3次	SK097			●						●	●	福岡市教育委員会1996b
東入部2次	SK0542			●							●	福岡市教育委員会2001c
東入部1次	SK074			●					●			福岡市教育委員会1998a

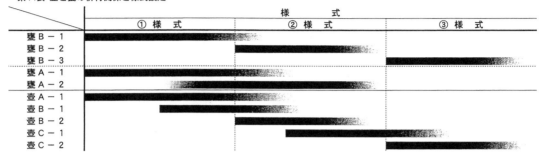

第14表 壺と甕の併行関係と様式設定

第6図 榎本義嗣が示した遺構共伴状況（榎本義嗣 2007）

　さて、前期の下限を見定め、かつ、中期初頭と弁別するには、板付Ⅱc式を正しく理解する必要がある。小田の定義に立ち返って、福岡市博多区諸岡遺跡の標式資料を吟味しよう（横山邦継ほか1975）。第8図1・2は第3号竪穴の出土品である。1は肩部に貝殻腹縁で描いた無軸羽状文を配し、文様帯の上下を2条の沈線で画する。口縁部は肥厚させない。2の肩部片も同様に無軸羽状文で飾る。第5号竪穴出土の3はヘラで無軸羽状文を描く。4・5は第13号竪穴の例で、いずれも装飾は乏しい。頸胴部境に沈線や断面三角形の突帯を配するのみで、羽状文を欠く。第17号竪穴出土の7は、文様帯の上端を突帯と沈線とで、下端を2条の沈線で画する。9は第6号竪穴の例で、無軸羽状文帯の上端に突帯を、下端に1条の沈線をめぐらす。図のとおり、肩が張るタイプであろう。以上、標式資料の精製壺形土器は、①肩部に、②突帯や沈線で上下端を区画した、③無軸羽状文帯を配するところに特徴がある。また、④口縁部を肥厚させる例はみあたらない。

　なお、第14号竪穴出土の10は、文様の構造自体を異にするので、上出の例と分けておく。すなわち、羽状文は右下がり＋左下がりの斜線を単位とし、かつ、単位ごとに上下を区切ってあるからであり、加えて細長い頸部の下方にも2条の横線をめぐらせているからである。

　この視点で、菅波が板付Ⅱc式として例示した、比恵遺跡群37次調査の出土品を検討してみたい（菅波正人 1993）。第9図上段はSU-039下層の土器群で、1が基準となる有文の壺である。頸部は長く立ちあがり、肩部に無軸羽状文帯を配して、上端を段で、下端を沈線でそれぞれ区画する。下段に掲げたSU-037においても、36の有文壺の肩部は、1と同じく無軸羽状文で飾り、上下にそれぞれ突帯と沈線をめぐらす。以上から、比恵遺跡群SU-039、SU-037の有文壺は、いずれも板付Ⅱc式の条件をそなえているとみてよい。榎本はSU-037例を、②式すなわち「城ノ越式（古段階）」においたが、同例を城ノ越式に含めることは定義上不可能であって、板付Ⅱc式と

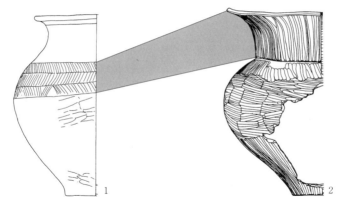

第7図　精製壺形土器における文様帯の位置
1 福岡・比恵、2 福岡・須玖五反田

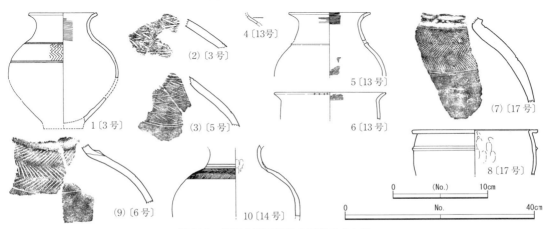

第8図　福岡市諸岡遺跡の板付Ⅱ式土器

捉えた菅波の見解を支持したいと思う。

　無軸羽状文土器の二者　ここまで、板付Ⅱc式の枠組みを理解することにつとめてきた。しかし、須玖Ⅰ式までの変転を精確に辿ろうとするならば、板付Ⅱc式の、城ノ越式の成立基盤としての側面にも迫っていかなければなるまい。

　そこで、あらためて注目しなければならないのは、板付Ⅱc式の文様帯区画方法である。諸岡遺跡例を見返すと、特に下端の沈線区画については、2条のものと1条のものとがあり、両種は共伴する関係にない。就中、1条で画する場合は、2条区画の例よりも肩が張っている。比恵遺跡群の完形有文壺でこれを較べてみても、同様の違いがみとめられ、1条区画の例は頸部の縦幅が狭いことも確かめられる。そうして、福岡平野の城ノ越式土器が、頸部幅を狭くし、肩が強く張る点（武末純一 1987b）、頸胴部の境は1条の区画文で表現する点を想い起こすならば、2条と1条という違いは区画の退化によって生じるとみてよく、SU-039 → SU-037 の変化が推知されるのである（第10図）。SU-039 に有軸羽状文土器の小破片が残存しているのは（第9図9）、同遺構が古手であることをさらに証示する。

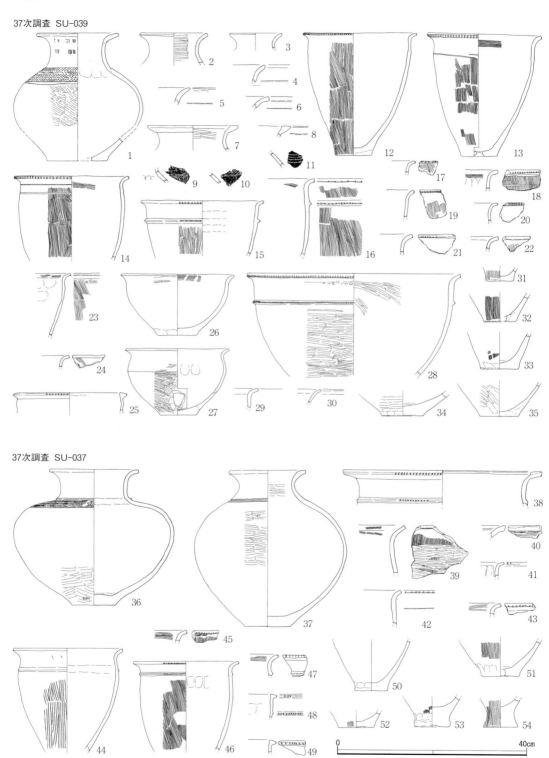

第9図 福岡市比恵遺跡群の板付Ⅱc式土器

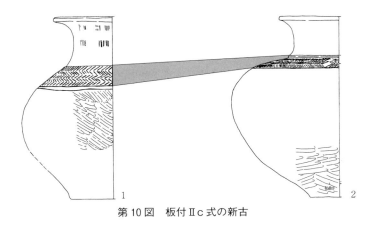

第10図　板付Ⅱc式の新古

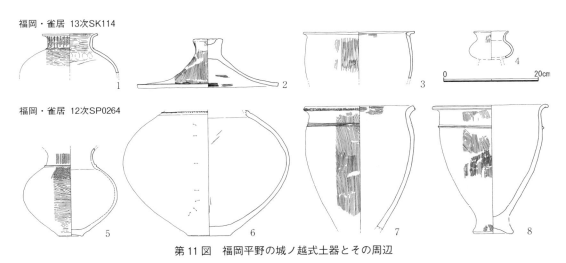

第11図　福岡平野の城ノ越式土器とその周辺

　ここまで縷述してきたところから、板付Ⅱc式に新古をみとめ、SU-039例を指標として板付Ⅱc（古）式を、SU-037例を指標として同（新）式を設定する。類例を検索すると、例えば福岡県春日市伯玄町伯玄社遺跡82号甕棺副葬壺は（古）式に（柳田康雄ほか 2003）、福岡市城南区浄泉寺遺跡51号Aピットの土器は（新）式に（村岡和雄ほか 1974、柳田康雄 1983）、それぞれ相当する。

　板付Ⅱc式の行方　現行の編年案では、城ノ越式が板付Ⅱc式に後続するとされる。福岡平野における城ノ越式土器の好例として、福岡市博多区雀居遺跡13次調査SK114の出土品を**第11図上段**に掲げた（力武卓治ほか 2003c）。1の形制は、板付Ⅱc（新）式の比恵遺跡群SU-037例と同じく肩が張り、頸部は短く立ちあがる。ただし、羽状文はなく、文様帯は上方に移っている。頸部の調整をハケとナデにとどめ、縦方向の暗文でそこを埋める。

　本例がリアルに示すように、板付Ⅱc式壺と福岡平野の城ノ越式壺との相違は、決して小さくない。むしろ、城ノ越式における沈線文様の消失と文様帯の位置の変更は、未だ究明されていない土器型式の存在を予測させる。すなわち、①板付Ⅱc式に含めてはならない未解明の型式があり、②

福岡平野にその文様帯および文様の描出技法が及んで、③それが定着することで同平野の城ノ越式が成立する、というプロセスが想像されるのである。

　このような筆者の仮説に応えてくれるのが、雀居遺跡12次調査SP0264で出土した前期の土器である（第11図下段、力武卓治ほか2003b）。壺の頸部は真っ直ぐに長く立ちあがり、胴部はやや丸みを帯びる。頸部を縦方向の、肩部を斜方向の暗文でそれぞれ飾り、そこを朱で充たす。本例はもちろん板付Ⅱc式の埒外にあり、文様についていうと、中期弥生土器との関係は板付Ⅱc式よりも深い。いずれにせよ、複雑な「前期末～中期初頭」問題を解決に導くためには、この種の土器の起源を捉え、何処の技法かを特定する作業がもとめられる。前期後半代になっても頸部を広くとり、そこを縦方向のミガキで調整する壺を製作していた地域が、候補にのぼってくるであろう。

4.「倭の水人」の影

　汎列島的な現象として　本章では、弥生時代前期後半～中期初頭における貝塚の増加、内陸部での形成、貝種の変化から、海水準の上昇をともなう「暖の戻り」を摘出した。佐賀県唐津市宇木汲田貝塚の状況から、その始まりを板付Ⅱa式期とみておきたい[10]。

　これは何も、玄界灘沿岸に限られる局地現象でない。伊勢・三河湾沿岸では愛知県名古屋市西区西志賀貝塚をはじめとして（杉原荘介ほか1961）、西志賀式期に貝塚が盛んに営まれ（岩瀬彰利2003）、また、東関東地方の古鬼怒湾岸においても貝塚の形成が活発化する。鈴木正博はこの状況を荒海海進と呼び（鈴木正博2006a）、荒海3式期に千葉県成田市荒海川表貝塚が、次いで4式期に同市台方花輪貝塚が形成される点をもとに、前期末までは海進が継続したと論じた（鈴木正博2008b）。玄界灘沿岸にみられた「暖の戻り」も、これらと軌を同じくした汎列島的現象である点に注意しなければならない。

　浄泉寺遺跡の不思議　ところで、本章の冒頭で①のタイプと呼んだ内陸部の貝塚のなかに、異彩を放つひとつの遺跡がある。

　すなわち、福岡県福岡市城南区浄泉寺遺跡は、40号・47号・52号・53号の各ピット内に貝が堆積していた。割合は異なるものの、いずれもアサリやマガキといった鹹水種と、ヒメタニシのような淡水種とで構成されている（第1表17、村岡和雄ほか1974）。ところが、道具類に眼を転じると、漁撈具がことごとくみあたらない。遺存しにくい骨角製の漁具や採貝具はもとより、石器も斧類に加えて石庖丁と石剣があるのみで、石錘などは一切検出されていないのである。

　このような動物遺体と道具の不一致を、どのように考えるべきであろうか。さしあたって推測されるのは、①浄泉寺の人々が道具を必要としない程度に漁撈活動を行っていた、②海岸部の人々との交換行為の結果、海産資源を入手した、という2つの可能性である。

　集落が営まれたのは板付Ⅱ式の「暖の戻り」の時期にあたり、「暖の戻り」はたしかに内陸−海岸間の距離を小さくする。これは単に、河川流量の増加が往来を容易にするということでなく[11]、三村信男らの予測によれば、わずか30cm程度の海水準上昇が全国の砂浜の56.6％を侵食するというから（三村信男ほか1994）、砂質海岸が大部分を占める玄界灘沿岸の場合、砂堆が消え、ラグー

ンも拡大・鹹水化して、実際の距離も短くなっていたはずである。上に掲げた①・②両案のいずれが成り立つにせよ、内陸部の集落が海産資源を得やすい環境であったことは間違いない。

しかし、近傍で淡水種の貝類を採取していた浄泉寺の人々が、海辺にも赴き、鹹水種を獲得していたとしても、40号ピットから出土した貝庖丁の原材は、普段石庖丁を使用する人々が容易に得られるものでない。それらはクロアワビを加工して作られており、採取には潜水技術と専用の道具であるアワビおこしを必要とする（岡崎敬 1968）。したがって、遺されていた貝すべてを浄泉寺の人々が採取したとは考えにくく、鹹水種については、②案の可能性を想定しておくべきであろう。(12)少なくとも、アワビおこしの分布は、現在でも海岸線に臨む⑦の貝塚に限られ、内陸部では検出されていない（武末純一 2008）。

もとより、アワビの採取は縄文時代以来の伝統があり、弥生時代早期の貝塚からももちろん確認されている。ところが、内陸部での出土となると、板付Ⅰ式期を遡らない。「暖の戻り」と軌を同じくし、浄泉寺遺跡は最も古い段階の一例として位置づけられる。これを流通上の画期とみるならば、「暖の戻り」が誘因となって活動の舞台を拡げ、直接的にせよ、あるいは間接的にせよ、内陸部の人々と結びついていった海人集団の姿が浮かびあがってくる。その交渉が、あくまで食料資源の交換にとどまったか、あるいは平野部と平野部とを媒介するトレーダーの役割をも果たしたか、いまは結論を出しがたい。しかし、福岡県宗像市石丸遺跡3号貯蔵穴において、アワビなどとともに高槻式土器が出土していることは（橋口達也ほか 1980）、大いに示唆に富む。

前・中期の交には定住性の高い「弥生漁村」も出現し（下條信行 1989）、中期に入ると、海峡の彼方に運ばれる弥生土器の量も格段に増していく。浄泉寺遺跡のアワビは、このようにして拡充の一途を辿った弥生時代海人集団の、大きな第一歩を物語っているのである。

註
（1）山崎純男は、「縄文～弥生の連続した貝塚形成が各地域にみられない」（山崎純男 1991：32頁）と述べる。
（2）少なくとも、夜臼式単純期以前の遺跡は、宇木・半田両川の下流域にみあたらない。
（3）鈴木正博（2007）などで用いられた語である。
（4）この現象に関連して、土器研究の側でも、板付Ⅱ式に貝描文装飾が盛行し、城ノ越式に廃れていく点に注目する必要がある（山中英彦 2004）。鈴木正博は「貝殻文や貝殻条痕文によって特徴付けられる考古文化には気候の温暖化適応との相関が極めて強」（鈴木正博 2006b：67頁）いと述べ、施文具の変化から、すでに板付Ⅱ式期の温暖化を予察していた。
（5）引用部分の括弧内は、本書の筆者が改変・追加したものである。
（6）引用部分の原著はすべて同じ書体で表記されており、ゴシック体の箇所は本書の筆者が改変したものである。
（7）本章の初出論文である齋藤瑞穂（2010a）は、「肩部に2単位からなる有軸羽状文帯を配し」（39頁）と記しているが、これは誤りである。2段の羽状文を、単位ごとに横線で画しているのであって、羽状文自体が軸をもつのでない。もちろん、板付Ⅱc式の埒外であることに変わりはない。
（8）本章の初出論文である齋藤瑞穂（2010a）では、「榎本はSU－039例を、②式すなわち「城ノ越式（古段

階）においたが、標式資料を尊重する立場からすれば、同例を城ノ越式に含めることは定義上不可能であって」（39頁）と記したが、齋藤瑞穂（2010c）で訂正したように、正しくは「榎本はSU‑037例を」である。なお、久住愛子ほか（2008）は、榎本の②式までを前期末とする。
（9）齋藤瑞穂（2010a）では、「板付Ⅱc式に新古をみとめ、SU‑039例を指標として古段階を、SU‑037例を指標として新段階を設定する」（39頁）と記したが、本文のとおり変更する。
（10）本章の成果は、田崎博之が唐津・福岡両平野における諸遺跡の堆積土を分析し、そこから導き出した環境変動の結果と一致している（田崎博之 2007・2008）。
（11）板付遺跡や比恵遺跡群の地質分析は、「暖の戻り」が低地の水田地帯に及ぼした負の影響を示す（古川博恭 1976、吉岡完祐 1980）。
（12）山崎純男も、報告書中で「アワビ等の岩礁性貝類と砂泥性貝類の混入は、あるいは他よりの交易に求めたのかもしれない」（村岡和雄ほか 1974：42頁）と考察している。

第3章　壺形土器の文様帯
―九州地方前期弥生土器型式の細別―

1.「前期末～中期初頭」問題

　北部九州の弥生時代研究がかかえる問題のひとつに、「前期末～中期初頭」問題がある（吉留秀敏 1994、宮井善朗 1996、福島日出海 2005、榎本義嗣 2007など）。これは、資料数が増え、編年研究が進むにつれて、前期末の板付Ⅱc式と中期初頭の城ノ越式との弁別が難しくなり、「日常土器の時期の表現において「前期末から中期初頭」という記述が頻繁に用いられることが多」（榎本前掲：129頁）くなった現今の状況をいう。土器がともなっていながら、遺構や遺物が前期に属するのか、あるいは中期なのかを判定しにくくなっているのである。

　そもそも前期末から中期初頭といえば、前章で論じ来たったように「暖の戻り」がピークを迎え

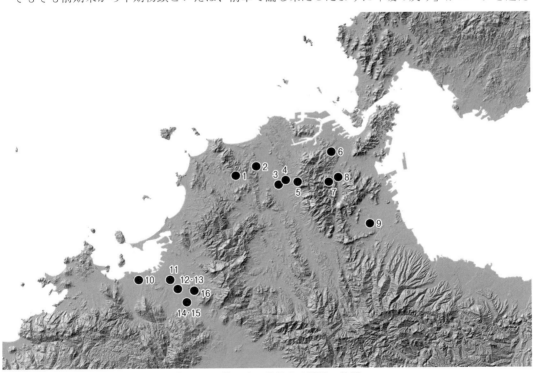

第12図　第3章で言及する遺跡の位置
1福岡・石丸、2福岡・城ノ越、3福岡・原、4福岡・香月、5福岡・馬場山、6福岡・高槻、7福岡・岡
8福岡・高津尾、9福岡・下稗田、10福岡・浄泉寺、11福岡・比恵、12福岡・諸岡、13福岡・板付
14福岡・伯玄社、15福岡・九州大学筑紫（春日原）地区、16福岡・中

るとともに、九州島・韓半島間の連絡がますます密になり（後藤直 1979・1987）、かつ、「百余国」の有力者層の存在を考古学で確認できる最も早い時期にあたる（小田富士雄 1987・2009）。このような重要な時期であるにもかかわらず、肝心の土器編年は不安をかかえ、九州弥生時代社会の変転を跡付けていくうえでの大きな妨げとなっている。

以上の現状に鑑みて、前章では前期末の指標である板付Ⅱc式の定義と内容をあらためて確認した。そうして、後続する中期の城ノ越式と較べた結果、①板付Ⅱc式に含めてはならない未解明の型式があり、②福岡平野にその文様帯および文様の描出技法が及んで、③それが定着しなければ、福岡平野の城ノ越式土器が成立しえないことを指摘するに到った。

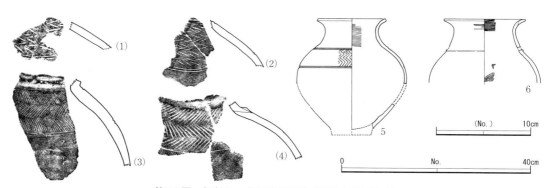

第13図　板付Ⅱc式の標式資料（福岡市諸岡遺跡）

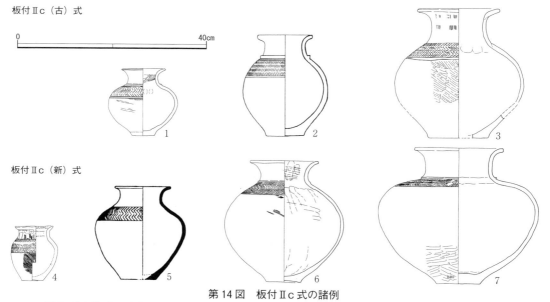

第14図　板付Ⅱc式の諸例

1 福岡・伯玄社（柳田康雄ほか 2002）、2 福岡・中（渡辺正気ほか 1962）、3・7 福岡・比恵（菅波正人 1993）、4 福岡・九州大学筑紫地区（西健一郎 1992）、5 福岡・板付（森貞次郎 1961）、6 福岡・浄泉寺（柳田康雄 1983）

2. 板付Ⅱc式の再確認

　板付Ⅱc式は、福岡県福岡市博多区諸岡遺跡出土の土器を標式とする（横山邦継ほか 1975）。はじめ「(諸岡)段階」として板付Ⅱb式から分離され（小田富士雄 1979）、のちに板付Ⅱc式に改称された（小田富士雄 1983）。同式の精製有文壺が、在来のどのような甕と組みあうかが長らく不明であったが、福岡市博多区比恵遺跡群の第37次調査が（菅波正人 1993）、これを解決に導く（菅波正人 1996）。

　第13図に掲げたのが、板付Ⅱc式の標式資料である。無軸羽状文で肩部を飾り、羽状文はヘラ状工具か、もしくは貝殻腹縁によって描く。前期中頃まで盛行していた連弧文はみあたらない。頸部が直立し、なで肩で、羽状文帯の縦幅が広い例と、肩が張って、羽状文帯の幅が狭いものとがあり、両者は共伴しない。区画文の条数にも違いがあり、この相違を新古の差とみなして、第2章で(古)・(新)両式に細別した（第14図）。

　板付Ⅱc式の文様帯は、後続する城ノ越式に継承されないらしい。形制をみれば、比恵遺跡群出土の(新)式例に近似するが（第14図7）、装飾箇所は胴部から頸部に転じ、文様を描出する技法は沈線文から暗文へと変わる。福岡平野の城ノ越式土器が、板付Ⅱc式からの単純な変化では生まれえない、と論じた所以である。

3. 胴部文様帯の構成—福岡平野と響灘沿岸を比較する—

　福岡平野の北方に眼を向けると、梅﨑惠司が九州響灘沿岸地域の前期弥生土器編年をまとめている。氏は、早期ないし前期の土器を1〜7期に分け、7期をもって前期の最終段階とする。この段階は、頸胴部境の「段がなくなり口縁部がのびた壺が主体となり、貝殻を使用した羽状文が施される点が特徴的である」（梅﨑惠司 2000：239頁）といい、指標として福岡県北九州市小倉南区高津尾遺跡1区第3号貯蔵用竪穴例（川上秀秋ほか 1990）、3区1号貯蔵穴例（木太久守ほか 1992）、同市小倉南区岡遺跡1号土壙例（小方泰宏ほか 1989）、同市八幡西区香月遺跡D-37・38・39号土壙例（中村修身ほか 1979）、同市八幡西区原遺跡1973年調査区竪穴-28例（小田富士雄ほか 1973）、1976年調査第2地点竪穴-9例（小田富士雄ほか 1976）が挙げられている。

　以上の各遺跡のうち、紫川流域に地域を限ってみていくと、高津尾遺跡1区第3号貯蔵用竪穴の第15図1は、上半部が遺存する。頸部が直立し、口縁部は大きく開いて、頸部の上方に7条の横線文を施す。胴部を斜格子文、無軸羽状文、連弧文からなる3段の文様で飾り、それぞれの文様のあいだを3条からなる区画文で分ける。頸胴部境と胴部最大径部分とに断面方形の突帯を配し、文様帯の上下端を画する。また、口縁部内面にも、断面三角形の突帯を設けている。2は完形品で、1のようにして多条の横線文を頸部に配する。断面方形の突帯で区画した文様帯を胴部におくが、上半に羽状文を施すのみで、1では連弧文が占めていた下半部分を空白にする。口縁部は大きく開いて、内面の突帯も上方にある。11・12は羽状文で飾った壺で、文様帯の下端を2条の沈線で区

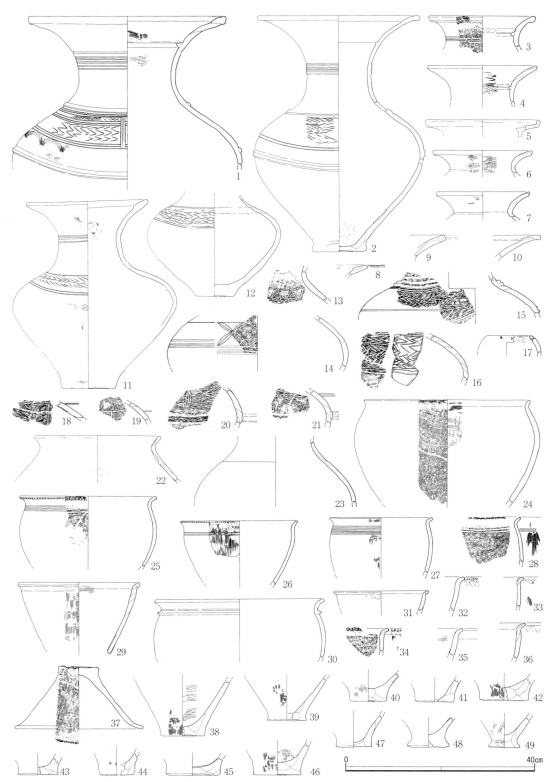

第15図　福岡県北九州市高津尾遺跡1区第3号貯蔵用竪穴の土器

第3章　壺形土器の文様帯　47

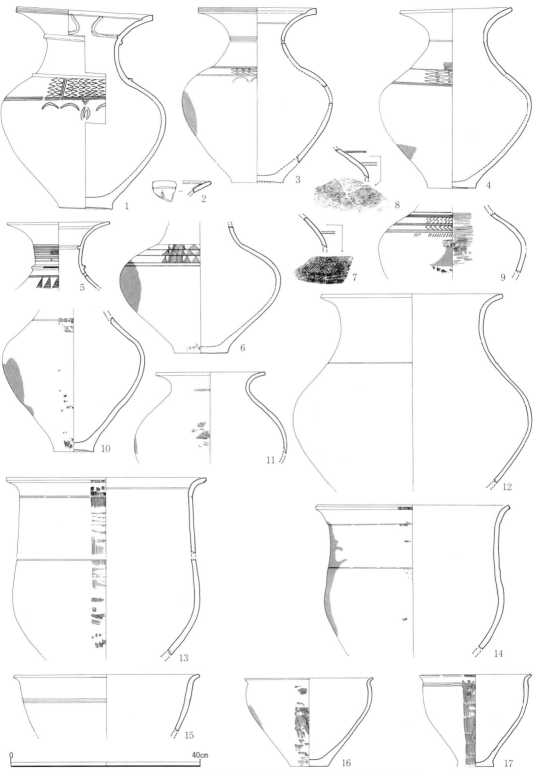

第16図　福岡県北九州市高津尾遺跡3区1号貯蔵穴の土器（1）

画する。内面に突帯はみあたらない。13〜21は木葉文や鋸歯文や羽状文や連弧文などで装飾する。文様帯の上下端を、断面方形あるいはＭ字形の突帯で示す例が散見される。

　第16・17図は、高津尾遺跡3区の1号貯蔵穴の例である。第16図1は、口縁部と頸部、頸部と胴部の境にそれぞれ断面三角形の突帯を設ける。口唇部を厚くし、面取りして沈線を加える。胴部の文様は、無軸羽状文と連弧文からなり、所々に下向きの三角文と括弧状に内に開く弧文を配する。口縁部内面には湾曲した突線を付す。3は胴部を羽状文と連弧文とで飾る。口頸部境に3条の横線を施し、口唇部は肥厚させる。4は羽状文のみで飾り、下端を2条の沈線で画する。5は、他の例と違って頸が細く、器壁も薄い。頸部を横線と突帯とで埋め、突帯の先端に刻みを加える。胴部に三角文をおき、内面には断面方形の突帯を設ける。6は下半部が遺存した例で、胴部を羽状文でなく三角文で飾り、2条の沈線で区画する。7・8は胴部片で、無軸羽状文で飾っている。9も胴部で、無軸羽状文を2段重ね、下方に斜線文を添える。

　第18図は岡遺跡1号土壙の出土品である。1は、高津尾遺跡1区第3号貯蔵用竪穴の例（第15図1・2）に似て、口頸部境を飾る横線の条数が多い。胴部には貝殻腹縁を用いて無軸羽状文と連弧文とを描き、それらの上下を断面Ｍ字形突帯で区画する。内面は、やや上方に断面方形の突帯を設けるとともに、口唇部付近を三角文で縁取る。同様に3も、頸部に多条の横線を施す。胴部文様帯の上下を断面Ｍ字形突帯で区画するが、上方のみを羽状文で飾って、下方は空白にする。内面には断面三角形の突帯がみられる。

　これらの例が、検出状態から「土壙に据え置かれた」と考えられているのに対し、8は「土壙が埋まる過程で混入した」（川上ほか 前掲：28頁）という例である。口縁部は「据え置かれた」例よりも大きく開き、わずかに垂れる。頸部に間隔をあけた2条の横線を施す。文様は至って簡素で、頸胴部境に断面三角形の、胴部最大径部分に断面Ｍ字形の突帯をそれぞれ設けるが、そのあいだは中ほどに弧文を施すにとどまり、羽状文はみられない。

　以上の土器群がそなえる特徴を抽出していくと、まず注意されるのは、胴部文様を無軸羽状文のみで構成する例と、羽状文と連弧文で構成する例との共存頻度が高い点である。前者を羽状文1段装飾壺、後者を羽状文＋連弧文多段装飾壺と呼んで、第15図に掲げた高津尾遺跡1区第3号貯蔵用竪穴で例示すると、11や12が羽状文1段装飾壺に、1が羽状文＋連弧文多段装飾壺に相当する。ちなみに、1の胴部文様は、斜格子文、羽状文、連弧文の3段で構成されるが、縦の区画文が斜格子文と羽状文とを貫いており、両文様をあわせて1段分としている様子がみてとれる。特徴の第二は、羽状文1段装飾壺の区画文がもっぱら沈線であるのに対して、羽状文＋連弧文多段装飾壺では突帯を頻用する点で、形状は種々みられるようである。第三として、口内帯を有する場合がある点も挙げておこう。

　このように、福岡平野における板付Ⅱｃ式の諸例と、九州響灘沿岸地域の「前期末」とされる土器群との間には瞭然たる違いがある。板付Ⅱｃ式は羽状文1段装飾壺のみで構成され、羽状文＋連弧文多段装飾壺はともなわない。福岡平野では、前期中頃で連弧文が潰えるからである。また、突帯の用い方でも、板付Ⅱｃ式では頸胴部境のみに設け、胴部最大径部分や内面には使われない。当然、響灘沿岸の「前期末」を板付Ⅱｃ式と呼ぶことは、標式資料にもとづくかぎり不可能と言わざ

第3章　壺形土器の文様帯　49

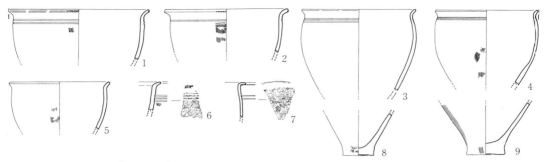

第17図　福岡県北九州市高津尾遺跡3区1号貯蔵穴の土器（2）

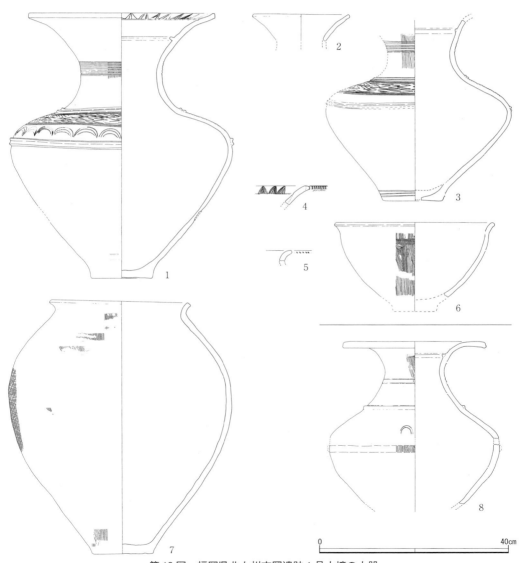

第18図　福岡県北九州市岡遺跡1号土壙の土器

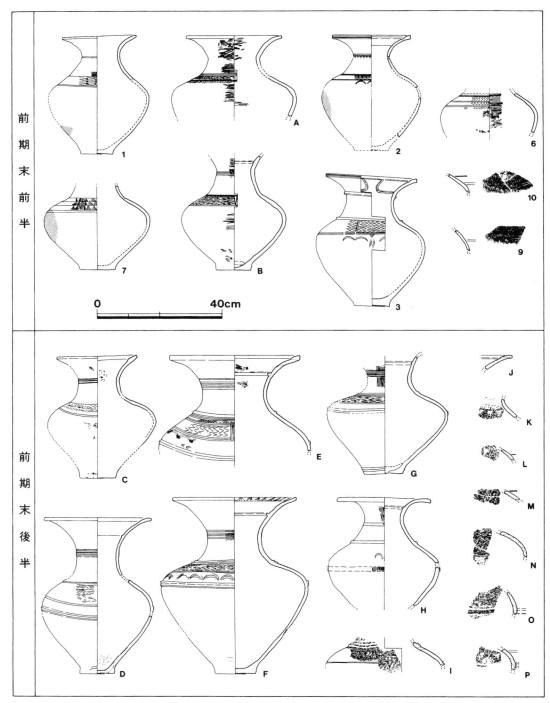

第114図 高津尾遺跡における弥生時代前期末の有文壺細分図（1/12）
（1～3、6、7、9、10…高津尾遺跡3区1号貯蔵穴　A、B…高津尾遺跡2区水溜遺構（註6））
（C～E、I～P…高津尾遺跡1区3号貯蔵穴（註7）　F～H…岡遺跡1号土壙（註8））

第19図　木太久守による前期末細分案（木太久守ほか 1992）

4. 区画文と連弧文の関係—響灘沿岸地域のなかで比較する—

　響灘沿岸における「前期末」の土器群をさらに詳しく観察していくと、胴部を飾る連弧文にいくつかのパターンが存することに気がつく。かつて、木太久守は高津尾遺跡の土器と岡遺跡のそれとを比較して、この地域の前期末を新古の2段階に細別してみせた（第19図）。

　それによれば、「①前者は頸部の傾きが1度内傾したのち外傾に転ずるのに対し、後者はほとんど内傾せずに大きく外反するものが多い。②前者に比べて後者の頸部は長くなり、口縁部の開きもさらに強くなる。また、頸部外面の沈線の条が多条になる。③文様帯上下の区切りは、前者が上方のみに段や3角形突帯で行うのに対し、後者はその上下ともに突帯を巡らすものが多くなる。また、突帯は3角形よりM字形が大半を占め、わずかながらコ字形突帯も認められる。④前者に比べて後者の方が全体に器形が大型化する」（木太久守ほか 1992：115頁）という。主として、器形や突帯の形や土器のサイズに注目して提案した細別案であったが、この基準で分離させることは難しく、また、違いを新古とみなす論拠にも乏しい。そのため木太久の案は継承されず、梅﨑もまた器形をもとにして編年を組み立てていながら、両種を7期のなかで一括するにとどまった。

　しかしながら、区画文に注目した③の指摘は卓見であったように思う。高津尾遺跡1区第3号貯蔵用竪穴、同3区1号貯蔵穴、岡遺跡1号土壙で出土した羽状文＋連弧文多段装飾壺をとりあげて、区画文と連弧文の関係を較べてみると、

　　㋐羽状文のみを区画する。連弧文は区画文の外側に配置される。
　　㋑羽状文と連弧文とを区画する。連弧文は区画文の内部に配置され、下方は閉じられている。
　　㋒羽状文＋連弧文分のスペースを区画しているが、文様は2段で構成されていない。羽状文はみあたらず、連弧文は区画文内部の中央に配置されている。

という3つのパターンがみいだされる。この三者は、

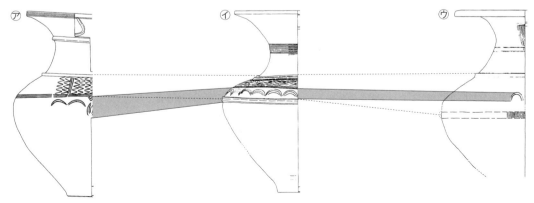

第20図　羽状文＋連弧文多段装飾壺における連弧文の扱い

　　　　㋐２段構成・連弧文区画外配置
　　　　　　　↓
　　　　㋑２段構成・連弧文区画内下半配置
　　　　　　　↓
　　　　㋒２段構成崩壊・連弧文区画内上方配置

といった、型式組列上の先後の関係として理解することが可能であって、木太久が一部２段階の推移を予察していたように、時期差として捉えるのが穏当であろう。基準となる遺構から、㋐高津尾式、㋑岡（古）式、㋒岡（新）式と呼ぶ（第20図）。高津尾遺跡１区の第３号貯蔵用竪穴の諸例は、岡（古）式にあたる。

　三者の違いは、連弧文の扱いにとどまらない。内面の突帯に注目すると、㋐高津尾式では、位置が外面の口頸部境に対応するのに対して、㋑岡（古）式には、口縁部の拡張に連動して突帯が上方に移行し、㋒岡（新）式ではさらに上方に設けるようになる。頸部文様についても、

　　　　㋐沈線や突帯による頸胴部境の表示→㋑沈線による多条横線文化（拡幅）→㋒形骸化

といった変化をみてとることができるのである。

5. 馬場山遺跡第33号竪穴例との関係—現行の「中期初頭」と比較する—

　「前期末〜中期初頭」問題の解決を期する以上、あわせて検討しなければならないのは、中期初頭に位置づけられている城ノ越式との関係である。1951年、日本考古学協会弥生式土器文化総合研究特別委員会は福岡市博多区板付遺跡の調査を、翌年から福岡県遠賀郡遠賀町城ノ越貝塚の調査をそれぞれ実施し、それらを含めた弥生時代遺跡の調査成果が『日本農耕文化の生成』として上梓された。

　城ノ越貝塚では、M区で前期から中期までの土器を含む連続性の高い貝層が検出され、土器の有する特徴と出土層位の上下から、「城ノ越Ⅰ（a・b）式」、「Ⅱ式」、「Ⅲa式」、「Ⅲb式」、「Ⅳa式」、「Ⅳb式」の各型式が定められた。このうちの「城ノ越Ⅲa式」・「城ノ越Ⅲb式」が、福岡県春日市須玖遺跡出土の「須玖式」に先行する中期の土器として注目をあび、両者をあわせて「城ノ越式」が提唱される（鏡山猛ほか 1961）。他方、板付遺跡でも、環壕や竪穴遺構から出土した土器をもとに、夜臼式や板付Ⅰ式〜同「Ⅳ式」の各型式が設定され、このうちの「板付Ⅲ式」が「須玖式」に先行する中期の弥生土器として位置づけられた（森貞次郎ほか 1961）。そうして、「城ノ越Ⅲa・b式」と「板付Ⅲ式」の両者は、併行する関係として評価されるに到る（杉原荘介 1961）。

　やがて、小田富士雄が城ノ越式を再定義し、範囲を「板付Ⅲ式」と「城ノ越Ⅲa式」に限定することによって、現行の枠組みが定まった（小田富士雄 1973a）。北九州市八幡西区馬場山遺跡の調査では城ノ越式の遺構一括資料にも恵まれ（小田富士雄ほか 1975）、以後、九州響灘沿岸においては同遺跡の第33号竪穴出土例が中期初頭の基準として扱われるようになる（小田富士雄 1979、武末純一 1985、梅﨑惠司 2005など）。

　第21図に、馬場山遺跡第33号竪穴の例を示した。１は、算盤玉状に胴部の張った壺で、口縁部は肥厚している。頸部は短く、下端が窄まっていて、頸胴部境と胴部最大径部分に断面三角形の突

帯を設ける。2は口頸部のみ遺存する。形状は1に似るが、頸部下端は1や3ほど窄まっていない。3は頸部以上を欠く例で、胴部最大径部分に突帯を設ける点は1に通ずるが、もう1つを頸胴部境に置いていない。若干下げて、肩の位置に配してある。

　以上の例は、従来、中期初頭の基準資料として、先に⑦高津尾式や④岡（古）式と呼んだ例の直

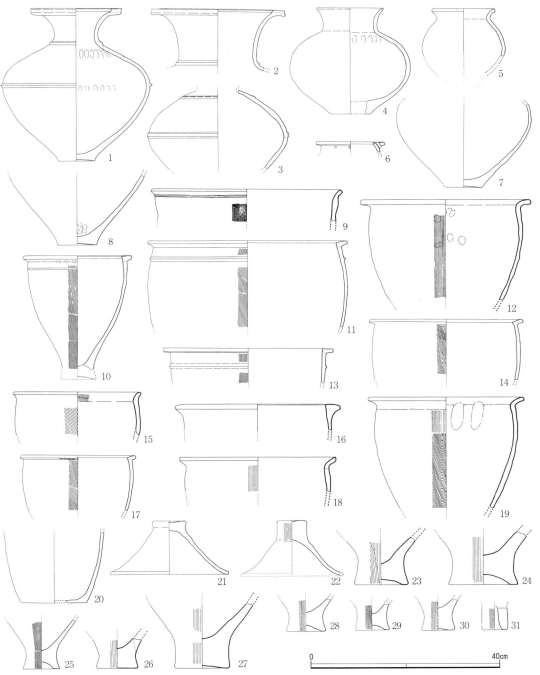

第21図　福岡県北九州市馬場山遺跡第33号竪穴の土器

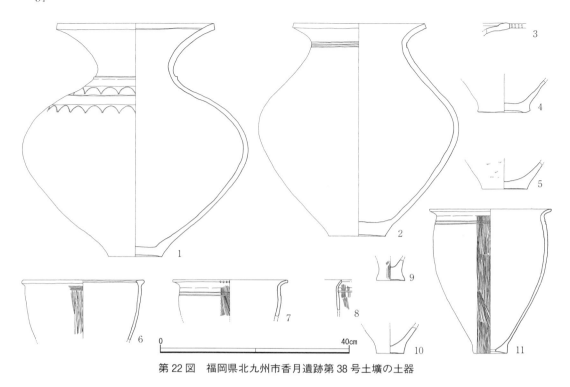

第22図　福岡県北九州市香月遺跡第38号土壙の土器

後に編年されていた。しかしながら、沈線文様の存否というだけでなく、仮に器形のみ比較したとしても、両者の違いはあまりに大きい。

㋒岡（新）式は、ここで大きな意味をもってくる。同（古）式との新旧関係は、層位によって保証されており、かつ、連弧文の扱いに注目すれば、（古）式は2段構成で連弧文を胴部文様帯の下半に配置するのに対して、（新）式は2段の構成が崩壊していて、連弧文の位置が上方に移動する、という違いもみとめられた。ただし、（古）式に拡幅した区画文間のスペースは、（新）式に内部の段構成が崩れ、文様自体が形骸化してもなお保たれており、区画文が内部の文様と関係なく、独立した動きを始めていることが察せられる。また（新）式では、頸部の横線も形骸化して条数が少なくなり、口頸部の境を表示する本来の意義をも失って、屈曲部とは対応しなくなっている。

このようにして、文様帯という観点から土器と土器とを丁寧に較べ、岡（新）式を設ければ、馬場山遺跡第33号竪穴の精製壺形土器の形成過程も自ずと理解しやすくなる。すなわち、頸部文様の形骸化と区画文の独立した動きが、その形成を促したというわけである。さしあたって、第33号竪穴の例を基準に馬場山式を設定し、岡（新）式→馬場山式という序列で捉えることとしたい。

しかしながら、岡（新）式は第18図8の1例のみであり、資料数に乏しい。あるいは、岡（新）式の形制と馬場山式のそれとが異なる点や、岡遺跡と馬場山遺跡とが属する水系を別にしている点にもとづいた反論も予想される。そこで、馬場山遺跡が位置する遠賀川の畔りで、岡（新）式に相当する例を検出しておこう。

第22図は、北九州市八幡西区香月遺跡第38号土壙の出土品である（中村修身ほか 1979）。注目するのは有文壺の1で、胴部の文様は連弧文のみを用いる。他を縦覧しても、羽状文で飾った例は

みあたらず、羽状文1段構成壺と羽状文＋連弧文多段装飾壺とで成り立つ岡（古）式までの段階を超えていることが察せられる。突帯は欠くものの、連弧文の位置をみてみると、胴部最大径の辺りでなく上方にあり、文様帯構造の共通から、本例の位置は岡（新）式の時期にあたえてよい。形制は、岡（新）式の例よりも馬場山式に近い。

　馬場山式には、それまでにない新しい要素もみうけられる。すなわち、本章でとりあげた時期に限っていえば、高津尾式以来、胴部文様帯の区画の上端は一貫して頸胴部境に設けられ、岡（新）式でもその原則は継承されているが、馬場山式になると、第21図3のように突帯を肩部に設けた例が出現する。肩部と胴部最大径部分に突帯を設ける作法は、この段階に始まったのである。

6. 前期と中期の境はどこか―問題の所在―

　本章では、九州響灘沿岸で「前期末」の位置をあたえられていた一群の土器を検討した。まずは、福岡平野との関係を検討するところから始めたが、共通点は無軸羽状文を用いるという点のみであって、土器型式が違うことはすぐに察せられた。

　次いで、木太久守の前期末2段階細別案を俎上に載せ、連弧文の扱い方や区画文との関係に注目して再検討をこころみ、高津尾式、岡式（（古）式→（新）式）、馬場山式という4型式の流れを提案した。形制のみでは新古の序列を明確に捉えることが難しく、従来の「前期末」と「中期初頭」とのあいだにヒアタスもあったが、しかし連弧文の扱い方から岡（新）式をみとめ、香月遺跡第38号土壙の出土品を同時期におくことで、スムーズな接続を可能にした。しかし、「前期末～中期初頭」問題は解決したわけでなく、課題はなおも残る。設定した土器型式のいずれが福岡平野の板付Ⅱc式に併行するか、いずれがその直後の土器型式に併行するか、そうして前期と中期の境がどこにあるか、次に解決をもとめられるのはこれらの問題である。

　城ノ越式土器研究のあゆみをふりかえれば、意外にも「城ノ越Ⅲa式」と「板付Ⅱ式」との併行を検証した形跡がみあたらない。実際、福岡平野と響灘沿岸とのあいだに地を占める福岡県宗像市石丸遺跡3号貯蔵穴では、福岡平野でいう城ノ越式土器と響灘沿岸方面で前期と認識される土器が共伴しているから（第23図、橋口達也ほか 1980）、北部九州の各地域間で中期初頭の認識にズレが生じている可能性は限りなく高い。

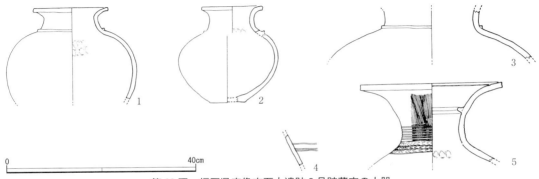

第23図　福岡県宗像市石丸遺跡3号貯蔵穴の土器

本章では、「前期末〜中期初頭」の土器群に4つの土器型式を設定するにとどめ、杉原荘介が提唱した「高槻式」（杉原荘介 1943a）との関係は議論していない。これは、小田富士雄が指摘するように（小田富士雄ほか 1961）、杉原の説いた定義そのものが曖昧さを抱えていることによる。しかし、いずれにせよ、福岡平野と響灘沿岸のあいだをより詳しく検討し、ズレがあるのか、あるならばどの程度のズレかを吟味しなければ、北部九州の「前期末〜中期初頭」問題は解決に到るまい。「高槻式」の「時期は未だ厳密に下限を決定し得ないが、中期初頭にまで継続しているであろうことは推察できる」（定村責二ほか 1965：10頁）という後学にあたえられた課題は、いま、解決への途を着実にあゆみはじめている(7)。

註
（1）「板付Ⅱc式」の用語は、1970年代前半からすでに一般的であったことが、高倉洋彰の発言から察せられるが（小笠原好彦ほか 1973）、こんにちの内容とは若干異なっている。
（2）諸岡遺跡では、板付Ⅱc式の有文壺に円形粘土帯甕が組みあう。この甕を根拠として、九州島・韓半島間の併行を論じる場合があるが（武末純一 1987aなど）、確実性は高くない。京畿道南楊州市水石里遺跡出土資料群で中核を担っている型式学的特徴を水石里式とし（金元龍 1966）、精製壺形土器を基準とした後期無文土器編年を組み立てることが先決である。
（3）この点で、前期末頃まで連弧文装飾が継続する三国丘陵とも区別され（井上裕弘ほか 1978、山中英彦 2004）、板付Ⅱc式とは異なる別型式が存在する（第140図）。
（4）本章の初出論文である齋藤瑞穂（2010c）では、高津尾3区1号貯蔵穴段階、岡1号土壙下層段階、岡1号土壙上層段階としているが、指標としての汎用性の高さに鑑み、それぞれ高津尾式、岡式に変更する。
（5）小田富士雄は、「1955年に発表された森氏編年Ⅳ式にはa・b両式壺が含まれていた。板付遺跡の調査以降好資料に恵まれて城ノ越Ⅲa式に限定されたと思われる。その後の森氏編年では城ノ越Ⅲb式は須玖式に組み込まれているので、森氏編年の城ノ越式は中期初頭に限定されている」（小田富士雄 1973a：22頁）と、考え方のプライオリティは森貞次郎（1966）にあると記す。
（6）本章の視点は、九州周防灘沿岸で設定されている「下稗田Ⅱ式」の細別にも有効である。例えば、福岡県行橋市下稗田遺跡H地区11号貯蔵穴は岡（新）式期に相当し（長嶺正秀ほか 1985）、岡遺跡1号土壙上層例に対比しうるタイプと、香月遺跡第38号土壙でみられるタイプとが共伴する。
（7）田畑直彦（2014・2016）は、今後、議論の俎上にあがってくる好論である。

第4章　東北「遠賀川系土器」の拡散と亀ヶ岡文化の解体
　　　——東北地方初期弥生土器研究——

1. 東北「遠賀川系土器」論の環境

　東北地方で出土した「遠賀川式土器的な土器」を、遠賀川系土器と呼んでいる（佐原眞 1987）。佐原眞が提唱したこの概念が適切でないとして、「北奥遠賀川系土器」や「類遠賀川系土器」の術語も提案されているが（鈴木正博 1987a、高瀬克範 2000）、ひとまず名称の問題をさておくと、これらが指示している対象についての研究は、80 年に達する蓄積がある（角田文衞 1936）。

　しかしそのあゆみは、定説に規制され、それを1つずつ克服する険しい道程であったと言ってよい。縄文時代の下限が東日本では古墳時代に及ぶとする「常識」が（森本六爾 1933）、弥生式土器の探索を妨げ、東に進むに従って1型式ずつ遅れて始まるとする編年表の定説化が（杉原荘介 1955）、前期弥生土器の究明を遅らせたのである。中村五郎による畿内第Ⅰ様式対比資料の追求はこうした状況を打開し（中村五郎 1978・1982）、東日本弥生時代研究に前期を解放した。これが後々、「みちのくの遠賀川」のトレンド化へと膨れあがっていったことは論を俟たない。

　遠賀川系土器が脚光を浴び始めると、期を同じくする土器型式の実態が課題となった。砂沢式が㋐大洞A'式の地方型式なのか、㋑後続型式か、あるいは㋒後続するにしても、A'式の範疇で理解すべきかの判断を迫り、変形工字文の構造と変遷とが詳細に復原されていった（鈴木正博 1985、工藤竹久 1987、中村五郎 1988）。砂沢式の標式遺跡を擁する青森県津軽地方において、A'式の良好な遺跡が報告されたことをうけ、㋐説は次第に影を潜めたものの、しかし㋑・㋒のいずれが適切であるのか、何をもって砂沢式とするのか、コンセンサスはなおも得られなかったのである。

　この問題に大きな一石を投じ、若手を中心に広く影響をあたえたのは、松本建速でなかったかと思う（松本建速 1998）。松本は文様帯の器面に占める割合によってA'式と砂沢式とを弁別してみせ、新しいその基準によっても、東北北部の遠賀川系土器が大洞A'式期に遡ることを力説した。ほどなくして矢島敬之が砂沢式を細別し（矢島敬之 2000）、鈴木正博は砂沢式南漸論を打ち出す（鈴木正博 2000）。矢島の視点は品川欣也や根岸洋や大坂拓の深耕へと到る新機軸の嚆矢となった。

2. 東北「遠賀川系土器」研究の今日的課題

　東北「遠賀川系土器」の起源については、多くの先学が意見を戦わせてきたが、西日本の遠賀川式に求めうるにせよ、あるいはそうでないにせよ、新古の決定が議論の前提となる。

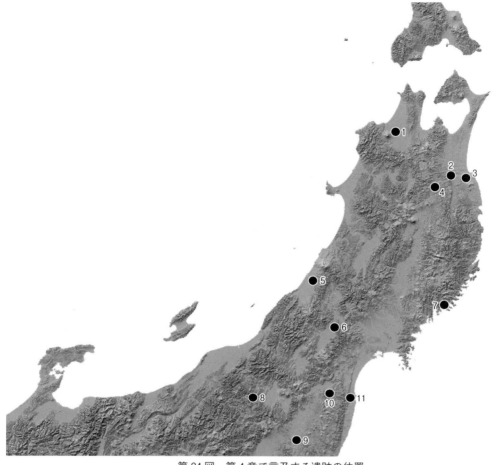

第 24 図　第 4 章で言及する遺跡の位置
1 青森・砂沢、2 青森・剣吉荒町、3 青森・是川中居、4 岩手・金田一川、5 山形・生石 2、6 山形・作野
7 岩手・大洞貝塚、8 福島・荒屋敷、9 福島・鳥内、10 福島・根古屋、11 福島・成田藤堂塚

　ところが、「遠賀川系土器」の変化がことのほか緩慢であるために、そのものをいくら較べても、明快な答えが得られない。筆者が失敗から学んだのは（齋藤瑞穂 2001）、新古は精製土器でしか判断できない、という教訓であった。ゆえに本章では、砂沢式前後の編年を高度化することによって、東北「遠賀川系土器」の新古を決め、その拡散プロセスを復原する。加えて、それが亀ヶ岡文化の解体とどのように関係するかも、少しく考えてみたいと思う。

3. 八戸周辺の「遠賀川系土器」

　東北「遠賀川系土器」のなかでは、福島県大沼郡三島町荒屋敷遺跡の例（小柴吉男ほか 1990）が最も古く、かつ、それが大洞 A' 式期に属する、というのが、識者の間でほぼ一致をみたこの分野の通説である。
　これに対して見解が割れるのは、荒屋敷例のみ大洞 A' 式期に属するのか、あるいは他にも含ま

第4章 東北「遠賀川系土器」の拡散と亀ヶ岡文化の解体　59

岩手・大洞貝塚A´地点

①岩手・金田一川

青森・砂沢

②青森・剣吉荒町

③青森・是川中居

青森・田向冷水

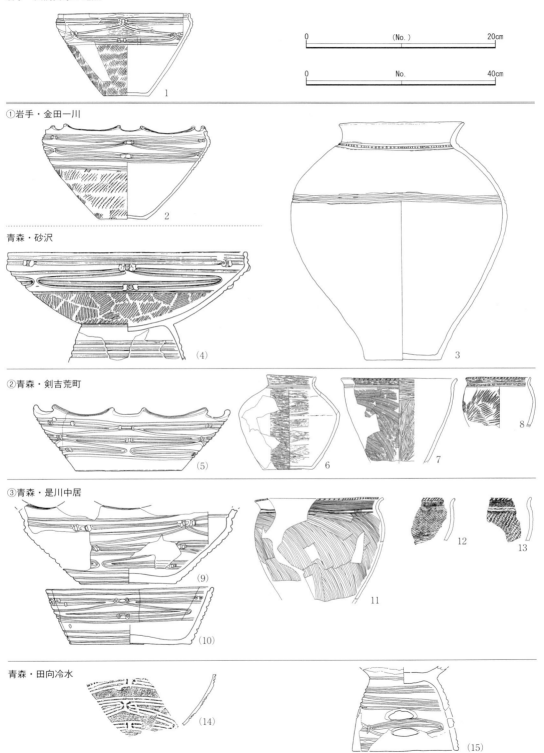

第25図　東北「遠賀川系土器」理解のために（1）

れる例があるとみるかであって、例えば後述する岩手県二戸市上斗米金田一川遺跡の例を、高瀬克範は大洞Aʼ式期に、松本建速や櫻井はるえは砂沢式期に位置づける（高瀬克範 2000、松本建速 1998、櫻井はるえ 2009）。馬淵・新井田両川の流域は、同例をはじめとして、こうしたケースが特に集中する地域であり、土器の特徴も「本場の遠賀川式に近い」と早くから指摘されてきた。かような研究の経緯をふまえて、まずはこの地域の整理から始めよう。共伴する精製土器を比較し、「遠賀川系土器」の何が変わるかを把握したい。

①岩手県二戸市上斗米金田一川遺跡（第25図2・3、亀沢磐 1958、佐藤嘉広 1994）「遠賀川系」壺を棺身とし、精製浅鉢を棺蓋とする合口式壺棺で、棺身の壺は頸部に溝間刺突文を、肩部に3条の横線文を配する。これに対して棺蓋の浅鉢は、先にふれたようにAʼ・砂沢の2説が並立する土器であるが、模型図に採用されつづけたAʼ式の標本と較べると（1、大坂拓 2012b）、いくつかの相違が看取される。無文帯の存在はもちろんのこと、工字文の下端を画する横線は1条多く、斜辺にも弧線が加わる。

したがって、Aʼ式より新しいことは間違いないが、しかし砂沢式に含めることも難しい。近年の砂沢式細別の諸案と照らし合わせても（品川欣也 2002、根岸洋 2003、大坂 前掲）、本例と特徴を同じくする単段の変形工字文土器はみあたらないからである。むしろ粘土瘤のズレと、加わった弧線の役割とに着目するならば、本例には複段化の途上形態として、独立した位置をあたえられるのが最もふさわしい。類例として、4に青森県弘前市三和砂沢遺跡2号土坑の台付鉢を掲げておく。

②青森県三戸郡南部町剣吉荒町遺跡（5～8、安藤広道ほか 2009）　慶應義塾大学の調査資料が、近年報告されている。精製の浅鉢には、三角連繋文と三角単位文とを重ねた複段変形工字文が描かれ、連繋＋単位の組み合わせであるがゆえに、金田一川遺跡例からの変化もスムーズに辿りうる。報告された資料のことごとくが、必ずしも短い時間幅に収まっているのでないだろうが、少なくとも「遠賀川系土器」の特徴は、金田一川遺跡のそれと相違するらしい。横長の列点を挟んだ溝間列点文があり、横線文の条数も精製土器の区画文と同じ2条のものが眼につく。

③青森県八戸市是川堀田遺跡・中居遺跡G区（9～13、宇部則保ほか 1981、村木淳ほか 2004）浅鉢は複段変形工字文を器面全体に描く。堀田遺跡例は工字文が弛緩し、中居遺跡G区土器集中3の例では3条一組の横線文で下端を填めるなど、剣吉荒町遺跡にない新しい特徴がそなわる。ただし、筆者が前期末におく田向冷水式の最も古い段階（14・15）はみあたらない。以上の、

　　　　　Aʼ　→　金田一川　→　剣吉荒町　→　是川　→　田向冷水

の序列に従って「遠賀川系土器」の変化を整理すると、Aʼ式の直後は円形の溝間刺突文がみとめられ、複段変形工字文が成立する砂沢式期では、これに横長の列点が加わる。わずかではあるものの、こうした変化をまずは指摘しうるのである。

4. 生石2式の上限

東北「遠賀川系土器」論において看過できない遺跡の1つが④山形県酒田市生石登呂田生石2遺跡であり（第26図下段6a～9、安部実ほか 1987）、岩見和泰はこの庄内平野の地を起点として

「遠賀川系土器」が拡散したと考えた（岩見和泰 2002）。縄文で飾った壺を欠くことから当初より古手とみられてきたが、しかしどの地域からどの地域へ影響したかは、「遠賀川系土器」を較べても確証が得られない。そこで、共伴する生石2式土器と、金田一川遺跡の鉢や砂沢式土器とではいずれが古いのか、大洞A'式からの距離を測ることによって、考えてみたい。

　「遠賀川系土器」が出土しているのは、C区である。C区の出土品はB区のそれに先行するといい、それぞれ砂沢式の古い部分と新しい部分とに併行する位置があたえられている（佐藤祐輔 2006・2008）。6b・7bは、C区内の比較的近い位置で出土している土器である。砂沢遺跡の砂沢式と同じく、変形工字文は複段・単段の両種が併存するらしい。下端を3条の横線文で画する点で共通する。他方、C区にはこれらとわずかに違った例がみられる。6a・7aは2条の横線文をもつが、複段構成をとる6aと先掲の6bとを較べると、前者が本来の形状を維持しているのに対して、6bは弧線化し、下段の三角単位文は一部連繋化してしまっている。単段の例においても、7aの工字文の斜辺は直線的で、底辺中央の瘤も本来あるべき位置に貼付してあることがみてとれる。したがって、C区の土器は小細別を内包するうえ、その古い段階であっても、複段の変形工字文はすでに器面全体を充たしており、これは生石2式の上限が、金田一川例の段階はもちろん、砂

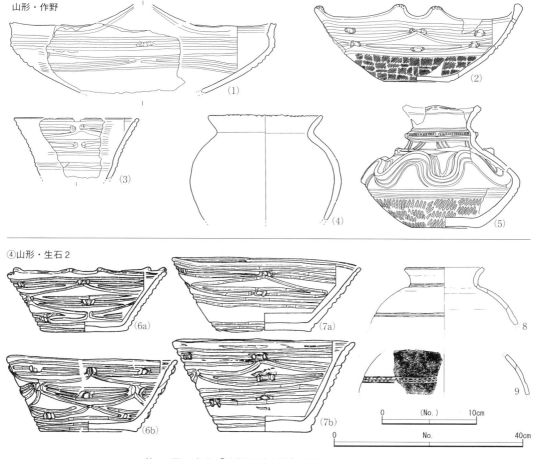

第26図　東北「遠賀川系土器」理解のために（2）

沢式の古い部分まで遡らないことを示していよう。当然、「遠賀川系土器」の出現も、東北北部の方が早いとみて差し支えあるまい。

いま、生石２式が大洞 A'式の直後でない、という感触を得て、「遠賀川系土器」の拡散した方向を決定づけたが、しかしそうすると、A'式より新しく、かつ、生石２式に先行する段階がなくてはならない。その候補にのぼるのが、山形県村山市楯岡作野遺跡 ST40 の出土品の一部である（第26図上段、植松暁彦ほか 2011）。３は無文帯をもつものの、複段変形工字文を欠く。そうして、「遠賀川系土器」もみあたらない。

畢竟するに、この種の土器は砂沢式の南漸を契機として出現した、とみてよいようである。砂沢式に付随しているからこそ、北上川流域や三陸に展開しなかったのであり、同式が日本海沿岸を南進したからこそ、庄内平野へと到達したのである。

5. 福島「遠賀川系土器」のヒアタス

最後の課題は、最古の「遠賀川系土器」を擁する福島県域の実態解明である。

⑤福島県石川郡石川町鳥内遺跡18号土坑（第27図下段10～12、目黒吉明ほか 1998）　17・18・19号の３土坑が切り合い、「遠賀川系」壺棺が出土した本土坑が最も古い。17号土坑が御代田式期にあたることから、同式より新しくならないことが検討の出発点となる。本土坑には「遠賀川系土器」２個体（10・11）を含む13例の壺棺が埋納されるが、「遠賀川系」以外は素文である。沈線で匹字文を描いた精製の浅鉢片も検出されているが、混入品の可能性もあるから、年代決定の根拠とするのは難しい。

鈴木正博の分析に導かれつつ（鈴木正博 2000）、18号土坑の年代を吟味するならば、砂沢式の波動が及んだ藤堂塚Ｓ式の場合（３段目５～９、杉原荘介 1968b）、素文の壺は縄文を施すか、無文であり、帯状に展開する文様を欠く。他方、本土坑の例では、列点文を口唇部や頸部に配するなどして、装飾性をやや高めている。「遠賀川系土器」では溝間列点文に加え、添線列点文が出現する（11）。

⑥福島県伊達市霊山町根古屋遺跡25号土坑（２段目２～４、梅宮茂ほか 1986）　この遺構の出土品に関する系統と年代の検討は、本章でここまで扱ったなかで最も難しい。何ならば、「遠賀川系土器」以外の２例もおしなべて類例が乏しいからであり、土器型式によって位置を定めることは、筆者の力量をはるかに超えている。

しかし、可能なかぎりで接近を試みれば、３と先にとりあげた作野遺跡の無文壺（第26図４）とで形制を同じくする点が、筆者の注意を惹く。第26図５の有文壺の「ハ」の字文様も、11の鳥内遺跡例と共通しており、最上川流域由来の特徴が本地域に及んだことを、これらは示していよう。そうして、「遠賀川系土器」における列点文の変容等を勘案すると、
(2)

　　　根古屋25号土坑　→　鳥内18号土坑

の関係が導かれる。25号土坑の年代がいよいよ問題となるが、作野遺跡例との近縁ぶりからすれば、そう新しく見積もらずともよいのかもしれない。おおよそ、生石２遺跡Ｃ区の時間幅で捉え

第4章 東北「遠賀川系土器」の拡散と亀ヶ岡文化の解体 63

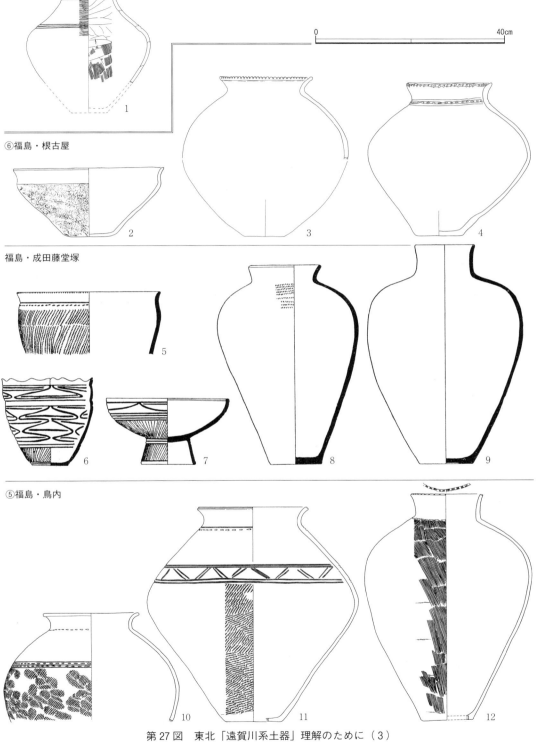

第27図 東北「遠賀川系土器」理解のために（3）

て大過ないのではなかろうか。

　いずれにせよ根古屋・鳥内の両例は、特徴のうえでも、年代のうえでも、「阿武隈回廊」（田村隆2011）を介する山形方面との関係性において初めて理解することができる。言い換えるならば、同じ福島であっても、荒屋敷遺跡のいわゆる畿内第Ⅰ様式土器（1）とは、特徴のうえでも、年代のうえでも断絶があり、それが根古屋・鳥内両例の成立に関与していたとは考えにくい。鈴木が根古屋遺跡例を「砂沢式系弥生式土器」と呼び放ったとおり（鈴木正博 1993a）、結局は砂沢式の南漸に付随して八戸平野→津軽平野→庄内平野→福島盆地の経路で拡散し、独自の発展を遂げた在来の系統なのであろう。

　とすれば、遠賀川式を直接の母体とするとの前提は、一応放棄するのが正しいようである。成立の基盤は本当に亀ヶ岡式に胚胎していないのか、全精神を集中して点検しなければならないだろう。

6.「遠賀川系土器」と亀ヶ岡文化の解体

　弥生文化を特徴づける文物は、東北北部であっても前期のうちに登場する。砂沢遺跡の水田の年代はなおも流動的であるものの、碧玉製円筒形管玉の出現をとってみれば、是川中居遺跡では、砂沢式に次ぐ前期末の田向冷水式最初頭の埋納例があり、砂沢遺跡でも、続・砂沢式が主体を占めるA10区での出土をみる。これらは新しい価値の発生であり、亀ヶ岡文化が解体し、再編されゆく重大な局面を、ここに垣間見る。

　砂沢式と東北「遠賀川系土器」の南漸は、その1つ前に発生したイベントであった。亀ヶ岡文化を解体に導く新しいチャネルの形成の経緯が、そこに顕れているように思うのである。

註
（1）次章第36図に堀田遺跡の土器を掲げている。
（2）設楽博己ほか（2007）は、この「ハ」の字文様の系譜を板付式壺の山形文に求めるが、作野遺跡例との関連性から現在の筆者はそう考えない。

第5章　田向冷水式と東北「遠賀川系土器」の行方
―東北地方前期末〜中期初頭の土器型式―

1. 田向冷水式の軌道と位置

　田向冷水式は、青森県八戸市田向冷水遺跡の出土品を標式とする（小保内裕之ほか 2006、宇部則保ほか 2011）、弥生時代の土器型式である（須藤隆 2007・2008）。
　第29図上段1〜8に示したのは田向冷水遺跡 SI37 の例で、精製の鉢や高杯や壺と甕がある。1

第28図　第5章で言及する遺跡の位置
1 北海道・礼文華貝塚、2 北海道・アヨロ、3 北海道・恵山貝塚、4 青森・二枚橋、5 青森・馬門、6 青森・清水森西
7 青森・砂沢、8 青森・五所、9 岩手・中穴牛、10 青森・田向冷水、11 青森・是川堀田・中居、12 秋田・館の上
13 秋田・横長根A、14 秋田・地蔵田、15 山形・生石2、16 岩手・湯舟沢、17 岩手・谷起島

の鉢は、複段構成の変形工字文で器面を飾る[1]。工字文の中心部分は、砂沢式のように円形の粘土瘤を貼付するのでなく、折り返すカーブに沿って粘土を寄せあげる。8は高杯の脚部で、装飾帯の上下を3条の横線文で画し、楕円形の透かしを2段配する。杯部も含め、縄文は用いない。

下段9〜53にはSI26の出土品を掲げた。高杯は変形工字文で飾る例と、いわゆる波状工字文で飾る例とがある。変形工字文は簡略化していて、9〜12は縦長の深い抉りを中心部分に加え、左右が隆起した印象をそれによってあたえようとする。13や14は抉りさえ欠き、15は簡略化がいっそう進んで、中心を「π」字状に描き出す。他方、41は波状工字文で飾った高杯である。地文の上に重ねて描いて、変形工字文との鮮やかな対照をみせ、口縁部の横線文もまた縄文を下地にする。口縁部といえば、11は縄文帯を持つ。

第30図はSI49の2・3層出土の例である[2]。1や2は抉りを欠き、副線を添える。これは先にとりあげたSI26の第29図13・14と共通する作法だが、3や4は少し異なり、中心で「コ」の字状に折り返す。また、5の口縁部に縄文帯がみられるのに加え、縄文は高杯の脚部にも進出するらしい（16）。磨消手法[3]で、波状文や双頭の山形文を描く。

第31図はSI30の土器で高杯・甕・鉢・壺がある。1の構図はSI49の鉢（第30図17）に近い。SI49例と違って、工字文の中心部分は刻みを欠くが、脚部に眼を転じると、山形文にそれが加わっているのが看取される。2は「コ」の字状に折り返した変形工字文を磨消手法で描く。脚部もまた、波長を半単位ずらした2段の磨消波状文で飾る。

さて、変形工字文に焦点をあてて、以上の4つの住居址を較べると、

　　　SI37：㋐中心部分は、左右に粘土を寄せあげる
　　　SI26：㋑中心部分を深く抉り、その左右が隆起したイメージを演出する
　　　　　　㋒描出方法をさらに簡略化し、中心部分は抉りを欠く
　　　SI49：㋒描出方法をさらに簡略化し、中心部分は抉りを欠く
　　　　　　㋓中心部分を、「コ」の字状に折り返す
　　　SI30：㋒描出方法をさらに簡略化し、中心部分は抉りを欠く
　　　　　　㋓中心部分を、「コ」の字状に折り返す
　　　　　　㋔工字文の内部を磨消縄文で充たす

という違いをみいだすことができる。

もとより変形工字文の完成は縄文時代晩期の大洞A'式に遡り、同式から弥生時代前期の砂沢式にかけては、その中心に2個一対の粘土瘤を貼付する。原型に近いのはSI37がそなえる㋐の特徴であり、㋑〜㋔は㋐から転じて出現したと理解して大過ない。そうして、古手の特徴を残しつつ、新しい要素が順次加わったとみて、田向冷水式の辿った軌道を、

　　　①SI37　→　②SI26　→　③SI49（2・3層）　→　④SI30

と復原しうるわけである。

この田向冷水式は、弥生時代のどの辺りに位置があたえられるのだろうか。比較の候補にのぼるのは、北上川流域の谷起島式と、津軽平野の五所式である。谷起島式は、石川日出志による岩手県滝沢市湯舟沢遺跡出土土器の分析を経て、近年、理解の深まった弥生時代中期初頭の土器型式で、

第 5 章 田向冷水式と東北「遠賀川系土器」の行方 67

第 29 図　青森県八戸市田向冷水遺跡の土器（1）

SI49 2・3層

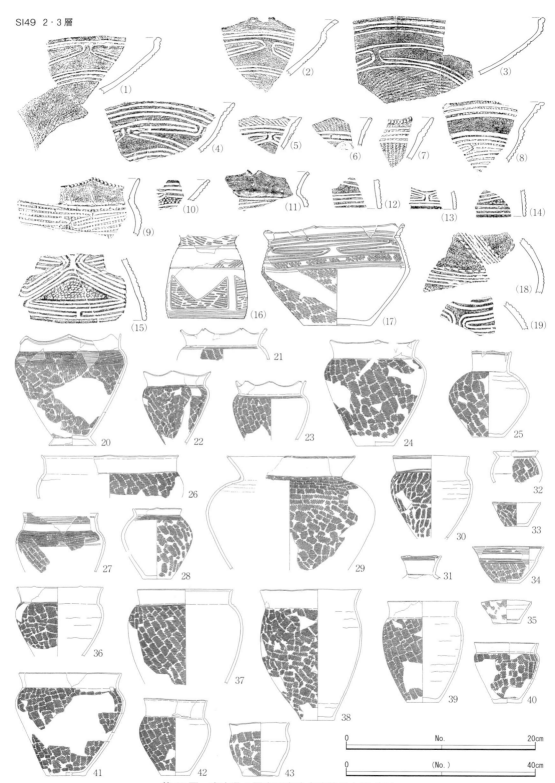

第30図 青森県八戸市田向冷水遺跡の土器（2）

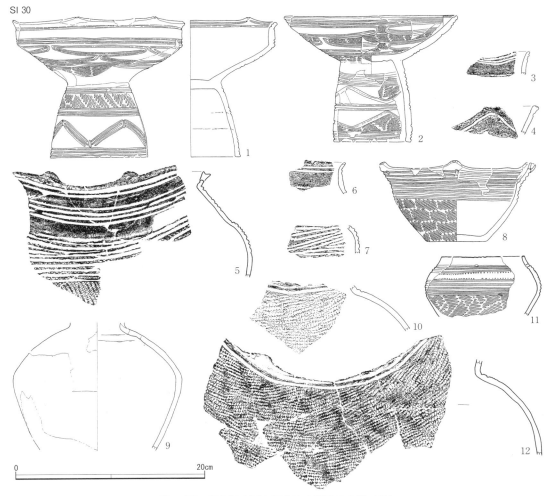

第 31 図　青森県八戸市田向冷水遺跡の土器（3）

3段階の推移が提案されている（第32図、石川日出志 2005a）。石川の3細別案において、中段階とされる湯舟沢遺跡Ⅶ-Ⅰa住居址に眼をやると、田向冷水式でいう④のSI30にみられる磨消変形工字文があり（23・24）、脚部の文様も共通する。一方、35の文様は、③SI49の高杯（第30図16）の脚部文様に近い。したがって、上で提案した田向冷水式の軌道に照らし合わせれば、

　　　谷起島式中段階　─　田向冷水式③・④

という関係が成り立つ。また、先行する谷起島式古段階に3条一組の波状文をあしらった例が盛行し（第32図3、10〜14）、③・④に先行する田向冷水式②にも同じようにみられる点は（第29図25・26）、

　　　谷起島式古段階　─　田向冷水式②

の関係も成り立つことを推知させる。

他方、五所式は、津軽平野における弥生時代中期初頭の土器型式で、青森県弘前市水木在家五所遺跡を標式とする（第33図）。前期の「砂沢式にくらべ器形の種類はすくない。文様は両式とも工

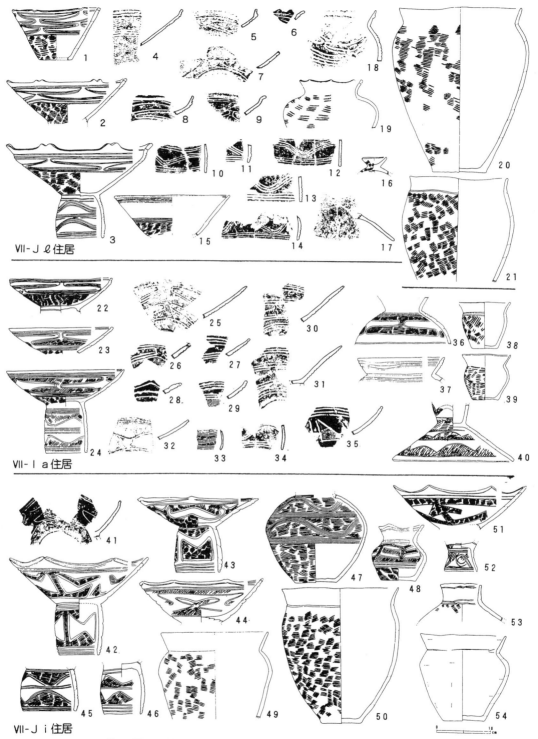

第32図　石川日出志による谷起島式の3細別（石川日出志 2005a）

第5章 田向冷水式と東北「遠賀川系土器」の行方　71

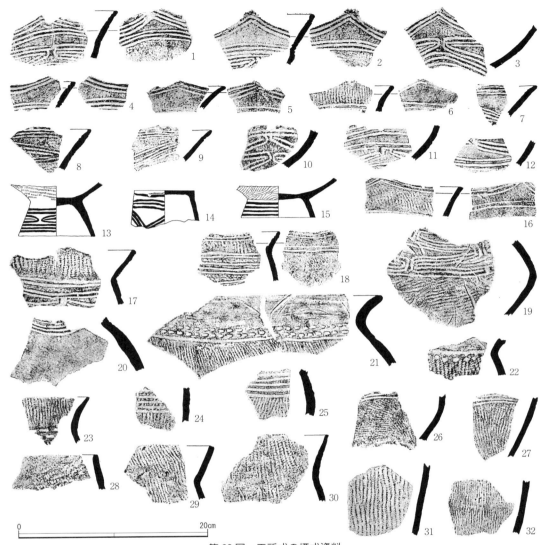

第33図　五所式の標式資料

字文を有する点で共通するが、砂沢式が2ないし4個の粘土粒を文様の中心に配し、比較的巾の広い沈線で描かれた工字文を、多く有するのに比し、五所式には粘土粒が見られず、沈線そのものも細く描かれ、厚さは概して薄手につくられている。また口辺部内面の沈線も多い」（村越潔 1965：32頁）といい、沈線の細さはもちろん、変形工字文が粘土瘤を欠く点も、田向冷水式と共通する。就中、中心を深く抉って、左右が隆起しているようにみせ（17）、あるいは「π」字状に描き（1・10）、また、工字文の上方に横線文帯を設けるのは（2・18など）、②のSI26の諸例（第29図下段）と特徴を同じくしており、

　　　五所式　—　田向冷水式②

という関係で捉えられる。

　ただし、19の壺に描かれた変形工字文は、中心で「コ」の字状に折り返す。田向冷水遺跡でい

うと、これは③のSI49で出現するから（第30図）、五所式の幅を長く見積もり、田向冷水式②・③併行とするのは一案である。しかし、さらに比較べていくと、磨消縄文がみあたらないなど、③と五所式との相違は小さくない。ひとまず②の段階とのみ併行するとみておくのが穏当なところであろう。

　加えて、五所式との比較は、田向冷水式②がそなえるもう１つの特徴を鮮やかに浮かびあがらせる。すなわち、五所式もまたそうであるように、田向冷水式②は変形工字文や波状工字文で飾る精製器種の一部が、口縁部に縄文帯をもつ。ところが、田向冷水式①にはみあたらない。文様帯構造の大きな変転が、②の段階に起こったことをこれは示唆する。

2．砂沢式と五所式の間

　谷起島式にせよ、五所式にせよ、弥生時代中期の初頭に位置をあたえられた土器型式の上限は、田向冷水式でいうと②の段階にあたる。当然ながら次に問題となるのは、直前の①の扱いである。

　東北北部では、大洞A'式が縄文時代最後の土器型式であるという前提に従い（山内清男 1930b）、砂沢式をもって弥生時代の開始とするのがふつうである（中村五郎 1967・1976）。砂沢式はこんにち、精製器種の分析にもとづいて２ないし３段階の小細別がみいだされている。矢島敬之によれば、標式である青森県弘前市三和砂沢遺跡の浅鉢には（第34図）、

　　浅鉢１：体部が口縁部に向かって直線的に開く浅鉢
　　浅鉢２：頸部がかるく屈曲する浅鉢
　　浅鉢３：口径と底径の比が大きく、口頸部が強く屈曲する浅鉢

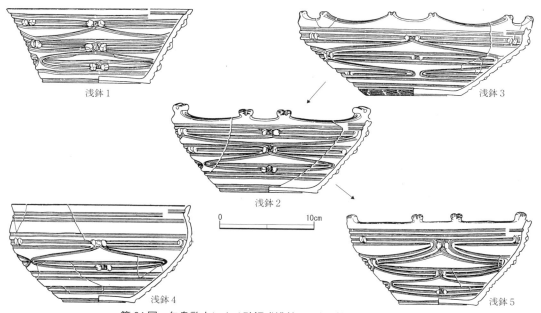

第34図　矢島敬之による砂沢式浅鉢の分類（矢島敬之 2000）

第 5 章　田向冷水式と東北「遠賀川系土器」の行方　73

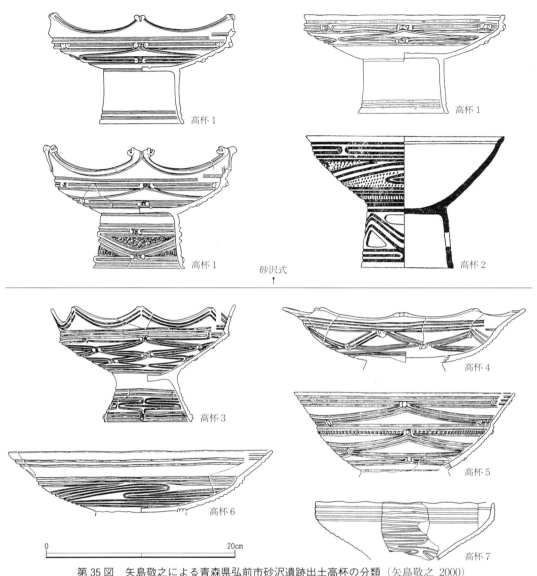

第 35 図　矢島敬之による青森県弘前市砂沢遺跡出土高杯の分類（矢島敬之 2000）

　　浅鉢 4：肩部が彎曲する浅鉢
　　浅鉢 5：頸部屈曲帯がやや拡幅した浅鉢 2 の類似形態
の 5 種があり、浅鉢 3 は古く、浅鉢 2 は「変形工字文の重層・多条化に伴う文様帯の拡大」（矢島敬之 2000：116〜117 頁）を指向した発達形態であるという。そうして、浅鉢 5 では、頸部の横線文が「1 条多く付加され」、「結果、頸部幅は浅鉢 2 に比し、幅広に強調され」るらしい。
　高杯もまた、同様の方向性がみとめられるという。第 35 図上部に示した、典型的な砂沢式高杯に較べて、下部の諸例は横線文が増して幅のある屈曲帯となり、あるいは山形の口縁部に沿って、複数条の弧文が加わる。砂沢遺跡ではとりわけ A10 区（矢島敬之 1992）に多いこれらの例を、矢島は「二枚橋式並行期段階の津軽型高杯（五所式）組成の一員に加えるに、じゅうぶん可能な属性

をもつものと考えられる」（矢島 前掲2000：124頁）として砂沢式から外し、五所式（第33図）の範疇で理解する。

　このようにして矢島は、砂沢式から五所式への変化の階梯を丁寧に辿ったが、しかし五所式の標式である五所遺跡の土器を、砂沢式と連続する関係で捉えることには躊躇いもみせる。変形工字文がことごとく粘土瘤を欠き、さらには２個一対の短沈線を加えるなど（第33図11）、より新しい要素がみられるからであり、「五所遺跡出土の資料は、五所式にあっても新しい要素を多く含むものであることが推測される」（134頁）と述べて、「砂沢式直後段階」の存在を構想したのであった。

　こうした矢島の視点は、品川欣也に継承される。品川は砂沢式に後続する例として、前出の砂沢遺跡A10区や青森県西津軽郡深浦町津山遺跡の出土品を挙げ、当初はおしなべてこれらを五所式土器として扱ったが（品川欣也 2002）、後日、標式資料の上下限を検討して範囲を厳格化し、津山遺跡4号土坑例を砂沢・五所両式の間に位置づけた（品川欣也 2005a）。これに対して大坂拓は、品川が除いた例を積極的に加えて、五所式の型式学的特徴を解説する（大坂拓 2010b）。

　さて、五所式と田向冷水式②とが併行するならば、五所式に先行する砂沢式（第34図、第35図上部）と、田向冷水式②に先行する①の段階とのあいだには、接点があってよいはずである。しかしそうとは言いがたく、むしろ田向冷水遺跡近傍の八戸市是川堀田遺跡例の方が（第36図、宇部則保ほか 1981）、砂沢式に併行する八戸平野の土器としてふさわしい。そうすると、やはり田向冷水式①にあたえられるべき位置は、矢島が躊躇い、品川と大坂が論調を違えた辺りに潜んでいるとみてよいようである。鈴木正博が「続・砂沢式の階段」と概念化したのも（鈴木正博 2000）、おそらくはこの部分に相当するだろう。

　第37図に掲げたのは、矢島が砂沢式から外し、鈴木が「続・砂沢式」と評した砂沢遺跡A10区

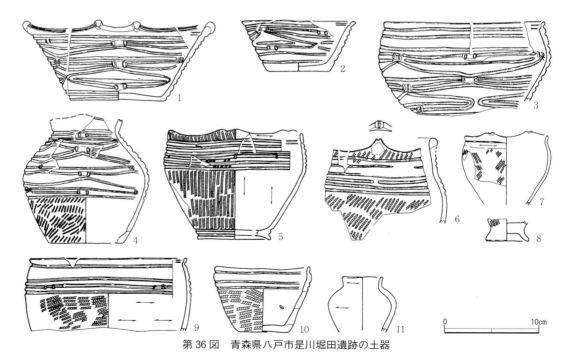

第36図　青森県八戸市是川堀田遺跡の土器

第 5 章　田向冷水式と東北「遠賀川系土器」の行方　75

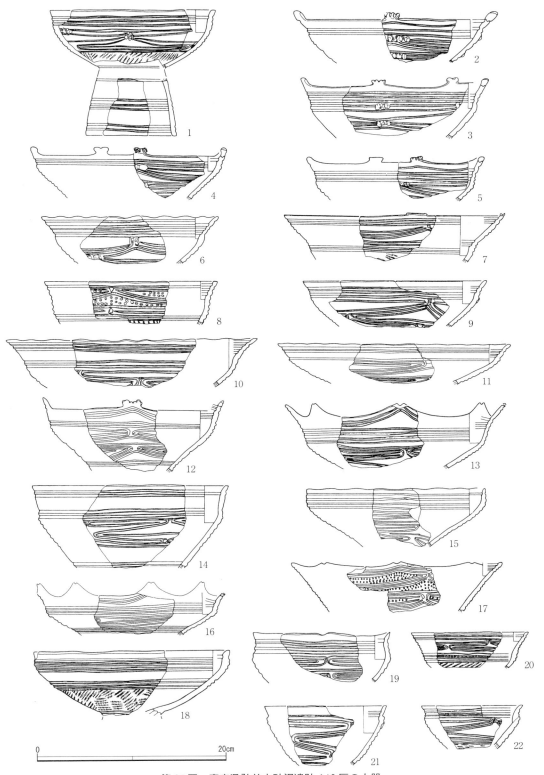

第 37 図　青森県弘前市砂沢遺跡 A10 区の土器

の土器群である（矢島 前掲1992）。変形工字文の上端を画す横線が発達して、横線文帯の確立をみる。結果、変形工字文を下に押しやり、描く範囲が限られるため、幅の狭い工具の使用を迫られる。一方、口縁部は拡幅して装飾化の一途を辿り、1条ないし2条の弧文を加えるものが増す。口縁部内面にも横線文を多く持つ。(5)

　このようにみていくと、砂沢遺跡A10区の例と五所遺跡の土器とで共通する点はたしかにあるが、しかし違いも少なくない。第一に、A10区では工字文の中心で粘土を寄せあげ、隆起させる例が少なからずあるのに対して、五所遺跡ではほとんどない。第二に、A10区で横線文が発達するとしても、あくまで変形工字文に接した状態を維持するのに対し、五所式では乖離したケースが散見される（例えば、第33図17）。そうして第三は、口縁部縄文帯の存否である。五所式の精製器種には口縁部に条の縦走する縄文を施したものがあるが、これはA10区でみいだせない。奇しくも、田向冷水式①と同②の相違ともこれらは調和的であり、「横」の関係を

　　砂沢式　　　　　　　―　（是川堀田）
　　続・砂沢式（A10区）―　田向冷水式①
　　五所式　　　　　　　―　田向冷水式②

と整理することが可能である。五所式を中期とする現行の編年体系にしたがうならば、続・砂沢式や田向冷水式①が前期の終末にあたり、五所式と併行する田向冷水式②が中期の最初頭となる。

　なお、砂沢式に併行し、田向冷水式に先行する八戸平野の土器としては、先に挙げた是川堀田遺跡の例に加え、同市是川中居遺跡や同市大字是川楢館遺跡の出土品が挙げられる（工藤竹久ほか1986、小田川哲彦ほか2003）。これらの遺跡では、変形工字文で飾る精製の鉢や壺に、横走する沈線や点列が特徴的な「遠賀川系土器」がともなうが、田向冷水遺跡ではこれがみあたらない。

3.「遠賀川系土器」縦区画文様帯の動向

　西日本前期弥生土器を「遠賀川式土器」と総称し（小林行雄 1959、山内清男ほか 1964）、東北(6)地方各地で検出された「遠賀川式土器的な土器」（佐原眞 1987：274頁）を「遠賀川系土器」と呼ぶ。東北地方の諸例をことごとく「遠賀川系土器」と称して一括するのは適切でないとして、「北奥遠賀川系土器」・「類遠賀川系土器」の用語も提案されているが（鈴木正博 1987a、高瀬克範 2000）、ひきつづき「遠賀川系土器」のまま論を進めることを諒とされたい。

　「遠賀川系土器」の存在は、砂沢遺跡における水田址の検出とともに、㋐水稲農耕を基調とする弥生文化が東北北部まで到達し、かつ、㋑その波及の時期が前期まで遡るらしいことを広く印象づけた。「前期弥生社会の基本的な器種構成がみられることからこの地域の人々が農耕技術を受容するとともに、農耕を基調とする生活様式そのものを受容し、急速に定着せしめたと考えられる」（須藤隆 1990：257頁）と、須藤隆は説く。

　生産経済の成立と定着に読み換えうるかはさておくとしても、「遠賀川式土器的な土器」はたしかに伴存する。ただし、出現の時期や定着ぶりは一様でなく、櫻井はるえの論じるところによれば、「遠賀川系土器」の分布は前期と中期とで異なっており、「前期に類遠賀川系土器を大量に組成

第 5 章　田向冷水式と東北「遠賀川系土器」の行方　77

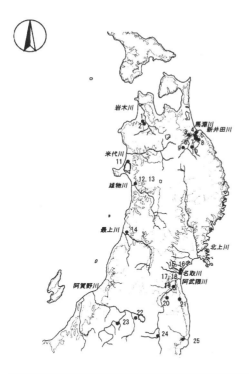

No.	遺　跡　名
1	砂沢遺跡
2	宇田野(2)遺跡
3	剣吉荒町遺跡
4	楢館遺跡
5	是川遺跡
6	松石橋遺跡
7	荒谷遺跡
8	畑内遺跡
9	金田一川遺跡
10	大日向遺跡
11	館の上遺跡
12	地蔵田遺跡
13	湯ノ沢A遺跡
14	生石2遺跡
15	南小泉遺跡
16	高田B遺跡
17	十三塚遺跡
18	飯野坂遺跡
19	鱸沼遺跡
20	根古屋遺跡
21	岩下A遺跡
22	葛科遺跡
23	荒屋敷遺跡
24	鳥内遺跡
25	作B遺跡

No.	遺　跡　名
1	垂柳遺跡
2	五輪野遺跡
3	井沢遺跡
4	五所遺跡
5	吾妻野遺跡
6	志藤沢遺跡
7	横長根A遺跡
8	地蔵田遺跡
9	湯ノ沢A遺跡
10	宇津ノ台遺跡
11	手取清水遺跡
12	小田島城遺跡
13	寺下囲遺跡
14	桝形囲遺跡
15	南小泉遺跡
16	高田B遺跡
17	原遺跡
18	今和泉遺跡
19	南御山遺跡
20	龍門寺遺跡

第1図　類遠賀川系土器が出土している主な遺跡の分布
（上段：弥生時代前期、下段：弥生時代中期）

第 38 図　櫻井はるえが提示した「遠賀川系土器」の分布の変化（櫻井はるえ 2012）

していた馬淵川・新井田川流域、庄内平野」「において、類遠賀川系土器は前期最終末から中期初頭にかけてほとんど消滅してしまう。その一方で、津軽平野や男鹿半島・雄物川流域では、器形や文様に若干の変化はみられるものの、中期以降も類遠賀川系土器は残り」、「仙台平野においては、文様、器形的に大きな変容を遂げることがなく、前期以来の特徴をある程度保持した類遠賀川系土器が中期まで残る」という（第38図、櫻井はるえ 2012：62頁）。

　馬淵・新井田両川の下流に広がる八戸平野では、たしかに「遠賀川系土器」が数多く確認される。第39図は、八戸市是川中居遺跡G区出土の「遠賀川系」壺で（村木淳ほか 2004）、横線文や列点文や「溝間列点文」（鈴木正博 2000）で飾る。多くはこれらを頸部と肩部（あるいは胴部最大径部分）に配するのみであるが、両部位を連絡する縦区画文をそなえたものも、なかにはみられる

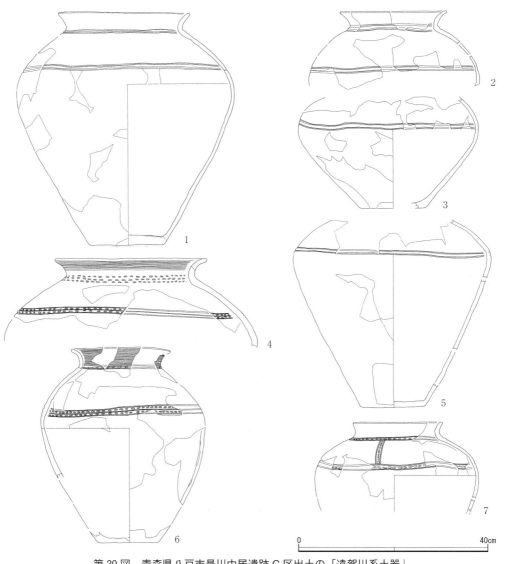

第39図　青森県八戸市是川中居遺跡G区出土の「遠賀川系土器」

第 5 章　田向冷水式と東北「遠賀川系土器」の行方　79

第 40 図　秋田平野周辺の「遠賀川系土器」
1〜3・5 秋田・地蔵田、4 秋田・館の上、6 秋田・横長根 A

（7）。G区ではこの1例にすぎないが、広く東北地方を見渡すと、津軽平野の青森県弘前市三和砂沢遺跡A10区（村越潔ほか1988）や同市小友宇田野（2）遺跡（白鳥文雄ほか1997）、秋田平野周辺の秋田県山本郡三種町館の上（利部修ほか2000）や男鹿市払戸横長根A（児玉準ほか1984）、南秋田郡井川町越雄（村上義直2003）、秋田市御所野地蔵田（菅原俊行ほか1986）、同市御所野元町湯ノ沢A（菅原俊行ほか1984）、横手市清水町手取清水の各遺跡と（柴田陽一郎ほか1990）、庄内平野の山形県酒田市生石登呂田生石2遺跡でこの種の例が散見される（安部実ほか1987）。

　このうち、津軽平野や庄内平野の例は、砂沢式あるいは同式に併行する生石2式期に属し、幅広く見積もったとしても「続・砂沢式の階段」を超えるものでない。3条の沈線で連絡させる点で共通性もみいだしうる。

　これに対して、秋田平野周辺の例は一様でない。第40図1・2は、土器棺に用いられるなどした地蔵田遺跡の例で、1は溝間列点文を配し、その上方に縦区画文を6単位設ける。2は4条を基本として文様を描く。縦区画文も同様であるが、両サイドの上下端を曲げ、上端と上端とのあいだに列点文を架す。

　3・4は館の上遺跡の例で、3は横線文の多条化がはなはだしい。縦区画文は3条にとどまるものの、頸部は7条の、胴部は5条の横線文で飾る。4は頸部と胴部に4条の横線文を施し、列点文を添える。縦区画文は上下端を曲げ、また、区画文の位置にあわせて口唇部に刻みを加えるなど、地蔵田遺跡の2の例に近いが、区画文の先端と列点文とが連結していないなど、新古に置き換えうる違いも垣間見える。

　頸部文様と胴部文様とを単に連絡するにとどまらず、その空間を強調する仕掛けは、種々の文様の配置を呼び込む（5）。6の横長根A遺跡例は、縦区画文様帯の装飾化がいっそう進んだ例で、口縁部内外の横線文も数を増やして3条ずつとなり、頸部の中ほどにも3条の横線文を加える。縦区画文は5条で、縦長の列点文をさらに左右に添える。区画文の間には対向する連弧文を加え、内部を縄文で充たす。

　以上の諸例が一時期に属するわけではもちろんあるまい。土器棺は単体が多く、甕とは合口になることがあっても、精製土器を副えるケースはほとんどないため、時期の決定が容易でないが、地蔵田遺跡で出土している精製土器を縦覧する限りは、砂沢式期の例や、五所式の辺りに位置づけられるであろう中期初頭の例が眼につく。他方、横長根A遺跡の精製土器は、変形工字文が雷文状をなし、副要素が枠状文を作り出すなど独特の発達をみせ、近年では横長根A式が提唱されている（根岸洋2006）。同遺跡では、北上川流域の谷起島式新段階ないしその直後の土器もみとめられるというから（石川日出志2012）、前期ないしその直後にまで遡るものではもとよりない。したがって、地蔵田遺跡例を古く、横長根A遺跡例を新しいとすれば、縦区画文様帯をそなえる秋田方面の遠賀川系壺は、㋐横線文の多条化と㋑頸部・胴部文様間の強調によって装飾化が促され、㋒磨消縄文の採用へ到った、とその推移を復原できるのである。

4.「弥生式文化の北方伝播」と「続縄文式文化の形成」の視座

　八戸平野をはじめとする馬淵・新井田両川の流域に、「本場の遠賀川式に近い」（中村五郎 1988：179 頁）「遠賀川系土器」がみられることは、古くから指摘されてきた。前節でとりあげた八戸市是川中居遺跡がそうであるように、そのほとんどは弥生時代前期の砂沢式期に属する。中期の横長根 A 式期までの変転を辿り得る秋田平野周辺とは鮮やかな対照をみせる点であり、櫻井はるえはこの現象を「消滅」と表現した。

　ところが、近年、岩手県二戸市石切所中穴牛遺跡において「遠賀川系土器」の新例が報告され（第 41 図 1、鈴木裕一郎 2012）、同土器の展開と「消滅」を一考する機会を提供してくれている。本来の状態は詳らかでないが[8]、棺として利用されたものであるらしく、調査区内出土の精製土器からみて、中期初頭の田向冷水式②の時期に属する可能性が高い。

　「遠賀川系土器」は頸部に 2 条の横線文を、胴部最大径部分にやや変容した溝間列点文を配して、縦区画文で繋ぐ。縦区画文の間隔は狭く、2 条と 3 条とを交互に配する。是川中居遺跡 G 区の第 32 図 5 の例は、頸部・胴部と縦区画文とを同じ溝間列点文で飾っていたが、中穴牛遺跡の例はそうでない。

　中穴牛遺跡例に最も近い特徴をそなえているのが、青森県むつ市大畑町二枚橋遺跡の壺である（2）。整理・報告に携わった須藤隆が、「特に、壺形土器には系統不明な文様が認められる」（須藤隆 1970：19 頁）と述べた例であり、鈴木正博は「僕は以前、青森県二枚橋遺蹟の遠賀川式文様に類似した壺についてその編年的位置付けに悩んだことがある」（鈴木正博 1987b：34 頁）と論じて、「遠賀川系土器」との関係性を問題提起した。

　二枚橋遺跡例は、文様帯の上端を 2 条の、下端を 4 条の横線文でそれぞれ飾り、縦区画文を 3 条で成す。横線文の条数が多いのは中穴牛遺跡でも確認された中期ならではの特徴であり、2 条・4 条という数の一致は、両例のあいだに何らかの接点があることを推考させる。中穴牛遺跡例の時期が中期初頭とみられ、二枚橋遺跡を標式とする二枚橋式もまた中期初頭に位置づけられることか

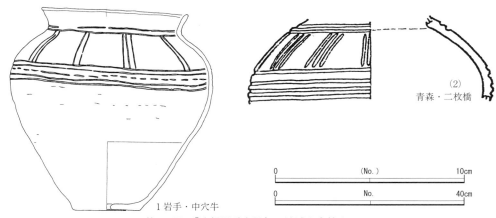

第 41 図 「遠賀川系土器」の消滅を点検する

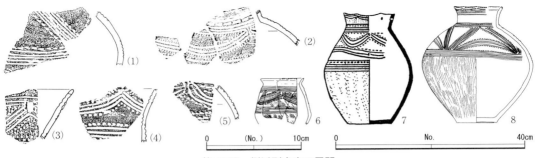

第 42 図 側添列点文の展開
1青森・田向冷水、2青森・馬門（須藤隆 1983b）、3青森・砂沢 A10 区（矢島敬之 1992）
4・5青森・清水森西（工藤国雄 1978）、6北海道・礼文華（松田宏介ほか 2003）
7北海道・恵山（千代肇 1965）、8北海道・アヨロ（高橋正勝ほか 1980）

ら、年代的にも両例の関係は近しい。いずれにせよ、「遠賀川系土器」の縦区画文様帯は、馬淵・新井田両川の流域においても中期まで継承されることは確実であり、かつ、下北半島へと展開をみせる。

あらためて田向冷水遺跡の諸例を見直すと、③の SI49 の壺が筆者の注意を惹く（第 30 図 18 ＝ 第 42 図 1）。胴下半部を縄文で充たし、横線文と列点文とで上半部の文様帯を区画する。とりわけ、はなはだしい多条ぶりは秋田方面の遠賀川系壺と特徴を同じくしており、細長い「側添列点文」（鈴木正博 2000）の作法は横長根 A 遺跡例（第 40 図 6）の縦区画文に近い。

もとより側添列点文は、先にとりあげた砂沢遺跡 A10 区において変形工字文で飾った高杯に（第 42 図 3）、また、青森県上北郡六ヶ所村馬門遺跡や同弘前市十面沢清水森西遺跡で変形工字文壺にみとめられるなど（2・5）、変形工字文とよく組み合う。「遠賀川系」壺・甕の両器種で頻用された溝間列点文が変化をともないながら継承され、文様帯内をレイアウトする縦区画文として、あるいは変形工字文の描出手法の1つとして、「消滅」したと受け取られるほど浸透していったのであろう。

そうして、側添列点文は海峡を越え、例えば北海道函館市恵山町恵山貝塚や虻田郡豊浦町礼文華貝塚や同白老郡白老町アヨロ遺跡の壺など（6〜8）、初期の続縄文土器にまで広がりをみせる。文様帯の内側を列点で縁取る手法もまた、北海道南西部・東北北部の両地に定着しており、田向冷水式④の無頸壺（第 31 図 11）はその一例にあたる。

以上述べ来たったところで察知されるように、東北「遠賀川系土器」の展開において重要な画期は、砂沢式ばかりでない。田向冷水式こそ大きな節目であり、「北方文化圏」の成立プロセスを正しく復原するうえで、むしろ見落とすことのできない局面であったと評価しうるのである。

註
（1）本章の初出論文である齋藤瑞穂（2016）では「多段構成の変形工字文で」と記述しているが、本書では「複段」にあらためた。以下、この種の工字文については「複段」で統一する。
（2）1層の出土品は、弥生時代後期に属する（齋藤瑞穂 2015）。
（3）ここでは、磨消・充填の両技法を総じて磨消縄文と呼ぶ。

（4）弥生時代前期の下限については、現在までに二様の案が提出されているが、砂沢式を弥生時代前期に、五所式や谷起島式や下北半島の二枚橋式からを中期とする案を採る論者が、現在は多い。なお、第4章で論じたように、筆者は最近、岩手県二戸市上斗米金田一川遺跡例の段階を、砂沢式に先行する弥生時代の最初頭と理解している（齋藤瑞穂 2018a）。

（5）内面の横線文には1～4条のバラエティがみとめられる。

（6）遠賀川式土器の総称については、濱田延充の解説がある（濱田延充 2011）。

（7）鈴木正博（1987a）は、地蔵田遺跡23号土器棺（第40図5）を中期初頭におく。ちなみに、筆者の旧稿では、館の上遺跡例を砂沢式期に、横長根A遺跡例を五所式期にあてているが（齋藤瑞穂 2001）、いずれも勉強不足に起因する誤りであり、本章の初出論文である齋藤瑞穂（2016）にて撤回した。

（8）「耕作時に掘り出して、その後埋め戻された」（鈴木裕一郎 2012：10頁）ものであるという。なお、同土器に対する年代観は、山田康弘ほか（2014）の認識と大きな違いがない。

（9）矢島敬之もまた、「五所式の時間幅を考えるうえで重要な文様要素に、「文様に沿う点列文」手法をあげておこう。これは、須藤弥生編年2b期に位置付けられている下北半島の馬門遺跡に認められる手法であるが、砂沢遺跡A10区や清水森西遺跡にはあっても、五所遺跡には認められない。この装飾方法は、須藤氏によると谷起島遺跡出土の弥生3期土器群、宇津ノ台式、恵山式などにもみられ、2箇所彫去の短縦線手法とともに新しい時間帯に所属する可能性がある。ただし、五所式の文様要素の一つを構成するのか否かについては、今のところ判断は保留しておきたい。」（矢島敬之 2000：132～133頁）と述べ、側添列点文の動向に注意を払っている。ただし、このうち「谷起島遺跡出土の弥生3期土器群」以降に発達するのは磨消縄文帯を充填する点列文であり（石川日出志 2005b）、別に考える必要がある。

第6章　三陸・山田湾沿岸の弥生土器型式
——弥生三陸地震津波研究——

1. 弥生時代研究と東北北部の立ち位置

　こんにち弥生文化の北限というと、東北北部を指すのが一般的である。この回答を支えている根拠は、青森県南津軽郡田舎館村垂柳遺跡の中期水田址であり（村越潔ほか 1985）、同県弘前市三和砂沢遺跡で検出された前期の水田址であって（村越潔ほか 1988・1991）、これら津軽平野での発見は、東北の弥生時代が「前期に稲作農耕が受容され、狩猟、採集経済を基調とする縄文社会が急速に農耕社会に変貌する」（須藤隆 1990：256頁）と描かれる、直接の契機となった。そうして、「弥生文化に移行」した範囲から東北北部を外した山内清男と（山内清男 1947、山内清男ほか 1964・1971）、それに反駁した伊東信雄との論争も収束に向かい（伊東信雄 1958・1960・1970）、本州北端までを弥生文化圏とする現行の認識に落ち着いたのである。

　しかし、西日本方面からのインパクトが東北地方の北部に達し、イネを育てた水田が検出されたとしても、それが直ちに生産経済への転換と確立とを証示するものではない。いまなお断続的な痕跡しかみつかっておらず、後期に到るとそれも途絶えてしまうことから、藤尾慎一郎は弥生文化の範疇に東北北部を含めることに対して慎重な態度をとり（藤尾慎一郎 2000）、設楽博己は砂沢・垂柳両水田の時期が、西日本における水田の形成および拡大の画期などと期を同じくする点こそに注意を向ける（設楽博己 2000）。

　文化の枠組みに関わるこの問題が、短時日のうちに成案を得られるわけではもとよりないが、ひとつ気に懸かるのは、これらの論議で東北北部が扱われるとき、津軽平野に地域を代表させ、同平野への評価をめぐって論を戦わせることが多い点である。むしろ、東北北部は東西の相違も小さくなく、まして「文化の北上、南下の接点となっていて、情勢は流動的である」（山内清男 1969：96～97頁）との指摘をふまえれば、継続的な水田経営が実施された仙台平野よりも北のすべての地域を俎上にのせ、まずは地域単位での精確な実態把握につとめなければならないはずである。

　以上の問題意識にもとづいて、本章では三陸・山田湾にスポットをあて、流動的な情勢を作り出した背景の一端に接近してみたい。

2. 岩手県山田町沢田Ⅰ遺跡の弥生土器

　山田湾は、全長 600km に及ぶ三陸海岸のほぼ中央に位置する。本州最東端の魹ヶ崎を擁する重

茂半島と、急峻な断崖が連なる船越半島とが奥深い湾を形づくり、口を北東方向に開けている。湾口にあたる重茂・船越両半島の先端は、それぞれ十二神山や霞露ヶ岳を主峰とする山地が広がり、一方、湾奥部は関口川や織笠川の流路にわずかな低平地があって、その周囲を標高100mないし200m級の丘陵が囲繞する。現在、11例知られている弥生時代の遺跡は、湾口部の1例を除いて、これらの丘陵から延びた尾根の先端や裾部に地を占める（武田將男 1983、川向聖子ほか 2003、齋藤友里恵 2012）。

沢田Ⅰ遺跡2次調査の土器　岩手県下閉伊郡山田町沢田Ⅰ遺跡は、関口川下流の谷あいに営まれた集落遺跡である。これまでに5次の調査が行われ（佐々木清文ほか 2000、星雅之ほか 2000）、弥生時代の住居址は7棟検出されている。

第43図として掲げたのは、2次調査で出土した例である。1～3・14は波状の口縁をもつ高杯で、いずれも頸部が真っ直ぐ立つ。縄文時代の住居址に混入した14からみてみると、口縁部が大きく開く。直立する頸部に横線文を配し、体部を変形工字文で飾る。須藤隆が変形工字文C-1型

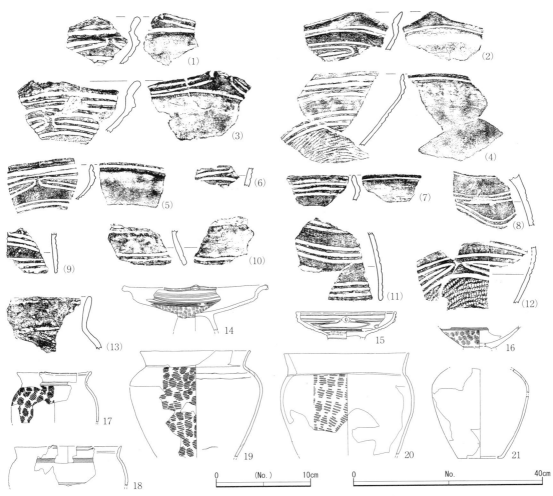

第43図　岩手県山田町沢田Ⅰ遺跡2次調査出土の土器

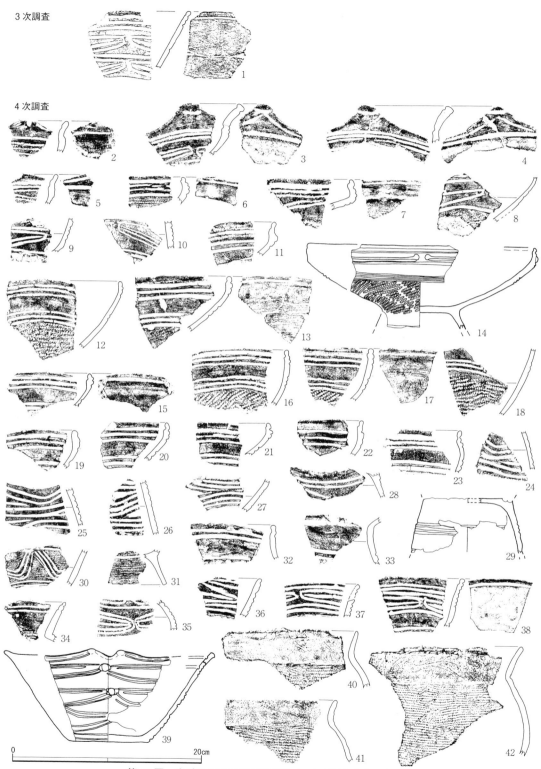

第44図　岩手県山田町沢田Ⅰ遺跡3・4次調査出土の土器

と呼んだタイプで（須藤隆 1983a）、中心に粘土瘤を付さない。一方、1は横線文帯を形成していない。ヘアピン状に折り返した工字文の中心部分は、粗く描き加えて仕上げてある。2や3は14と同様の文様構成を採る。内面は屈曲部に横線をめぐらせ、口縁の形に沿って弧線を加えたりもする。

5と15は平坦口縁の高杯で、波状口縁のものと同様、頸部が真っ直ぐ立つ。15は工字文の中心に抉りが加わっている。4や7は無文帯をもつ例で、上下を3条の横線文で区画する。8・9・11は脚部。横線文で区画・分割し、あいだを3条単位の波状文などで充たす。10は脚部として作図されているが、内面に沈線がめぐる点からすると、壺の口縁部であろう。12は複段の変形工字文を描いた壺である。

2次調査の出土品は、以上の高杯や壺と甕で構成される。高杯は頸部が発達して、1～3条の横線文で充填するのが基本である。体部は変形工字文で飾るか、もしくは横線文で上下を区画した無文帯を設ける。

3次調査の土器　第44図1は、3次調査の出土品である。古代の住居址に混入していた鉢で、直線的に開く。口縁部直下に3条の横線文を配し、体部は複段の変形工字文で飾る。変形工字文の中心に粘土瘤や抉りはみられない。

4次調査の土器　2～5は波状口縁の高杯で、3と4は口縁部の発達が特に著しい。3は頸部に3条の横線文がめぐり、体部を変形工字文で飾る。6・7は平坦口縁の高杯で、6は横線文に小さい粘土瘤を付す。7は頸部で強く屈曲する。横線文の下方を変形工字文で飾るらしいが、詳しくはわからない。8～10は体部片である。10は8や9より細い沈線で描いて、中心部分で緩やかに折り返す。須藤のいうC-2型にあたり、緩やかに幅を持たせたことで、斜線に沿う複線が2条に増している。11～23は無文帯を設ける例で、3条の横線文で上下を画する。14は粘土瘤を加えているが、先にとりあげた2次調査の出土品にこのような例はみられない。24～30は脚部。横線文と波状文とで飾り、さらに波状文の隙間を短沈線で埋めたり（24・25）、透かしを設けたりする（26・27）。30のように縄文で充たす例も散見される。31は台付甕の脚部か。

32～35は壺。35は胴部片で、複段変形工字文の三角単位文部分にあたる。36～39は鉢。39は直線的に立ちあがって口縁部でさらに開く。複段の変形工字文を配する点は、3次調査出土の1と共通するが、工字文の中心で抉りを加え、粘土を左右に寄せあげる。頸部横線文が次第に付加されていく、という矢島敬之の指摘に学ぶと（矢島敬之 2000）、本例が古く、1は新しい。他方、37・38は、1と同じく横線を加え、工字文は粘土を寄せあげない。

以上、4次調査の出土品には、**第43図**に掲げた2次調査の例と特徴を同じくするものと、2次調査ではみられなかったものとがあることに気づく。すなわち、変形工字文で飾る精製の高杯や鉢は、2次調査でも4次調査でも存するものの、中心で粘土を寄せあげ、あるいは中心が緩やかに折り返すタイプは、2次調査区ではことごとくみあたらない。また、無文帯を設ける高杯も、4次調査では単に横線文で区画するだけでなく、粘土瘤を加飾したものが混じる。変形工字文の省略ぶりや、頸部横線文の存否などを勘案するならば、このような4次調査出土品のバラエティは、時間幅の長さに起因する可能性を推測してよく、一方で2次調査の出土品の画一性は1つのまとまりとして把握することの妥当性を高めている。2次調査の出土品を、分析を進めるうえでの定点としよ

う。

　RA174・RA177住居址の土器　次に、4次調査RA174・RA177の両住居址をとりあげ、ここまでみてきた例と較べてみたい。第45図上段はRA174住居址の出土品で、高杯（1〜14）、壺（15〜19）、甕（20〜21）がある。変形工字文の様子は詳らかではないが、横線文帯をもつらしい。脚部を3条一組の横線文と波状文とで飾る。4は無文帯をそなえる高杯。粘土瘤を加える例もなく、2次調査出土品の埒外におかれる例はみあたらない。

　下段はRA177住居址の例で、高杯（22〜26）、壺（27・29）、甕（28）がある。23は中心がπ字で、幅を持ち、緩やかに折り返す須藤「C-2型」の変形工字文を描く。24は無文帯を設ける高杯だが、4と違い、無文帯を横線文で作り出していない点が注意を惹く。26は脚部で、波状文を4

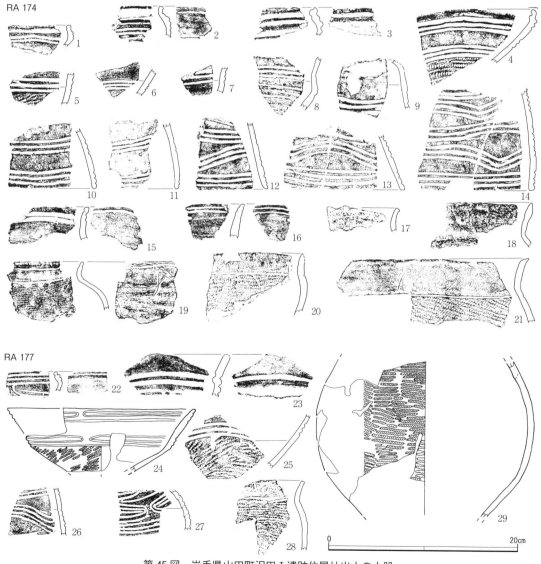

第45図　岩手県山田町沢田Ⅰ遺跡住居址出土の土器

条で描く。RA174 住居址の 9～14 とこれとを比較すると、前者は 3 条での施文を徹底しており、この点に作法の違いをみとめうる。近傍では、岩手県宮古市磯鶏上村貝塚に類例があって、脚端と中央を 4 条で区画し、4 条の波状文を充たす（小田野哲憲ほか 1991）。27 は 4 次調査区内で他にもみられた（第 44 図 35）、複段の変形工字文で飾る壺である。

　以上のように、上段の RA174 住居址例の特徴が 2 次調査出土品のそれから逸脱していないのに対して、下段の RA177 住居址例は 2 次調査の例と異なる特徴をそなえている。すなわち、2 次調査でみられる、中心がヘアピン状に折り返す変形工字文（第 43 図）は RA177 号住居址になく、他方、RA177 でみられた、幅をもち、緩やかに折り返す変形工字文（第 45 図 22）は 2 次調査の出土品中に含まれない。第 5 章で扱った田向冷水式の推移がそうであったように、この違いには時期差が反映されているとみてよく、

　　　　2 次調査　→　RA177

という新旧関係が成り立つ。まとまりとして把握しえた前者を沢田Ⅰa 段階、後者を沢田Ⅰb 段階と呼び換え、周辺の遺跡と比較する際の基準としよう。なお、4 次調査区でみられた、工字文の中心で左右に粘土を寄せあげる例は（第 44 図 39）、この沢田Ⅰa・Ⅰb の両段階に含まれず、先行する位置があたえられる。

　他地域との「横」の関係はなおも今後に委ねる部分が少なくないが、前章の成果をふまえていうと、沢田Ⅰa 段階の変形工字文がヘアピン状に折り返し、また、中心に抉りを加えて左右が隆起した印象を演出するのは（第 43 図 15）、八戸平野における田向冷水式②の段階（第 29 図下段）と接点をもつ。これに対して、Ⅰb 段階における幅を持ち、緩やかに折り返す第 45 図 22 の変形工字文は、田向冷水式でいうと③の段階に（第 30 図）、谷起島式でいうと中段階に登場する構図である（第 32 図）。したがって、

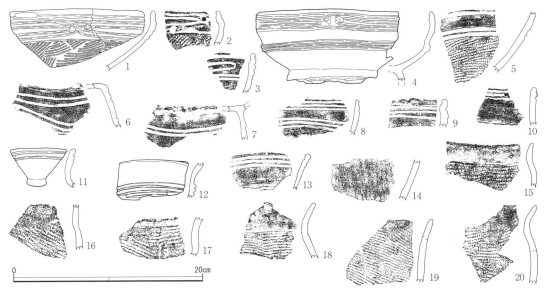

第 46 図　岩手県山田町紅山 B 遺跡の土器

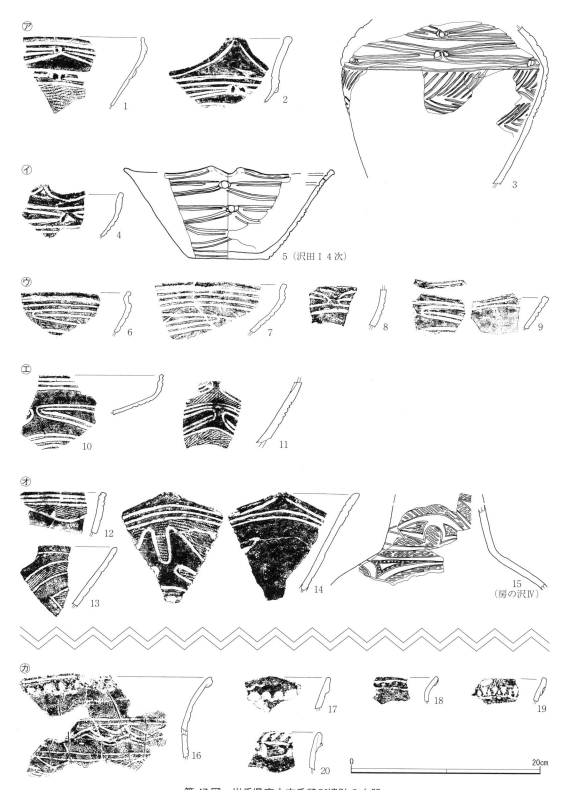

第47図　岩手県宮古市千鶏Ⅳ遺跡の土器

　　　　沢田Ⅰa段階　―　田向冷水式②　　―　谷起島式古段階　―　五所式
　　　　沢田Ⅰb段階　―　田向冷水式③・④　―　谷起島式中段階
の関係が成り立つ。
(1)

3. 山田町紅山B遺跡および宮古市千鶏Ⅳ遺跡の例

　岩手県下閉伊郡山田町紅山B遺跡は、大沢川左岸の丘陵上に形成された遺跡で、山田湾の北岸に位置する（川向聖子ほか 1999）。第46図に示したのが同遺跡の出土品で、1・2は高杯。変形工字文で飾り、文様帯の幅は狭い。中心や連繋部分に粘土瘤を付し、横線文帯を欠く点は、沢田Ⅰ遺跡のa・b両段階より古いことをよく物語る。3は矩形の文様を描く。矩形が曲線化していない点もまた、古手の特徴である（鈴木正博 2000）。

　4・5は無文帯を設ける高杯で、4に粘土瘤がみられる。図では表現されていないが、杯部下半は縄文で充たされる。6～8は脚部。6・7は2条の横線文や緩い波状文で飾る。8は杯部として図示されているが、屈曲がなく、波状文を描いてあるから、これも脚部とみておこう。10～13は短頸の壺である。

　一方、第47図は、宮古市重茂千鶏Ⅳ遺跡の例である。山田湾湾口の集落遺跡で、4棟の住居址が検出され（阿部豊 1999）、A-4区およびC・D区で多くの資料が出土している。上段の㋐には、紅山B遺跡例とならんで、沢田Ⅰ遺跡の両段階に先行する例を摘出した。1・2は截然とした沈線で複段の変形工字文を描き、中心に粘土瘤を配する。3は肩部を複段の変形工字文で、胴下半部を綾杉文で飾る。砂沢式では一般的でない連繋＋連繋の変形工字文である点にも注目しておきたい。これらは、紅山B遺跡の例に通ずる特徴をそなえているが、一方で文様帯の幅や口縁部の発達ぶりに違いもみいだしうる。ひとまずは紅山B→千鶏Ⅳa群の順序で把握しておこう。
(2)
(3)

　㋑に掲げた4は、1や2と違って、中心で左右に粘土を寄せあげて変形工字文を作り出す。沢田Ⅰ遺跡で最も早い5の例と共通する手法である。
(4)

　中ほどの㋒・㋓は、沢田Ⅰ遺跡のa・b両段階に相当するグループである。㋒（6～9）は瘤を欠き、ヘアピン状に折り返す変形工字文で飾った一群で、㋓（10・11）は中心が緩やかに折り返す。11は縄文が加わる。沢田Ⅰ遺跡では磨消縄文の手法は明瞭でなかったが、構図の共通ぶりから同じ群に含めておく。

　㋔に掲げたのは、変形工字文の規制を脱して、流麗な曲線文で飾った高杯で、㋓よりも新しい。石川日出志や品川欣也の成果を参照すると、（石川日出志 2005b、品川欣也 2005b）、中期の谷起島式新段階からその直後に併行するものとみられる。沢田Ⅰ遺跡近傍の房の沢Ⅳ遺跡から出土した磨消渦文の長頸壺も（15）、このグループに加えてよい。
(5)

4. 山田湾弥生集落の盛衰

　本章では、山田湾沿岸に形成された沢田Ⅰ、紅山B、千鶏Ⅳの3遺跡をとりあげ、同地域の弥生

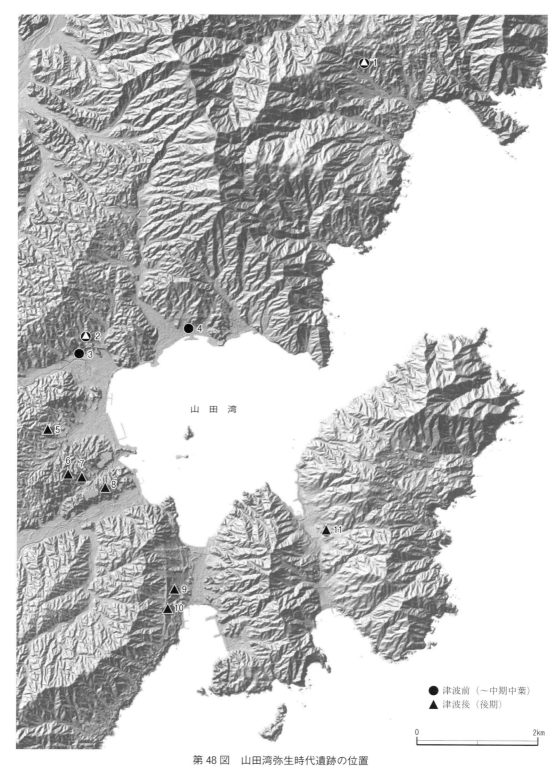

第 48 図　山田湾弥生時代遺跡の位置
1 岩手・千鶏Ⅳ、2 岩手・房の沢Ⅳ、3 岩手・沢田Ⅰ、4 岩手・紅山 B、5 岩手・大畑Ⅱ、6 岩手・細浦Ⅱ
7 岩手・後山Ⅰ、8 岩手・上村、9 岩手・湾台Ⅱ、10 岩手・山ノ内Ⅱ、11 岩手・川端コレクション

時代前半代を、

　　①紅山B
　　②千鶏Ⅳ㋐
　　③千鶏Ⅳ㋑
　　④沢田Ⅰa段階（千鶏Ⅳ㋒）
　　⑤沢田Ⅰb段階（千鶏Ⅳ㋓）
　　⑥千鶏Ⅳ㋔

という6段階の推移で辿った。④からが中期にあたり、6番目の千鶏Ⅳ㋔群段階が中期の中頃にあたる。いまのところ、山田湾沿岸でそれらに続く中期後半代の遺跡はみあたらない。

　次に人々の活動ぶりがみられるのは、弥生時代後期においてである（第48図）。交互刺突文などで飾った土器が、先掲の千鶏Ⅳ遺跡（第47図㋕）や房の沢Ⅳ遺跡のほか、湾奥部の山田町後山Ⅰ遺跡（川向聖子 2002）、細浦Ⅱ遺跡（鈴木貞行 1992）、上村遺跡（鈴木恵治ほか 1994）、山ノ内Ⅱ遺跡（佐々木清文ほか 1996）で出土していて、若干の空白期間を挟むことはほぼ確実とみてよい。そうして、さらに気に懸かるのは、集落立地がこの空白の前後で大きく異なる点である。沢田Ⅰ遺跡の標高が13m、紅山B遺跡が18m、千鶏Ⅳ遺跡が50mを測り、特に湾奥部で丘陵裾の低地帯に生活空間が広がっていたのに対して、後期に属する遺跡は、房の沢Ⅳ遺跡や細浦Ⅱ遺跡で標高35m、後山Ⅰ遺跡や上村遺跡で46m、また山ノ内Ⅱ遺跡で55mを測るなど、おしなべて標高30mを超える眺望の良い尾根上に位置を転じる。この経緯をどのように理解すべきかは、データの充実とさらなる検討がもとめられるが、宮城県仙台市若林区沓形遺跡の調査は、弥生時代中期の中頃、同地を巨大津波が襲ったことを明らかにし（斎野裕彦ほか 2010、庄子裕美ほか 2012）、著しい人口減少も想定されている（大坂拓 2012a）。

　他地域の状況をもって安易に解釈すべきでないにせよ、近傍の岩手県宮古市赤前葉の木浜や、上閉伊郡大槌町吉里吉里湿地などのボーリング調査では、弥生時代に起こったらしい巨大津波の堆積層が年代の一致をみて確認されている（1900-2000calBP、鳥居和樹ほか 2007）。これらを参照するならば、山田湾沿岸の集落形成が中期中葉以降微弱になるのは、大規模な災害が影を落としている可能性が高く（齋藤瑞穂 2014b）、一方で丘陵上に散見される後期の痕跡は、再び立ちあがった人々の力強い姿を示すものに違いない。いずれにしても三陸の集落の隆替は、災害の観点からの徹底した見直しがもとめられるだろう（齋藤友里恵ほか 2014）。

　山田湾弥生時代研究は未だ端緒についたばかりであり、課題は決して少なくない。しかし、痕跡を拾いあげ、三陸の人々の足跡を辿ることは、復興の道筋を模索する現代の我々にも、必ずや多くの示唆を与えてくれるように思われるのである。

註

（1）本章の初出論文である齋藤瑞穂（2013b）では、沢田Ⅰ①段階、沢田Ⅰ②段階と仮称したが、本書ではこれを沢田Ⅰa段階、Ⅰb段階にあらためている。このうち、沢田Ⅰ①段階＝沢田Ⅰa段階については、初出論文で「他地域との横の関係は今後の課題であるが、予察を交えて少しく比較を加えておくと、①段

階に近いのは、大坂拓が、岩手県北上市稲瀬町金附遺跡NⅢ区6・2‐3b2層出土資料（金子ほか 2006）をもとに設定している金附Ⅲ段階である（大坂 2012b）。また、従前より提唱されている青木畑式もこれに加わるが、しかし、佐藤祐輔のいう「入組流水型変形工字文」が全くみられないなどの相違もあり（佐藤 2009）、充分な比較検討がもとめられる」（齋藤 前掲：57 頁）と述べ、2014 年時点でもこのように理解していたが（齋藤友里恵ほか 2014）、本書ではこれを撤回する。田向冷水式②段階、谷起島式古段階併行であるから、時期区分のうえでは前期末ではなく中期初頭となる。

（2）弥生時代の住居址として、D‐1号、D‐2号、D‐3号、C‐1号、B‐1号の5棟が報告されているが（阿部豊 1999）、B‐1号は弥生時代と判断された根拠を読みとることが難しい。

（3）鈴木正博は、いわゆる「遠賀川系土器」をともなわない点に注目し、「非「砂沢式」現象」と呼ぶ（鈴木正博 2015）。

（4）本章の初出論文である齋藤瑞穂（2013b）や齋藤友里恵ほか（2014）ではこのグループを設けていなかったが、田向冷水式の検討を経て（齋藤瑞穂 2016）、認識を変更した。

（5）齋藤瑞穂（2013b）では谷起島式新段階併行としたが、13 の例の存在から認識を変更した。

（6）齋藤瑞穂（2005）第2表は、千鶏Ⅳ遺跡が中期後半も存続するものと表示したが、本章の初出論文である齋藤瑞穂（2013b）において誤りを訂正した。

第7章　大石平4段階変遷案再考
―東北地方中期弥生土器型式の提唱―

1. 齋藤瑞穂（2004）論文の問題点

東北北部における中期弥生土器編年の私案を、2004年に発表した。

青森県南津軽郡田舎館村で出土した土器に対して、山内清男が「縄紋式以後」の「縄紋の多い土器型式」として注意を喚起し（山内清男 1932d・1933）、他方、伊東信雄が「弥生式」として田舎

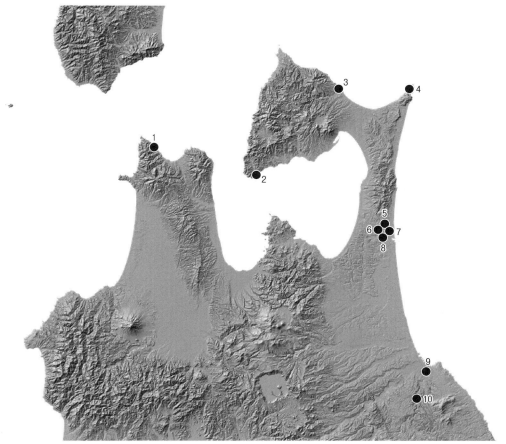

第49図　第7章で言及する遺跡の位置
1青森・宇鉄Ⅱ、2青森・瀬野、3青森・二枚橋、4青森・念仏間、5青森・大石平、6青森・上尾駮(2)
7青森・家ノ前、8青森・発茶沢(1)、9青森・田向冷水、10青森・畑内

第2表 須藤隆による東北北部の弥生土器編年（須藤隆（1983b）を一部改変）

	東北地方（西部）	東北地方北部 西部	東北地方北部 東部	東北地方中部（東部）
1	（＋）	砂沢式	砂沢式	（福浦島下層式）
2	（脇本）	（五所式）	二枚橋式	山王Ⅲ層・谷起島式
3		井沢式	宇鉄Ⅱ式	（寺下囲式）
4a・4b	志藤沢・宇津ノ台式	（田舎館）	（田舎館）	桝形囲式
5		＋	（念仏間）	（崎山囲式・常盤式）
6		＋	＋	（天王山式）

（ ）は未確定の型式、＋は少量の資料が存在するもの

第3表 齋藤瑞穂（2004）の中期弥生土器編年案

	北海道南西部	岩木川・米代川流域	小川原湖沿岸域・馬淵川下流域
前期	?	砂沢	
中期	茂別H-3／アヨロ1	宇鉄12号墓	大石平Ⅰ
	茂別H-2／アヨロ2a	宇鉄土器ブロック	大石平Ⅱ
	茂別H-4／アヨロ2b	垂柳Ⅲ	大石平Ⅲ
	アヨロ3a	垂柳Ⅳ	大石平Ⅳ
	アヨロ3b	家の前B類	
後期		広義の天王山式	
	?		?

館式を提唱して以降（伊東信雄 1950）、この分野は縄文時代終末の大洞A'式から田舎館式に到るプロセスの解明に心血を注いできた。五所、砂沢、宿野部、八幡堂、二枚橋、井沢、宇鉄Ⅱ等の諸式がこの過程で設定され、やがて須藤隆がこれらの内容を整理し、かつ、田舎館式を3つのグループに分類して、現行の編年大綱を組みあげる（第2表、須藤隆 1983b）。

しかしながら、須藤が扱った資料の多くは遺構にともなったものでなく、層位的な条件を満たしていなかったため、一括性や連続性は不問に付されてきた。旧稿・齋藤瑞穂（2004）論文は、遺構出土の資料によってこれを検証し、より確かな案の構築を企図したわけである。

筆者が注目したのは、青森県上北郡六ヶ所村大石平遺跡である（第50図）。切り合う関係にある遺構をピックアップし、遺構出土品のそなえる特徴の違いに拠った中期弥生土器の編年をめざした。旧稿の記述には、「検出された遺構のうちⅧ区2号住居跡、Ⅷ区306号土壙、Ⅲ区13号b竪穴状遺構、Ⅲ区13号a住居跡をみてみると、切り合い関係から、①Ⅷ区2号住居跡は306号土壙に、②Ⅲ区13号b竪穴状遺構は13号a住居跡に先行することがわかる。そして、①の両遺構の出土土器が、②に比べて縄文時代晩期及び弥生時代前期の特徴を残している点から、①→②の順序を推定できる。そこで、Ⅷ区2号住居跡→Ⅷ区306号土壙→Ⅲ区13号b竪穴状遺構→Ⅲ区13号a住居跡という変遷過程をひとまず考えておくこととする」（齋藤瑞穂 2004：3頁）とある。

次いで、「最も完形資料が多い」「甕の特徴を比較して、上述の遺構編年の順で変遷を遂げているか、間に介在する段階がないかを点検」し、「Ⅷ区2号住居跡からⅢ区13号a住居跡の段階に至る甕の器形や文様や成形技法が、間断のない変遷を辿ることが明らかになった。また、これらの遺構以外から出土した甕は、いずれかの段階に属する特徴をそなえており、4段階の間に介在する段階は見出し得なかった。そこで、Ⅷ区2号住居跡段階→Ⅷ区306号土壙段階→Ⅲ区13号b竪穴状遺構段階→Ⅲ区13号a住居跡段階に至る一連の変遷過程を推定し、煩雑さを避けるために以後大石平Ⅰ段階～Ⅳ段階と称する」（齋藤 前掲：3・6頁）との帰結に達している。

そうして、最も古い大石平Ⅰ段階を中期初頭にあて、他方、同Ⅳ段階の次に六ヶ所村家ノ前遺跡

のB類土器を加えて（大湯卓二ほか 1994）、中期の終末とする。この大石平の4段階＋家ノ前B類段階の甕の特徴を津軽方面にも敷衍し、宇鉄12号墓段階→宇鉄土器ブロック段階→垂柳Ⅲ段階→垂柳Ⅳ段階→家ノ前B類段階との序列を提案した（第3表）。

以上の議論に対して、発表後、いくつかの批判を頂戴した。その第一は、大石平Ⅰ段階（第51

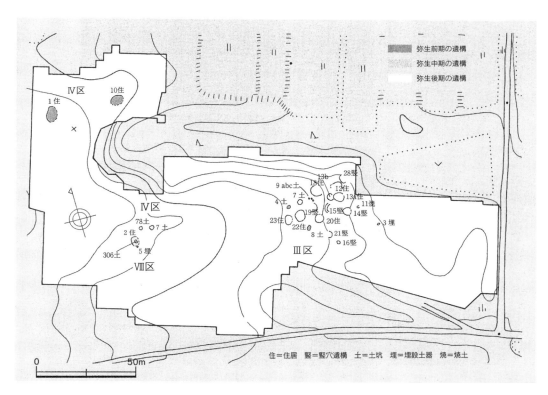

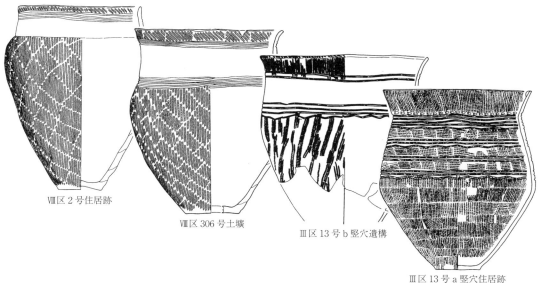

第50図　青森県六ヶ所村大石平遺跡の調査区・検出遺構と土器

図1・5）の年代的位置についてである。Ⅷ区2号住居跡の出土品を標式とするⅠ段階を、旧稿は「従来二枚橋式と認識されてきた長頸の甕である。頸部は直立ないしは軽く外傾し、口縁部が開く。頸胴境に明瞭な段があり、肩が強く張る。単節RLを口縁部に横回転し、胴部に斜回転する。頸部上半に1～3条の横走沈線を施し、下半に無文帯を設ける。胴部には文様をもたない。従来の二枚橋式では、胴部などに変形工字文や波状入組文を施す甕（以下、装飾甕）と、横走沈線のみの装飾性の低い甕（以下、非装飾甕）とが併存するが、本遺構では非装飾甕に限られている」（3頁）と説明する。装飾ぶりに違いをみとめながらも、「肩部が強く張り、最大径はほとんどの場合ここにある」（須藤隆 1970：25頁）という二枚橋式の長頸甕の形制との共通性を優先し、大石平Ⅰ段階を中期初頭に位置づけたようである。

　これに対して、品川欣也は、「齋藤氏は二枚橋式に併行する土器群として大石平Ⅰ段階をあて、

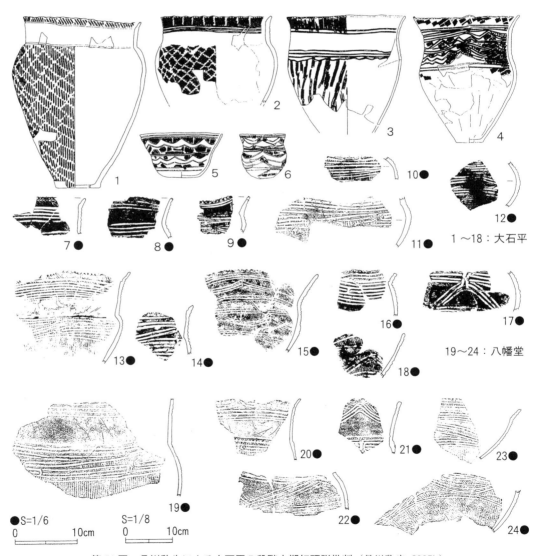

第51図　品川欣也による大石平Ⅰ段階中期初頭説批判（品川欣也 2005b）

同時期の異なる土器群と理解した。その型式学的な主な根拠は、甕の器形である。ただし、齋藤氏も触れているように、大石平Ⅰ段階（Ⅷ区2号住居址出土土器）の胴部上半の文様帯に単位文様を欠く点は確かに二枚橋式と異なる。大石平Ⅰ段階とⅡ段階のまとまりとされたⅧ区2号住居址および306号土坑は、接合関係をもつ一つの遺物集中部の中に納まり、比較的時間幅の狭い中での前後関係といえる。この遺物集中部に甕の胴部上半の文様帯をもつ土器（10・11）の一群が散見されることが気にかかる。しかも、この一群は大石平Ⅰ段階をほとんど含まず同遺跡Ⅳ区第Ⅳ群土器（ママ）（13～18）としてよくまとまり、二枚橋式に類似するも、甕の口縁内側と頸部（口外側下）に周回する沈線が多条化して細い（13）。また台付浅鉢や鉢の文様帯構成と文様描出手法は二枚橋式と変わらないものの、単位文様の変形工字文は変容し横位連繋志向が強く、縦スリットで区切る重弧線文が採用される（15・17）ことからも後出と判断できる。そして、むしろ下北地方の二枚橋式に後出する青森県佐井村八幡堂遺跡出土土器（工藤1978）の一部（19～24）と類似することに気付く。

　従って、大石平Ⅰ段階は二枚橋式に対比できず、しかも後続する土器群にも対比できない。つまり、砂沢式併行期の後に二枚橋式、次に大石平Ⅳ区第Ⅳ群土器と八幡堂遺跡出土土器の一部、そして大石平Ⅰ段階の順序で理解すべきであろう」（品川欣也 2005c：32頁、引用文中の数字は第51図(2)に対応）と述べた。大石平Ⅰ段階は二枚橋式よりも新しく、同時期に位置づけるのは適切でない、という主張である。

　批判の第二は、「Ⅷ区2号住居跡における長頸の甕は、次の306号土壙段階で肩の段が消失して頸胴境が曖昧になる。そしてⅢ区13号b竪穴状遺構段階で口径が拡大し、連続山形文が出現する。さらに、Ⅲ区13号a住居跡段階では、頸部が"く"の字状の屈曲となった広口甕と深鉢状甕とが併存し、頸部下半無文帯が消失して、頸部上半と胴部との文様帯が合体する」（6頁）のように、齋藤（2004）論文が甕の形制とその変転を最も重視した点に対してで、大坂拓は「齋藤氏の主張は遺構の切り合い関係を基軸に、深鉢の「肩が張る」か否かなどを参照して考えられている。しかし、筆者は深鉢の器形変化は漸移的なものと考えている。また、言うまでもなく遺構の切り合いは必ずしもそれぞれに包含される土器の型式差に結びつくものではなく、一型式の時間幅の中でも起こりうる」（大坂拓 2007：77～78頁)(3)と論じる。土器型式の時間幅に対する認識や姿勢がそれぞれ異なるのは致し方ないにせよ、甕の形制の変化が漸次的であるという主張はもっともであり、従前より指摘されてきた点でもあった（川西宏幸 1982）。

　漸次的という語が出たついでに少しく付言すると、齋藤（2004）論文は「Ⅷ区2号住居跡からⅢ区13号a住居跡の段階に至る甕の器形や文様や成形技法が、間断のない変遷を辿ることが明らかとなった。また、これらの遺構以外から出土した甕は、いずれかの段階に属する特徴をそなえており、4段階の間に介在する段階は見出し得なかった」（6頁）と言い切ってしまっている。しかしながら、切り合い関係は、構築時の新旧を示すものであっても、連続性を保証しているわけではもちろんない。いま、大石平遺跡の諸例を見返すと、設けた各々の段階の間が連続的か、介在する段階は本当になかったか、点検する余地があるように思う。

　第三は、大石平Ⅳ段階に後続する、とみなした家ノ前遺跡B類土器の評価に対してである。旧稿では、家ノ前B類の甕を特徴づける受口状口縁が「大石平Ⅳ段階の甕には認められ」ず、一方

で「広義の天王山式に」「多く認められる」（7頁）点から、家ノ前B類段階を設けて「中期の最終段階」に位置づけた。これを鈴木正博は、「「プロト天王山式」が中期末葉に編年される思考法は21世紀にも継続する」（鈴木正博 2014a：46頁）と厳しく批判する。

齋藤（2004）論文に寄せられた以上の指摘は、肯ける部分が少なくない。虚心坦懐にこれを受けとめ、旧稿の中核を担う大石平4段階変遷案を、まずは一旦取り下げよう。そのうえで、現在の眼でいまいちど見直し、弥生時代中期の土器型式の行方を辿ってみようと思う。

2. 大石平遺跡出土土器の推移

下北半島の太平洋側は、海岸砂丘が発達し、その後背に小川原湖をはじめとするいくつもの湖沼が群在する。青森県上北郡六ヶ所村大石平遺跡は、その湖沼群のなかで最も北に形成された尾駮沼の北岸にあって、標高は低い場所で40m前後、高い位置で60mを測る。発掘は3年にわたって実施され、調査面積は90,000m²に及んだ（北林八洲晴ほか 1985、山田洋一ほか 1986、新谷武ほか 1987）。

弥生時代の遺構はⅢ区、Ⅳ区、Ⅷ区で検出され（第50図）、Ⅷ区に①2号住居跡→306号土壙の

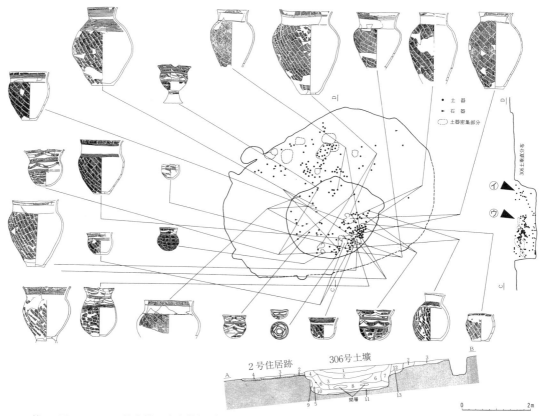

第52図　Ⅷ区306号土壙の出土状況（2号住居跡を306号土壙が切る、新谷武ほか（1987）を改変）

切り合いがある。また、Ⅲ区にも②13号ｂ竪穴遺構→13号ａ竪穴住居跡という切り合いがあり、旧稿では重複するこれら4遺構の出土品を編年上の単位として扱った。ところが、①の両遺構は切り合う関係であっても一部の土器が接合しており、前節でとりあげたように「比較的時間幅の狭い中での前後関係」と品川欣也はみる。2号住居跡と306号土壙の各々を単位として扱うことは適切だったのか、この点を検証するところから本章の議論をスタートしよう。

さて、2つの遺構Ｘ・Ｙが新旧の関係（Ｘ→Ｙ）にあり、その双方から出土した資料が複数接合する場合、ＹはＸが埋まりきる前に構築された、と考えるのがスムーズである。したがって、出土した土器は、上述の①の切り合い関係でいうと、

　㋐306号土壙が構築される前に投棄されていた、または流れ込んでいた
　㋑306号土壙構築後、2号住居跡が埋没するまでに投棄された、または流れ込んだ
　㋒2号住居跡の埋まった後、306号土壙が埋没するまでに投棄された、または流れ込んだ

のいずれかに属するわけである。

ところが、これらを識別するのは簡単でない。2号住居跡のプラン内で出土した土器のうち、306号土壙の出土品と接合する例は、躊躇うことなく㋑と判断しうるが、一方で接合関係にないからといって、必ずしも㋐であるとは限らないからである。それに較べて、㋑と㋒の分離は難しくない。「住居跡床面出土のものと、土壙のフク土の下位で出土した土器片が接合する」（新谷ほか　前掲：378頁）との報告どおり、㋑に属する土器が306号土壙に流れ込んだ様子は、エレベーション図からも追認できる（第52図㋑）。そうして、上層のまとまりは、306号土壙埋没時に投棄された㋒の一群とみなしてよい（第52図㋒）。

したがって、一括性が保証されているのは、306号土壙上層の出土品に限られる。これを、ひとまずの定点としよう。

Ⅷ区306号土壙上層（第53図上段）　甕、台付甕、壺、鉢、浅鉢があり、磨消の弧文や鋸歯文が目立つ。14は台付甕である。口縁部は縄文を地文として、鋸歯文を施す。口縁部に文様を加えるのは、中期初頭の二枚橋式（須藤隆 1970）や同式に続く宇鉄Ⅱ式（岩本義雄ほか 1979）、あるいは北海道島における恵山式の古い部分にみうけられるが（中村五郎 1973、高瀬克範 2005、大坂拓 2007）、多くは波状の口縁に沿わせた弓なりの弧線文であり、平坦口縁で鋸歯文を施してあるのはめずらしい。

鋸歯文は12の壺にもみとめられる。肩部に文様帯を設け、上端を4条の、下端を1条の直線文でそれぞれ画する。鋸歯文の上側は、縄文で填める。青森県上北郡おいらせ町立蛇(2)遺跡の例はこれに近く（鈴木克彦 1980）、やはり鋸歯文の上側のみに縄文を充たしてある。この種の磨消縄文技法は、同県むつ市脇野沢瀬野遺跡や（伊東信雄ほか 1982）、宇鉄Ⅱ式の標式である同東津軽郡外ヶ浜町宇鉄Ⅱ遺跡の精製土器にも散見される（岩本ほか　前掲、福田友之ほか 1989）。

10の壺は、頸部を多条の直線文で飾る。縄文時代晩期の大洞Ａ式以降、徐々に発達するらしく（今村啓爾 1983）、本例では頸部の大半を占めるまでになる。肩部もまた多条の直線文を施して文様帯の境を示し、いわゆる「結節沈線」をさらに加える。これは、浅い沈線をまずは施し、次いで深めに掻き、その際に生じる粘土を寄せて節を作出するもので、二枚橋式では肩部文様帯の上限を

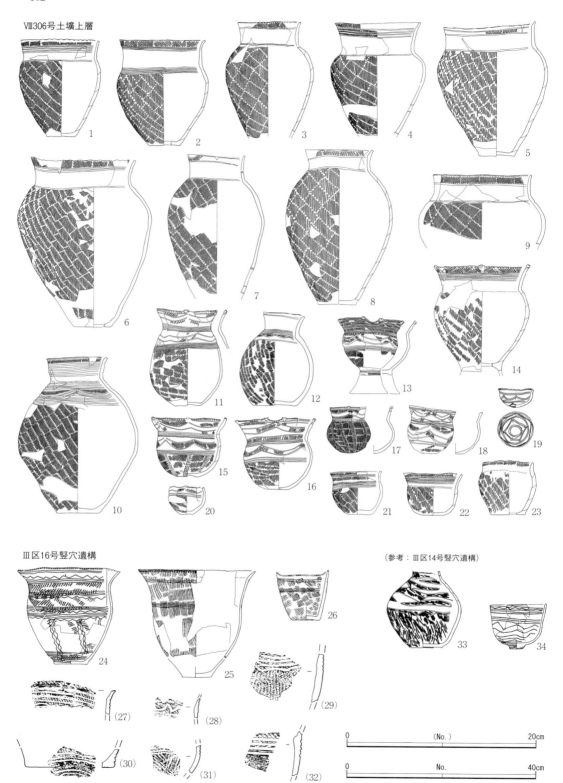

第53図　青森県六ヶ所村大石平遺跡の土器（1）

画する手立てとして盛んに用いられる。肩部は、3条の沈線で重弧文を描き、頂部を短い縦線で切る。「結節沈線」が二枚橋式と共通するものの、重弧文は同式にない。

丸底鉢は、磨消縄文技法を駆使して連弧文を描き出す（15〜18）。17は口縁部を飾り、ほかは口縁部と胴部とに重ねる。内側に縄文を埋めて帯状の弧文を作る場合と、外側を充たして弧文を浮きあがらせる場合とがある。口縁部と胴部との境は、直線文や帯縄文や刺突列で示す。押し引きして深い列点を作出するのは（15・18）、「結節沈線」が簡略化した形態であろう。口唇部には刺突を加え、突起を設ける例も多い。なかでも注目されるのは、胴下半部を文様帯とする15・17で、3列を単位とする縦走刺突文で飾る。このようにして縦に刺突文を施す例は、他にない。

Ⅲ区16号竪穴遺構（第53図下段）　Ⅷ区306号土壙上層で中核を担っている型式学的特徴を、かすかに継承しているのがⅢ区16号竪穴遺構の例である。24の甕が雄弁で、直線文と鋸歯文とで器面を飾る。何が一連の文様か、どれが区画文かを見定めることは容易でないが、まずは見たままを表現すると、上下を直線文で区画した鋸歯文で口縁部を飾り、括れ部と胴部最大径部分に直線文＋鋸歯文の組み合わせを配する。胴部最大径部分にはこれを2段重ねて、鋸歯文帯のようにみせている。胴下半部は、3条を単位とする縦走鋸歯文で飾る。306号土壙上層と繋がる細い糸が、この縦の文様である。

なお、縦走鋸歯文は、Ⅲ区14号竪穴遺構の壺にもみうけられる（33）。鋸歯文を1条とするのが24と相違するが、共伴する34の鉢の特徴から、16号竪穴遺構と接点をもつとみて大過ない。

Ⅲ区13号b竪穴遺構（第54図上段）　16号竪穴遺構に続く特徴を有するのが、旧稿で大石平Ⅲ段階と称したⅢ区13号b竪穴遺構の例である。1は口縁部を縄文帯とし、その下方に直線文で分割した無文帯、鋸歯文帯、縦位短沈線帯を順に置く。短沈線帯は胴部との境に位置しており、「結節沈線」が転じた態様と考えて差し支えない。胴部は縄文帯とし、緩やかに描いた退化波状工字文を肩部に加える。5は部位の境が明瞭な形制で、頸部が開き気味に立ち上がり、口縁部で外反する。頸部の中央には分割する直線文がない。1で鋸歯文帯を配していた場所は、代わりに縄文帯がある。直線文＋鋸歯文の組み合わせで区画がなされる。

このように、5が部位と装飾との関係を鮮やかに示してくれたことで、16号・13号b両竪穴遺構出土甕の装飾構造が朧気ながらみえ、

　　㋐装飾帯は4つで構成され、口縁部、頸部、肩部、胴部に配置する
　　㋑頸部を分割する例と、分割せずに幅を広くとる例との両種が共存する

という2つを察知することができる。13号b竪穴遺構になって口縁部と胴部が縄文帯化し、頸部から肩部付近に文様が集約していったらしい。㋑で摘出した2種を、以下ではそれぞれ分割タイプ、非分割タイプと呼ぶ。

Ⅲ区12号竪穴住居跡（第54図下段）　装飾帯と文様の特徴からみて、次に位置づけられるのは12号竪穴住居跡の土器で、18の甕は分割タイプの例である。13号b竪穴遺構の1・5のように、直線文＋鋸歯文で文様帯を区画する、というのが本来の約束事であったが、鋸歯文が独立し、頸部の上半分に拡がってしまったようである。おおよそ1条の直線文によって区画を行うが、頸部の下端のみ2条にするのは肩部を意識したものに違いない。胴上半部には松葉状の文様を加える。1と

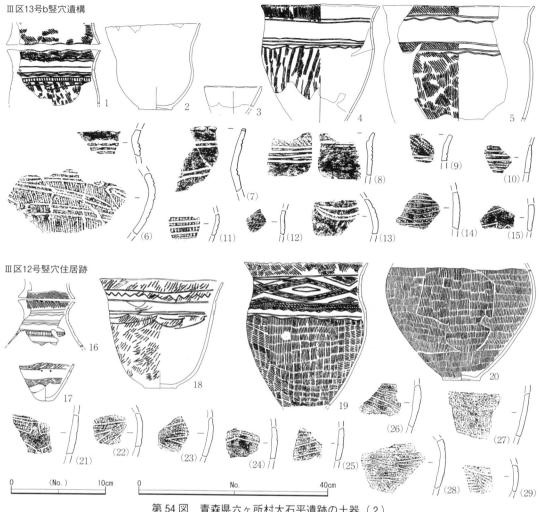

第54図　青森県六ヶ所村大石平遺跡の土器（2）

の比較を通じて、波状工字文が転じたらしいことが窺える。

　他方、19の例は非分割タイプで、頸部を磨消の菱形文で飾る。実測図は正しく表現できていないが、口縁部は内湾して、受口状を呈する。306号土壙上層の段階では、磨消文様が精製器種に使われていたが、本住居跡は甕に用いるらしい。小破片ではあるが、21～26は磨消の菱形文で飾った同一個体の壺であり、甕と壺とで文様がシェアされていることを物語る。北海道島の恵山式においても、新しい部分の甕は、頸部を精製器種の磨消文様で飾るという（大坂　前掲）。

　16も壺で、分割タイプの構成をとる。肩部の縦位短沈線帯は、13号b竪穴遺構の段階から正しく継承したものであろう。

　Ⅲ区13号a竪穴住居跡（第55図）　精製器種と甕との文様共有という新しい展開をむかえた12号竪穴住居跡の後を、13号a竪穴住居跡が襲う。旧稿で大石平Ⅳ段階と呼んだ一群である。分割タイプの1は口縁部が拡がり、口頸部境は区画の直線文の上に列点を付す。区画文は、上から直線

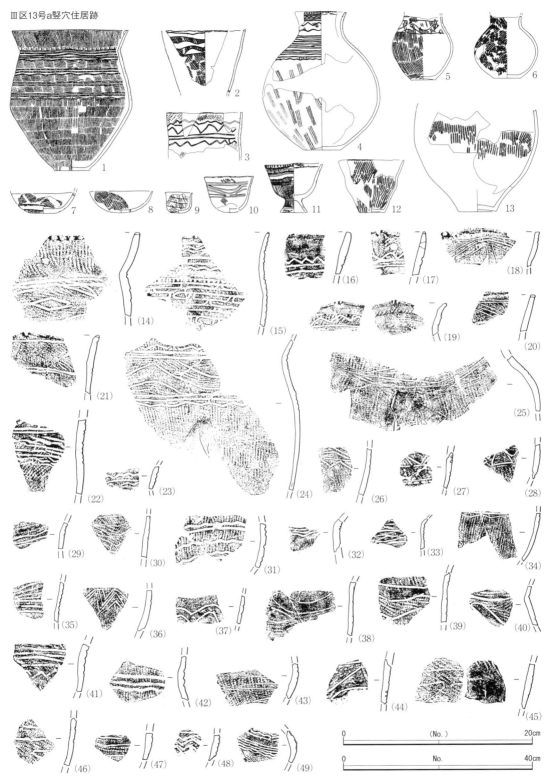

第55図 青森県六ヶ所村大石平遺跡の土器（3）

文4条＋鋸歯文、直線文2条＋鋸歯文、直線文2条、直線文2条＋鋸歯文であり、肩部の上端にあたる部分のみ鋸歯文を欠く。

14や24は非分割タイプである。「受口状口縁は大石平Ⅳ段階の甕には認められない」（齋藤瑞穂2004：7頁）という旧稿の記述は誤りで、両例とも口縁部は受口状を呈する。14は磨消菱形文を、24は上開き・下開きの両連弧文を左右にずらして、磨消の波状文を描き出す。これらの非分割タイプ甕に、㋐肩部装飾帯の消失と、㋑鋸歯文の発達という新たな傾向がみとめられる。すなわち、直線文＋鋸歯文を組み合わせて区画を行う場合、ここまでみてきた例はおしなべて直線文を上位に、鋸歯文を下位に配していた。ところが本遺構には、24や16・17のように、位置を逆転させ、鋸歯文を上位に置く例が現れる。鋸歯文の発達は、口縁部鋸歯文帯の復活を促すらしい（3・4・19）。11は高杯で、内外に縄文原体の押圧文を施す。

Ⅲ区22号竪穴住居跡（第56図上段）　より新しい特徴をそなえているのは、22号竪穴住居跡の土器である。器形を復原し得た例は、ことごとく口径が最大径となる。1は突起を付し、口頸部境の区画文は鋸歯文を上位に配する。2は、稲妻状の磨消入組文で飾り、肩部装飾帯をもたない。筆者の関心を特に喚起するのは、磨消文様の中央にある緩やかな鋸歯文で、本来なら分割タイプに施されるべき区画線であろう。本遺構に分割タイプの例がみあたらないことから推測すると、頸部分

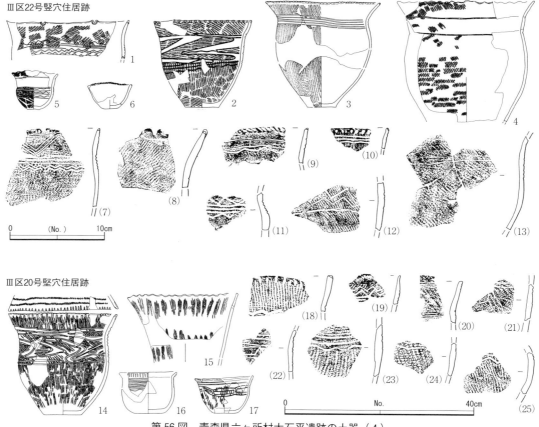

第56図　青森県六ヶ所村大石平遺跡の土器（4）

割の作法は衰退してしまったのかもしれない(5)。また、口縁部のみに装飾をもつ例が現れる（7）。大ぶりの山形文で、上側に横線を加える。

Ⅲ区20号竪穴住居跡（第56図下段）　20号竪穴住居跡の例が最も新しい。1は甕で、口唇を挟んで内外に縦長の刺突列をめぐらす。縦長の刺突列は、16の鉢や18の甕にもみとめられ、本住居跡の土器群を特徴づけている。22号竪穴住居跡の2よりいっそう複雑化した磨消の入組文で頸部を飾り、口縁部内面に縄文原体押圧文を施す。ちなみに、口縁部を縦長の刺突列で、胴部を22号竪穴住居跡にみられる山形文（7）で飾った例が、青森県八戸市南郷区砂子遺跡から出土している（木村鐡次郎 2000）。

3. 大石平遺跡出土土器の上下限

大石平遺跡の上限　Ⅷ区306号土壙上層の土器群を出発点にすると、以後、Ⅲ区16号竪穴遺構、Ⅲ区13号b竪穴遺構、Ⅲ区12号竪穴住居跡、Ⅲ区13号a竪穴住居跡、Ⅲ区22号竪穴住居跡を経て、Ⅲ区20号竪穴住居跡例に到る7つの段階を摘出することができる。

しかしながら、306号土壙上層の資料はあくまで作業上の定点であり、大石平遺跡で最も古いわけではない。章の冒頭で点検したように、306号土壙は2号住居跡と切り合う関係にあり、①2号住居跡と306号土壙下層の土器群は、②同土壙上層のそれに先行する（第52図）。

一方、①の諸例が②に先んじることが、埋没プロセスのうえで確実であっても、その双方がともに編年上の単位としてふさわしいかは、また別の問題である。2号住居跡の平底鉢は（第57図1）、①に属する数少ない精製土器で、磨消の連弧文を重ねる。外側を縄文で充たして弧文をうきあがらせる手法や、直線文による文様帯の区画は306号土壙上層にもみられ（2～5）、形制のみ相違する。この場合、例えば1の胴部が発達し、丸底化して306号土壙上層の鉢が生成されたというならば、当然、各々を単位として指標化されなければなるまいが、しかしそうは言いきれない。①・②の時間差はそれほどなく、2器種間で文様を共有している状態とみておくのが、いまは穏当なところであろう。

むしろ、306号土壙上層の出土品と違いをみせるのは、このⅧ区の遺構外から回収された土器群である（第58図）。報告を担当した一条秀雄は、

　㋐列点文は遺構外出土品にないが、2号住居跡や306号土壙にある
　㋑波状工字文は遺構外出土品にあるが（1～3、9・10）、2号住居跡や306号土壙にない
　㋒磨消の連弧文は、遺構外から少量しか出土していない（12～14）

第57図　Ⅷ区2号住居跡と306号土壙の鉢
（1　2号住居跡、2～5　306号土壙）

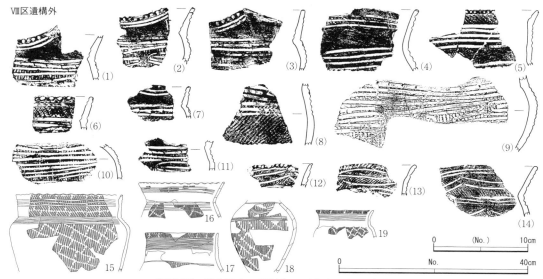

第58図 青森県六ヶ所村大石平遺跡の土器（5）

　㊃波状口縁鉢は遺構外出土品にあるが（1〜3）、2号住居跡や306号土壌にない
　㊅広口壺は、遺構外からほとんど出土しない

という点から、2号住居跡や306号土壌といった遺構出土品と分けて捉え、「文様から見ると二枚橋式、宇鉄Ⅱ式の文様に類似する（波状工字文、結節沈線）。しかし、二枚橋式に多く見られる変形工字文はまったくなく、やや新しいと考えられる。器形では、二枚橋式、宇鉄Ⅱ式に類似するもの(本書の第58図16)が多いが、第141図4のように頸部から口縁部が外側へ開くように立ち上がる形状は、二枚橋式のものとはやや異質で、やはり二枚橋式よりも新しい要素と考えられる」と述べ、「二枚橋式よりは新しい時期のもの」（新谷武ほか 1987：381頁）と結論づけた。品川欣也も、Ⅷ区の遺構外出土品のなかには胴上半部に文様帯をもつ甕があって、北隣のⅣ区でこれらは良好なまとまりをみせ、そこでは2号住居跡や306号土壌のような例もほとんど含まれない、と指摘する（品川欣也 2005c）。

　旧稿で報告者の考察を黙殺したことを反省し、あらためて遺構外の例を見直すと、306号土壌上層と同じく丸底鉢が存する一方で（12〜14）、同土壌にない例を含むことに気付く。それが1〜3の台付鉢もしくは高杯であり、9や10の波状工字文甕であって、15は縄文を全面に施している。

　第59図は品川が注目したⅣ区の出土品で、1〜10は10号竪穴住居跡の、11〜21は7号土壌の、22〜26は78号土壌の例である。下段に掲げた78号土壌の甕は（23）、Ⅷ区306号土壌上層のそれ（第53図1〜9）と同じく、肩部の文様を欠く。また、連弧文を描く台付鉢は（22）、脚部文様の共通する例が2号住居跡にある。先に本節の冒頭において、①2号住居跡＋306号土壌下層の一群と②306号土壌上層の例との時間差はそう大きくないと結論づけたが、①・②それぞれのグループに関連する例の共伴はこの帰結の蓋然性をいっそう高めるものと言えよう。

　中段の16は、7号土壌の丸底鉢である。突起を付し、一見306号土壌上層の例と違いがないように見えるが、弧線の間は磨り消しておらず、また内面にも文様をもつ。11・12や15は頸部が狭く、頸胴部境に強い屈曲をもつ甕で、口縁部に弓なりの弧線が沿う。これらは、2号住居跡や306

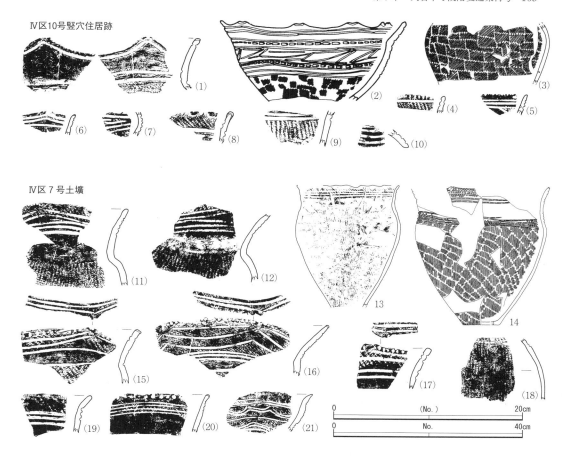

第 59 図 青森県六ヶ所村大石平遺跡の土器（6）

号土壙にみあたらない。したがって、両遺構に関連する例ばかりで構成されている 78 号土壙とは、異なる位置をあたえうる。

　上段の 7 は、10 号竪穴住居跡の甕で、波状工字文を描く。厚みがない点などを勘案すると、台をもつ小型の例であろう。肩の部分にあたり、小破片ながら、甕が肩部文様をそなえることを察知しうる。2 の高杯も波状工字文で飾り、「結節沈線」で上下を画する。地文と重ねないのはめずらしい。口縁部に弧線が沿う 6 は、7 号土壙の 15 と同じく強い屈曲をもつ甕であろう。

　さて、いまいちど 7 号土壙に立ち返り、16 の丸底鉢を左隣の 15 の甕と較べてみよう。文様の構図が実はよく似ていること、何とならば弧線の間隔だけが違っていることに気付く。間隔の広い連

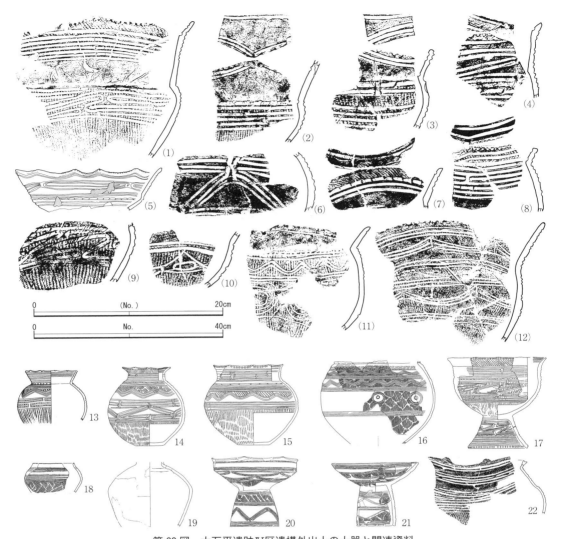

第60図 大石平遺跡Ⅳ区遺構外出土の土器と関連資料
1〜12大石平Ⅳ区、13青森・瀬野、14〜17青森・宇鉄Ⅱ、18〜22青森・田向冷水

弧文は上段の10号竪穴住居跡にみられず、一方で狭い弧文は下段の78号土壙にも、同土壙と関連性の高い2号住居跡や306号土壙にもみあたらない。したがって、

- 10号住居跡：㋐2線の間隔が狭い弧文で口縁部を飾る（6）
- 7号土壙　：㋐2線の間隔が狭い弧文で口縁部を飾る（11・12・15）
  ㋑2線の間隔が広い弧文で口縁部を飾る（16）
- 2号住居跡）
  306号土壙）㋒2線の間隔が広い**磨消連弧文**で口縁部を飾る（第57図）

という違いがあり、㋐10号竪穴住居跡→㋐㋑7号土壙→㋒78号土壙（2号住居跡・306号土壙）の序列が導かれる。この㋐→㋒の過程で、波状工字文が連弧文に交替するらしい。[6]

ちなみに、第60図上段に掲げたのはⅣ区の遺構外出土品で、10号竪穴住居跡や7号・78号の両

土壙にない変形工字文の土器が眼にとまる（4〜6）。これが、変形工字文は10号竪穴住居跡段階にはすでに廃れ、遺構外の諸例がより古い段階を含んでいることを示すのか、あるいは偶然遺構内で変形工字文土器が残らなかっただけなのか、現時点ではわからない。しかし、いずれの場合であっても、変形工字文もまた、Ⅷ区306号土壙上層の段階までに連弧文へと置き替わったであろうことは、推断して差し支えないと思う。

　11の鉢も特徴的で、波状文と同心円文とを重ねる。異なる文様の併施は継承されていかないらしく、少なくとも306号土壙上層以降の諸段階にはみあたらない。本章の冒頭に掲げた須藤隆の編年案に沿って周辺を捜してみると（第2表）、中期初頭・二枚橋式の標式遺跡である青森県むつ市大畑町二枚橋遺跡では確認できないが、同式の新しい段階にあたるという同市瀬野遺跡には（高瀬克範 1998、根岸洋 2003 など）、波状文と工字状文とをあわせもった壺が存する（13、伊東信雄ほか 1982）。宇鉄Ⅱ式では、外ヶ浜町宇鉄Ⅱ遺跡第4次調査土器ブロックに、磨消波状文と変形工字文とを飾った壺があり（14、福田友之ほか 1989）、第2号甕棺墓の棺身の壺は波状文と同心円文とを併施する（16、岩本義雄ほか 1979）。波状工字文高杯・甕の存在や（17）、加点した横線文区画の共通性を勘案すれば、上述のⅣ区10号竪穴住居跡ないし7号土壙とそう離れていない時期に、宇鉄Ⅱ式が併行する可能性が高い。

　次に馬淵・新井田川流域に眼を転じ、青森県八戸市田向冷水遺跡を標式とする田向冷水式と比較しておこう（須藤隆 2007・2008）。前章で議論したとおり同式は4段階の推移を辿り、SI30竪穴住居跡が最も新しい（18〜22、小保内裕之ほか 2006、宇部則保ほか 2011）。田向冷水式では、最新の段階においても変形工字文が本来のモチーフを残しており（20・21）、大石平遺跡でみられる5や6との相違ははなはだしい。

　畢竟、多少の前後があるにせよ、大石平遺跡の初現は津軽方面でいうと宇鉄Ⅱ式の頃にあたり、馬淵・新井田川流域と比較するならば、田向冷水式より新しいことが判明する。

ポスト大石平　旧稿の大石平4段階変遷案では、大石平遺跡Ⅲ区13号a竪穴住居跡例を以て大石平Ⅳ段階を設け、同段階に続くものとして青森県上北郡六ヶ所村家ノ前遺跡の出土品に注目した（北林八洲晴ほか 1993、大湯卓二ほか 1994）。そこでは、「家の前遺跡は、大石平Ⅲ段階から、後期に属する広義の天王山式までが出土しており、小川原湖沿岸域における中期後半の様相を把握しうる好例である。A類、B類、広義の天王山式とに分類されている土器のうち、A類は本稿での大石平Ⅲ段階の一部と大石平Ⅳ段階にあたり、B類は大石平遺跡では認められない一群である」（齋藤前掲 2004：7頁）と評し、

　　㋐家ノ前B類甕は口縁部が受口状を呈するが、これは大石平Ⅳ段階にみとめられない
　　㋑家ノ前B類甕は胴が張らず、砲弾状であるが、大石平Ⅳ段階では胴部が膨らむ例が多い
　　㋒大石平Ⅳ段階で頻用される鋸歯文は家ノ前B類にほとんどみられず、上開き（「∪」字状）、下開き（「∩」字状）の大ぶりな弧文を採用する
　　㋓家ノ前B類甕の磨消縄文は、大石平Ⅳ段階と違って、縄文の充塡が不完全であったり、はみ出し部分を消さないなど、丁寧さに欠ける
　　㋔両遺跡間の距離は1kmほどであり、土器の違いを地域差に置き換えることはできない

㋕受口状口縁は、後期の天王山式に多くみとめられる特徴である

点を根拠として、「家の前Ｂ類段階は大石平Ⅳ段階と広義の天王山式との間に位置づけられる。中期の最終段階とみておこう」（同：8 頁）と結論づけた。

しかしながら、4 段階変遷案の抜本的見直しを進めてきた本章では、Ⅲ区 13 号 a 竪穴住居跡を標準とした旧稿の大石平Ⅳ段階の次に、Ⅲ区 22 号竪穴住居跡、同 20 号竪穴住居跡という 2 つの段階が確認されている。さらには前節でも述べたように㋐の主張は誤りであり（第 55 図 14）、新古の弁別基準とならない以上、両遺跡の関係を別の角度から問い直さなければなるまい。

第 61 図に掲げたのは、神康夫による家ノ前遺跡第Ⅷ群土器の分類案で、

  Ａ類：「頸部が比較的すぼまり、屈曲部の上部がゆるやかに外反していく器形」であり、「口縁部・頸部・胴部の 3 文様帯が存在」

  Ｂ類：「頸部であまりすぼまらず、胴部が垂直に近い立ち上がりをみせ、口縁部がそのまま外反する」、「頸部（胴部）文様帯が消滅して口縁部・胴部（頸部）の 2 文様帯があるだけとなる」

と説く（大湯卓二ほか 1994：246 頁）。とりわけ文様帯と区画文とに着目し、弥生時代中期の「念仏間式にみられる多条沈線文（鋸歯状文を含む）による区画文から、家ノ前Ａ群において鋸歯状文の省略・区画文の簡素化が行われる。そして 2 本の平行沈線となり、さらには連弧文による区画（天王山式土器文化の波及？）がなされるようになると思われる。鋸歯状文が区画文に用いられず、区画文の簡素化が進むと頸部文様帯と胴部文様帯は一体化し、Ａ類の口縁部・頸部・胴部の 3 文様帯構成からＢ類の口縁部・（胴部）頸部の 2 文様帯構成へとその幅を狭小化させる。この文様帯構成の変化は器形の屈曲と密接に関係を持つようになり、器形によって文様帯が規制されていくものと思われる」（大湯ほか 前掲：248 頁）といった変遷プロセスを推考した。

しかし、この所説には見直しの余地があるように思うのである。なぜなら第一に、甕の形制にせよ、あるいは装飾構造にせよ、大石平遺跡では複数のパターンが絶えず併存していたからであり、第二に、例えばＡ類の 246 とＢ類の 248 は同じ BS－74 グリッド（4×4 m）のⅣ層で取りあげられていて、両類の相違を直ちに時期差に読み換えることに若干の躊躇いを感じるからである。しかし、そうであればバラエティに富む家ノ前遺跡の土器のどれが古くて新しいか、見定めるのはなおのこと難しく、多少なりとも「補助線」がほしい。

そこで、家ノ前遺跡から一旦離れ、大石平遺跡の諸例と関わりの深い例を他に捜してみると、大石平遺跡の南方 1 km に位置する六ヶ所村上尾駮(2)遺跡Ｂ・Ｃ地区の諸例に行きあたる（市川金丸ほか 1988）。遺構にともなう例でなく、また、調査区の全域に散在しているため、大石平遺跡の各段階ほど資料の時間幅は限定的でなかろうが、1 つの谷に面した東西 200 m の範囲のものであり、分析に致命的な影響はあるまい。

大石平遺跡で最も新しいⅢ区 20 号竪穴住居跡例との関係から注目されるのが、第 62 図 11・12 の例である。両例とも頸部に磨消の入組文を描き、内面には直線文で区画した縄文帯をもつ。入組文は真っ直ぐ入り込んでいた先端部が丸まり、渦文化する。24 や 27・28 など、口縁部前面に縦長の刺突列を加える点もまた、同住居跡との繋がりをよく示している。2 は、直線文と鋸歯文とを

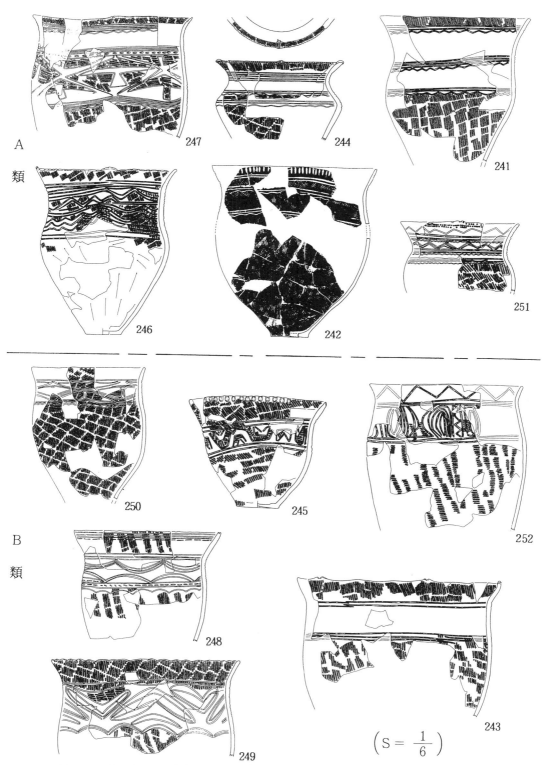

第61図　神康夫による青森県六ヶ所村家ノ前遺跡第Ⅷ群土器の分類（大湯卓二ほか 1994）

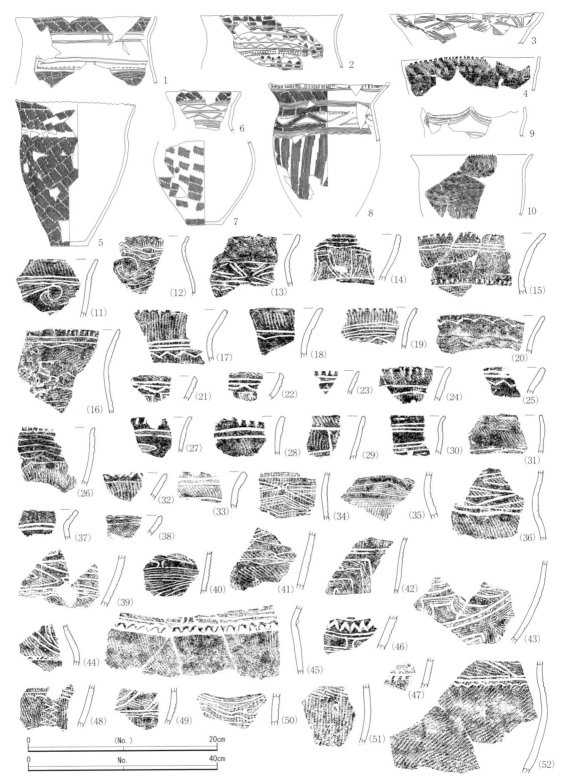

第62図　青森県六ヶ所村上尾駮(2)遺跡B・C地区の土器

3段重ねて、刺突列を配する。20号竪穴住居跡にはみあたらないが、さらに1段階遡れば、この種の文様を施した甕がある（第56図5）。

一方、大石平遺跡にない要素も存する。その第一が多条の沈線で描き出す3や34の重菱形文であり、第二は6や44〜46のような交互刺突文である。Ⅳ区10号竪穴住居跡に始まり、Ⅲ区20号竪穴住居跡をゴールとする大石平遺跡の諸段階に、これらは全くともなわない。

交互刺突文の作出方法は多様である。6や44のように刺突を2条の沈線間に加えた例だけでなく、沈線の間を隆帯状に盛りあげて、立体的に仕上げたり（45）、「ハ」の字状の切り込みで上下に段差をつけ、似た効果をあげたりする（46）。46のようなケースは、小川原湖湖沼群周辺で他にみあたらず、刺突文の下方に施したX字状の対向弧文もまた大石平遺跡にない。ちなみに、8〜10や15は恵山式の新しい部分にあたるとされ（佐藤信行 1990、岡田康博 1990、相澤清利ほか 1990）、大坂拓は8・10・15を自身の恵山Ⅱa〜Ⅱb式に位置づける（大坂拓 2010a）。

以上をふまえ、あらためて家ノ前遺跡に対峙してみよう。弥生土器の出土地点をプロットしていくといくつかの集中する箇所があり、上で述べたように、BT−75グリッド付近一帯の集中ではA・Bの両類がともに出土している（第63図）。磨消の入組渦文で飾った壺がこれに加わり（10・16）、上尾駮(2)遺跡の2例と較べると曲線化が進んで、▼で示した箇所には凹みをもつようになる。これらを1つのまとまりと措定し、かつ、入組渦文の新形態の出現を根拠として上尾駮(2)遺跡例の次に位置づけ、家ノ前Ⅰ段階と呼ぶ。

この種の入組渦文は、尾駮沼南岸の六ヶ所村発茶沢(1)遺跡でもみられ（第64図2、畠山昇ほか

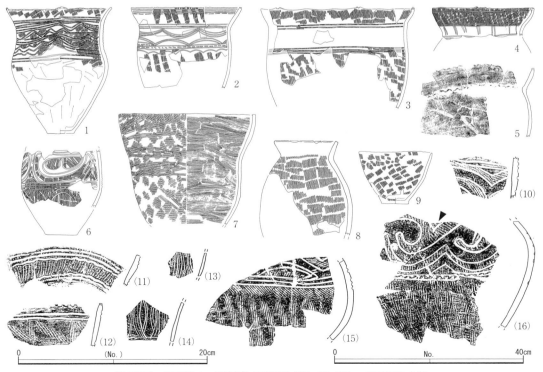

第63図　青森県六ヶ所村家ノ前遺跡BT−75グリッド周辺の土器

1989)、わけても突起を付した口縁部がともなうのは興味深い。曲線化した入組渦文と突起とが組み合うことは、青森県八戸市南郷区畑内遺跡154号竪穴住居跡の例から確かめられる（3、小山浩平ほか 2003）。口縁部は内に鋸歯文を組み込んだ枠状文で飾り、突起を付す。口頸部境に「ハ」の字状の刺突で作出した交互刺突文を、頸胴部境には逆三角形の刺突列をそれぞれ施す。そうして、やや込み入った重菱形文で頸部を、曲線化の進んだ入組渦文で胴部を飾っており、これらが共時的な関係にあることを証示する。

ちなみに、第64図6に示したのは、家ノ前遺跡の代表例としてとりあげられることが多い小型の壺で、口縁部に縦長の突起をもつ。曲線化の進んだ入組渦文と突起とが同じ時期に盛行したとすると、この壺と家ノ前Ⅰ段階の諸例とが期を同じくしている可能性は考えられてよい。

論を戻すと、第63図10・16に続く入組渦文土器が家ノ前遺跡ではみあたらない。周辺の例で補うと、直線部分が間延びして空隙が生じ、三角文でそこを埋めた、八戸市田向冷水遺跡SI49竪穴住居跡の例を（第64図4、小保内裕之ほか 2006）、これらに後続する形態とみなしうる。そうして、三角文は渦文を崩してしまうらしく、家ノ前遺跡BG-44グリッドで出土した5の例がそれを如実に物語る。しかしながら、家ノ前Ⅰ段階よりも新しいこれらがどのような土器と組み合うか、いまは詳らかにし得ない。

ただし、CL-57グリッドにまとまっていた7・8の壺は、頸部装飾帯（無文帯）の上下が仕切

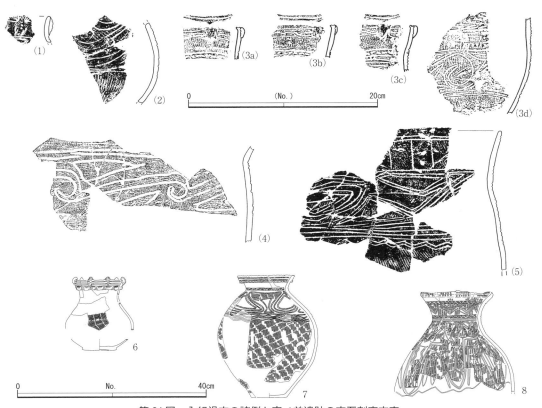

第64図　入組渦文の諸例と家ノ前遺跡の交互刺突文壺
（1・2青森・発茶沢(1)、3青森・畑内、4青森・田向冷水、5～8青森・家ノ前）

られており、6よりもⅠ・Ⅱa・Ⅱ・Ⅲという天王山式らしい構造（鈴木正博 1976b）へと歩を進めている。家ノ前Ⅰ段階の時期に6の壺が属するならば、7・8は入組渦文が変化し、崩れゆくいずれかにともなうとみてよいだろう。

4. 大石平式の提唱

成果の確認　本章では、青森県上北郡六ヶ所村大石平遺跡を中核に据えて、東北北部における弥生時代中期の土器型式の行方を議論した。就中、2004 年に発表した旧稿の大石平 4 段階変遷案を撤回し、型式学的な特徴を遺構毎に較べ直した結果、①Ⅳ区第 10 号竪穴住居跡→②Ⅳ区 7 号土壙→③Ⅷ区 306 号土壙（Ⅷ区 2 号住居跡・Ⅳ区 78 号土壙）→④Ⅲ区 16 号竪穴遺構→⑤Ⅲ区 13 号 b 竪穴遺構→⑥Ⅲ区 12 号竪穴住居跡→⑦Ⅲ区 13 号 a 竪穴住居跡→⑧Ⅲ区 22 号竪穴住居跡→⑨Ⅲ区 20 号竪穴住居跡という 9 つの段階を摘出するに到った。以上は、一定の形態と装飾を持ち、かつ、他とは区別される特徴をそなえていて、編年上の単位としてふさわしい。そこでこれらを、大石平式と呼ぶ（第 4 表）。

①のⅣ区第 10 号竪穴住居跡の段階は、馬淵・新井田川流域の田向冷水式より新しく、津軽半島における宇鉄Ⅱ式と前後する。他方、⑨のⅢ区 20 号竪穴住居跡の後には、上尾駮（2）段階、家ノ前Ⅰ段階が順に続く。

大石平式と「念仏間式」　東北北部では、弥生時代中期後葉の土器型式として、「念仏間式」が知られている。青森県下北郡東通村念仏間遺跡の採集資料を標式とする同式は、もともと弥生時代後期の初頭（橘善光 1968、工藤竹久 1968）、もしくは「初期の土師器文化の影響を強く受けた弥生式土器群」（橘善光 1971：43 頁）としてスタートしたが、やがて天王山式の前後に併行する東北北部の土器型式として評価が一旦落ち着く（橘善光 1972、中村五郎 1973 など）。ところが、須藤隆が天王山式以前に置いて以降は（第 2 表、須藤隆 1983b）、一転して中期に位置づけるのが一

第 4 表　旧稿からの変更点

	齋藤瑞穂（2004）		本　書	
	段　階　名	基　準　資　料	土 器 型 式	
中期			田向冷水式①	中期
			田向冷水式②	
			田向冷水式③	
			田向冷水式④	
			Ⅳ区 10 号住居跡	大石平 1 式
	大石平Ⅰ段階	Ⅷ区 2 号住居跡	Ⅳ区 7 号土壙	大石平 2 式
	大石平Ⅱ段階	Ⅷ区 306 号土壙	大石平 3 式	
	－		Ⅲ区 16 号竪穴遺構	大石平 4 式
	大石平Ⅲ段階	Ⅲ区 13 号 b 竪穴遺構	大石平 5 式	
		Ⅲ区 12 号竪穴住居	大石平 6 式	
	大石平Ⅳ段階	Ⅲ区 13 号 a 竪穴住居	大石平 7 式	
		Ⅲ区 22 号竪穴住居	大石平 8 式	
	－	Ⅲ区 20 号竪穴住居	大石平 9 式	
			上尾駮（2）	上尾駮（2）	後期
	家ノ前 B 類段階	家ノ前 B 類	家ノ前 BT-75G	家ノ前Ⅰ
			（田向冷水）	
			（家ノ前）	

般的になり、現在に到る。

須藤の主張を受けて、大石平遺跡の発掘調査報告では、Ⅲ区の出土品の「95％以上は、これまで県内では、出土例の僅かな土器群（念仏間・外崎沢式（須藤：1983））に類似するものである」（北林八洲晴ほか 1985：473頁）と述べられた。本章の成果に照らし合わせると、④Ⅲ区16号竪穴遺構の段階から⑨Ⅲ区20号竪穴住居跡までの諸例が、これにあたる。そうして、「念仏間式」標式資料の報告に携わった工藤竹久も、「大石平遺跡から器形のわかる甕・壺・小型の鉢など良好な資料が出土したため、念仏間式を大石平Ⅰ式と呼ぶ研究者も多い」（工藤竹久 2005a：20頁）と述べ、大石平遺跡Ⅲ区の出土品＝「念仏間式」という理解を追認した。

第65図に掲げたのが、「念仏間式」の標式資料である。工藤が説く、細く鋭い沈線による鋸歯文の多用（4～6）、磨消縄文の発達（7・9・12）、口縁部前面の縦長の刺突列といった同式の特徴は（1～3、工藤竹久 2001）、大石平式にもたしかにみられる。しかしながら、重菱形文や（7・8）、「Ｘ」字状に加えた縦位の対向弧文（10・11・13）は、上尾駮（2）段階にあっても、大石平式の諸段階には出現していない。大石平式が念仏間遺跡の例と接点を持つ可能性は残されているにせよ、イコールで結ぶのは適切でないことに気付くのである。[10]

大石平式の細別　大石平式は9つの小細別を内包する。それらは装飾帯や文様や器種構成に独自の特徴がそなわり、前後と区別することも充分可能である。そこで、各々を以下のとおり、

　　　①Ⅳ区10号竪穴住居跡例　　→　大石平1式
　　　②Ⅳ区7号土壙例　　　　　→　大石平2式
　　　③Ⅷ区306号土壙例　　　　→　大石平3式
　　　④Ⅲ区16号竪穴遺構例　　　→　大石平4式
　　　⑤Ⅲ区13号ｂ竪穴遺構例　　→　大石平5式
　　　⑥Ⅲ区12号竪穴住居跡例　　→　大石平6式
　　　⑦Ⅲ区13号ａ竪穴住居跡例　→　大石平7式
　　　⑧Ⅲ区22号竪穴住居跡例　　→　大石平8式
　　　⑨Ⅲ区20号竪穴住居跡例　　→　大石平9式

と呼ぶ。

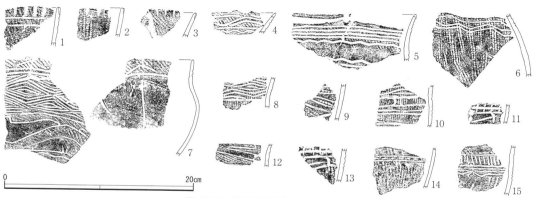

第65図　「念仏間式」の標式資料

いまは、上尾駮（2）段階に先行する大石平9式を、中期の終末にあてておく。個性を精確に捉え、違いの意味を考察する型式学は、本州北端域が境界領域であるがゆえに、今後、いっそう重要性を増していくであろう。

註
（1）齋藤瑞穂（2004）では「家の前」B類段階と記していたが、本章の初出論文である齋藤瑞穂（2015）において遺跡名の誤記を訂正した。
（2）ここで言われた「第Ⅳ群土器」は、「第Ⅵ群」土器の誤記とみられる。
（3）正確にいうと、筆者が恵山式土器の新古について論じた部分での指摘であるが、齋藤（2004）論文全体に関わる内容であったことから、ここでとりあげている。
（4）ここでは、磨消・充填の両技法を総じて磨消縄文と呼ぶ。
（5）岩手方面では、湯舟沢式（小田野哲憲 1986）までこの作法が継承される（第11章）。
（6）したがって、Ⅲ区13号ｂ竪穴遺構にみられる波状工字文甕は（第55図6）、混入品なのであろう。
（7）二枚橋式を設定し、内容を規定したのは須藤隆であるが（須藤隆 1970）、大坂拓が指摘したように、「二枚橋式と後続する土器型式の関係については、須藤氏自身が瀬野遺跡出土土器群の一部を二枚橋式とするのか後続する土器型式とするか一定しないなど、曖昧な部分が生じている」（大坂拓 2007：56頁）という問題があり、「一例をあげれば、須藤氏は瀬野遺跡の磨消縄文が施される土器を「宇鉄Ⅱ式」に位置づけながら（須藤 1998：fig. 267 - 58）、別頁では二枚橋式に位置づけている（須藤 1998：fig. 259 - 10）」（大坂 前掲：77頁）という。この「磨消縄文が施される土器」というのが、波状文と工字状文とを併施した壺である。
（8）本章の初出論文である齋藤瑞穂（2015）では、「波状工字文で飾る高杯（16）や甕がみられる点などを勘案すれば、上述のⅣ区10号竪穴住居跡の段階か、もしくはそれ以前であってもそうは離れていない時期に、宇鉄Ⅱ式が併行する可能性が高い」（74頁）と述べたが、若干の修正を加えた。
（9）第62図13の三角文は、直前に位置づけられるであろう例が青森県むつ市脇野沢外崎沢(1)遺跡に（葛西励ほか 1979）、さらに先行する例が同市田名部大曲海岸遺跡にある（鈴木克彦 1978b）。
（10）橘善光は、「念仏間式」提唱の翌年、「「念仏間式土器の編年的位置はおそらく東北地方に波及した土師器文化の影響を強く受けた弥生式土器群でなかったかと思うのである」と結論づけたが福島県在住の目黒吉明氏は念仏間式土器を天王山式に対比し、天王山系の土器は北方に根元があると考えられると教示されており、同様の見解は馬目順一氏によっても天王山式との関係を覗えば後期に編年されようという見解をそれぞれ寄せている」（橘善光 1972：54頁）と述べ、「念仏間式土器文化（天王山式系）」（橘善光 1975：19頁）と認識をあらためた。「念仏間式」の本来の位置を明らかにするうえで、目黒や馬目の指摘はきわめて重要な意味をもつ。

第8章　佐渡島・浜端洞穴の研究
―北陸地方の弥生時代海人―

1. 佐渡島の貝塚形成と環境変動

　佐渡島は、干満の差が小さい日本海側にも関わらず、数多の貝塚が形成された地である。わけても島の中央の国仲平野に集中し、新潟県佐渡市貝塚堂の貝塚や同西の沢遺跡のように、真野湾を縁取る現在の海岸線から6km以上も離れて確認された例も存する（本間嘉晴 1948、本間嘉晴ほか 1977）。

　佐渡島で貝塚の形成が活発化したのは、縄文時代中期初頭ないし前葉のことであった（田中耕作 2001）。確実なところでいうと、先掲の堂の貝塚や同市泉貝塚が、大佐渡山脈から連なる台地の先端に形成されたのが、この頃にあたる。中期後葉には同市真野新町藤塚貝塚が南側の小佐渡丘陵の麓に営まれ（岡本勇ほか 1969）、後期前葉には標高10mの低位段丘面に同市三宮貝塚が形成された（池田次郎ほか 1963）。

　早くから指摘されてきたように、国仲平野の貝塚分布は、縄文時代の環境変動をよく示す（第66図、大場磐雄ほか 1953）。縄文海進時に奥深く入り込んだ古真野湾が縮小する過程で、汽水群集種のシジミを主とした堂の貝塚などが形成された。中期の貝塚は、藤塚貝塚で現海岸線から0.6km、泉貝塚で2.6km、西の沢遺跡で6.3km、堂の貝塚で6.5kmというように、海岸からの遠近に関わらず、国仲を囲繞する台地の各所で検出されるが、後期の場合、三宮貝塚から海岸線までの距離は2.5km程度で、同貝塚より奥ではみあたらない。そうして、晩期中葉の大洞C1式期になると、海水準の低下とデルタの発達がいっそう進んで、新しく現われた沖積低地の利用が始まった（中川成夫ほか 1964、北見継仁ほか 2000）。

　弥生時代になると、国仲平野では貝塚の形成が振るわなくなる。弥生時代遺跡はこれまでに20余確認されているものの（鹿取渉ほか 2008）、佐渡市千種遺跡で規模の小さい地点貝塚が検出されたにすぎない（大場ほか 前掲）。しかし、国仲平野におけるこうした漁撈活動の退潮が、佐渡島全体の動向をあらわしているわけではないらしい。藤巻正信の集成を縦覧すると、縄文時代晩期以降の貝塚が、平野部でなく、島北部などに発達した海成段丘直下の海蝕洞穴や岩陰などで確認されているからである（藤巻正信 1999）。

　章題に掲げた新潟県佐渡市高瀬浜端洞穴もまた、段丘下の洞穴に残された弥生時代の貝塚である（越田賢一郎ほか 1968a、森三郎ほか 1969）。内部には、アワビ、イガイ、イシダタミ、オオコシダカガンガラ、クボガイなどの外海岩礁性群集種が多量に堆積していた（越田賢一郎ほか 1968b）[1]。

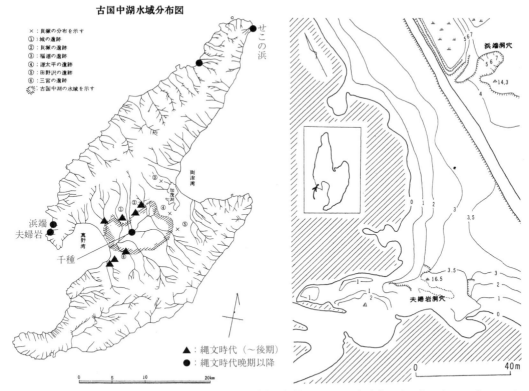

第66図　佐渡島の貝塚と浜端洞穴の周辺（大場磐雄ほか1953を改変、森三郎ほか1969）

本洞穴は二見半島西側の段丘崖に開口し、現海岸線からの距離もわずか36mである。標高も4mにすぎないから、古真野湾の周辺で貝塚形成が盛んだった頃はまだ、洞穴と洞穴前方の低位段丘面を安定的に利用するのが難しかったであろう。

つまり、縄文時代後・晩期の環境変動は、古真野湾の縮小と内湾系貝塚の凋落を招いたが、その一方で、海蝕洞穴をベースとする外海系漁撈文化（金子浩昌1977）への転換を促した、と理解することができる。浜端洞穴を利用したのも、そのような外海系漁撈に長けた人々ではなかったか、とまずは推測しうるのである。

2.「北陸系」土器からみた浜端洞穴の年代

浜端洞穴の本格的な調査は、1968年に行われた。第67・68図は、その際に刊行された報告『佐渡浜端・夫婦岩洞穴遺跡の調査』に掲載された出土品である（森三郎ほか1969）。これに筆者が図化した第69～71図の例を加えて（齋藤瑞穂2012b）、浜端洞穴に接近してみたい。

第69・70図に掲げたのはいわゆる「北陸系」の弥生土器で、32～50が中期に属する。32～36は胴部の膨らむ甕。縦方向のハケで器面を平滑にし、口縁部をヨコナデで仕上げる。口唇部に刻目を施し、口縁部内面を綾杉状刺突文や斜行短線文で飾るなどするが、外面には文様を加えない。1969年報告の12は、同種の例であろう。37～44は口縁部が開いて、口径が最大径となる形制の甕で、

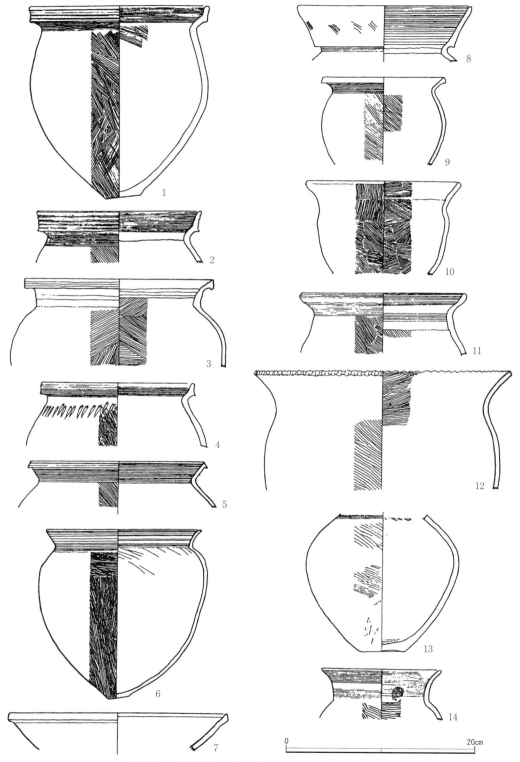

第67図　新潟県佐渡市浜端洞穴1969年報告資料（1）

第 8 章　佐渡島・浜端洞穴の研究　123

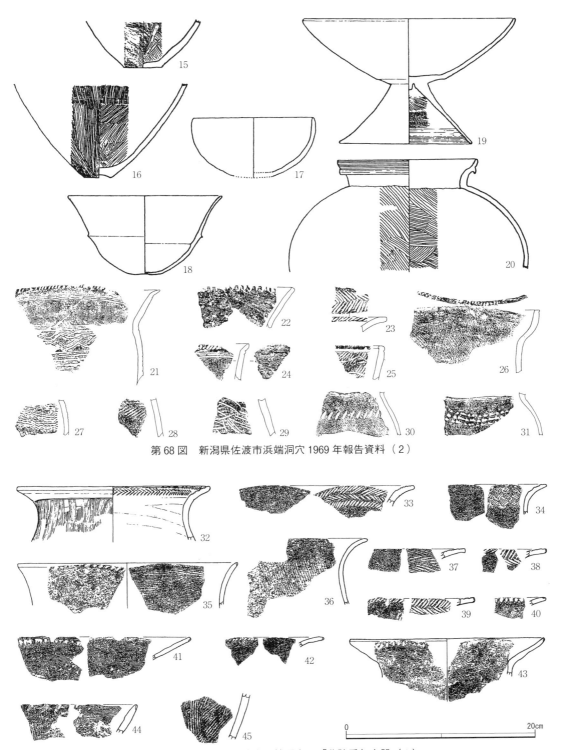

第 68 図　新潟県佐渡市浜端洞穴 1969 年報告資料（2）

第 69 図　新潟県佐渡市浜端洞穴の「北陸系」土器（1）

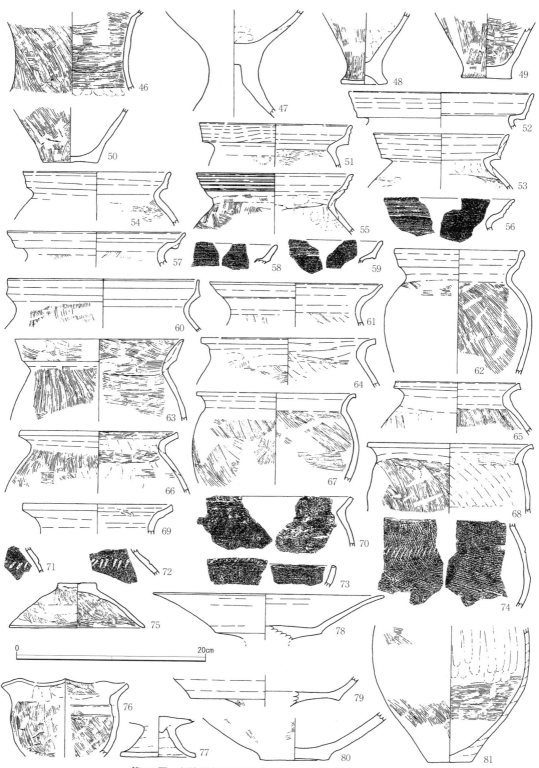

第70図　新潟県佐渡市浜端洞穴の「北陸系」土器（2）

内面に綾杉状刺突文を配する場合がある。刻目を持つ例がほとんどだが、40 は内側に、41 や 43 は外側にそれぞれ寄り、44 がハケ工具を押しあてて施すなどバラエティに富む。46 は壺で、垂直に立ちあがり、上方で強く外反する。外面は斜方向の、内面は横方向のハケ。47 は高杯。48 は台付鉢の、49・50 は甕の底部である。

　他方、51〜81 は、弥生時代後期ないし終末、あるいはその前後に属する例で、51〜56 は有段口縁の擬凹線文甕である。51 は口縁部の幅が狭く、垂直に立ちあがる。内面にケズリ痕を残す唯一例である。1969 年報告の 1・2 も、同じく口縁部の幅は狭い。これに対して、52 や 53 は幅があって外反し、内面はハケやナデで整える。55 も外反の度合いが強いが、段は形骸化している。57〜62 は擬凹線文を欠く有段口縁甕で、63 は口縁部を肥厚させる。64〜70 はく字甕。おしなべて口唇部を面取りしているが、強いヨコナデによって 65 は凹字状を、69 は跳ね上げ状を呈する。71・72・74 は胴部片。斜行する刺突文を施す。73 は口縁部が内湾する壺。75 は蓋で、頂部が大きい。裾広がりにはならず、丸く収める。76 は鉢もしくは台付鉢。文様を欠くが、形制は「東北系」的か。78・79 は高杯。78 は、杯部が鉢形を脱して「ハ」の字状に開くが高さはない。他方、79 は内湾気味に立ちあがるかもしれない。なお、既報告の 19 は段のない短脚の高杯で、ラッパ状に開く。77 は台付鉢。

　さて、過去の報告は、「弥生中期後半と思われる時期から、千種式土器を含む古式土師器まで」（森ほか 前掲：10〜11 頁）出土したと述べる。全くの間違いではもちろんないが、近年の成果を参照すると、時期はもう少し絞り込めるだろう。

　中期の場合、外面に装飾を施した壺や甕はなく、①文様は口唇部と口縁部内面とに限られる。また、北陸西部方面では、強いヨコナデが凹線文の波及と軌を同じくするといい（増山仁 1989）、②浜端洞穴においても口縁部外面をヨコナデした例は多い。これらの櫛描文土器については、高橋保による下谷地細別編年の発表以降（高橋保 1979）、多くの論者が検討を加え（品田高志ほか 1985、高橋保 1990、丸山一昭 1998、田中靖ほか 1999、笹澤正史ほか 2006 など）、

　　　　下谷地　→　小丸山　→　松ノ脇

という 3 段階案がこんにちの基本路線となっている。これに従うと、浜端洞穴の中期弥生土器は、新潟県長岡市三瀬ヶ谷松ノ脇遺跡例に代表される中期末葉の松ノ脇段階にあたる、とみるのが穏当なところであろう。[3] ①・②の点に加え、刻目がいずれかに寄る点でも共通性をみいだしうる。

　次いで後期に眼を転じると、尾崎高宏や鹿取渉や滝沢規朗が論じてきたように（尾崎高宏 2005、鹿取渉ほか 2008、滝沢規朗 2010）、月影式（≒漆町 3・4 群）併行期（田嶋明人 1986）の例が多くを占めるが、[4] しかし一方では、同式の範疇に収まらない例も存するらしい。1・2 や 51 の擬凹線文有段口縁甕は、口縁部幅が狭く、ケズリ痕を残す点などから、月影式に先行する法仏式とみて大過ない。3 も、「口縁端部に粘土帯を貼り付け狭い口縁帯を作る」（谷内尾晋司 1983：303 頁）という古手の特徴をそなえ、71・72・74 のような斜行刺突文で飾った胴部片の存在もまた、浜端洞穴の後期「北陸系」土器の初現が法仏式期に遡ることをいっそう確かにしてくれる。これに対して 19 の高杯は、尾崎が古府クルビ式期に位置づける新しい例で（尾崎ほか 2005）、75 の蓋も、その前後に属するであろう。

以上、「北陸系」土器からみて、本洞穴は中期末葉に利用されたのちに一旦途絶え、後期後半の法仏式期に再び痕跡を残すようになる。そうして、末葉の月影式期にピークを迎え、「東海系」が及ぶ頃にはほぼ廃絶して、わずかしかみられない。

3．「東北系」土器の編年的位置

　『佐渡浜端・夫婦岩洞穴遺跡の調査』は主として「北陸系」の土器を掲載したが、「東北地方に於いて弥生中期後半に編年されている山草荷式土器に類似」（越田賢一郎ほか 1968b：45頁）する例が存することも、整理の段階で認識されていた。そうして、出土品が地元に返還された折にもこれら「東北系」土器は注意にのぼり、小出義治から後期の資料との指導を受けたという（計良勝範 1969b）。やがて、「相川町浜端洞穴出土の天王山式土器片」として写真が公表され（本間嘉晴ほか 1988）、天王山式土器の出土した遺跡として知られるようになった（田中靖 1990）。(5)

　このように、浜端洞穴の「東北系」土器は、中期・後期の2説が提案されている。そこで、まずは①口縁部における突起文の発達、②交互刺突文、③縦走する縄文、④「体部文様帯下端の下向きの弧線文（連弧文となる場合もある）」という、天王山式の基本的特徴に注意しながら（大木直枝ほか 1970）、内容をあらためて吟味し、編年的位置を検討してみたい。

　第71図に示したのが、浜端洞穴の「東北系」土器である。82・83は長頸壺の口縁部で、同一個体の可能性が高い。2個一対の瘤を付し、2本描きの横線文と弧線文とで飾る。84ならびに第68図21・24は口縁部で外側に強く屈曲する甕で、口唇部に刻目を、その直下に2条の横線を施す。21の胴部文様は、85にみられる。上下を2条とおそらく4条の横線文とで画し、半単位ずらした2段の波状文で菱形を作る。86〜93は口縁部や胴部を連弧文で飾ったもので、平坦口縁の例と波

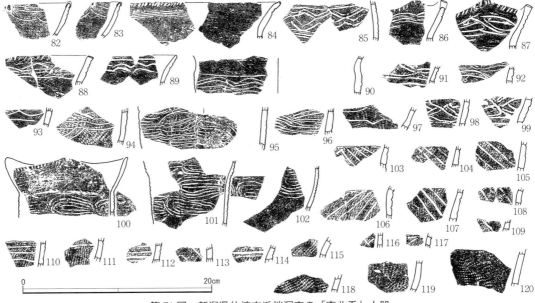

第71図　新潟県佐渡市浜端洞穴の「東北系」土器

状口縁の例がある。94〜96 は複雑な弧文を地文の単節 LR 縄文と重ね、97 は対向連弧文で飾る。98・99 の文様は菱形だろうか。100〜102 は、楕円状の渦文もしくは同心円文で飾った小型品。2 本線を単位とするが 2 本同時施文ではない。(6) 口縁部まで遺る 100 をみると、波状の口縁は内湾して、刻目を施し、口頸部境に段をもつ。103〜117 は山形文で飾る例で、一帯おきの磨消は行われていない。

以上は、天王山式の条件を充たすものでない。①口縁部の突起文や②交互刺突文はなく、③縦走縄文はわずか 111 にのみみられる。④体部文様帯下端の下開きの弧線文も、小破片の 116 や 117 が候補にのぼるものの確実でない。天王山式では単節 RL 縄文を頻用するが、浜端洞穴の「東北系」土器はおしなべて LR 縄文である。同式に先行する後期初頭の砂山式と比較しても、内湾する口縁や菱形構図の採用という点では共通するが、同式ではすでに原体を斜回転させた RL 縦走縄文が徹底しており（石丸和正ほか 2003、石川日出志 2004）、この点で大きく異なる。

そうすると、浜端洞穴の「東北系」土器には、どの年代をあてるのが妥当だろうか。

82・83 は中期後葉の山草荷式（齋藤瑞穂 2018b）(7) をすでに超えた特徴をそなえ、84・85 などは「宇津ノ台式」、あるいは中村五郎が「山草荷 2 式」と呼んだ例に近い。問題は、楕円の渦文／同心円文土器である。弥生時代中期の新潟県域では、東北・関東両地方の広い範囲とならんで、渦文や同心円文で飾る土器が発達する。先掲の山草荷式は渦文を、佐渡・国仲平野の佐渡市下新穂平田遺跡上層 SD 8 の例は同心円文を配し（坂上有紀ほか 2000）、いずれも「単位文の上下の巾がきわめて広く、一つの文様帯が三個またはそれ以上に分割される」(8)（大木ほか 前掲：48 頁）。これに対して浜端洞穴の場合は上下の幅が狭く、重ねられた渦文もしくは同心円文は楕円状に潰れている。

この種の土器は、新潟市北区松影 A 遺跡と新潟県長岡市松ノ脇遺跡で出土している（第 72 図、加藤学ほか 2001、丸山 前掲）。松影 A 例は交互刺突文で口縁部を飾る後期の土器で、何段にも楕

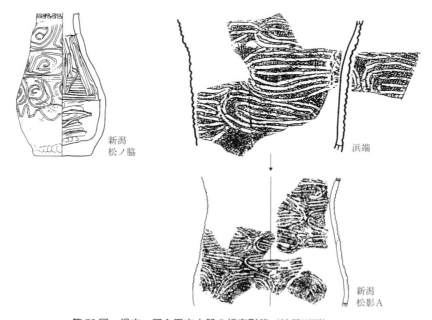

第 72 図　渦文・同心円文土器の折衷形態（縮尺不同）

円文様を重ねる点で浜端洞穴例と共通するが、しかし楕円の内部を横線で充たすなど、文様自体に明らかな違いをみせる。一方松ノ脇例は、渦文と、中部高地の栗林式で頻用される簾状文とで胴部を飾る。渦文は縦幅が狭くやはり楕円形を呈しており、石川日出志が「川原町口式の要素が簡略表現されたもの」（石川日出志 2000：17頁）と表現したように、山草荷式以後であることは疑いない。

松ノ脇遺跡の土器は、㋐簡略表現される渦文があり、かつ、㋑そうした渦文が別系統の文様と組み合う場合があるという、2つの事実を提供してくれている。簡略表現される渦文／同心円文は山草荷式のすぐ直後にもみあたらず、簡略のプロセスが充分解明しえたわけではもちろんないが、例えば福島方面では中期末葉の天ヶ式になると、胴上半部の文様帯が形骸化するといい（小玉秀成 2011）、松ノ脇遺跡や浜端洞穴の簡略表現された楕円文様も、こうした文様帯構造の変化に因って発生する可能性は考えられてよい。

松ノ脇遺跡だけでなく、浜端洞穴の例もまた、系統の異なる文様が組み合ったものである。阿部泰之が指摘したように（渡邊裕之 2011）、楕円内部の横線1条は「宇津ノ台式」で菱形文内に加える直線文に連なるものであろう。松ノ脇遺跡で中部高地系との折衷がみとめられたように、浜端洞穴では北方の系統とのそれが起こっている、というわけである。

以上をふまえて本章の初出論文は、浜端洞穴の「東北系」土器に「中期後葉ないし末葉」という年代をあたえた（齋藤瑞穂 2012a）。「北陸系」土器の位置づけと調和的な結論ではあったが、しかし現在の眼で見直すと大きな問題を孕んでいることに気付く。

第一に、旧稿は松ノ脇遺跡の渦文と浜端洞穴のそれとを、㋑異系統文様と組み合う、㋐簡略表現された渦文として1つに括るが、片や「中部高地系」との、一方は「宇津ノ台系」との折衷であり、同じ年代をあたえる根拠として薄弱である。第二に、浜端洞穴の渦文／同心円文土器は、100・101の両例とも受口状口縁で作られる。2例中2例という高い割合からすると、受口状口縁が一般的になる後期の土器とみるべきであった。近年、鈴木正博は、浜端洞穴の楕円形文様を、松ノ脇遺跡例における系統の融合がさらに漸進した段階とみなし、中期末葉の松ノ脇式と後期初頭の浜端式とを提唱する（鈴木正博 2014a）。

畢竟、初出論文での帰結を撤回し、浜端洞穴における「東北系」土器に対する認識を、天王山式に先行する後期初頭に改めよう。そうすると、

　・浜端洞穴には「中期後葉ないし末葉」に「北陸系」・「東北系」両系統の土器が持ち込まれた

という旧稿での理解は廃され、

　・洞穴の利用が中期末：「北陸系」使用者主体→後期初頭：「東北系」使用者へと交替する？

という新たな問題が生じるわけである。その帰結は佐渡島の管玉生産の隆替とも関わってくるであろうから、後日機会を得、あらためて検討してみたい。さしあたっていまは、「東北系」土器の編年的位置は後期初頭に下るが、しかし洞穴を利用したもう1つのピークである法仏式以降の時期まで連続していないことを確認しておく。

4. 浜端洞穴を使った海人の素性

　浜端洞穴は、①弥生時代中期末葉ないし後期初頭と、②後期後半・終末ないし古墳時代初頭とに利用された遺跡である。②の時期は少なくとも3面の貝層が形成されており、一時的なキャンプ・サイトとは考えにくい。土器型式の連続ぶりや量からみて、佐渡の海人が継続的に利用した場とみてよく、外海岩礁性の貝類や大型海獣類、あるいは骨角製漁具の出土は、外海系の漁撈活動が活発であったことを窺わせる。

　佐渡島における弥生時代の終末というと、国仲平野に佐渡市千種遺跡が営まれた時期にあたる。検出された大量の木製品や自然遺物を縦覧すると、水稲耕作を主としながら、あわせて近傍の海での漁りをも行っていたことが察せられるが（大場磐雄ほか 1953）、特に興味を惹くのは、平野部の農耕集落である千種遺跡と、外海系の漁撈拠点である浜端洞穴という性格の異なる両遺跡で、ともに卜骨が出土している点である。両例ともニホンジカの肩胛棘を刳り取って、粗雑な鑽を刻む（神澤勇一 1976・1983）。[11]

　もっとも、卜骨が出土するのは「洞窟内貝層や貝塚で食料残滓に混じっていた場合」と「水田に伴う大溝と呼ぶ水路の中で土器破片や木器の断片に混じっていた場合が80％以上」（神澤勇一 1990：91〜92頁）であるというから当然の状況なのかもしれないが、しかしそうであるとしても、「洞窟内貝層」に食料残滓を残した人々と、国仲平野で「水田」を耕した人々とが、祭祀イデオロギーを共有するのは、佐渡弥生時代社会を深耕するうえでも、同島の古墳時代開始問題を考えるうえでも、注意しておくべき点であろう。実際、浜端洞穴の盛衰は国仲平野の集落の隆替とほぼ軌を同じくしており、平野部での集落形成が微弱な後期前半代は利用が一旦中断する。

　もう1点注目しておかなければならないのは、①の時期における「北陸系」・「東北系」両種の関係性である。単なるズレか、あるいは交替か、この点に新しい課題が生まれたが、そのいずれであったにせよ、小さな海蝕洞穴に多方面の土器群が運びこまれているのは、洞穴に痕跡を残した中期末・後期初頭の人々が漁撈活動ばかりに従事したのでないことを示唆する。海上交通に長けた人々が、佐渡で生産された器物を携え南へ北へと往き来する、その停泊地であった可能性は充分考えられて良いだろう。

附論　洞窟・洞穴・岩陰と弥生時代の人々──新潟県域の遺跡から──

新潟県域における洞穴利用の推移　崖や岩石中に生じた奥行きのある空洞のうち、人間が入ることのできる大きさのものを洞窟と言い、あるいは洞穴と言ったりもする。特に、高さが入り口部分で最大となるものは岩陰と呼んで区別し、入口の高さよりも奥行きが深いものを洞窟や洞穴とするのが通例である（上野俊一ほか 1978）。もとより「窟」と「穴」とでは、指示する形状が異なるらしいが（麻生優 2001）、明確な使い分けはなされていない。以下では煩瑣を避けて、「洞穴」や「洞穴遺跡」の語を使い、すでに与えられて久しい個々の遺跡の名称に限って「洞窟」や「岩陰」

第5表　新潟県域の洞穴遺跡

No.	遺跡名	所在地	標高(m)	洞数	遺構	縄文草創	早	前	中	後	晩	弥生	古墳時代以降	人骨	獣骨	その他	備考
	〈新潟県〉																
1	長者岩屋岩陰	岩船郡朝日村	360	1	灰層ほか			○	○	○	○	◎	△			◎	
2	扉山（岩陰）	新発田市	95	1	配石遺構？		◎	△	△				△				
3	川口若宮岩陰	東蒲原郡三川村	50	1							△	△	△				
4	角嶋岩陰	〃　津川町	100	1						△	△	△					
5	入道岩洞穴	〃　〃	280	1								△	△				
6	入ケ谷岩陰	〃　上川村	450	1	灰層3							◎				○	
7	小瀬ケ沢洞穴	〃　〃	200	1		◎	△	△	△							○	骨角器
8	室谷洞穴	〃　〃	218	1	炉？、灰	◎	◎	○	△	△	△	△		◎	◎		骨角器
9	八木鼻岩陰	南蒲原郡下田村	130	2				△	△	△	△						
10	赤松岩陰	〃　〃	120	1	炉、焼土						△	△					
11	弥助尾根洞穴	南魚沼郡湯沢町	860	1					◎								
12	せこの浜洞穴	両津市	5	1								○	○	△		ト骨	
13	血ノ池洞穴	〃		1									△				
14	大野洞穴	〃		1									△				
15	大野岩陰	〃		1									△				
16	岩谷口洞穴	佐渡郡相川町	30	4								△	△			△	
17	船登岩陰	〃　〃		1								?	△	△			
18	ミルメ岩陰	〃　〃		1									△	△			湮滅
	下戸岩陰	〃　〃		1													地点不明
19	助岩陰	〃　〃		1									△			製塩	
20	浜端洞穴	〃　〃	4	1								○	○	○		ト骨	
21	夫婦岩洞穴	〃　〃		1							○	○					
22	こすりばば洞穴	〃　〃		1									△	△			
23	浜戸岩陰	〃　〃		1									○			製塩	
24	杉島岩陰	〃　〃		1									△			製塩	湮滅
25	石ケ原洞穴	〃　〃		1									△			製塩	
26	犬神平洞穴	〃　小木町		1						△							
27	小谷洞穴	〃　〃		1									△			製塩	
28	岩屋山洞穴	〃　〃	70	1	土壙3		○	○				△					
29	矢島洞穴	〃　〃		1									○				
30	片野尾洞穴	両津市	30	1									△				

◎　○　△
多　――　少

を用いることとする。

　洞穴の利用は旧石器時代に遡るが（八幡一郎 1967、仲座久宜ほか 2013）、国内で確認されている例は多くない。これに対して、最終氷期が終わり、現在の日本列島のかたちが作られた縄文時代の例は数多く知られており、一見すると、にわかに利用が盛んになったようにみえるほどである。新潟県東蒲原郡阿賀町小瀬ヶ沢洞窟や同町室谷洞窟は、広く知られた縄文時代の代表的な洞穴遺跡であり、前者は縄文時代草創期の前半に、後者はその後を襲って草創期の中頃に使い始め、早期の前・後半を経て、前期前半まで利用された（小熊博史 2007）。

　縄文時代前期になると、全国的に洞穴遺跡の数は大きく減じ、後期に再び増えると言われるが（八幡 前掲、佐藤祐輔 2010）、この傾向は新潟県域にもよくあてはまる（第5表、石原正敏 1990）。詳しく覗くと、越後と佐渡のあいだでも利用開始の時期にズレがみとめられ、越後側では先に紹介したとおり縄文時代草創期に始まるのに対して、佐渡側ではほとんどが縄文時代晩期ないし弥生時代に始まっている。

　このズレの要因は、縄文時代の環境変動にもとめうる。縄文時代の前半代は環境が好転して温暖

化が進み、佐渡島では国仲平野の中央まで真野湾が入り込む。やがて海が退いて低地部分が陸化し、晩期には活動領域がそこに拡がるが、しかし晩期末葉ないし弥生時代の開始期に再び小海進に転じる（鈴木正博 2007、齋藤瑞穂 2010a）。海浜低地に開口する佐渡の海蝕洞穴の多くが縄文時代晩期に利用が始まり、かつ、弥生時代前期の痕跡を欠くのは、こうした海水準の変化が直に影響しているのであろう。

　第73図ならびに第6表として掲げたのは、新潟県域における弥生時代洞穴遺跡の一覧である。立教大学考古学研究会や石原正敏や小笠原永隆らが集成したデータをもとに（越田賢一郎ほか 1968b、石原 前掲、小笠原永隆ほか 1996）、近年の成果を補い、弥生時代の直前と直後とを参考として加えておいた。

　弥生時代前期の洞穴は阿賀野川流域でのみ確認されており、中期になって大幅に例数が増す。越後側の山あいでは、阿賀野川流域に加えて、県北の三面川や県央の五十嵐川の流域の洞穴が利用されるようになり、佐渡でも海蝕洞穴の利用が始まるが、土器をみるかぎり、長期に及ぶ例はない。後期の洞穴利用は、ほとんどが後半代に属する。越後側の山あいの洞穴も、佐渡の海蝕洞穴も盛んに用いられ、継続的に使われた例もなかにはみられる。

　山の洞穴と弥生の猟夫　さて、人々は洞穴をどのように使ったのだろうか。

　弥生時代の洞穴遺跡を、山の洞穴と海の洞穴とに別けたとき、前者の代表例にあたるのが新潟県東蒲原郡阿賀町人ヶ谷岩陰である（第74図、小野昭ほか 1986・1987）。阿部泰之の精緻な分析によれば、中期前葉をわずかに含むものの、ほぼ前期に限定されるというから（中島栄一ほか 2006、阿部泰之 2012）、検出された遺構や遺物は、ごく短期間のうちに残された人間活動の形跡とみて大過ない。火を焚いたことを示す灰層のブロックが、3地点で検出されている。

　岩陰は40m余りにわたって張り出す。何度も崩落したらしく、崩落した岩盤片が岩陰の内外に厚く堆積する。遺物の多くは原位置を保っていない。雨水の浸透などによって、すでに崩落していた岩塊の隙間を遺物が落下し、本来は1個体をなす土器の破片が、最大で上下2.5mも離れて検出されている。

　石器は、流紋岩製・硬質頁岩製の石鏃や、刃こぼれした剝片がある。斧や、錘などの漁具はみあたらない。石器の種類から、この岩陰を訪れた目的は狩猟活動とみてほぼ間違いない。

　土器は甕と壺が多く、鉢があって、高杯を欠く。完存品はない。これらのうち、煮沸用の甕はもちろん、貯蔵に用いる壺にも炭化物が付着しており、これは器形の違いに関わりなく煮沸に使われたことを示している（中島ほか 前掲）。いくつもの煮沸具が使用に耐えなくなるくらいの期間居続けたらしい。

　植物遺体はクルミが、動物遺体では破砕された鳥獣骨が数多くみられる。また、ニホンカモシカやニホンツキノワグマが少なくともそれぞれ2個体以上と、そのほかニホンザル、齧歯類、鳥類、カエルの骨片が検出されている。このうち、少なくともカモシカとツキノワグマとサルは、獲得した獲物と理解してよい。獣骨は細かく砕かれているうえに、骨髄食を行ったと考えられる割れ口があり、被熱したものも存する。この岩陰を訪れた人々は、近傍の山野で獲た動物を解体し、余すことなくそれを食した。

ところで、人ヶ谷岩陰のような山の洞穴でツキノワグマが出土することに対し、山内利秋は「ツキノワグマは恒常的に確保できる動物性タンパク質資源として期待できるものではないので、クマ猟については別に意味を求める必要がある」(山内利秋 2009：161～162頁) と説く。「本来ツキノワグマのような大型獣や、ニホンオオカミのように危険であったり、それ以外でもニホンカモシカのように個体数が少なく猟がむずかしい動物は、安定的な動物性食料資源としてはあまり期待できなかったと考えられる」ことから、「獲物として集落にもち帰れなかったり、時には生命の危険性が高い等といったリスクが大きい動物を狩猟対象とする事は、むしろそれ以外の象徴的な意味の方が強い」(165頁) と言うのである。

しかしながら、この評価はなおも検討の余地を残す。過去に行われたクマ猟をことごとく「象徴的な意味」に解消するならば、人ヶ谷岩陰ではことさら「象徴的」な狩猟のみを実施したことになり、近傍の室谷洞窟に至っては、どの層においてもカモシカやクマがシカ・イノシシに卓越するから、縄文時代草創期以来、「安定的な動物性食料資源」の獲得よりも「象徴的」な狩猟を優先してきたことになってしまうのである。むしろ、意味云々でなく、金子浩昌が指摘するように、人ヶ谷岩陰や室谷洞窟のある阿賀野川流域の山塊が「カモシカの棲息に適し、またクマも多棲して石器時代人のよき狩猟対象となっていた」のであり、「海岸近くに居住した貝塚人にとっては想像も出来

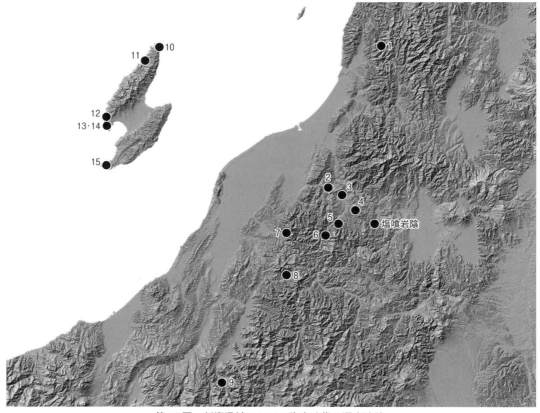

第73図　新潟県域における弥生時代の洞穴遺跡

ない山岳猟」の技術が、脈々と継承された軌跡と捉える方が正しいであろう（金子浩昌 1964：5頁）。

このようにして人ヶ谷岩陰に一定期間滞在し、カモシカやクマを獲った人々は、その後、どこへ向かったのだろうか。もう少し具体的な言葉に置き換えるなら、㋐本村／母村から人ヶ谷に来て狩猟を行い、終えて戻ったのか、あるいは、㋑ある野営地から人ヶ谷を訪れ、人ヶ谷での狩猟を終えて、別の野営地へ向かったのか？

弥生時代中・後期においては、春から秋に水稲耕作を行い、秋から春にかけては洞穴を利用して狩猟を実施したと考えられるケースがあるという（山内利秋 2005）。同一集団による両立がありうるのであれば、母村の存在を想定してよいかもしれないが、しかし人ヶ谷の場合、動物種は高度な技術の習得を要する大型獣に限られる。鈴木正博がその利用ぶりを「大型獣に特定した専門的な集団による「特定居住型利用」」（鈴木正博 1993b：174頁）と推定するように、本岩陰の状況は、「里」でシカやイノシシを獲る人々とは次元の異なる、「危険で」、「むずかしい」対象の獲得に長けた猟夫の存在を示してあまりある。

加えて、同時代の遺跡を周辺で捜しても、本村／母村に相当する集落はみあたらない。阿賀野川右岸の河岸段丘上に地を占める新潟県東蒲原郡阿賀町下西ノ沢遺跡も、範囲は狭く一時的であり（阿部 前掲）、洞穴だけでなく川沿いの平場であっても、大人数で長期に及ぶ集落を構えていたわ

第6表　新潟県域における弥生時代の洞穴遺跡

	遺跡名	標高(m)	縄文 晩	弥生 前	弥生 中	弥生 後	古墳 前	備考	報告文献等
1	村上市岩崩長者岩屋岩陰	400			●			灰層、獣骨、堅果類	小野昭ほか（1993）
2	東蒲原郡阿賀町若宮洞窟	50			●?				本間嘉晴（1962） 中島栄一ほか（2006）
3	阿賀町角嶋岩陰	100	●						本間嘉晴（1962） 中島栄一ほか（2006）
4	阿賀町入道岩洞窟	196			●			獣骨	本間嘉晴（1962）、阿部泰之（2012）
5	阿賀町人ヶ谷岩陰	450		●	●			灰層、鳥獣骨、堅果類	小野昭ほか（1986・1987） 中島栄一ほか（2006） 阿部泰之（2012） 齋藤瑞穂（2013a）
6	阿賀町室谷洞窟	218	●	●	●	●		鳥獣骨、貝類	中村孝三郎ほか（1964） 金子浩昌（1964）、甘粕健ほか（1983） 中島栄一ほか（2006） 阿部泰之（2012）
7	三条市北五百川八木鼻岩陰	120	●		●				椎谷福男ほか（1980, 1981）
8	南魚沼郡湯沢町竜巌窟	1500	●			●			佐藤雅一（1991）
9	魚沼市大白川黒姫洞窟	500				●		炉、焼土・灰層	佐藤雅一ほか（2004）
10	佐渡市鷲崎せこの浜洞穴	0			●	●		卜骨、鳥獣骨、魚骨、海獣類、貝類	川上喚濤（1927）、清野謙次（1928） 湊晨（1935）、齋藤秀平（1937） 近藤福雄（1940）、関雅之（1963） 甘粕健ほか（1983） 直良信夫（1997）
11	岩谷口船登岩陰	?		●				獣骨、魚骨、貝類	亀井正道（1956）、本間嘉晴（1957）
12	高瀬こすりばば洞穴	?			●				新潟県教育庁文化行政課（1980）
13	高瀬浜端洞穴	4			●	●		人骨、卜骨、鳥獣骨、魚骨、海獣類、貝類	越田賢一郎ほか（1968a・1968b） 森三郎ほか（1969） 甘粕健ほか（1983） 本間嘉晴（1988） 五十嵐一樹ほか（2009） 齋藤瑞穂（2012・2013a）
14	高瀬夫婦岩洞穴	2	●	●				人骨、鳥獣骨、魚骨、海獣類、貝類	越田賢一郎ほか（1968a・1968b） 森三郎ほか（1969）
15	宿根木岩屋山洞窟	70	●				●		青木豊ほか（1986）

※左列の番号は、第73図に示した遺跡の位置に対応する。

第74図　新潟県阿賀町人ヶ谷岩陰

けではなかったようである。上で掲げた㋐・㋑では㋑の可能性が高く、高度な狩猟技術をそなえた人々が、一定期間ごとに山あいや平場を移動したとみておこう[12]。

　なお、移動の過程においては「里」の人々とも接触し、ときに「里」と「里」とを結ぶトレーダーの役割をも担ったであろうことは、想像に難くない。新潟市江南区西郷遺跡で1点出土しているツキノワグマの骨片は（土橋由理子ほか 2009）、「山」から「里」にもたらされたものである。「里」の人々と「山」の人々とは決して無関係でなく、間接的であるにせよ繋がっていたらしいことが、ここから推知しうるのである。

　海の洞穴と弥生時代海人　佐渡市高瀬浜端洞穴は、新潟の弥生時代を代表する海の洞穴である（第75図）。中期末葉ないし後期初頭頃に使って一度絶え、後期後半・終末から古墳時代初頭にかけて再び利用されている。

　洞穴は、佐渡島の北西部に発達した段丘崖に開口する。幅は2mで、奥行きは2mに満たないが、これは崩落が進んだゆえであって、元々はもう少し前方に張り出していたと考えられている。「第Ⅰ文化層」から「第Ⅳ文化層」まで4つの遺物包含層があり、各文化層間に崩落した緑色凝灰岩の層が挟まっていた。

　最下位の「第Ⅳ文化層」で弥生時代中期の土器が出土し、その上方の「第Ⅲ文化層」は後期の「千種式土器が大きな割合を占めている」（越田賢一郎ほか 1968b：45頁）と報告されているが、資料の出土位置を点検していくと、中期の土器はさらに上位の「第Ⅱ文化層」からも出土しており（森三郎ほか 1969）、層の上下と土器の新古とが必ずしも対応するわけではないらしい。洞穴内を

第75図　新潟県佐渡市浜端洞穴

掘り返すイベントがあったことを、これは示唆している。

　中期末葉ないし後期初頭に属する土器には、いわゆる「東北系」・「北陸系」の二者があるのに対して、後期後半～末の例はことごとく「北陸系」であり、これは国仲平野におけるそれぞれの時期の中核的集落とも傾向を同じくする。

　石器は多くない。凹石のほかは、鉄石英製管玉の未製品、軽石、安山岩やメノウの剥片等があるのみで、狩猟具や斧類はみあたらない。骨角器は、両端を欠くため確かでないが、ヤス状に形を整えた鹿角片が存する。

　動物遺体では、アワビやサザエなど外海岩礁性の貝類がみられる。興味深いのは、これらに汽水種のサドシジミが加わる点で、河川の河口の汽水域からこの地まで運ばれてきたことを示す（金子浩昌 1980）。サドシジミは、本洞穴の南方100mの佐渡市高瀬夫婦岩洞穴においても（越田ほか前掲）、佐渡島北端の同市鷲崎せこの浜洞穴においても検出されており（直良信夫 1997）、海人が洞穴と河口域とを往き来したことを物語っている。

　魚類ではマダイやイシダイなどがあり、クジラも確認されている。これらが、中期末・後期初頭の漁撈活動によるものか、あるいは後期後半・末の活動なのかを判断する手立てがいまはないが、アワビを採取し、クジラを捕獲している点からすると、高度な漁撈技術をそなえた海人が利用したことは間違いない。ちなみに、ウサギ、イヌ、シカ、イノシシなどの陸獣もみとめられることも、付け加えておこう。

　さて、前項で人ヶ谷岩陰を利用した人々の行方を考えたように、ここでも浜端洞穴を利用した

人々の行き先を検討してみよう。人々は、㋒本村／母村から浜端に来て漁撈を行い、終えて戻ったのだろうか。そうではなく㋓ある野営地から浜端を訪れ、漁撈活動を終えて別の野営地へ向かったのだろうか？

　土器の量をみると、中期末葉～後期初頭の例はともかく、後期後半以降の例ははなはだ多い。また、時間の幅でいうと、法仏式から次の月影式に到る連続性がみとめられ、このような量や継続ぶりからすると、先にとりあげた人ヶ谷岩陰のような単発的な利用と異なり、継続して何度も利用されたらしいことが推知される。そういった意味では、叙上の㋒や㋓に加え、㋔浜端洞穴を生活拠点とした漁撈集団がいた、という可能性もないとは言い切れないが、それならば眼前に豊かな漁場があるにも関わらず、何処かの川の河口へわざわざ出向いて、サドシジミを獲らなければならない理由を用意しなければなるまい。

　そこで一旦、浜端洞穴を離れて国仲平野に眼を転じると、佐渡市千種遺跡が後期の後半から末頃に属し、浜端洞穴と期を同じくしていることに気がつく。

　千種遺跡は、動植物遺体が良く遺る。土器片に付着して炭化米が出土し、マクワウリやユウガオやヒョウタンの種子も検出されているから（大場磐雄ほか 1953）、イネを育て、畑作をも行っていたことは疑いない。その一方で、地点貝塚も存する。主体となっているサドシジミは、国府川河口の汽水域で獲れたものであろう。驚かされるのは、これにクボガイやサザエなどの外海岩礁性貝類が加わり、イルカやアシカといった海獣類がみられる点である。

　イルカは浜端洞穴で、アシカは浜端洞穴近傍の夫婦岩洞穴でそれぞれ検出されている。したがって、先に浜端洞穴の動物遺体が中期末葉～後期初頭の漁撈活動によるものか、あるいは後期後半以降に獲られたものかを特定する手立てがないと述べたが、後期後半～末の千種遺跡で同じように岩礁性貝類や海獣類があり、他方、浜端洞穴でも千種遺跡に多いサドシジミが運ばれている点からみて、浜端洞穴のそれの多くは後期後半以降に獲られたものであり、かつ、遺体の内容が共通するほど両遺跡は深い関係性があると理解したい。

　さらに注意を惹くのは千種遺跡の木製品で、鋤や二叉鍬や杵といった農耕具とならんで、船具の櫂がある（第76図14～16）。したがって、外海でしか獲ることのできない動物遺体が「里」の千種遺跡にあり、かつ、「里」で使う道具と「海」で使うそれとが伴存する点をふまえれば、浜端洞穴に足跡を残した弥生時代後期の海人は、国仲平野に本村／母村があって、農耕民と共棲していたと考えるのがスムーズであろう。先に候補㋒として挙げたように、国仲のムラから浜端に行って漁撈を行い、終えて国仲へ戻ってきた、というわけである。

　浜端洞穴と千種遺跡が結びつくもう1つの根拠は、卜骨である。これについて、先に筆者は、「「洞窟内貝層」に食料残滓を残した人々と国仲平野で「水田」を耕した人々とが、祭祀イデオロギーを共有する」と述べたがほかでもない、イデオロギーの共有は深い結合があって初めてなされるものであり、両者が共棲していたからこそ共有されたのである。

　洞穴と弥生時代の死者　洞穴は、山の猟夫が狩猟を行い、海人が外海で漁撈を行う際に用いられただけでなく、人々を葬る場としても使われた。もっとも、それは弥生時代に始まったわけではない。

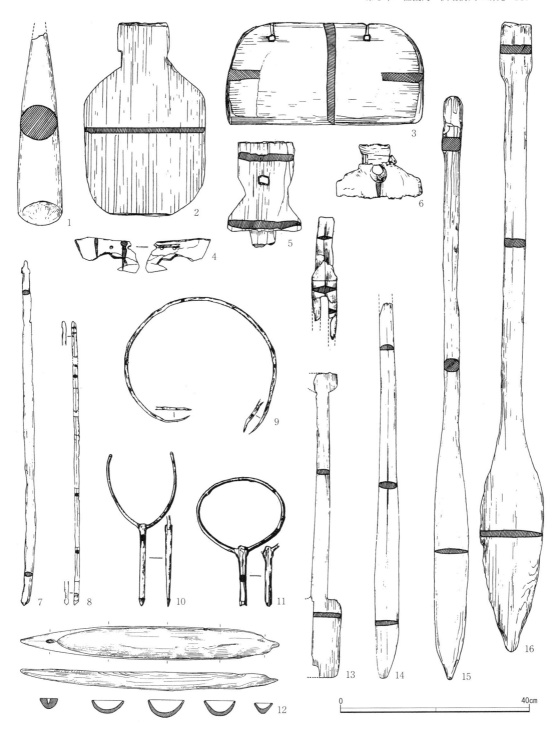

第76図　新潟県佐渡市千種遺跡の木製品

新潟県域では、先にふれた佐渡市高瀬夫婦岩洞穴や同浜端洞穴で弥生時代人骨の出土をみる（森三郎ほか 1969）。夫婦岩洞穴は標高が低く、波浪が洞内に押し寄せたゆえか、ことごとく小破片となって散乱していたが、幼児を含む成人前の人骨が少なくとも3体以上と、成人骨が2体以上あることが明らかになっている。他方、浜端洞穴では、

　　　第1号：壮年期、男性、外耳道骨腫はない
　　　第2号：新生児
　　　第3号：肋骨片、成人以上、おそらく男性
　　　第4号：肋骨片、成人前

の4体が検出された。下位の層から出土した第3号・第4号人骨は部分的であるが、「a層」、「第Ⅰ文化層」と名付けられた上位層の第1号・第2号人骨は、遺存状態が比較的良い。第1号の壮年男性は洞穴の「東壁に接してほぼ平行に発見され」、第2号の新生児は「北壁に近い位置において」検出されたというから、遺体を納める場として洞穴を使ったことは間違いないだろう。

　両洞穴に共通するのは、①複数名であり、②成人も小児も葬られている点である。また、いずれにおいても、③副葬品と判断しうる遺物が出土していない。これらの点のみで被葬者の像を推測するのは容易でないが、ここまでの検討をふまえ、国仲平野で経営されたムラの成員で、かつ、洞穴を利用する機会の多かった海人、もしくはその家族とみておこう。

　もとより、弥生時代は墓域が集落のなかから独立する時代であり（甲元眞之ほか 1984）、群馬県吾妻郡東吾妻町岩櫃山鷹ノ巣岩陰を引くまでもなく（杉原荘介 1967）、居住の場から死者を遠ざけ、隔絶した場所に埋葬したりする。したがって、浜端洞穴や夫婦岩洞穴など、真野湾の外の「海」の世界が葬送の場として選ばれたのは、生者と死者の空間をわけようとする「里」の人々の意志であったに違いない。なるほど死者を洞穴に埋葬する例は、縄文時代にもある。しかし、それは日常的空間としての洞穴に埋葬したものであり、本村／母村を別にもつ弥生時代の洞穴埋葬は、その点で一線を画しているわけである。

　次の古墳時代には、死の空間としての色あいがますます強まり、やがては内部に仏姿を刻むなどして信仰の対象にもなっていく。死者の隔離が洞穴との乖離を促し、こんにちの異界感へと繋がる心理的な距離を生み出したのである。

註
（1）イシダタミ、イボニシ、オオコシダカガンガラ、クボガイ、サザエ、ムキガイ、アワビ、イガイ、ウノアシ、クジャクガイ、ベッコウザラと、サドシジミが確認されている（越田賢一郎ほか 1968b）。他に、クロアワビ、マダカアワビ、ヨメガカサ、ベッコウザサ、カモガイ、ウノアシ、クボガイ、オオコシダカガンガラ、イシダタミ、サザエ、スガイ、タマキビ、オオヘビガイ、ウミニナ、スズメガイ、レイシ、ツメタガイ、イボニシ、サトウガイ、オオノガイ、ムラサキインコ、ヤマトシジミ、ハマグリ、アカフジツボ、クロフジツボ、ムラサキウニ、ウニという同定結果もある（計良勝範 1969a）。
（2）太田陽子（1964）の第6段丘面を指す。
（3）笹澤正史の上越市稲荷吹上遺跡編年表でいうと（笹澤正史ほか 2006）、Ⅱ期にあたる。

（4）近年、田嶋明人は月影式の範疇を自身の編年の漆町3群に限定し、同4群を白江式とみなす（田嶋明人 2007）。
（5）新潟大学考古学研究室によって「東北系」土器の一部が資料化され（五十嵐一樹ほか 2009）、その際も天王山式に位置づけられている。
（6）本章の初出論文では、「2条描きである」（齋藤瑞穂 2012b：150頁）と記しているが、これは筆者の当初の観察の誤りである。明記して、訂正しておく。
（7）初出論文では、「1・2は会津地方でいう中期後葉の川原町口式、下越地方でいう「山草荷1式」の長頸壺にみられる口縁部」（齋藤瑞穂 2012b：150頁）と説明していたが、新潟県新発田市草荷山草荷遺跡出土土器の検討をふまえて撤回した。山草荷式の定義・内容は研究者によって大きく異なるが、ここでは筆者の理解するところ（齋藤瑞穂 2018b）に従っている。
（8）中村五郎は、最近、平田遺跡を標式として平田1・2a・2b式を提唱している。そのうえで、本節で扱っている土器群を「東北系」と齋藤が呼ぶ点に対し、「最初から東北系と決めつけないで、非玉作集団の土器として平田2b式の類例と吟味してはどうか」（中村五郎 2016：7～8頁）と批判・提案する。
（9）中村五郎は、川原町口式の次に天ヶ式を配していたが（中村五郎ほか 1960）、近年では「御山村下期」・「御山村下式」を設けて（中村五郎 1993、中村五郎ほか 2011）、新潟県三条市上野原内野手遺跡例（金子正典 1999）などをここに位置づける（中村五郎 2001）。
（10）この失考は、筆者が新潟県阿賀野市熊居新田狐塚遺跡の成果を見逃していたことに原因がある（佐藤友子ほか 2009）。同遺跡の渦文土器を参照すると、この地域では中期末葉においても胴上半部文様帯が変わらず存することがよくわかる。
（11）浪形早季子によれば、弥生時代の卜骨祭祀で用いられる動物種には地域差がみられるという。山陰や近畿地方ではイノシシを、東海・関東地方ではシカを用いる傾向にあるらしい（浪形早季子 2009）。東海系土器の出現がこの祭祀と関わっているとすれば、行われたのは浜端洞穴の利用終了間際ということになる。
（12）人ヶ谷岩陰と下西ノ沢遺跡との間には時間差があり、下西ノ沢遺跡が新しい。ただし、直前・直後で連続する関係ではない（齋藤瑞穂 2017）。

第9章　下戸塚式という視点
―関東地方後期弥生土器型式の提唱―

1. 破壊された前提

　武蔵野台地における後期弥生土器の研究は、「弥生式土器」や「弥生式文化」という称呼が定着するまでの揺籃期を除いて、本格的に編年研究が始まった『弥生式土器聚成図録』の刊行からかぞえても（小林行雄 1939）、80年の蓄積がある。同地の土器は、南関東地方の代表例として、あるいは編年上の指標として学術雑誌の誌面を飾るとともに、しばしば議論の俎上に載せられてきた。実際、久ヶ原、「弥生町」、前野町という土器型式、あるいは様式は、いずれも武蔵野台地の東縁に地を占めた集落遺跡の出土品を標式とする（杉原荘介 1940a・1940b・1940c）。
　そうして、久ヶ原式土器の分布は東京湾を囲繞する、という杉原荘介の所説が大方の承認を得（杉原荘介 1939）、以降、南関東地方における後期弥生土器研究の前提的な認識として、学界に大きな影響をあたえてきた。ところが、1980年代も終盤をむかえる頃、上記の標式遺跡群と同じように武蔵野台地に営まれた1つの遺跡が、にわかに大きな一石を投じ、思考の転換と新たな論理の構築を迫ることとなる。それが、東京都新宿区下戸塚遺跡であった。
　調査および整理・報告に携わった松本完は、分析を終え、報告書の総括で「南関東地方のなかでの位置付けであるが、これまで記してきたように下戸塚遺跡出土土器のばあいには、そもそも在来土器とよびうる土器が少なく、比較自体が容易ではない。「沈線区画からS字状結節文による区画へ」といった壺の文様区画の変化から判断できる、一部の在来土器との併行関係も、系譜を異にする2種の結節文手法の消長を、まず整序したうえで、あらためて検討し直す余地がある。また、その種の変化が、下戸塚遺跡の弥生時代後期の壺の文様変化の主軸をなさず、櫛刺突文の関与1つをとりあげても、より多系的な変化を示すことはあきらかであり、細かな対比は今後の課題とせざるをえない。迂遠にみえるかもしれないが、遺跡ごとの個別の分析を踏まえて、暗黙裡に設定された「地域」そのものを見直す作業を進めるとともに、対比可能な編年を組み立てる以外に方策はないであろう」（松本完 1996：621～622頁）と述べる。この言辞がリアルに表現しているように、下戸塚遺跡は半世紀以上襲用されてきた型式もしくは様式が、不充分であったことを露わにするだけでなく、この分野の前提であった「南関東地方」という枠組みにさえも見直しを迫ったのであった。
　報告書が刊行されて、20年を閲した。南関東の後期弥生土器をめぐるシンポジウムや研究会は幾度となく開催され、この間に発表された成果も小さいものでは決してない。ところが、その一方

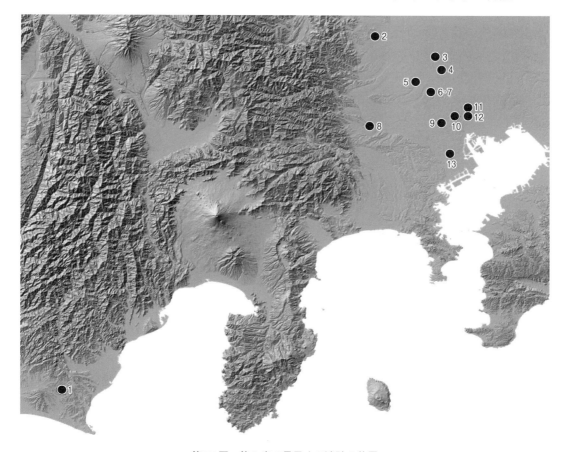

第77図　第9章で言及する遺跡の位置
1静岡・島、2埼玉・駒堀、3埼玉・大宮公園内、4埼玉・前耕地、5埼玉・南通、6埼玉・午王山
7埼玉・吹上、8東京・西野、9東京・方南峰、10東京・下戸塚、11東京・道灌山、12東京・弥生町、13東京・久ヶ原

で、下戸塚遺跡の成果が惹起した「遺跡ごとの個別の分析」を通じて「「地域」そのものを見直す」という作業が、積極的に実践されてきたわけでは必ずしもなく、そのため下戸塚遺跡の評価も成案は得られていない。結局、数多の成果が蓄積されたとはいえ、蓄積されればされるほど、「いまだ混沌のなかにある南関東の弥生後期土器研究」（石川日出志 2008a：1頁）の混沌ぶりに拍車が掛かる状態なのである。このような状況の打開がいま、要請されているからこそ、下戸塚遺跡を経験した松本の提言は大きな意味をもってくる。「南関東地方」研究の端緒をひらいた武蔵野台地にいまいちど立ち返って、「遺跡ごとの個別の分析」を実践し、同地を中核とした時間軸と空間軸の再構造化が図られなければならないのである。

2．下戸塚遺跡研究の役割と課題

　下戸塚遺跡は、約3m幅の断面V字形環濠がめぐる弥生時代後期の集落で、壕の内外に100棟余の住居が営まれた（第78図、板倉歓之ほか 1993、車崎正彦ほか 1996、荒川正夫 2003）。集落

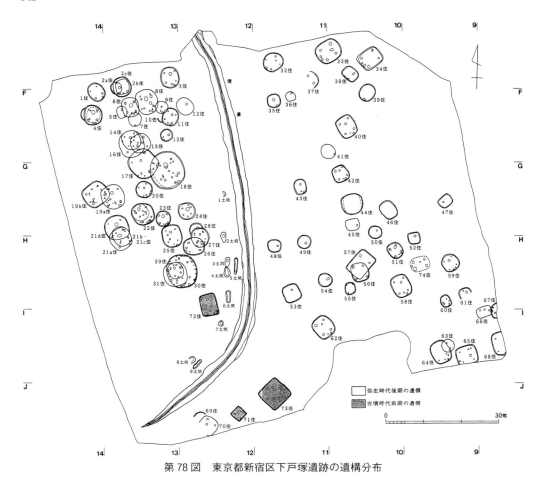

第78図　東京都新宿区下戸塚遺跡の遺構分布

の存続期間は長期に及んだらしく、出土した土器を松本は5期に区分している。集落の盛衰はこの区分案にもとづき、宮ノ台式との連続性に疑いのない1期から2期は環壕内に住居を営んでいたが、3期にはその内外に住居を作るようになり、環壕自体は徐々に埋没する。そうして、4期ないし5期は主体が外側に移り、内側は空白地帯に転じる、と復原された（松本完 1996）。

松本が5期に分けた基準は、氏自身がすでに甕の調整技法、器形、口唇部装飾の相関関係をもとに分類し、系統性と地域色とを勘案して組んでいた南関東地方の後期弥生土器編年である（松本完 1993）。この1993年論文でのⅠ期、Ⅱ期、Ⅲ期古段階、同新段階、Ⅳ期を対応させる形で、下戸塚遺跡の土器は5期に分けられた。ただし、「輪積甕の消長など、対比の手がかりはきわめて限られる」という。下戸塚遺跡では「むしろ菊川系の甕を母体として、その後在来系そのほかの甕の諸要素を、部分的に同化、変容する形で、種々の甕が作られ続けた」ために、「従来予想されてきた在来土器の様相とはいちじるしく異なり、従前の分類、あるいは変遷観を、もとより容易にあてはめることができない」（松本 前掲：622・584頁）からであるらしい。

他方、壺の場合も、『弥生式土器聚成図録』以来繰り返し説かれてきた「沈線区画からS字状結節文による区画へ」という通説が、見事なまでに通用しなかったようである。甕と同じく、従来、

「南関東地方」に一般的とされてきたものがほとんどみあたらず、むしろ東海地方の菊川式に類似した例が多いらしいが、しかし「菊川式土器のこれまでの公表資料にはほとんどみられないものがふくまれる」（同：623頁）ともいう。下戸塚遺跡の難しさは、甕にせよ、あるいは壺にしても、「南関東地方」に一般的であるはずの久ヶ原式土器が乏しく、そうかといって、東海地方からの搬入品との評価を一概にあたえるのも躊躇われるところに潜んでいるようである。

ここまで、執拗に引用を重ねながら、下戸塚遺跡が「南関東地方」の研究にあたえた衝撃を追体験してきた。もはや、既存の枠組みをあてはめる余地が残されていない以上、松本が主張した「遺跡ごとの個別の分析を踏まえて、暗黙裡に設定された「地域」そのものを見直す作業」が、目下の課題であると言って差し支えあるまい。世紀の交以降、房総半島で山田橋式が、下末吉台地方面で二ツ池式がそれぞれ提唱されているのは（大村直2004、黒沢浩2003・2005）、「南関東地方」に携わる研究者のあいだで通説を見直す機運が高まってきたことをよく示している。

ところが、下戸塚遺跡や久ヶ原遺跡を擁する肝心の武蔵野台地の場合、他の地域に較べて、再検討作業が進捗しているとは言いがたい。武蔵野台地における編年の再構築は、言うまでもなく同台地で解決されなければならないが、実際のところ、等閑に付されているようにさえみえるのは、こんにちにいたるまで、下戸塚のような性格をそなえた遺跡がそう増えていないことに一因があるのかもしれない。つまり、下戸塚遺跡が提起した種々の問題は、未だ下戸塚遺跡自体の研究に委ねられたままなのである。

以上の理由から、本章では下戸塚遺跡の土器を中核として、武蔵野台地の後期弥生土器編年を議論する。就中、「多系的な変化を示す」とされた壺を扱うが、これは、甕を取りあげて新古や地域色を論じた松本と、別の視角から検討したいというだけの理由ではもちろんない。既存の枠組みが壊れてしまうほどに複雑なフィールドで、様々な方向から絡みあった影響関係を解きほぐし、編年を再構築しようという課題を設定した以上、結論は精製土器の文様の一般則と手法の変遷を辿ることによってのみ得られる、と思うからである。

3. 環壕内部エリア出土土器の縦横

下戸塚遺跡は、環壕を築いて、その内部に住居を構えたのち、やがて環壕は埋まり、外側に住居が移る、という推移を辿る。これをふまえ、まずは環壕内部に営まれた住居の出土土器から、検討を始めることとする。内部の出土品はおしなべて、

　　㋐口縁部や肩部に狭い文様帯をもつ
　　㋑口内帯を有する例がある
　　㋒櫛刺突文や単節・無節縄文による帯状の文様がほとんどである
　　㋓久ヶ原式で頻用される山形文はきわめて少ない
　　㋔折返・単純口縁が多数を占め、複合口縁の例は乏しい

という特徴を有するが、これらは、環壕の外側から出土したものと較べるといっそう鮮やかさを増す。すなわち、環壕外部の諸例は、

ア′　口縁部や胴上半部に幅広の文様帯をそなえる
　　　イ′　口内帯をもつものがほとんどない
　　　ウ′　もっぱら単節縄文を駆使し、無節縄文や櫛刺突文はみあたらない
　　　エ′　胴上半部の文様帯は2ないし3段で構成され、久ヶ原式にみられる鋸歯文なども少なくない
　　　オ′　複合口縁壺が多く、逆に折返口縁のそれは少ない
このように、下戸塚遺跡の土器は、環濠の内外で際立った違いを示す。

　さて、環濠内部の土器は、松本の編年案でいうと1期〜3期にあたり、この1期は中期の宮ノ台式の直後に位置づけられている。既知の定説によるならば、中期後葉の宮ノ台式につづくのは後期「前葉」の久ヶ原式であったはずである。ところが、東京都大田区久が原久ヶ原遺跡で出土した標式資料は櫛刺突文で装飾する例を欠き（中根君郎ほか 1929）、口内帯を有する例というのも耳にしない。以上の相違点をみただけでも、環濠内部の諸例を久ヶ原式には含めがたいことが、容易に察せられるであろう。

　それにもまして筆者の注意を惹くのは、縄文帯の区画方法である。「文様帯は、他の部分と、かならずといってよいほどに、沈線によって区切られ」（杉原荘介 1968a：114頁）るという久ヶ原式の作法と違って、上下端を画するわけでは必ずしもなく、上端のみであったり、あるいはそれを省略した例も少なくない。それゆえ環濠内部の土器は、久ヶ原式を成立させた系統とは別のところに連なり、その候補として、文様帯の上端のみを画するか、もしくは必ずしも上下端を区画しない特徴をもつ土器型式が上ってくるわけである。松本が推測したのは東海・東遠江地方の菊川式であった。

　菊川式は、静岡県菊川市判済島遺跡出土の土器などを標式とする（久永春男 1955）。中島郁夫によれば、菊川式には広口壺、複合口縁壺、小型壺の3種があって、広口壺が主体を占め、複合口縁壺は客体的であるらしい（第79図、中島郁夫 1988）。中島のいう広口壺には、折返口縁の例と単純口縁の例とがあるといい、環濠内部の出土品の器種構成は、たしかに同式のそれに近似している。

　次いで文様をみてみると、肩部に突帯を付し、その直下から胴部を羽状の櫛刺突文や縄文で広く飾る。また、口内帯を有し、縄文は単節・無節の両原体を併用していて（佐藤由紀男ほか 2002）、文様の面でも菊川式とのあいだに共通する特徴が存することを看取しうる。ただし、共通点が存するとはいえ、相違点がないわけでなく、下戸塚遺跡で直接的に同式が受容された、と言い切ることは難しい。例えば下戸塚遺跡の場合、頸部に突帯を付すことはなく、また無花果形と表現される下膨れの器形ではあっても、菊川式のように明瞭な稜を作り出さない。

　いずれにせよ、環濠内部の土器の特徴にもっとも近いのは、同じ武蔵野台地に展開した久ヶ原式ではなく、東海地方の菊川式のようであるが、しかし「構成器種の近似に加えて、型式変化の軌道が一部共有される点にも、菊川流域との持続的な交流関係が暗示される」（松本完 1996：622〜623頁）との評価がなされた点は少々気に懸かる。櫛刺突文の採用と口内帯の存在は、たしかに両者に共通する特徴であるが、しかしそのような共通点もしくは類似点があるとしても、菊川式の分布域と下戸塚遺跡の位置する東京湾湾奥部とのあいだには、静清平野方面の登呂式をはじめとして、い

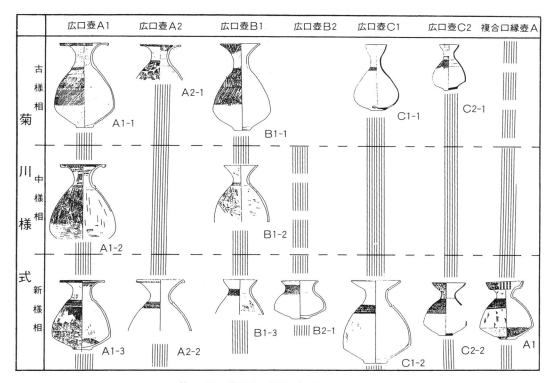

第79図　菊川式の推移（中島郁夫 1988）

くつもの別型式が存する。それらの影響を全く受けないまま、懸け隔たった地域での交渉が長期間、恒常的に続くことは果たして可能なのであろうか。

　中島は、器形の違いから菊川式の新古を導いた。すなわち壺の頸部は、「短小化、太頸化へと移行」し、口縁部の折返は「面をとった角張った厚手の」形から、「ナデによって丸みを帯びた」形に変わる。「肩のはらない下ぶくれ」の胴部は、次第に「肩部が張ってくるとともに、最大幅がやや下方へ移行して寸の詰った形態になってゆく」という。文様も、「古様相の壺で盛行した胴部最大幅付近まで施されていた縄文や櫛描文は、肩部から体部上半までに範囲を縮小させ」、やがて新様相では「肩部へと集中する」（中島　前掲：124・127頁）らしい。近年の篠原和大による菊川式5期細別案においても、器形は「なで肩で長頸のものから、頸部が短くなり太頸化していく傾向や胴部が扁平化していく傾向」にあり、文様も「胴部下位の屈折近くまで幅広く展開するものがあるが、次第に肩部に集約されてくる」（篠原和大　2006：49・52頁）と説明されている。

　一方、下戸塚遺跡の環濠内部の土器は、どのような推移を辿っているだろうか。遺存状態の良い11号、18号、22号の各住居址をとりあげ、まずは器形を比較してみると、筆者の眼に留まったのは、22号住居址のみ複合口縁の壺を欠き（第80図上段）、折返口縁壺と単純口縁壺とでのみ構成されている点である。一方、11・18号両住居址は、折返・単純両口縁壺が多数を占めつつも、わずかながら複合口縁壺をともなう（第80図47、第81図55）。また、S字状結節文を施した壺や鉢も出土していて（第80図41・42、第81図15・35・36、第82図12）、両住居址の出土品が22号に後続す

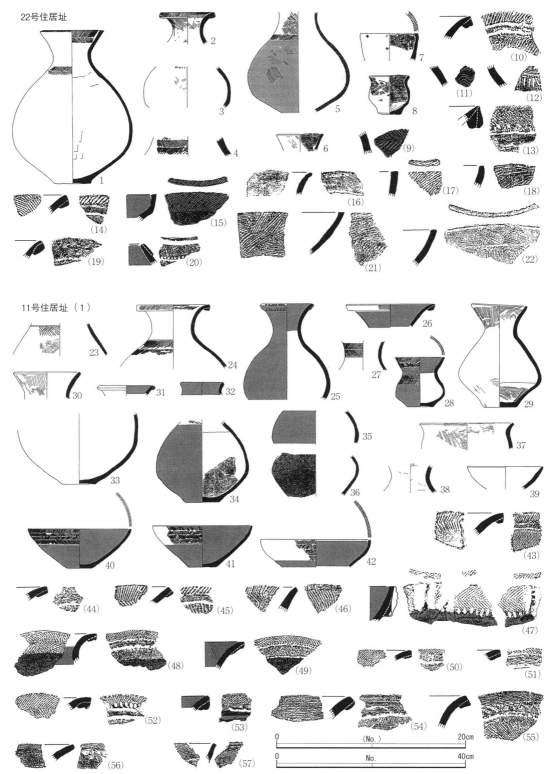

第80図 東京都新宿区下戸塚遺跡環壕内部エリアの土器（1）

第 9 章 下戸塚式という視点 147

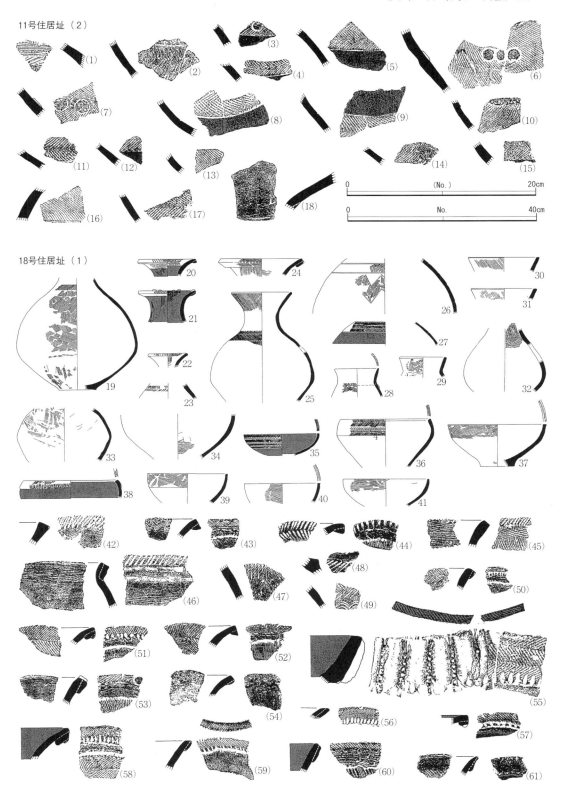

第 81 図　東京都新宿区下戸塚遺跡環壕内部エリアの土器（2）

18号住居址（2）

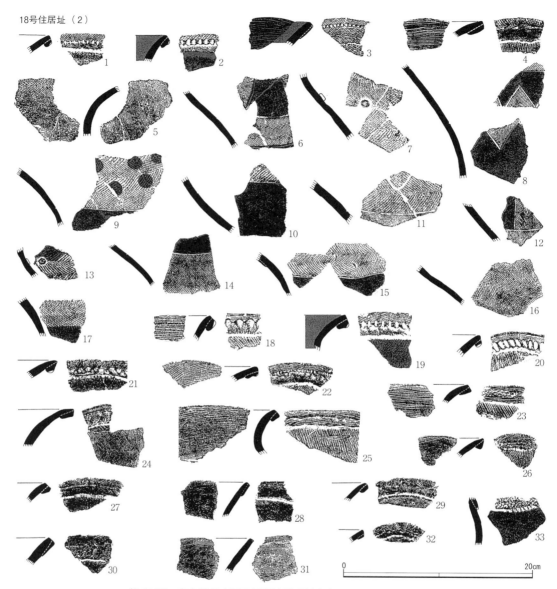

第82図　東京都新宿区下戸塚遺跡環壕内部エリアの土器（3）

る可能性をいっそう高めている。

　口内帯の存在は、環壕内部の諸例を特徴づける要素であり、かつ、菊川式精製壺形土器との共通点でもある。出現率を較べてみると、22号住居址では口縁部が遺存する7例のうち、3例が口内帯をそなえ（42.9％）、11号住居址では15例中7例（46.6％）、18号住居址もまた26例中11例（42.3％）と、数値に違いはあまりない[3]。一方、口内帯とならんで菊川式と共通する要素である櫛刺突文の出現率を較べると、22号住居址では、有文の壺のうち半数弱（6/13、46.1％）が櫛刺突文や櫛描波状文を施してあるのに対し、11号住居址は31.4％（11/35）で、このうち**第81図3〜5**は櫛刺突横線文で文様帯を画し、羽状縄文で充たすといった工具の併用がみとめられる。18号住

居址は 24.4％（11/45）を占めるにとどまり、22 号→ 11 号→ 18 号の順で減少する。⁽⁴⁾

　例えば、これがオリジナルの作法が失われゆくプロセスを反映しているとすれば、その減少ぶりが時間の新古を示すことになり、3 つの住居址に 22 号→ 11 号→ 18 号の序列をあたえうる。そこで、新古の関係が保証されている遺構間で櫛刺突文の採用率を較べ、この仮説を検証してみよう。

　まず、18 号住居址を切って構築された 17 号住居址（焼失住居）をみてみると、櫛刺突文を施した例は 23 例中 2 例存する。8.7％にとどまり、櫛刺突文の装飾が 18 号住居址よりいっそう乏しくなっている。26・27 号両住居址の切り合い関係では、27 号が古く、26 号が新しい。切られた側の 27 号住居址では櫛刺突文が 11 例中 6 例にみられ、54.5％の割合で採用する。一方、切った側の 26 号住居址は 9 例中 3 例で、33％にとどまっているから、古いほど多く、新しいほど少ないという関係が成り立つことは確実である。

　そのほか、18 号住居址では胴部を山形文で飾った土器が存するのに対して（**第 81 図** 26・**第 82 図** 8）、22 号・11 号の両住居址にはみあたらない。もとより環壕内部エリアでは、この種の土器の例数が乏しく、ほかに 8 号住居址や 16 号住居址で散見される程度であるが、8 号住居址もまた有文壺の櫛刺突文出現率が 3.3％（11/45）、16 号住居址で 7.1％（1/14）にとどまることからすると、櫛刺突文の出現率が高い住居になく、率が下がった段階に出現する、とみてよいようである。つまり、22 号→ 11 号→ 18 号の順序に、種々の特徴の出現過程を重ね合わせるならば、11 号住居址段階で複合口縁壺が組成に加わるとともに、S 字状結節文が採用され、18 号住居址段階において山形文で飾った土器があらわれる、ということになる。

　ちなみに、18 号住居址の**第 82 図** 6・12 は、頸・肩部の両縄文帯間に縦スリットを配する例で、⁽⁵⁾わけても 12 には、11 号住居址段階で出現した S 字状結節文が縦に施される。同様の例として、埼玉県さいたま市浦和区駒場前耕地例や（青木義脩 1970）、東京都荒川区西日暮里道灌山例や（蒔田鎗次郎 1902、後藤守一 1934）、同杉並区堀ノ内方南峰例が知られるが（重住豊ほか 1978）、⁽⁶⁾この類については、武蔵野台地に展開した後期弥生土器の諸系列が整理されるなかで、自ずと注目が集まるだろう。

　いずれにせよ、環壕内部エリアの土器群の成立に、菊川式が関与したことは疑いない。それが菊川流域からの直接的な影響か、あるいは中間地を介して間接的に影響しているかの判断はなかなか難しいものの、⁽⁷⁾少なくともその伝播は一時的であったに違いない。「東海地方」の要素が時期を経るごとに減少し、替わって最初期にみられなかった、S 字状結節文など「南関東地方」の要素が加わる過程が、これの証左となる。したがって、菊川式とのあいだで「型式変化の軌道が一部共有される」という既往の評価は首肯しがたく、菊川式の要素をもちつつも、独自の変遷を辿ったものと考えられるのである。実際、菊川式の胴部文様は「胴部下位の屈折近くまで幅広く展開するもの」から「次第に肩部に集約されてくる」が（篠原和大 2006：52 頁）、下戸塚遺跡では櫛刺突文で飾る土器にせよ、縄文を施す土器にせよ、もとより 22 号住居址の段階から頸部の辺りに文様が集約していて、形制も連動した変化はみいだせない。

　以上、環壕内部の土器は、「南関東地方」を代表してきた久ヶ原式の要素がもとより乏しい。しかし、共通点をもつ菊川式の推移とも連動しているわけでなく、独自色をそなえたまとまりと捉え

150

ることができる。下戸塚1式としてこれを括り、さしあたって①22号→②11号→③18号という3段階の推移を推定しておく。[8]

4. 環壕外部エリア出土土器の縦横

　環壕外部の諸例は、内部のそれと対極的な顔付きを示す。口内帯をもつものはほとんどなく、もっぱら単節縄文で飾り、櫛刺突文や無節縄文は使わない。2ないし3段で構成される幅広の文様帯を胴上半部にそなえ、久ヶ原式のように鋸歯文や三角文などを最下段に配する。また、複合口縁壺の占める割合が増す。前節で議論したとおり、環壕内部の下戸塚1式にも久ヶ原式の影響が及んできてはいたが、外部エリアほどでない。外部の諸例は一見、久ヶ原式が完全な形で受容されたようにさえみえる。

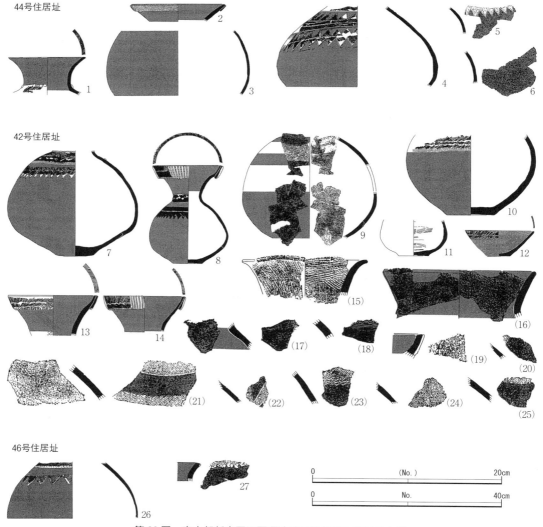

第83図　東京都新宿区下戸塚遺跡環壕外部エリアの土器

したがって、ここでは環壕外部の諸例と久ヶ原式との関係が論点となる。第83図に42号、44号、46号の各住居址から出土した壺を掲げた。例数が多い中段の一群（7〜25）が、42号住居址の出土品である。口縁部は複合口縁が多数を占め（8・13・14）、口内帯がなく、朱彩する割合が環壕内部エリアよりも高い。8はほぼ完形の例で、沈線区画の縄文帯を頸部に、下端を山形に区画した縄文帯を肩部にそれぞれ配し、浮文や朱文を等間隔に付す。この山形の区画文については、久ヶ原式で頻用され、下戸塚1式でも③の18号住居址の段階に出現する帯状の山形文と混同しないよう、ここでは山形区画文と呼ぶ。

上段（1〜6）は44号住居址の出土品で、比較対象となるのが4の例である。42号住居址の7・8と同様頸部が窄まり、胴は強く張る。文様は2段の縄文帯と鋸歯文とで構成され、2段目の縄文帯の上端を山形区画文で画する。地文は篠原和大が提起した「端末結節縄文」で（鮫島和大 1994）、施文の単位ごとに細かな結節がみてとれる。下段の26は46号住居址の例で、縄文帯の下方に三角文をおく。

さて、山形区画文というと、大村直のいう「「安房形」装飾壺形土器」が想起される。「安房形」は、「横帯縄文の多重化と、横帯文間の山形文、重山形文、菱形連続文、重菱形文、縦帯文等の横帯文間連結文様を特徴」とし、「上向鋸歯文帯、幅広横帯文の上ないし上下を鋸歯文状に磨り消すものがある」（大村直 2007：6頁）といい、この「上向鋸歯文」が、いま山形区画文と称しているものに相当する。分布の偏りや例数の多寡からすれば、この文様の祖型を「安房形」の周辺にもとめ、それが東京湾を越えて波及してきた、とみるのが穏当なのかもしれないが、しかし「安房形」は、いみじくも「上向」・「上ないし上下」と言ったように、おしなべて縄文帯の上端を画するために使い、42号住居址例のように単独で下端にのみ採用することはない。この点にも留意しつつ、42号、44号、46号の各住居址例の新古を考えてみたい。

上段の44号住居址例と中段の42号住居址例とのあいだには、山形区画文の採用位置に加え、文様の段数にも違いがみいだされる。すなわち44号住居址の4が、胴上半部文様を3段で構成しているのに対し、42号住居址の7は2段に、8は1段にとどまる。先学諸兄姉がすでに論じ尽くしているように、「南関東地方」の後期弥生土器は、この段数が次第に減じていくというから、それをふまえれば、42号住居址の諸例が44号に後出する可能性はもとより高い。しかし、それだけではもちろんなく、4の場合、久ヶ原式の影響が及んだためであろう、山形区画文を用いつつ、文様帯の上下端を厳密に区画するのに対して、8は頸部の文様帯はともかく、胴上半部のそれは下端のみを画し、上端は区画を省略する。

以上を総合すると、胴部文様は3段構成から2段・1段構成へ、区画は上下端の厳密な区画から上端の省略へという方向が考えられ、44号→42号という序列をあたえうる。山形区画文が下端に転じたのは、上端区画の省略化と契機を一にするに違いない。ちなみに、7の鋸歯文もまた44号が古く、42号が新しいことの傍証となる。4の鋸歯文が、枠に合わせて丁寧に縄文を磨り消してあるのに対し、7は厳密さまで継承されなかったらしく、消し残しがはなはだしい。

次いで46号住居址に眼をやれば、あたえられるべき位置はもはや明白である。三角文の位置と向きは、下端に用いられていた山形区画文が、本来の区画の意味合いを失って、独立してしまった

状態を物語るからであり、44号住居址例の前であったり、あるいは44号・42号両住居址のあいだに位置づけることは難しい。したがって、3つの住居址には、44号→42号→46号という序列があたえられる。

　ところで、胴上半部に縄文帯や鋸歯文を配するのは、言うまでもなく、同じ武蔵野台地に展開した久ヶ原式土器と共通する特徴である。しかし、そうであるとしても、これら環壕外部の諸例を久ヶ原式と呼び、同式に含めてよいかは、もう1点検討を加えなければならないだろう。すなわち、環壕内部の諸例を検討した際にも問題となった「型式変化の軌道」の連動性を、確認しなければならないのである。

　菊池義次の久ヶ原式細別案を参照すると、上下端を沈線区画した縄文帯をそれぞれ頸部と胴部とに配し、その下方を簡素な山形文や菱形文で飾る久ヶ原Ⅰ式は、やがて「「沈線と羽状縄文と結節文」の併用で、(胴部装飾帯)の極度に複雑化する」(菊池義次 1974：95頁)久ヶ原Ⅲ式へと転じる。筆者自身が、いまなお久ヶ原Ⅱ式を咀嚼できていない点に問題を残すが、鈴木正博によれば、「「山形縄紋帯」などの大柄な文様帯が定着した「久ヶ原1式」期に対し、「久ヶ原2式」期では新たに追加すべき小柄な文様帯が出現し「複合」することに大きな特徴が指摘され」るといい、その小柄の文様帯として「横線区画を伴う地文縄紋に鋸歯文を上下に半周期ずらして連続菱形文を構成し、菱形の外側を磨り消し(「磨消菱形構成鋸歯文」)」た例や、「横線区画を伴う地文縄紋に斜格子文を展開する」「斜格子充填文」や、「磨消横帯文の内部を2段の鋸歯文で充填させる」「磨消横帯文内充填鋸歯文」(鈴木正博 2009：232・234頁)が挙げられている。

　環壕内部の18号住居址や16号住居址で出土した山形文土器の「山形縄紋帯」は、大柄とみて間違いはないから、下戸塚1式の下限は久ヶ原Ⅰ式とほぼ重なる。したがって、外部の諸例と比較する材料は、Ⅰ式よりもあとの久ヶ原式というわけである。

「久ヶ原2式」(1～4)

久ヶ原Ⅲ式 (5・6)

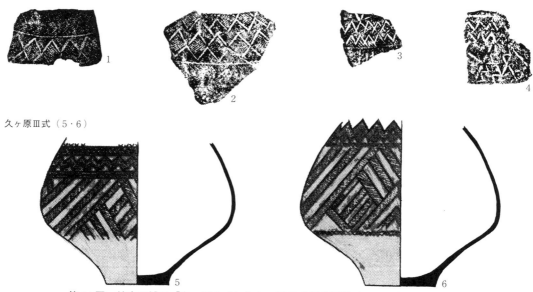

第84図　鈴木正博の「久ヶ原2式」と久ヶ原Ⅲ式標式資料 (原図：菊池義次 1954)

第84図には、鈴木の「久ヶ原2式」と（1〜4）、久ヶ原Ⅲ式の標式（5・6）とを掲げた。久ヶ原Ⅲ式は、胴上半部に山形文や鋸歯文を、その下方に幅の広い複雑な幾何学文様をそれぞれ配する。胴上半部の文様帯は、「初期の過程では明確な独立的意義を有しているが、つぎの段階で装飾帯全要素の複雑化傾向が現われると、存在はしているもののその本来的な意義は失われ、むしろ極端に発達する（胴部装飾帯Ⅱ－下胴部装飾帯）の付加的要素となって同化または吸収という現象がみられる」（菊池 前掲：94頁）という菊池の説明どおり、少なくともⅢ式では鋸歯文帯の縦幅が極端に狭く、下方の幾何学文帯の幅を広くとる。
　ところが、このような胴上半部文様帯の縮小現象や複雑に発達した幾何学文様は、下戸塚遺跡にみられないのである。環壕外部の出土品はいずれも、胴上半部に同じ幅で文様を重ね、最下段も単純な鋸歯文であって、幾何学文様は描かれない。畢竟、下戸塚遺跡環壕外部の諸例もまた久ヶ原式に含めることはできず、同式とは異なる軌道を辿った別の土器型式として把握される。本節でとりあげた3つの住居址をもって下戸塚2式を設定し、44号→42号→46号の確かな序列にもとづき、2a・2b・2cの細別型式をあわせて提案したい(9)。
　久ヶ原式の諸要素を一時的に受容したものの、その影響は恒常的でなかった。下戸塚1式と菊川式との関係がそうであったように、「型式変化の軌道」は久ヶ原式とも共有されなかったのである。

5．下戸塚式土器の分布

　武蔵野台地北部　まずは、埼玉県富士見市針ヶ谷南通遺跡176号・129号両住居址例（小出輝雄 1983a）、東松山市田木駒堀遺跡11号住居址例（横川好富ほか 1974）、和光市新倉午王山遺跡74号住居址例（鈴木一郎ほか 2000）、和光市白子吹上遺跡26・41号住居址例（鈴木一郎ほか 2003）に注目したい(10)。
　第85図1〜4が南通遺跡176号住居址の、5〜7が129号住居址の例で、3・5が山形区画文で縄文帯の下端を画する。山形区画文の位置から下戸塚2b式とみてよいが、3は上端の区画が省略されていない。吹上遺跡41号住居址の複合口縁壺も（8）、2b式にあたる。「自縄」のS字状結節文による区画も、2b式の標式である下戸塚遺跡42号住居址の諸例と共通する。
　これに対して駒堀例は、南通遺跡129号住居址で出土した5の例と同じく幅広の縄文帯を1つ有するが、縄文帯とは間隔をあけて三角文が置かれる（9）。下戸塚2c式の段階であり、管見にふれたかぎりでは、下戸塚式の最北例と言いうる。柿沼幹夫による吉ヶ谷式編年3期の例と共伴しており（10、柿沼幹夫 2008）、「横」を把握するうえで定点となろう。
　下戸塚1式に相当する例は、吹上遺跡や午王山遺跡で出土している。午王山遺跡は、もともと中部高地型の櫛描文土器が出土した遺跡として重要性が喚起されたが（谷井彪 1966）、こんにちでは、埼玉県域ではめずらしく「南関東系」土器がまとまって出土する遺跡としても周知されている（谷井彪 1968、鈴木一郎 1998・2001）。松本完もまた、この両遺跡に注目して、武蔵野台地北部の後期土器編年を示してみせた。
　松本によれば、後期初頭に「宮ノ台式に類する在来の甕と岩鼻式の甕の2種から成る」段階と、

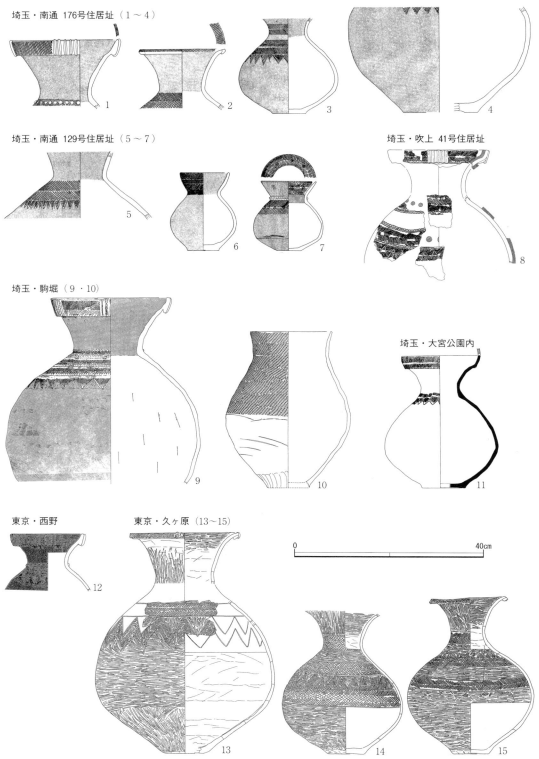

第85図 下戸塚式土器の関連資料

第 9 章 下戸塚式という視点　155

埼玉・午王山 108号住居址

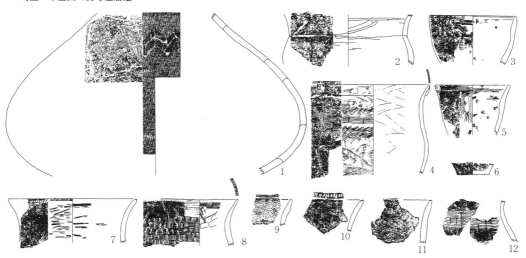

埼玉・吹上 26号住居址

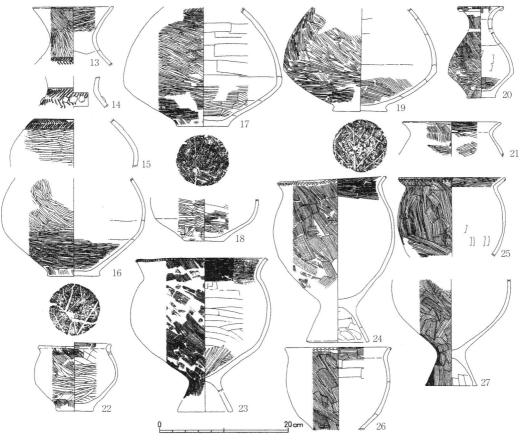

第 86 図　武蔵野台地北部における「後期前葉〜中葉」の土器（松本完 2007）

これに「菊川式系の刷毛甕が加わる」段階とがあって、両段階に属する住居では「山形文の壺が破片資料としても一切見られない」（松本完 2007：266頁）らしい。松本はこの2つの段階の分離を避け、ひとまず1つに括っているが、精製壺形土器を重視する本書の立場では、仮に「菊川式系の刷毛甕が加わる」にせよ、櫛刺突文で飾った壺がともなっていない点に注意しておきたい。

つづく後期前葉から中葉に属するものとして松本が掲げた図の一部を、第86図に転載した。この段階に、櫛刺突文装飾の土器や山形文を胴部に配する壺が出現するらしい。上段は午王山遺跡108号住居址の出土品で、1が胴部を山形文で飾った例である。山形文の特徴から、久ヶ原式のなかでも最古相のものでないという。同遺跡では、残念ながら「系統の異なる」「在来土器、菊川式系土器、岩鼻式土器」が「組み合わせにおいて住居跡出土土器を構成するようには見え」ず、「とくに岩鼻式土器に関しては、在来土器を含め他系統の土器との共伴例が極端に少ない」（松本 前掲：271頁）らしく、住居址における「菊川式系」のまとまった出土は知られていない。

一方、吹上遺跡では良好な住居址一括出土品に恵まれた。櫛刺突文で区画し、あるいは羽状に飾った土器のほか、縄文装飾の壺がある。就中、14や15のように櫛刺突横線文で文様帯を画し、羽状縄文で充たすといった工具併用の例が存することから、下戸塚1式①（22号住居址）まで遡るとは考えにくい。以上の資料から判断するかぎり、下戸塚式土器の分布は、最初期からある程度の広がりをもっていたわけではなく、時間を経るにつれて荒川沿いに波及していったようである。

ここで想起されるのが、多くの先学が指摘してきた、埼玉県域における久ヶ原式土器の空白である（例えば、小出輝雄 1988、笹森紀己子 1993 など）。すなわち、後期前半代の埼玉県域は中部高地型櫛描文土器や北関東地方の「附加条縄文系」土器群が目立つのに対して（松本 前掲、小玉秀成 2007c、及び本書第10章）、いわゆる「南関東系」土器群の乏しさが識者の注意にのぼっていた。このような指摘と、近年の松本の成果とを勘案して、下戸塚式の分布域の変化を考えていくと、最古段階の範囲はきわめて狭いものであったと言わざるを得ない。1式でも新しい段階になって現在の埼玉県和光市の近傍に到り、2式に入って東松山市域に達したことが推知される。

ちなみに、荒川中流域への分布の拡大は、下戸塚遺跡の土器生産にも影響をあたえたらしい。大宮台地方面では後期中頃から胎土へのシャモットの混和がみられるが（駒見佳容子 1999、小出輝雄ほか 2012、宅間清公 2013 など）、これが下流域に及んだことが下戸塚遺跡62号住居址の出土品などから察せられる。

多摩丘陵　東京都八王子市石川町西野遺跡 SI01 で、山形区画文の土器が出土している（第85図12、間宮正光 2004）。狭い縄文帯を有し、上端の区画を欠く。下端に山形区画文を施しており、2b式に位置をあたえうる。埼玉県さいたま市大宮区大宮公園内遺跡例は（11、小川良祐ほか 1968）、このタイプに近いが丁寧さを欠く。

武蔵野台地南部　東京都大田区久が原久ヶ原遺跡を擁する本地域では、当然ながら、標式資料に類する真正の久ヶ原式土器が多数を占め、下戸塚1・2両式に相当する例はみあたらない。これは、下戸塚遺跡が下戸塚式のほぼ南限に位置し、他方、久ヶ原遺跡が久ヶ原式の北限に地を占めていることを示唆する。

ここでは、久ヶ原遺跡久が原六丁目9番地点の例に注目しておく（野本孝明ほか 2007）。検出さ

れた方形周溝墓が互いに切り合う関係にあり、2号→1・3号の順に構築されている。2号方形周溝墓で出土した土器は(13)、縄文帯に接した山形文が描かれており、下戸塚遺跡と対比させるならば1式③（18号住居址）の辺りに併行する。他方、1号方形周溝墓例は(14)、山形区画文で区画するなど3段の縄文帯で飾る。3号方形周溝墓の15も、3段の縄文帯をそなえ、2段目に山形区画文を用いる。いずれも山形区画文は上端に用いており、下戸塚2a式との共通性が高い。下戸塚・久ヶ原両式の併行関係の追究は今後の課題であるが、少なくとも下戸塚1式③と2a式との関係を証示するものと言えよう。

　以上、本節の内容を簡約すると、下戸塚式は分布域を徐々に拡大していくが、しかし1式にせよ、2式にせよ、もっぱら下戸塚遺跡の西北方に広がりをみせる。武蔵野台地には少なくとも2つの土器型式が併存しており、北・中部に下戸塚式が、南部に久ヶ原式が分布する、という帰結がここに得られるのである。

6. 問題の所在

　下戸塚遺跡で出土した土器は、何も東京湾岸を囲繞する久ヶ原式土器分布圏におけるめずらしい例外品ということでなく、下戸塚遺跡以北の武蔵野台地に展開した下戸塚式土器であった。

　本章では、松本完の視座にしたがって下戸塚遺跡にこだわり、一方で氏の成果を批判的に継承することによって、関東地方後期弥生土器の系譜と新古を考察してきた。そうして、精製土器がそなえる諸特徴を観察し、縦横を検討した結果、環壕内の土器群によって下戸塚1式が、環壕外の土器群の一部によって下戸塚2式がそれぞれ設定された。前者は、菊川式と共通する特徴をそなえつつも、同式の変遷とは軌を同じくせず、後者もまた、久ヶ原式の諸要素を受容するものの、同式とは軌道を違えて、独自の変遷を遂げる。

　下戸塚1式では①22号→②11号→③18号という変化が、2式では2a式→2b式→2c式という3つの小細別が摘出される。しかしながら、松本の編年案では、1式③は1式②に、2c式の標式である46号住居址は、2a・2b両式の44・42号両住居址に、それぞれ先行する位置があたえられており、今後の課題の第一として、松本案と本章の案との齟齬が解決されなければならない。この問題には、久ヶ原式との併行関係の把握があわせてもとめられるであろう。

　課題の第二は、下戸塚遺跡環壕外部における、口内帯をもつ土器の評価である。例数自体は乏しく、51号、55号、62号の各住居址から出土するのみで、下戸塚2式を設定した住居址群ではみあたらない。これらが、時期を異にするのか、下戸塚2式において1つの系列をなすのか、あるいは他地域からの搬入品なのか、いまなおわからない。少なくとも、かつて説かれていたように、この種の文様帯が弥生時代の最末期に出現するというわけではなさそうである。また、大宮台地方面では口内帯をそなえる例がことのほか多いというから（笹森紀己子1990）、同台地の資料を加味した下戸塚2式研究の充実が、先にふれたシャモットの問題とも関連して大いに期待される。

　最後に、課題の第三として、下戸塚式と「本郷弥生町」との関係を挙げておく。関係とは、ひとつに下戸塚2式の下限が、同例の属する時期と重なるのか、あるいは下戸塚2式よりも後に位置を

あたえるべきかという点であり、もうひとつは系譜上のそれである。さしあたって後者の問題について予測を述べるならば、「本郷弥生町」は区画文が縄文帯の下端にのみ施され、上端は省略される（鮫島和大 1996）。一方、下戸塚2式も、次第に縄文帯の上端区画を省略し、下端のみに区画文を施すようになっていく。両者の奇妙な一致に対して、もしも何らかの関係性をみとめうるのであれば、「本郷弥生町」の出自をことさら東海地方にまでもとめなくともよいように、私には思われるのである。

註

（1）9号住居址を除く。同住居址の壺は、むしろ環濠外部の諸例と特徴を同じくする。
（2）報告書は「22号竪穴住居址」と遺構名をあたえているが、本書では「22号住居址」と省略する。
（3）本章の初出論文である齋藤瑞穂（2010b）では、有文の精製壺形土器だけでなく、無文の例を含めて口内帯出現率を算出していたが正しくない。そのため数字に訂正を加えているが、得られた帰結に変更はない。
（4）齋藤瑞穂（2010b）の数え間違いを訂正しているが、得られた帰結に変更はない。
（5）報告書は、この両例を同一個体と判断している。
（6）道灌山例は18号住居址の段階よりもさらに新しくなるであろう例である。
（7）この点で、神奈川方面の「東遠江系」が頸部の突帯を欠く点は注意されてよい（伊丹徹ほか 2002）。
（8）16号住居址で出土した山形文土器は、18号住居址の例よりも幅が狭く、かつ、頂点が上方の縄文帯に接する。安藤広道が説くように、縄文帯から遊離していた山形文が、のちに接するという過程を辿るならば（安藤広道 2008）、18号住居址段階の次に16号竪穴住居址の段階を設けてよいかもしれない。櫛刺突文の採用率もまた、18号住居址よりも低く（24.4％→7.1％）、安藤の指摘とも調和的であるが、この問題については久ヶ原式自体の研究に俟ちたい。
（9）初出論文である齋藤瑞穂（2010b）では、2式44号住居址段階、42号住居址段階、46号住居址段階と呼んでいるが、指標としての汎用性の高さに鑑み、それぞれ2a式、2b式、2c式に変更する。
（10）以下、小出輝雄（2008）を参照した。
（11）旧稿では、「就中、14の例に注目すると、浮文が付されており、下戸塚1式における22号住居址の段階まで遡るとは考えにくい」（齋藤瑞穂 2010b：66頁）と述べたが、3個を単位とする浮文の添付は必ずしも古手でないことの根拠にならず、下戸塚遺跡11号住居址と共通するような工具の併用を挙げるべきであった。
（12）齋藤瑞穂（2010b）では、同例について「頸部に狭い縄文帯を有し、上端の区画を欠く。下端に3条のS字状結節文を、さらにその下方に山形区画文を施すが、区画の意味合いは無いに等しい。縄文帯の縦幅の狭さなどからみても、2式46号住居址段階にあたえうる」と述べ、本書でいう下戸塚2c式期に位置づけたが、駒堀例などをみても縄文帯の幅などが新古を反映しているとはみなしがたい。旧稿の見解を撤回し、区画文が三角文として独立していない点から、素直に2b式と判断する。
（13）「方形周溝墓の周溝の切り合いから4号墓・5号墓が古く次いで2号墓→3号墓→1号墓の順に新しく構築されたことが判明している」（野本孝明ほか 2007：61頁）と報告されており、旧稿の「同地点で検出された方形周溝墓は互いに切り合う関係にあり、3号→2号→1号の序列があたえられている」（齋藤瑞穂 2010b：68頁）との記載は、2号→3号→1号の誤記である。ただし今回、あらためて報告をひもといたが、筆者には1号方形周溝墓と3号方形周溝墓とが新旧で捉えうる根拠がわからなかった。本文では

そのため、2号→1・3号としている。
(14) 特徴がよく似るのは、下戸塚遺跡 16 号住居址の例である。註 8 を参照されたい。
(15) 近年、東京湾西岸方面の後期弥生土器編年案が、古屋紀之によって提出されている（古屋紀之 2013・2014）。注目する必要があるのは、後期後葉の北川谷 4 期古段階として挙げられた神奈川県横浜市都筑区大原遺跡 Y32 号住居址で、床面出土として 2 例の壺形土器が示された（古屋紀之 2013：図 6）。1 例は大ぶりの山形文を描き、もう 1 例は下向きの三角文で飾った土器で、これらが共存する関係にあるならば、ここまで筆者が論じてきた下戸塚 2 式の新古の序列は、自ずと再検討が必要になる。しかし、報告に「床面か？」との記載があるように（鈴木重信ほか 2011：102 頁）、両例が本住居にともない、かつ、揃って床面から出土したかは推測の域を出ず、両例を共時的な関係にあると判断してよいかはわからない。なお、本書の下戸塚式と氏が提起した「南武蔵北部様式」について、氏は「様式内容を見る限り」「ほぼ同じ概念である」と述べるが（古屋紀之 2018：58 頁）、いまのところこれも筆者にはわからない。

第10章　埼玉の二軒屋式土器の位置と意義
―関東地方後期弥生土器型式の縦横―

1.「附加条縄文系」土器群と埼玉県域

　弥生時代後期の関東地方では、その北東部を中心に、器面を附加条縄文で飾った土器が展開していた。この種の土器は早くから耳目を集め、山内清男が茨城県日立市十王町十王台、ひたちなか市湊中央北山ノ上、鉾田市紅葉の土器をもとに十王台式を設定し（山内清男 1939a）、相前後して杉原荘介も、栃木県宇都宮市西川田町中原遺跡の出土品に、上出の紅葉例などを加えて二軒屋式を打ち出した（杉原荘介 1939）。2つの型式の提唱によって幕を開けた「附加条縄文系」土器群の研究も、いまや80年を迎えようとしている。

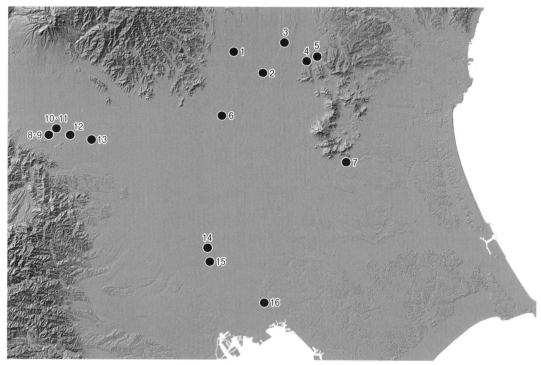

第87図　第10章で言及する遺跡の位置
1栃木・明城、2栃木・三王、3栃木・井頭、4栃木・柳久保、5栃木・車堂、6栃木・間々田六本木、7茨城・原田、8埼玉・山根、9埼玉・塚本山、10埼玉・薬師堂、11埼玉・宥勝寺北裏、12埼玉・四十坂、13埼玉・明戸東、14埼玉・中野田中原、15埼玉・木曽呂、16千葉・須和田

ところが、紅葉遺跡の土器が、十王台・二軒屋両式の標式として掲げられたことから察せられるように、その異同はしばらくの間、大方の理解を得るところでなかったらしい。例えば、十王台式は二軒屋式の一部であると説かれ、あるいは十王台式といい、二軒屋式というのは同一の内容を指示する異称として整理されていた。1970年代になって、鈴木正博が両式を鮮やかに分離し（鈴木正博 1976a）、霞ヶ浦沿岸に下大津式を追加したことで（鈴木正博 1979a）、「附加条縄文系」の地域色がようやく認知されるに到ったのである。

もっとも、十王台・二軒屋両式の相違が詳らかでなかったとはいえ、弥生時代でも新しい部分を占め、いわゆる「南関東系」土器群と分布を接することは、早くから認識されていた。稲生典太郎は、千葉県市川市須和田遺跡で採集された「附加条縄文系」土器に注意をはらい（稲生典太郎 1937）、「附加条縄文系」・「南関東系」両土器群の共存を自らの調査で確かめた杉原は、「二軒屋式土器の分布を見ると南は下総・武蔵に迄至っていて、久ヶ原式土器と分布圏が重復している」（杉原 前掲：533頁）と論じている。鈴木は近年、こうした須和田遺跡の様相にあらためてスポットをあて、十王台式よりも南方への進出が顕著な「『二軒屋式』の展開には南関東弥生式とかなり密接な交渉が分析されねばならない」（鈴木正博 1999b：71頁）と、研究の方向性を示してみせた。

以上のごとく「附加条縄文系」土器群の広がりに視座をおいたとき、二軒屋式土器の主分布地である栃木・鬼怒川水系と、先の須和田遺跡が位置する東京湾岸とを結ぶライン上に地を占めているのが、埼玉県域なのである。実際、二軒屋式土器が散見されるのは埼玉県北・東部で、分布が元々の利根川の流路に沿うことをよく物語る。弥生時代後期における埼玉の地は、「附加条縄文系」土器群の西南限であり、「南関東系」との疆域であった。

本章では、縁辺部の「附加条縄文系」土器群である埼玉県域の二軒屋式土器をとりあげて、その展開のさまを読み解き、かつ「附加条縄文系」土器群と「南関東系」土器群との「横」の関係を考えてみたい。

2. 東関東における「附加条縄文系」と「南関東系」

検討の下準備として、「附加条縄文系」・「南関東系」両土器群の関係がみやすい茨城県古霞ヶ浦北岸地域に焦点をあて、概況を把握しておこう。**第88図**として掲げたのは、茨城県土浦市今泉原田遺跡群の出土品である（緑川正實ほか 1993）。

下段の10～20は、原田西遺跡第8号住居址の例である。18は「南関東系」の鉢で、折り返した口縁部を単節縄文で充たし、上下端に刺突を加える。縄文は羽状構成を採らない。19は頸部が真っ直ぐ立ちあがった朱彩の壺である。網目状撚糸文によって羽状縄文帯を区画し、網目状撚糸文によって幾何学文を充たす。2個一対の円形浮文を付す。羽状縄文で飾った唯一の「南関東系」土器である。20の球胴の壺は、胴上半部にS字状結節文で区画した縄文帯を2段もつ。これは斜行する単節縄文を採用する。他方、10～15は「附加条縄文系」で、11は十王台2式土器。ほかを鈴木正博は原田西式、小玉秀成は原田北式と呼ぶ（鈴木正博 1999a、小玉秀成 2007a）。

「附加条縄文系」土器群の新古の基準を、ひとまず十王台式にもとめるならば、この住居址の出

土品は、古霞ヶ浦北岸地域における十王台2式期の構成と、「南関東系」土器群の波及状況との2点をあらわしているわけである。「南関東系」については、斜行縄文の盛行を重視して、後期のなかでも一際新しく、末頃にもとめることも一案であろうし、鈴木のように、19の「羽状縄紋は本来の姿で」、18や20が「斜行縄紋であるのは変容の一環」(鈴木 前掲：101頁) という評価をあたえ、多少古く見積もることも可能である。私見では、縄文の種類はともかくとしても、自縄のS字状結節文区画が命脈を保っている点で、古くみておくのが穏当であるように思う。

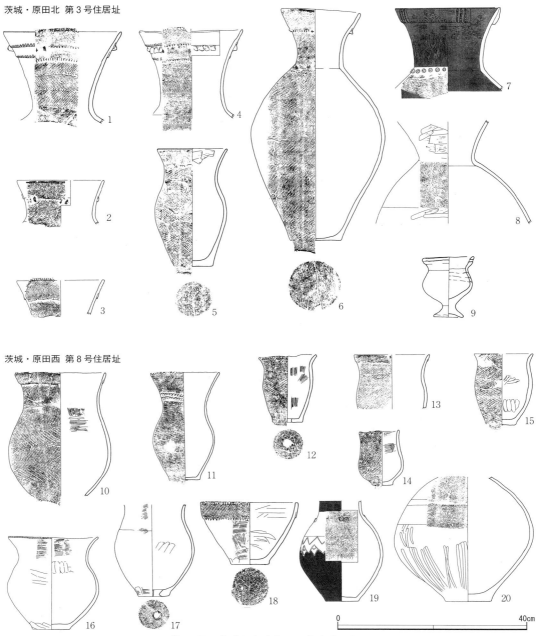

第88図　茨城県土浦市原田遺跡群の土器

上段の1～9は原田北遺跡第3号住居址の例である。朱彩した7の「南関東系」壺は、口縁部に3本の棒状隆帯を、頸部に円形浮文をそれぞれ付す。結節で区画した縄文帯を肩部におく。浮文に丁寧なボタン状の刺突が加わる点や、7・8の両「南関東系」土器が羽状縄文で飾られ、単純な斜行縄文を欠く点は、原田西例に先行する印象を強くあたえる。共伴する「附加条縄文系」も、複合口縁の接合部に突起や刺突を配し、原田西例ほど簡素化していない。鈴木・小玉の両編年案とも、これらをひとしく原田西例の直前に位置づけていることを援用すると、本住居址の「南関東系」は十王台1式頃に遡るものと推測される。すなわち、「南関東系」土器群が古霞ヶ浦の北岸に進出するのは十王台1式頃のことで、その進出が次の十王台2式期に続いていくらしいことを、まずは把握しうるわけである(4)。

3. 埼玉の二軒屋式土器の位置

埼玉県本庄市東台薬師堂（高橋一彦ほか 1976）、同市四方田山根（恋河内昭彦 1992）(5)、同市北堀宥勝寺北裏（佐々木幹雄ほか 1980）、児玉郡美里町塚本山(6)、深谷市岡四十坂（鳥羽政之ほか 2003）、同市宮ヶ谷戸明戸東（磯崎一ほか 1989）、さいたま市緑区中野田中原（渋谷寛子ほか 2012）、川口市木曽呂の各遺跡で（吉田健司ほか 1991）、二軒屋式土器の出土が知られる。

第89図1・2に、薬師堂遺跡の例を掲げた。両例とも胴部を附加条第1種羽状縄文で充たして、底面に木葉痕を残す。良く遺存した1は小型品とみられ、頸部を波状文で飾り、胴部とのあいだを櫛描の横走文で画す。3の山根例や4の宥勝寺北裏例も、同種の縄文で胴部を埋めている。

塚本山遺跡出土の5は、頸部に波状文を配して、胴部とのあいだを横走文で画す。やはり、附加条第1種羽状縄文を採用している。薬師堂例と特徴をほぼ同じくするが、櫛描波状文の丁寧さでは本例が優る。6は明戸東例で、胴部下半から底部にかけて遺った。底部が張り出すのは、「附加条縄文系」土器群におしなべてみとめうる特徴である。7の口縁部片は、四十坂遺跡の出土品である。口唇部に刻目を加え、2段からなる複合口縁を形成する。附加条第1種羽状縄文で飾り、縦長の突起を貼付する。

8は中野田中原遺跡の例で、2段の複合口縁を作り、縦長の突起を付す。頸部には、上下に寄せて櫛描波状文をめぐらせ、胴部を附加条第1種羽状縄文で充たす。櫛は2本歯の工具を用いたようである。9に掲げた木曽呂遺跡の出土品は、全形がわかる好例である。7や8と同じく2段の複合口縁を有し、接合部分のそれぞれに縄文原体を押圧する。頸胴部境は間隔のあいた簾状文で示し、附加条第1種羽状縄文で口縁部と胴部とを埋める。頸部には大振りの波状文を2列配したらしい。器面が磨滅しているため断定はできないものの、波状文には2本歯の、簾状文には6本歯の工具を用いたようにみえる(7)。底部は横に張り出し、底面に木葉痕を残す。

さて、以上の諸例には、どのような編年的位置があたえられるだろうか。笹森紀己子によると、「塚本山・薬師堂両例とも第1種付加条を用いて羽状縄文を6、7段繰り返し、簾状文・波状文を描く櫛が7・10本と多く、二軒屋式の新しい段階に相当するものである」のに対し、木曽呂例は「波状文の間隔は広く、櫛の本数は3本と少ない。簾状文の櫛は5本で、縦区画の櫛描文がない」

ことから、「二軒屋式が十王台式と伴出する以前と以後とを区分する2段階区分では前半にあたる」（笹森紀己子 1991：272頁）という。

新古を定めるにあたって笹森が準拠したのは、鈴木正博による二軒屋式4段階細別案である。鈴木は、胴部などを充たす附加条縄文や頸部に配する櫛描文の特徴に注目して、同式の変化を捉えた。すなわち、附加条縄文の条の間隔が狭く、羽状構成を採らない例を最も早いⅠ段階に位置づ

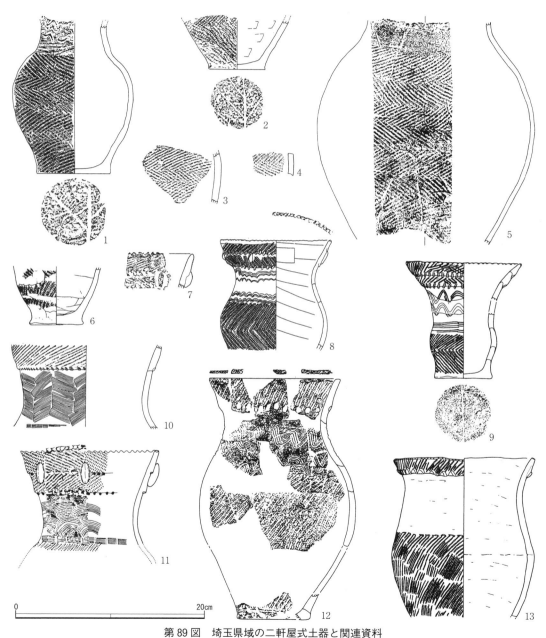

第89図　埼玉県域の二軒屋式土器と関連資料
1・2薬師堂、3山根、4宥勝寺北裏、5塚本山、6明戸東、7四十坂、8中野田中原、9木曽呂、10栃木・柳久保、11栃木・井頭、12栃木・間々田六本木、13栃木・烏森

け、つづくⅡ段階として、附加条縄文が羽状に転じ、櫛描の波状文や連弧文や簾状文などで飾ったものをおいた。そうして、栃木県宇都宮市川田町東河田遺跡例に代表されるような（田中國男 1939）、頸部に縦の区画文をそなえ、附加条縄文の種類も替わったものをⅢ段階と呼び、十王台式の標式資料に対比しうる例をⅣ段階と画定したのである（鈴木正博 1976a・1976b）。後日、Ⅱ・Ⅳの各段階はさらに細別され、Ⅳ段階のあとには、芳賀郡益子町車堂遺跡SI‐03例（岩上照朗ほか 1985）を標式とする車堂式が加わった（鈴木正博 1990・1999b）。

また、藤田典夫もⅣ期からなる変遷案を発表している（藤田典夫 2000）。弁別の基準や幅はともかく、変化の方向性に関わる見解は、鈴木とほぼ一致しているようにみうけられるが、ただし車堂式が属する時期に次いで、もう1段階追加された点に注意しておきたい。すなわち、栃木県下野市三王山三王遺跡SI09の土器を例示して、「土師器と弥生（系）が伴出する」（藤田 前掲：795頁）Ⅳ期が設定された点である。ちなみに筆者も、車堂式に後続し、かつ、茨城県那珂川下流域の続十王台式と期を同じくする一例として、栃木県矢板市東泉堀越遺跡第24号住居跡の出土品（芹澤清八 2005）を挙げたことがある（齋藤瑞穂 2011）。

さて、埼玉県域に論を返し、木曽呂例が古く、薬師堂・塚本山両例が新しいという既存の所説を見直すと、櫛描文様を施す際に用いた工具の歯数の多寡が、主だった論拠であることに気がつく。少ないものから多いものへという変化が推測され、その結果、木曽呂例は二軒屋式の前半にあたる「鈴木氏の4段階区分では第Ⅱ段階」（笹森 前掲：272頁）に比定されたのであった。

しかしながら、櫛描工具の歯数は必ずしも指標にならない。二軒屋式Ⅱ段階の一例として鈴木が挙げた、第89図10の栃木県真岡市根本柳久保遺跡例は、8ないし9本歯の工具で山形文を描き（塙静夫ほか 1972、橋本澄朗 1984）、11の同市下館笠井頭遺跡5区第36号住居跡例の連弧文も、9本歯の工具が駆使されているからである（大金宣亮ほか 1975）。歯数を指標とするのなら、むしろ薬師堂・塚本山両例の方が本場のⅡ段階に近いだろう。12は、栃木県小山市間々田六本木遺跡の例で（片根義幸 1997）、4本歯と若干少ないが、しかし木曽呂例ほどでない。

なお、ここでは間々田六本木例を二軒屋式Ⅱ段階としてとりあげているが、あるいは異論があるかもしれない。櫛描文の出現を目安にしてⅡ段階に置いたものの、附加条縄文が羽状構成を採らない点を基準にすれば、Ⅰ段階とみなし、古く位置づけることもまた可能だからである。この点を補説しておこう。

縄文は、たしかに古手の特徴であり、これは動かない。しかし、口縁部に着目すると、複合口縁が1段であるとはいえ、縦幅は倍程度に拡がっていて、栃木県下野市柴鳥森遺跡の13に代表される（田代隆ほか 1986）、Ⅰ段階のようでは全くない。いま、二軒屋式Ⅱ段階を縄文の特徴や複合口縁の段数に関わらず、口縁部の縦幅が大きく拡がった段階として認識しておきたい。

口縁部の発達ぶりという観点から、あらためて間々田六本木例と井頭例とを比較すれば、両例の新古は明白である。まずは拡幅が起こり、次いで羽状縄文を採用する際、口縁部にもそれを施すために多段化が促されたと考えると、間々田六本木→井頭の序列をあたえうる。後者の段階には、「疣状突起」（寺内武夫ほか 1939）を貼付し、頸胴部境を画す作法も定着した。

以上述べ来たったところから、2段の複合口縁を羽状縄文で充たし、簾状文で頸胴部境を示した

埼玉の木曽呂例や、「疣状突起」をそなえる四十坂例や中野田中原例は、栃木でいうと井頭例に対比しうる。笹森が推測したとおり二軒屋式Ⅱ段階に位置づけられ、さらに新古に分けるならば、新しい部分とみてよいだろう。

　それでは、木曽呂例に後出し、「十王台式と伴出する」段階とされた、薬師堂・塚本山両例の場合はどうだろうか。鈴木の説くところによれば、二軒屋式Ⅲ段階は、波状文や連弧文や簾状文をⅡ段階から継承するものの、頸部に縦の区画文が出現し、縄文が附加条第2種に替わる点に特徴があるという。ところが、両例ともそのような区画文はそなえておらず、胴部を充たす縄文もまた、木曽呂例との目立った違いがみいだせない。記述に準じるかぎり、Ⅲ段階以降に帰属させることは難しい。

　しかしながら、二軒屋式Ⅲ段階以降の諸例がことごとく縦の区画文をそなえるかという点は、細別案の提出から40年を閲し、少なからず資料が蓄積されたこんにち、あらためて点検しておいてよい。第90図右下の9〜15は、藤田もとりあげた栃木県三王遺跡SI09の例である（下谷淳 1998）。注目したいのは9で、1段の複合口縁をもち、刻目をそなえる。口縁部は、附加条第1種縄文を施

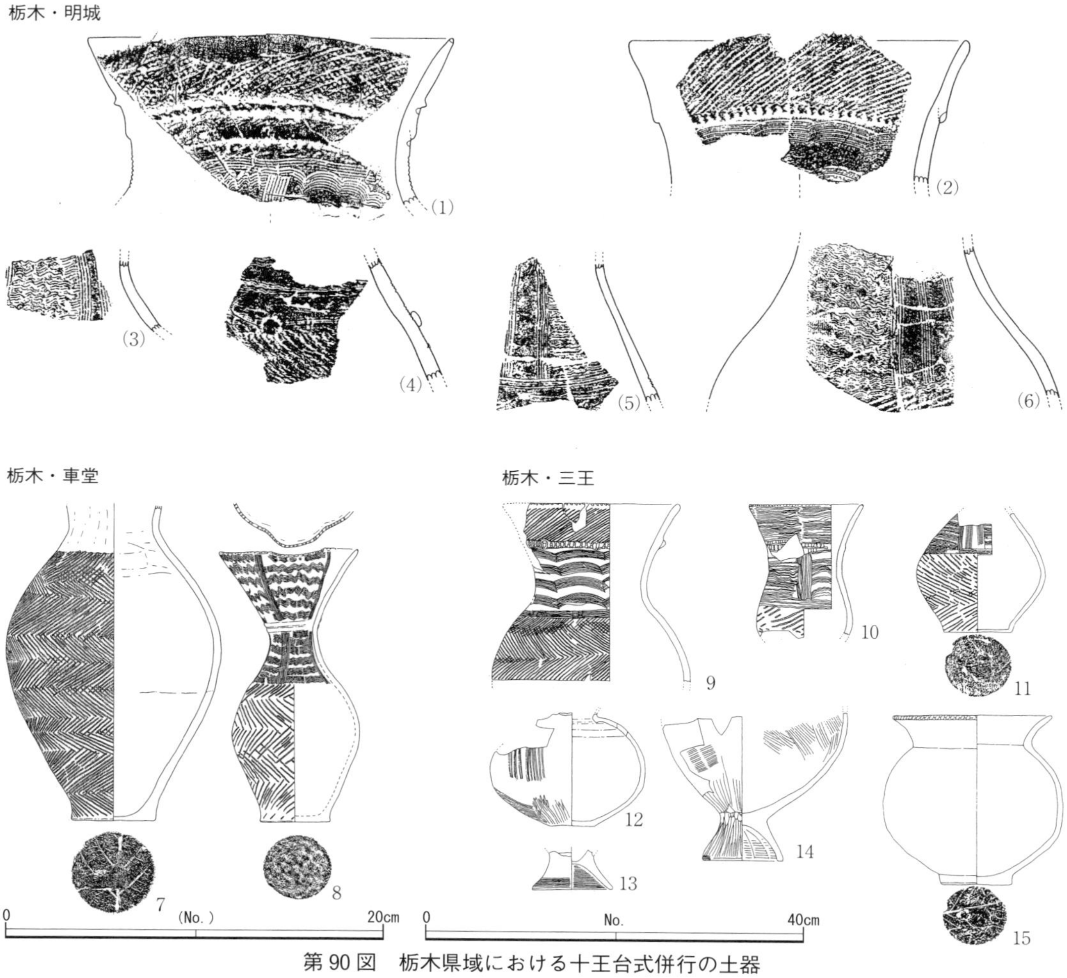

栃木・明城

栃木・車堂　　　　　　　栃木・三王

第90図　栃木県域における十王台式併行の土器

第10章 埼玉の二軒屋式土器の位置と意義 167

第7表 茨城からみた十王台式と二軒屋式の関係（海老澤稔 2000）

茨城後期弥生土器編年表

時期	鹿島郡	恋瀬川流域	天ノ川流域	龍ヶ崎・稲敷郡	鬼怒川・小貝川中流域
Ⅰ期	ミシマ遺跡（一部） 大峰山古墳出土器（一部）	餓鬼塚式 新池台遺跡 餓鬼塚遺跡	原出口遺跡第55,56,59号住 西原遺跡第5,7,8号住	屋代式 屋代A遺跡第31,62号住など 屋代B遺跡第31,33号住など	二軒屋式Ⅰ段階 ＋
Ⅱ期	堝遺跡第1A,4号住 梶山城跡第2号住	志筑遺跡第44号住 大塚2号墳出土土器	原出口遺跡第6,13号住など 西原遺跡第4～6号住	根本式 根本遺跡第4,6,12,31号住など 陣屋敷遺跡第32号住など 屋代B遺跡第40号住	二軒屋式Ⅱ（古）段階 八丁台遺跡 倉持遺跡
Ⅲ期	国神遺跡第11,18号住 棚木平遺跡第8,10号住	（志筑Ⅰ） 志筑遺跡第22,29号住 ぜんぶ塚遺跡	原出口遺跡第8,17号住など 西原遺跡第11,12,16号住	陣屋敷式 陣屋敷遺跡第5,9,23号住など 大日山古墳群第2,6,13号住など 長峰遺跡第76号住など	二軒屋式Ⅱ（中）段階 花園遺跡出土土器 下木有戸C遺跡第1,6,11号住
Ⅳ期	烟田遺跡第20,28号住 明地野遺跡第3号住 ・二軒屋式Ⅱ（新）段階	（志筑Ⅱ） 志筑遺跡第42号住	（本郷原山五反田式） （本郷原山五反田遺跡第3,5号住など） （根郎遺跡第14,21,22号住など）	塚原式，長峰1式 塚原古墳住居跡出土土器 長峰遺跡第4,41,92号住など 梅の台古墳群第5,6号住跡	二軒屋式Ⅱ（新）段階 熊の宮遺跡
Ⅴ期	烟田遺跡第8号住など 明地野遺跡第1号住 ・上稲式 ・二軒屋式Ⅲ段階	二軒屋式Ⅲ段階 栗田石倉古墳住居跡 松延古墳住居跡 ・下大津式阿玉台北系列	下大津式（阿玉台北系列），長峰2式 原田北遺跡第1,4,5,20号住など 原出口遺跡第7,12,16号住など ・二軒屋式Ⅲ段階 ・南関東系土器	長峰2式，下大津式（阿玉台北系列） 天王峰遺跡第11号住 陣屋敷遺跡第20,21号住	二軒屋式Ⅲ段階 芝塚古墳群第1号住 小山遺跡第1,2号住
Ⅵ期	烟田遺跡3,30,32号住 沼尾Ⅰ地区出土土器 ・上稲式 ・十王台1式（十王台段階） ・二軒屋式Ⅳ（古）段階	二軒屋式Ⅳ（古）段階 外山遺跡第51,56号住 宮平遺跡第31号住，K7区2号住 ・十王台1式（十王台段階）	下大津式（原田北系列） 原田北遺跡第6,11,29号住など 原出口遺跡第18,25,26号住など ・二軒屋式・十王台1式・南関東系土器	下大津式 尾坪台遺跡第8号住	二軒屋式Ⅳ（古）段階 下木有戸C遺跡第2号住
Ⅶ期	片岡遺跡第16号住 国神遺跡第19号住 ・上稲式 ・二軒屋式Ⅳ（新）段階 ・十王台1式（紅葉段階）	二軒屋式Ⅳ（新）段階 外山遺跡第4,5,52号住 宮平遺跡M8区5号住 ・十王台1式（紅葉段階）	原田北式 原田北遺跡第3,14,16号住など 原出口遺跡第27,34号住など ・二軒屋式・十王台1式・南関東系土器	天王峰式 天王峰遺跡第8号住	二軒屋式Ⅳ（新）段階 石堂南遺跡 香取前遺跡
Ⅷ期	安塚遺跡第2,6,7号住 梶山城跡第1号住 木滝台遺跡第101号住 ・十王台2式 ・古式土師器	車堂式外山系列 外山遺跡第26号住 宮平遺跡K7区1号住 ・十王台2式	原田西式 原田西遺跡第4,6,8号住など ・南関東系主体 ・上座矢橋式 ・十王台2式 ・樽式	＋	車堂式 芝塚古墳群出土器（一部）
Ⅸ期	＋	＋	＋	＋	＋

したあと、下端に原体を押捺し、突起を加える。また、口唇部の直下にナデを1周めぐらす。頸部には、櫛というよりも、ハケ状を呈する工具で連弧文を施し、胴部との境を間隔のあいた簾状文で画する。10や11は十王台2式土器で、この住居址が前節でとりあげた茨城県原田西遺跡の第8号住居址（第88図）と期を同じくすることを教えてくれている。したがって、9の例が少なくとも「十王台式と伴出する」二軒屋式Ⅲ段階以降に属することは確かであろう。それでは、具体的にいつ頃とみればよいだろうか。

従前の成果によると、十王台1a式、1式はそれぞれ二軒屋式Ⅲ、Ⅳ段階に、十王台2式はⅣ段階に後続する車堂式に併行するという（第7表、鈴木正博 1990、海老澤稔 2000）。この見解にしたがうならば、十王台2式土器がともなう以上、様相を異にするにも関わらず、9の例と車堂式（7・8）とは同時期とみなさざるを得ない。

三王遺跡の土器は、いま、2つの事実を提供する。まず第一に、附加条第1種縄文で飾り、かつ、縦の区画文をもたない作法が、Ⅲ段階以後、なおも続くという点である。これは、二軒屋式の後半として挙げられる種々の特徴に、追加の余地があることを意味する。第二に、十王台2式期に属し、しかも車堂遺跡との距離が20kmほどに過ぎない三王遺跡の例が、車堂式（第90図7・8）でないという点である。車堂遺跡の存する小貝川流域と、三王遺跡が属する鬼怒川流域とが土器型式を別にしていたと解すべきか、あるいはまた、9のように作法を強く継承する系統が、車堂式の組成に加わるとみるべきか、いまなお決しがたい。

いずれにせよ、縦の区画文を欠く例は二軒屋式以後も続くらしいが、そうであれば9の系統に連なるものは、先行する二軒屋式Ⅲ・Ⅳ段階にもみられるはずである。そのような筆者の期待に応えてくれたのが、栃木県下都賀郡壬生町明城遺跡第2号住居址の出土品である（1〜6、君島利行 1995）。十王台1式土器の3・5・6や、縦の区画文をそなえた二軒屋式後半部分の典型例である1に加え、附加条第1種縄文で口縁部を充たして、大振りの連弧文を描き、かつ、縦の区画文をもたない2の例は確かにある。

したがって、二軒屋式Ⅲ段階以降、おしなべて縦の区画文を採用し、附加条第2種縄文に転じるというわけではないらしい。旧来の装飾を継承する系統は車堂式期まで一貫し、区画文を欠くことが必ずしも古相を意味しないことを察知しうる。

しかし、埼玉県域の薬師堂・塚本山の両例は、その点を考慮にいれても、Ⅲ段階以降に位置づけることができない。二軒屋式後半の諸例はたしかに波状文を頻用するが、十王台式の影響か、充填することに重きをおく。これに対して、Ⅱ段階の場合、間々田六本木例に象徴されるように充填という意識はみられず、薬師堂・塚本山両例もまた同様である。

畢竟、埼玉県域で出土した二軒屋式土器の5例は、いずれもⅡ段階に比定しうるのである。

4.「附加条縄文系」土器群と「南関東系」土器

木曽呂遺跡の問題　第91図は、埼玉県川口市木曽呂遺跡5号住居址の土器とその出土状況を報告書から転載したもので（吉田健司ほか 1991）、前節で検討を加えた二軒屋式Ⅱ段階の例が1であ

第 10 章　埼玉の二軒屋式土器の位置と意義　169

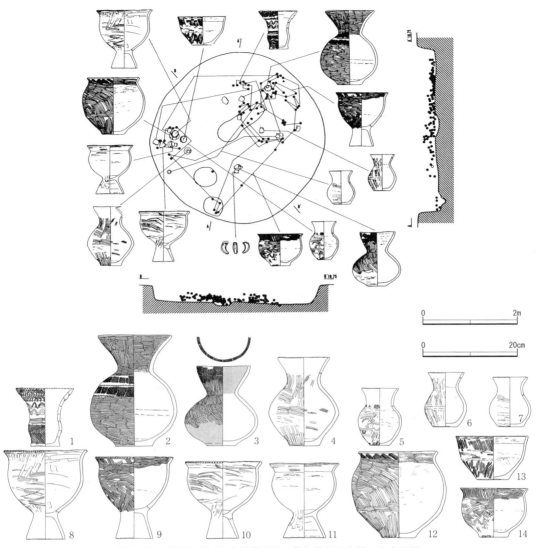

第 91 図　埼玉県川口市木曽呂遺跡 5 号住居址の土器と出土状況

る。ほかはことごとく「南関東系」で、2 は頸部で強く窄まって口縁部が開き、S 字状結節文で画した縄文帯 2 段を肩部にそなえる。これらを、笹森紀己子は「弥生町式中葉」と呼んだ（笹森紀己子 1991・1993）。そうして、「5 号住からは二軒屋式土器の搬入品が伴出し、鈴木正博氏の編年による 4 段階区分のうちの第 II 段階に相当する。木曽呂遺跡 5 号住は弥生町式中葉に相当し、二軒屋式との伴出は、今後の各地域の並行関係を検討するにあたって重要な意味を持ってくるに相違ない」（笹森　前掲 1991：272 頁）と説いて、十王台式に先行する二軒屋式 II 段階と「弥生町式中葉」との併行を立案する。これは、こんにちまでに「南関東系」と二軒屋式との併行関係について論じた唯一の論考として、高く評価される。

ところが、笹森の説を裏付ける証左はほかに得られておらず、二軒屋式土器の主分布地である鬼怒・小貝両川流域においても、「十王台式と伴出する」前の II 段階に「南関東系」がともなったと

第8表　笹森紀己子の後期弥生土器文様消長表（笹森紀己子 1984）

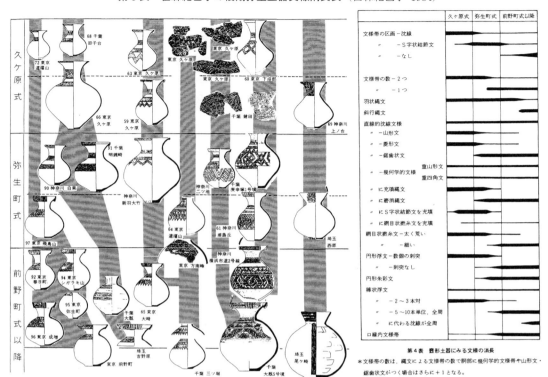

いう報告を伝え聞かないのである。ここに、一考の余地が残されているように思う。

　本章の冒頭でとりあげた東関東地方に一旦立ち戻って、第88図上段の茨城県原田北遺跡例をみてみると、7はS字状結節文で区画した文様帯をもち、刺突の加わった円形浮文で飾る。また、口縁部の棒状浮文は、3本を単位とする。これを笹森の掲げた基準に照らしあわせれば弥生町式に相当し（第8表、笹森紀己子 1984）、笹森は「弥生町式中葉」までに収めるに違いない。つまるところ、「弥生町式」と呼ばれる「南関東系」土器群が、東関東地方では十王台式期に属し、他方、大宮台地では「十王台式と伴出する」前の「附加条縄文系」土器群と共伴する、というわけである。

　それゆえ本章の初出論文では、「木曽呂遺跡5号住居址の遺物分布を見返してみても、出土品は一括資料のようにしか映らない。しかし、同住居址の例に類する「南関東系」土器群が、古利根川の東方では総じて十王台式期に属する点と、二軒屋式Ⅱ段階と共伴したケースが木曽呂遺跡以外にはない点とを勘案するならば、現行の併行関係案を首肯することは難しく、5号住居址の一括性にもおのずと疑いが生ずるのである」（齋藤瑞穂 2007b：316頁）と論じ、一括性に疑いの眼を向けたのであった。

　編年のズレ・再論　南北両関東の編年の整合は、関東地方の後期弥生土器研究が長年にわたって抱えてきた課題であり、その疆域にある埼玉の二軒屋式土器を研究する意義は、ひとえにこの問題の解決に資するところに存する。

木曽呂遺跡5号住居址の出土品を一括と判断せず、二軒屋式Ⅱ段階の土器と、他の「南関東系」土器とのあいだに時期差があるとするならば、前者の例は大宮台地における最古級の後期弥生土器になる。後期の開始からしばらくの間、大宮台地および武蔵野台地の北部は集落形成が微弱であったといい（金子彰男 2000 など）、二軒屋式土器はこの微弱な期間にもたらされたことになろう。この場合、二軒屋式のインパクトが北関東から達し、それが已むと一転して南方から「南関東系」土器が及んだ、という叙述がなされる。

　しかし、前章での下戸塚式研究をふまえると、この旧稿での帰結は再考の余地が生じてくる。すなわち、笹森の消長表によってでなく、下戸塚式を参照枠としたとき、「十王台式と伴出する」茨城県原田遺跡群の「南関東系」が同式との接点を欠くのに対して、木曽呂遺跡のそれは、下戸塚2式を構成する型式学的特徴と共通する部分をもつ（第85図5〜7）[13]。二軒屋式Ⅱ段階との共伴は、むしろ調和的の感さえある。[14]

　そうなると、まず二軒屋式が達し、次いで「南関東系」が及んだという旧稿での帰結は、後期中頃の下戸塚2式期に、後期中頃の二軒屋式土器が運ばれた、と改める必要がある。ただし、そうであったにせよ、埼玉の二軒屋式土器はⅡ段階に限られ、独自の軌道を形成するほどでなかった。南北関東が接触する機会は限定的であり、かつ、長く留まるものでなかったことをここから推知しうるのである。

註
（1）紅葉遺跡の位置などについて、鈴木素行（1999）が詳しく論じている。
（2）五十嵐利勝（1982）などに詳しい。
（3）鈴木正博の原田北式、小玉秀成の上稲吉式にあたる。
（4）本章の初出論文である齋藤瑞穂（2007b）では、原田西・原田北両遺跡例とともに、千葉県市川市真間国府台遺跡第29地点SI09の出土品（松本太郎 1998）をとりあげた。そこでは「縄文帯の構成や刺突の配置から、原田北例の前後に属するものと考えられる。遡らせたとしても、十王台式の時間幅のなかでとらえて大過ないだろう」と述べ、「遡るとしても、鈴木の下大津式原田北系列、小玉の根鹿北式の時期までに収まる」（齋藤 前掲：311・317頁）と論じている。ところが、鈴木正博はこれらをやや古く、二軒屋式Ⅱ段階の範疇内で位置づけており（鈴木正博 2008a）、筆者の理解は誤っていたことが明らかとなった。そこで、本章ではこの部分の記述を削除して、論を進めていく。
（5）報告書（増田一裕 1990）に記載のない資料である。
（6）佐々木幹雄ほか（1980）から図を引用した。
（7）報告書では、波状文は3本歯の、簾状文は5本歯の工具を用いたと記載されている（吉田健司ほか 1991）。
（8）Ⅱ段階細別の視座は、海老澤稔（1985）によって先鞭がつけられた。また、最近では、Ⅱ段階は3細別されている（鈴木正博 2008a）。
（9）このほか、五十嵐利勝（1982）、小森哲也（1990）、深谷昇（2006）、小玉秀成（2007b）などが二軒屋式の新古を論じている。齋藤瑞穂（2011）については、本書第13章を参照されたい。
（10）「Ⅱ段階では中原遺跡が6〜9本であり、柳久保遺跡では5本櫛も認められるが主体を占めるのは6〜9本である。Ⅲ段階では東河田遺跡が7〜9本であり、中原遺跡の十王台式は多くとも6本である」（鈴木正

博 1976b：11 頁）という分析もすでにある。
(11) 鈴木の最近の論考は、間々田六本木例について、「「二軒屋式Ⅰ段階」の「細別」に留めておくべきである」（鈴木正博 2008a：39 頁）とする。
(12) 久ヶ原式、弥生町式、前野町式の指示する対象は、研究者によって大きく異なる。本章で扱っている埼玉方面についても、大宮台地の編年を手掛けた笹森と、武蔵野台地方面のそれを進めた小出輝雄とのあいだには（小出輝雄 1983b・1986・1988）、瞭然たる相違がみうけられる。
(13) 下戸塚遺跡環壕外部エリアの38号住居址に好例がある。もっとも、笹森が5号住居址の「弥生町式土器」に「東海地方からの影響」を見抜いていたのは（笹森紀己子 1991）、この点で卓見であった。
(14) 柿沼幹夫は、「二軒屋式の移動を後期前半に求める見解があるが（斉藤 2007）、埼玉県の南北で伴った土器の時期が一致しており、後期後半代は動かしがたい」（柿沼幹夫 2015：33 頁）と述べる。二軒屋式Ⅱ段階ならびに下戸塚2式の位置から、後期中頃とみておくのが穏当であろう。

第11章　赤穴式対向連弧文土器考
―― 東北地方後期弥生土器型式の感触 ――

1. 赤穴式研究の課題

　弥生時代の終末から古墳時代の開始期といえば、列島の中央に畿内政権が誕生し、かつ、にわかに伸張の途についた、日本古代史上の大きな画期として知られる。畿内の地からはるか離れた東北地方においても、北方の続縄文土器が分布の範囲をいっそう拡げ、片や西からも文様をもたない土器が及んで、在来の弥生土器の伝統を一掃することから、何らかの変動が起こったらしいことは容易に察せられるが、しかしこうした土器動向が示すところの意味について、成案が得られたわけではもとよりない。

　かかる問題に取り組む場合、まずは西・北の土器の交錯が当地の土器編年でいうといつのことなのか、在地の土器型式とどのような関係にあるかを把握するのが、先史考古学の基本である。東北北部では、弥生時代後期の後半にいわゆる赤穴式土器が位置づけられているが、完形資料に恵まれない点はもとより、破片資料を含めても例数が乏しいため、土器型式研究の遅滞を招いていた。

　岩手県下閉伊郡岩泉町赤穴洞穴で弥生土器が採集されたのは、60年以上も前に遡る。江坂輝彌は、「岩手県下の洞窟遺蹟で他にも数カ所から発見されており、岩手県北上山地地方に分布する大洞 A'式以降の**続縄文式文化の一形式**をなす土器」（江坂輝彌 1953：2頁）という山内清男の教示を得て赤穴式を設定し、関東地方の十王台式と前後する弥生時代後期にその位置を定めた（江坂輝彌 1955a・1955b）。

　時を同じくして、「東北地方は西日本と同じ文化圏内にあった」（伊東信雄 1950：62頁）ことを立証しようとしていた伊東信雄は、岩手県奥州市水沢区常盤広町遺跡の調査を経て気焰をあげていた（伊東信雄 1954・1955）。何とならば竪穴から出土した資料が、弥生式との評価を得ていた天王山式の特徴をそなえていたからであり（藤田定市 1951a・1951b）、細形管玉やガラス製玉類がともなったことも、伊東を大いに力づけたに違いない。そうして、天王山式の北方形として常盤式を設定するとともに、同式の後続型式として赤穴式を位置づけた（伊東信雄 1960・1974）。「この形式の土器は多量には出ないけれども**東北の北部には全体に及んでいる**」（伊東信雄 1974：321頁）という記述の行間に、注意しておきたい。

　その後、小田野哲憲は湯舟沢式を設定し（小田野哲憲 1986）、次いで5期6段階からなる岩手県域の編年大綱を発表して、Ⅳ期に常盤式と湯舟沢式とを、Ⅴ期に赤穴式をあて、交互刺突文や縄文の変化を整理する（小田野哲憲 1987）。石川日出志は、天王山式との違いを挙げて、湯舟沢式の輪

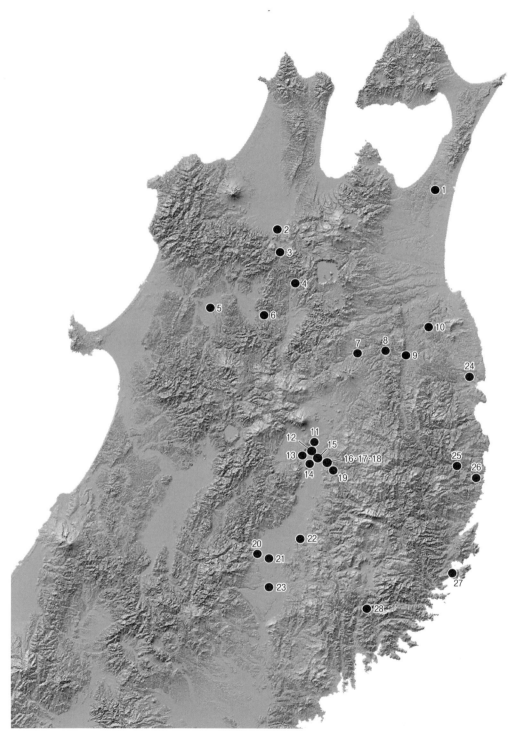

第 92 図　第 11 章で言及する遺跡の位置
　1 青森・千歳(13)、2 青森・鳥海山、3 青森・大面、4 秋田・はりま館、5 秋田・湯車、6 秋田・鳶ヶ長根Ⅳ、
7 岩手・桂平、8 岩手・小井田Ⅳ、9 岩手・長興寺Ⅰ、10 岩手・長倉Ⅴ、11 岩手・湯舟沢、12 岩手・参郷森、
13 岩手・八卦、14 岩手・安倍館、15 岩手・室小路 15、16 岩手・稲荷社前、17 岩手・一本松、18 岩手・柿ノ木平、
19 岩手・上八木田Ⅲ、20 岩手・兵庫館跡、21 岩手・梅ノ木台地Ⅱ、22 岩手・高松寺、23 岩手・中半入、
24 岩手・大芦Ⅰ、25 岩手・赤穴洞穴、26 岩手・豊岡Ⅴ、27 岩手・湾台Ⅱ、28 岩手・中和田

郭を鮮やかにするとともに、湯舟沢式の伝統が赤穴式に色濃く残ることを指摘した（石川日出志 2001）。

他方、斎藤邦雄は、常盤式や湯舟沢式や赤穴式を特徴づける交互刺突文の形態に着目して、交互刺突様浮線文段階から特殊撚糸文段階に到る4段階の変遷案を提出している（斎藤邦雄 1993）。現

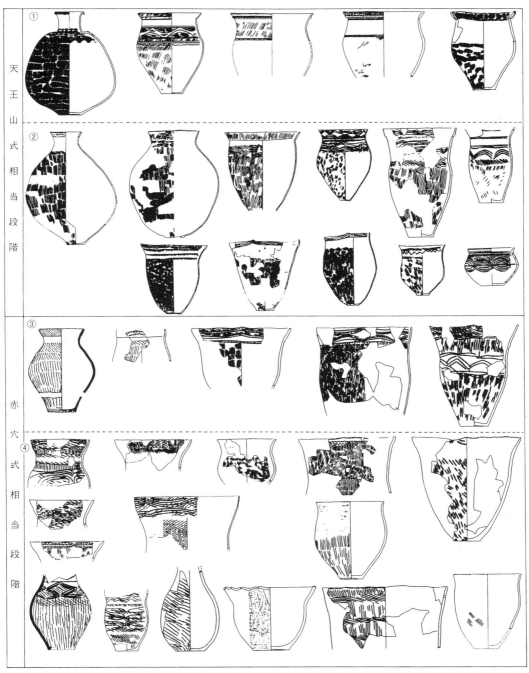

第93図　斎藤邦雄による東北北部の後期弥生土器4段階編年案

第9表　斎藤邦雄による東北北部の後期弥生土器4段階編年案

① 交互刺突様浮線文段階 天王山式相当（古）	器種構成		細口の大型壺、甕、鉢
	交互刺突文	形態	立体的・肉彫的な交互刺突様浮線文。交互刺突文を形成する一過程と考える。
		配置	口縁部下端や頸部文様帯に区画帯として使用されることが多く、口縁に並行して配置。
	その他の単位文様		連弧文や絡条体圧痕文
	地文の特徴		単節斜行縄文主体
② 交互刺突文段階 天王山式相当（新）	器種構成		**大型壺、甕、鉢**
	交互刺突文	形態	立体さを失った、典型的な交互刺突文。並行する2条の沈線に対し、上下から突き起こすことによって波状文を作り出す。工具は、器面に垂直にあてる。
		配置	口縁部及び頸部に区画帯として施文される場合が多い。口縁部と並行位置に配置される。
	その他の単位文様		連続山形文、連続波状文、重層連弧文
	地文の特徴		縦走する撚糸文が多くみられる
③ 退化交互刺突文段階 赤穴式相当（古）	器種構成		大型壺もみられるが主体は甕。
	交互刺突文	形態	形骸化して、整然さや規則性を失う。**工具を器面に垂直にあてる**例に加え、斜めにあてた例もあらわれる。
		配置	施文部位は胴部文様帯まで拡大。口縁部に対して必ずしも並行でなく、斜めにも配置される。
	その他の単位文様		各種沈線文（重菱・綾杉・弧状など）
	地文の特徴		縦走あるいは交差する縄文、羽状・縦走の撚糸文が施文される。
④ 特殊撚糸文段階 赤穴式相当（新）	器種構成		壺と甕、ほかに長頸壺がある。
	交互刺突文	形態 配置	退化交互刺突文の手法・施文部位は前段階と変化はないが、量的に非常に少ない。一部、③退化交互刺突文段階と重複する可能性もある。
	その他の単位文様		流麗な工字文風の沈線文。
	地文の特徴		綾絡文を持つ**羽状撚糸文・縦走する撚糸文**・屈折する撚糸文など。これらの特殊撚糸文がこの段階を特徴づけている。

・ゴシック体は、前の段階から変化していない特徴。

行の変遷観は、第93図と第9表に掲げた斎藤案に負うところが大きい。

ところが、斎藤の編年案には、なおもいくつかの問題点が残っているように思われるのである。何とならば、

・そもそも、「同一器面に2つのタイプの交互刺突文が存在する例もあり、交互刺突文のみに基づく土器編年細分は難しい」（例えば、第94図4、日下和寿 2000：1011頁）。
・③の退化交互刺突文段階に、「交互刺突文は前段階と同様平行沈線文と併用されるが、施文部位が胴部文様帯にまで拡大」（斎藤 前掲：9頁）するというが、斎藤が例示した資料中に胴部を交互刺突文で飾った例はみあたらない。
・縦走する撚糸文は、④の特殊撚糸文段階を特徴づける「特殊撚糸文」の1つであるが、これはすでに②の交互刺突文段階で「多く見られるようになる」といい、③の段階の特徴としても挙げられている。
・③退化交互刺突文段階と④特殊撚糸文段階との違いが明瞭でない。退化した交互刺突文は④特殊撚糸文段階にも残り、「手法・施文部位は前段階と変化はないが量的には非常に少な」（10頁）いというものの、赤穴式土器の例数がもとより多くないため、量の多寡による客観的判断は不可能に近い。

これらは、赤穴式古段階とされる③退化交互刺突文段階の内容が明瞭でなく、先行する②交互刺突文段階とも、後続する④特殊撚糸文段階とも異なる独自の特徴を欠く点に原因がある。それゆえ後期の初頭ないし前葉に属する兎Ⅱ式や常盤式などわずかな例を除いた同地の後期弥生土器の多くが、赤穴式というブラック・ボックスに放り込まれて野放しにされている、と言っても言い過ぎで

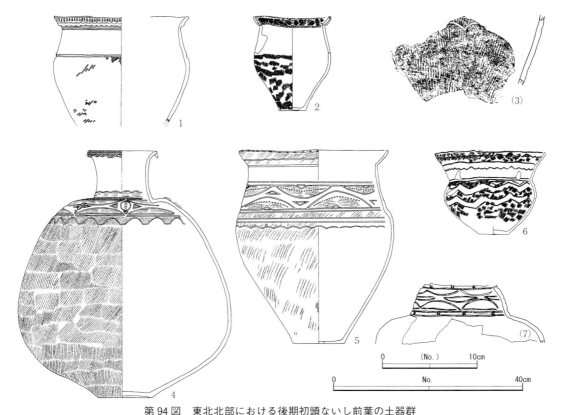

第 94 図　東北北部における後期初頭ないし前葉の土器群
1 岩手・兎Ⅱ、2・3 岩手・本宿、4・5 岩手・常磐広町、6・7 岩手・上野

はない。

　しかし、ここまで見てきたとおり、交互刺突文の形状だけでは明確な順序が得られそうにない。本書は視点を変え、有文の土器のうち、特に対向連弧文で飾った例に焦点をあてて、変化の実態にアプローチしてみよう。

　なお、「赤穴式」の語は、本来、赤穴洞穴出土土器で中核を担う型式学的特徴に対して使うことが型式学の正道であるが、ひとまず「いわゆる赤穴式」という程度に用いていることを諒とされたい。

2. 対向連弧文土器の由来と湯舟沢式

　後期前半代における対向連弧文の扱いを、まずは確認しておこう。兎Ⅱ式（第 94 図 1）は、岩手県奥州市江刺区兎Ⅱ遺跡の例を標式とする（高橋信雄ほか 1979）、弥生時代後期初頭の土器型式で（石川日出志 2004）、天王山式の母体として従前より注目されてきた資料である（佐藤信行 1990）。ここには対向連弧文で飾った例はみあたらない。

　他方、同じように古く位置付けられる常盤式は、対向連弧文が頻用されている。常盤広町遺跡出土の 4 の壺は肩部を対向連弧文で飾り、弧文の内部を単節縄文で充填する。加えて外の空隙を、円

文や三角文で充たす。7の岩手県二戸郡一戸町上野遺跡の壺は、これと接点をもつか、あるいはそう遠くない位置にあるものと推測される（高田和徳 1985）。

甕の5は、上開きの連弧文（「∪」字状）の中心と、下開きの連弧文（「∩」字状）のそれとを半単位ずらして、内部を縄文で埋め、刺突をさらに加える。この種のモチーフは、中期の大石平式（第55図10・24）に淵源がある。
(5)

湯舟沢式には上開き・下開きの中心を合わせた対向連弧文があり、第95図でいうと1の番号が与えられている有文の甕は、口縁部と肩部とにこれを置く。ただし、弧文の条数が一定でない。口縁部の対向連弧文は、部分的にみれば3条を単位とし、一見、第7章で設けた家ノ前Ⅰ段階例（第63図2）と共通するようにも受け取れるが、しかし条数の統一よりも、上下の頂点の接触を重視しているらしく、さらに弧文を加えて間を填めている。

口縁部の下端を交互刺突文で示す。この交互刺突文は、斎藤邦雄の基準では、「典型的な交互刺突文」になるらしい。素文帯を挟んで、肩部に配した対向連弧文帯も、口縁部のそれと同じく弧文の条数が一定でなく、かつ、やや間延びする。胴部は、附加条第1種RL＋L縄文を縦回転させてある。
(6)

ところで、1が出土した湯舟沢遺跡3区の諸例を通覧すると（桐生正一ほか 1986）、斎藤が指標として重視した、「口縁部及び頸部に区画帯として施文される場合が多」く、「口縁部と並行位置に配置される」「典型的な交互刺突文」は、有文土器の全体に及んでいないらしい。そこで、交互刺突文以外にどのような特徴があるかを、石川日出志の解説で確認しておこう（石川日出志 2001：13・16・21頁）。

- 文様帯①：鈴木正博の文様帯名称を用いると、口縁部のⅠ文様帯、頸部か胴部のⅡ文様帯、Ⅰ・Ⅱ両文様帯間に入る無文か素文のⅡa文様帯、胴部のⅢ文様帯からなる。加えて、Ⅲ文様帯の上部にある斜縄文の横帯は本来Ⅲ文様帯の上部区画の役割を果たすものだが、**斜縄文が幅広く上下2段重ねられてⅡ文様帯と同種の役割を果たす場合（2・5）**や、**Ⅲ文様帯上部のこの斜文様帯がⅡ文様帯を構成する場合**もある（6・15）ので、文様帯に準じる役割を見出してⅢa文様帯とする。
- 文様帯②：湯舟沢式土器の文様帯構成の特徴は、(a)Ⅰ文様帯の省略と、(b)Ⅰ文様帯にⅡ文様帯と同種の構図をおき、Ⅱ文様帯にⅢa文様帯と同じ装飾を重ねる＝文様帯間における装飾の共有及び各文様帯における同種装飾の重畳、にある。東北南部の天王山式や屋敷式では、Ⅰ文様帯が欠落しない。
- 文　様　①：交互刺突文は、Ⅰ文様帯下端の区画及びⅠ文様帯の充填文様として用いられる（1・3・4・6）。交互刺突文の省略形とされる刺突列もⅠ文様帯下端の区画に用いられる（7・8）。交互刺突文に似た効果をあげる絡条体・縄文側面圧痕もⅠ文様帯に採用される（2）。
- 文　様　②：単位文として、連弧の凸部を合わせた対向連弧文（1・3・8）が明瞭なほか、流水文形ないし扁平な菱形を重ねる構図（13）も特徴的である。また、横幅の比較的短い鋸歯文（7・9）や波状文（11）、さらには円形部を伴う変則的な構図

第 11 章　赤穴式対向連弧文土器考　179

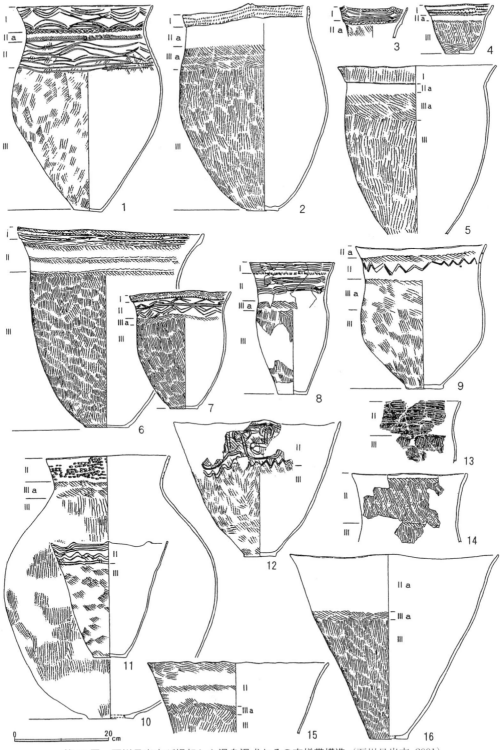

第 95 図　石川日出志が提起した湯舟沢式とその文様帯構造（石川日出志 2001）

(12) も伴う。**空隙をあけて縄文の横帯を配置してⅡ文様帯とするのも特徴的である。**

　石川の解説は湯舟沢式の構造を的確に捉えているが、しかし、石川とは別の観点から装飾構造を理解することもまた可能である。すなわち7は、頸部装飾帯を中央で分割するという、中期の大石平式の構造（第55図）をよく残す例であるから、「空隙をあけて縄文の横帯を配置」した6や15も、同じように「横帯」で分割したものと察知できるし、「斜縄文が幅広く上下2段重ねられてⅡ文様帯と同種の役割を果たす」という2や5は、中央で二分して、上半分と下半分とで装飾を切り替えたものとみなしうる。対向連弧文土器の1であっても、広い装飾帯を分割し、上下に対向連弧文を配置した、とみるのは、あながち無理なことでない。

3. 対向連弧文土器の種々

　北上川中流域　岩手県花巻市高松高松寺（鳥居達人ほか 2000）、北上市和賀町兵庫館跡（川村均ほか 1993）、同市和賀町梅ノ木台地Ⅱ（川村ほか　前掲）、奥州市水沢区中半入（高木晃ほか 2002）の各遺跡で対向連弧文土器が出土している。

　第96図1は、高松寺遺跡の出土品のうち最も良く遺った例で、受口気味の口縁部を対向連弧文で飾る。頸部に無文帯を設け、斜縄文で胴部との境を表示する。対向連弧文は、湯舟沢式の例よりはるかに間延びしている。2〜5も同じく対向連弧文で飾るが、3は縄文を施したうえで連弧文を描く。6は上開きの連弧文の各始終点を刺突で区切る。

　9は兵庫館跡の例で、口縁部に段をもつ。高松寺遺跡の諸例と違って、対向連弧文は口縁部の全体でなく、下半を占めるにとどまり、上半部に「ハ」の字文様を描く。12は、梅ノ木台地Ⅱ遺跡の例である。対向連弧文を地文と重ね、2条で描く。

　中半入遺跡出土の15は、波状の口縁に対向連弧文を沿わせ、その下方に上開きの弧文（∪）を加えている。ほかに、下開きの連弧文（∩）で飾った壺があり（16）、岩手県二戸郡一戸町竹林遺跡や宮古市千徳長根Ⅰ遺跡の甕がこの種の文様を描く（高橋與右衛門ほか 1986、光井文行ほか 1990）。17・18は交互刺突文で飾った口縁部片。溝を刻んだ後に下から突き起こしており、斎藤邦雄が最も早い段階の指標とした「交互刺突様浮線文」にあたる。斎藤によれば、交互刺突様浮線文をもつ土器は、「地文として施文されるのは単節斜行縄文であり、撚糸文はほとんど見られない」（斎藤邦雄 1993：9頁）らしいが、しかしこれらは単節縄文でない。19は、縦に展開した入組文様で飾る例で、空隙を菱形文で充たす。21・22は胴部片。附加条縄文の軸縄までよく見える。

　北上川上流域　岩手県滝沢市篠木参郷森遺跡（武田良夫 1978）、同市室小路15遺跡（井上雅孝ほか 1999）、盛岡市中太田八卦遺跡（津嶋知弘ほか 1997）、同市下米内稲荷社前遺跡（武田　前掲）、下米内一本松遺跡（武田　前掲、津嶋ほか　前掲）、同市浅岸柿ノ木平遺跡（津嶋ほか　前掲）、同市新庄上八木田Ⅲ遺跡（平井進ほか 1992）で出土が知られる。

　第97図1・2に掲げた参郷森遺跡の例は、2条を単位とした対向連弧文を描き、端末結節文で口頸部境を表す。ほかに交互刺突文を施した例があり、刺突ではもはやなく、「ハ」の字状の短沈線

第 11 章 赤穴式対向連弧文土器考 181

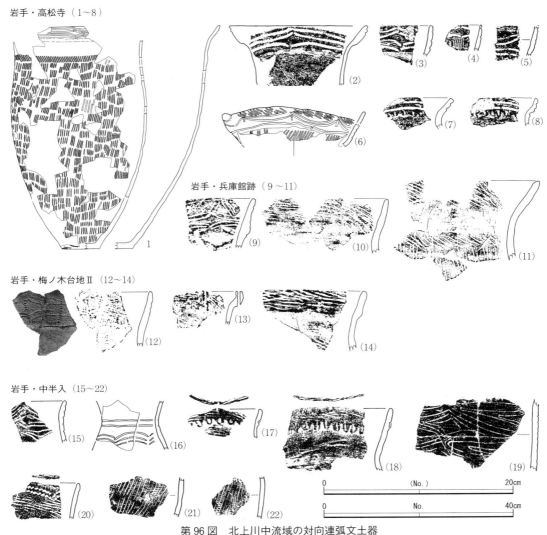

第 96 図 北上川中流域の対向連弧文土器

と化した例もある（4・5）。

　25 の室小路 15 遺跡例は狭い無文帯を挟んで、対向連弧文を 2 段配する。基本は 2 条を単位とするが、湯舟沢遺跡例がそうであったように、所々に弧文を加えている。八卦遺跡の 26 は、対向連弧文が口縁部の全体を占めていない。4 条の横線文で上半分を、2 条×上下 2 を単位とする対向連弧文で下半分を、それぞれ飾る。

　7～11 に掲げているのは稲荷社前遺跡の出土品である。7 が比較の対象となる土器で、対向連弧文の下方に上開きの連弧文が加わる。そのほか、11 の例には縄文原体押圧文が看取される。

　12～23 は一本松遺跡採集の土器で、12 が対向連弧文土器である。八卦遺跡の例と構成を同じくし、口縁部の上半分を横線文で、下半を対向連弧文で飾る。ほかに、交互刺突文（13～15）、「ハ」の字・「×」字の短沈線による装飾（16～18）、縄文原体押圧文（19～21）がある。なお、旧稿では 22・23 を対向連弧文土器の一例としてとりあげたが（齋藤瑞穂 2007a）、構図はもちろん、薄手

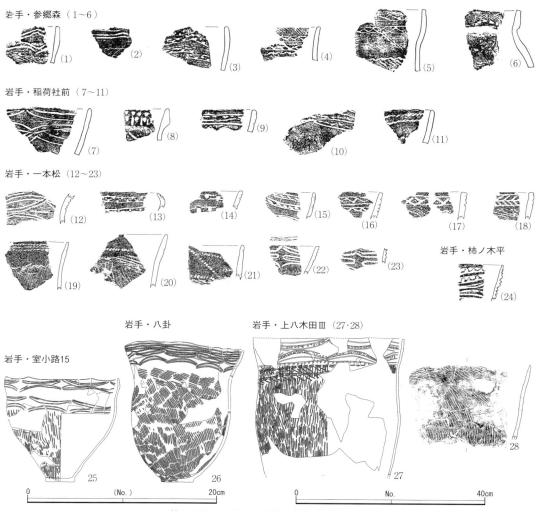

第97図　北上川上流域の対向連弧文土器

で、かつ、口唇部を面取りするなど、他の諸例と異なる点が多い。ここではひとまず、注意するのみにとどめておこう。

　柿ノ木平例も対向連弧文が口縁部の下半分のみを占め(24)、この点で八卦・一本松の両例と共通するが、しかし上半分を交互刺突文で飾る点で異なる。他方、上八木田Ⅲ例は(27)、交互刺突手法によって描いた対向連弧文が、口縁部全体を占める。対向連弧文は、3条の弧文を施したのち、そのうちの2条の間を刺突で埋める。柿ノ木平例が交互刺突文と対向連弧文の併施であるのに対して、本例では交互刺突文が独立していない。

　馬淵・新井田川上流域　岩手県二戸市浄法寺町桂平遺跡（近藤宗光ほか 1986）、二戸郡一戸町小井田Ⅳ遺跡（嶋千秋ほか 1984）、九戸郡九戸村長興寺Ⅰ遺跡（金子昭彦 2002）、同郡軽米町長倉Ⅴ遺跡で（溜浩二郎 1996）、対向連弧文土器が出土している。

　桂平遺跡の対向連弧文土器は（第98図1〜6）、古代の住居の貼床内から出土したもので、同一

第 11 章 赤穴式対向連弧文土器考 *183*

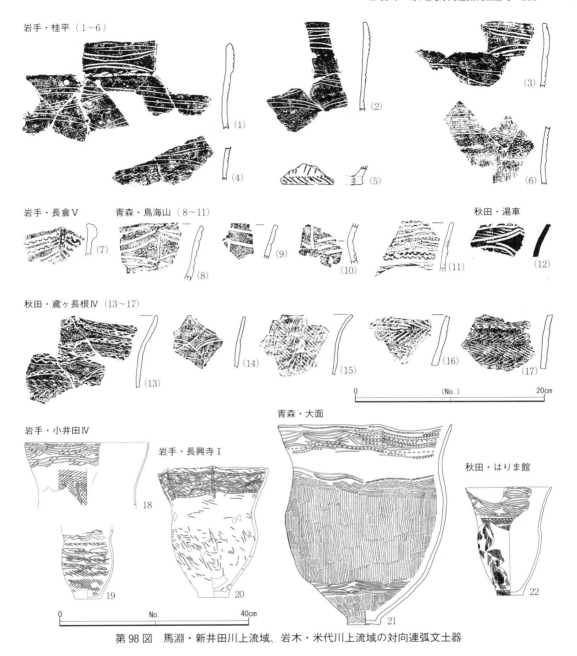

第 98 図　馬淵・新井田川上流域、岩木・米代川上流域の対向連弧文土器

個体と推測されている。口縁部は肥厚して段をもち、頸部に狭い無文帯を挟んで、2段の対向連弧文を施す。口縁部側の対向連弧文には、縦線を加えてある。18・19は小井田Ⅳ遺跡の例で、18が対向連弧文土器である。[12] 3条を単位とするが、弧文をさらに加えて空白を埋める。頸部は2段の結節文で飾り、胴部を縦羽状の附加条縄文で充たす。細身の19は、頸部に上開きの連弧文を、胴部に入組文を配し、胴下半部に附加条羽状縄文を施す。先にとりあげた奥州市中半入遺跡にも、入組文様が縦に展開する土器があったが（第96図19）、この土器の入組文は同例ほど密でない。

長興寺Ⅰ遺跡第68号土坑から出土した5個体のうち、対向連弧文土器の系列に連なるであろう例が、20に示した土器である。3条の溝間刺突文のあいだに、菱形状の文様を描く。頸部に広い無文帯を設け、胴下半部は撚糸文を左下方向と右下方向とに交互に回転させて、羽状縄文のような視覚効果を演出する。

長倉Ⅴ例は（7）、口縁部を交互刺突文と対向連弧文とで飾り、波頂部に突起を設ける。

岩木・米代川上流域　青森県平川市沖館鳥海山遺跡（工藤泰博ほか 1977、鈴木克彦 1978a）、同市碇ヶ関大面遺跡（一町田工ほか 1980）、秋田県鹿角郡小坂町はりま館遺跡（大野憲司ほか 1990）、北秋田市脇神湯車遺跡（大和久震平ほか 1960）、大館市軽井沢鳶ヶ長根Ⅳ遺跡で（庄内昭男ほか 1981）、対向連弧文土器の出土が知られている。

8〜11が鳥海山遺跡の対向連弧文土器で、縦線を添える癖があるらしい。大面遺跡の例も同じ作法がみられ（21）、かつ、所々に刺突を加える。また、縄文原体押圧文が口縁部と胴部の上端にみうけられる。胴下半部に対向連弧文帯を置いた例はほかにない。

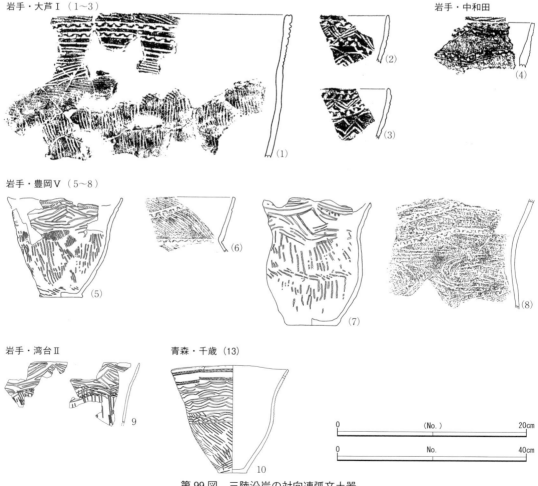

第99図　三陸沿岸の対向連弧文土器

はりま館遺跡例は（22）、土壙墓 SK69A の上面ないし周辺に置かれた 2 個体のうちの 1 つで、「重菱形と連弧形とが合体した構図」（石川日出志 2001：18 頁）を描く。湯車遺跡出土の 12 は、柿ノ木平遺跡の例や長倉Ⅴ遺跡の例と同じく交互刺突文と対向連弧文とを併施する。弧文の内側は、附加条縄文で埋めている。

13 の鳶ヶ長根Ⅳ遺跡例は、口縁部の装飾帯を広くとって、対向連弧文を 2 段重ねる。交互刺突手法により描く点で上八木田Ⅲ遺跡例と共通するが、刺突自体は「ハ」の字状の短沈線と化している。頸部にわずかに羽状縄文がみえ、ほかに縦羽状縄文で飾った例も存する（15）。

三陸沿岸　岩手県久慈市夏井町大芦Ⅰ遺跡（高木晃 1999）、下閉伊郡岩泉町豊岡Ⅴ遺跡（田鎖康之 2006）、同郡山田町湾台Ⅱ遺跡（鈴木恵治ほか 1993）、気仙郡住田町中和田遺跡で（菊池貴広 2001）、この種の土器の出土をみる。[13]

大芦Ⅰ遺跡例は（第 99 図 1）、口縁部の上半分を交互刺突文で、下半分を対向連弧文で飾る。同一個体とみられる 2・3 にも共通した構造がみうけられ、異種の文様を上下に配置するらしい。中和田遺跡例は（4）、交互刺突手法で対向連弧文を描く。

豊岡Ⅴ遺跡の土器は貴重な遺構出土品で、5・6 は G-4 住居跡の、7・8 は F-5 住居跡の例である。5 と 7 が対向連弧文土器で、前者は口縁部の上半分を原体押圧文で、下半分を対向連弧文で飾る。これに対して 7 は原体押圧文でなく、交互刺突文を置く。また、胴部最大径部分で斜縄文を転がし、器面分割の意思をほのめかす。[14] 9 は、湾台Ⅱ遺跡の例である。[15] 細い工具を用い、5 条ないしそれ以上で対向連弧文を描く。口縁部の装飾とそれ以下とは、斜縄文や端末結節文によって区画するのが通例だが、湾台例ではそれが対向連弧文と重なっていて、本来の役割を担えていない。

千歳式　加えて、三陸海岸の北方、小川原湖沿岸の青森県上北郡六ヶ所村千歳(13)遺跡例をみておこう（10、北林八洲晴ほか 1976）。中村五郎が千歳式を提唱した資料で（興野義一ほか 2005）、口縁部を 2 列の横走交互刺突文で飾り、胴上半部に広く対向連弧文を配する。交互刺突文は、上下に押し出すように刺突する「典型的な交互刺突文」で、口縁部の上下限を区画しているかのようである。

4. 対向連弧文土器の分類

いわゆる赤穴式土器は、遺構にともなって出土するケースがきわめて少なく、切り合いや層の上下によって順序を見定めることがほぼ不可能に近い。まとまった集中地点を形成することもなく、かつ、全形を観察しうる例は、数えるほどしかない。このような絶望的な状況が、赤穴式研究に遅滞を招いている最大の原因であり、いま、対向連弧文土器に絞って分析している所以でもある。

もとより対向連弧文というと、広範囲にかつ長期間にわたって、弥生土器の器面を飾ったことが知られる。分布は東北地方にとどまらず、年代にすると中期後葉に萌しがみえ、後期初頭の家ノ前Ⅰ段階から、前半代の常盤式や湯舟沢式を経て、本章が対象としている後期後半代まで採用され続ける。したがって、対向連弧文そのものにも地域差や時期差が内包されている可能性はあり、本章のように地域を限っていれば、土器の全形がわからなくとも、時期差をみいだせるかもしれない。

例えば、対向連弧文をどの位置に配し、かつ、他の文様とどのような関係にあるかに着目すると、おおよそ3つのグループを摘出することができる。すなわち、

　　①対向連弧文帯を2箇所設ける。口縁部と胴上半部とに置き、狭いスペースを狭む。
　　②対向連弧文帯を口縁部に1箇所設ける。対向連弧文帯は口縁部の全てでなく、下半を占めるにとどまる。
　　③対向連弧文帯を口縁部に1箇所設ける。②と異なり、対向連弧文帯は口縁部全体を占める。

この③群は、頸部の縄文帯もしくは無文帯の幅でさらに2種に分けられる。

　　③-a　頸部の縄文・無文帯が狭く、土器はやや上方で括れる。
　　③-b　頸部の縄文・無文帯が広く、土器は器高の中央で括れる。

上の①群には湯舟沢式の標式資料のほか、室小路15遺跡や桂平遺跡の例が属し、②群には兵庫館跡、柿ノ木平、八卦、長倉Ⅴなど北上・馬淵両川流域の例に加え、三陸海岸の大芦Ⅰ・豊岡Ⅴ遺跡例が相当する。③-a群は高松寺、上八木田Ⅲ、中和田の各例で、②群と同じく分布の範囲は広い。大面例も、連弧文が崩れてはいるが、本グループに加えておこう。③-b群には、鳶ヶ長根Ⅳ、小井田Ⅳ、豊岡Ⅴと長興寺Ⅰの各例が該当する。千歳(13)遺跡例は、対向連弧文帯を設ける位置が唯一大きく異なり、上に掲げたグループのいずれにも該当しない。[16]

5つの地域を仮設して土器の特徴を比較してきたが、①、②、③-a、③-bの各群は特定の地域に偏ることなく広範囲に及ぶ。逆にいうと、複数群が各々の地域にみられ、群の違いが地域差に帰する可能性は低い。

地域差でないならば、これらの相違は年代上の新古を反映しているのだろうか。さしあたって現行の編年を参照すると、後期の初頭ないし前半に兎Ⅱ式や常盤式が、その後に湯舟沢式が位置づけられるというから、対向連弧文の扱いの違いが時期差に因るとすれば、湯舟沢式を含む①群は古く、②・③群はそれより新しいはずである。

その場合問題となるのは、①群からどのように変化するのか、②・③群のいずれが①群に続くのか、である。各群とも交互刺突文を有する土器とそうでない土器とを含んでいるが、前者に焦点をあてると、①群と②・③群とは、交互刺突文を区画文としても用いるか、あるいはもっぱら装飾文様として用いるか、という点が大きく違っている。②・③群の対向連弧文土器で、交互刺突文を区画文として使う例はない。

次いで②群と③群とを較べると、②群は交互刺突文が独立していて、対向連弧文と共存するのに対し、③群では上八木田Ⅲ遺跡例に顕著なように、両文様が融合して、連弧文自体に交互刺突を加えている。分類の際に、対向連弧文が口縁部の下半を占めるか、全体を占めるかを指標の1つに挙げたが、こうした違いは交互刺突文の独立性と相関しているらしい。

後期前半代の兎Ⅱ式や常盤式では本来、部位境を表示する区画文として交互刺突文を使っていて（斎藤邦雄 1993）、装飾文様として用いるようになるのは湯舟沢式においてであり（第95図4・6）、この点をふまえれば、対向連弧文土器における交互刺突文が、重要度を徐々に喪失するひとつの方向性が導かれる。すなわち、①群ではいまだ区画文として交互刺突文を採用し、その上下に対向連

弧文を配していたのが、交互刺突文が弧線化し、もっぱら装飾文様になった②群では、口縁部の装飾帯を対向連弧文とシェアする。そうして③群では対向連弧文帯が拡幅して、交互刺突文は対向連弧文との融合を余儀なくされ、弧文を描く一手法へと転じた、という変化が推測されるのである。③-a群に属する大面例の、口縁部上端にみられる1条の原体圧痕は（第98図21）、対向連弧文の上方にあった別文様のルジメントであって、②群から③群への推移を物語る。

一方、交互刺突文を欠く場合にあっても、対向連弧文で飾る部分を2箇所設ける①群では、同じようにスペースを設けて両部分を分かち、②群では山形文や横線文や縄文原体押圧文が交互刺突文の代替を務める。③群においても、交互刺突の加わらない対向連弧文が口縁部を占有する。したがって、交互刺突文の存否に関わりなく、①、②、③の各群のあいだには時期差に起因するとみてよい一定の方向性があり、①→②→③の変化が推測されるのである。

なお、③群についてはa・bのサブカテゴリを設けたが、この違いもまた時期差に起因するようである。前者は対向連弧文直下の縄文帯もしくは無文帯の幅が狭く、頸部の括れも対向連弧文帯の下限とほぼ同じ位置にあるが、b群の縄文帯（あるいは無文帯）は、長興寺Ⅰ遺跡例が示すように幅が広く、括れは対向連弧文の下限と合わずに、さらに下位で括れている。これは①群以来の構造を逸脱したものであるから、当然、a群が古くb群が新しいと捉えてよい。以上から、湯舟沢式と

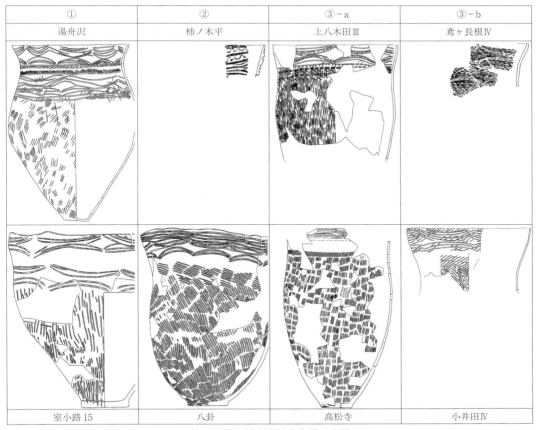

第100図　対向連弧文土器の変遷

それ以降の対向連弧文土器に対して、

　　　　　①　→　②　→　③-a　→　③-b

の序列があたえられる。この変遷案で特に強調しておきたいのは、交互刺突文の存否が編年上の指標にならない点であり、ここに斎藤邦雄案との根本的な違いがある。したがって、交互刺突文をもつ例／もたない例双方の代表的な遺跡を使って、

　　　①　　→　湯舟沢・室小路15段階
　　　②　　→　柿ノ木平・八卦段階
　　　③-a　→　上八木田Ⅲ・高松寺段階
　　　③-b　→　鳶ヶ長根Ⅳ・小井田Ⅳ段階

と称する（第100図）。

5. 試案の検証

地文の変化から　対向連弧文土器の胴部を飾る縄文には、無節縄文Lを原体とする縦回転撚糸文と、縦走するようにみせる斜回転の附加条縄文と、附加条羽状縄文との3種がみとめられる。このうち、附加条羽状縄文は上八木田Ⅲ・高松寺段階までみられず、鳶ヶ長根Ⅳ・小井田Ⅳ段階になって初めて出現する。縦回転の撚糸文や、同じ効果を出す附加条縄文に、印象が一変する羽状縄文が加わるというわけである。

　東北地方では、弥生時代後期前半代に縦の縄文が徹底されるが（石川日出志 2004）、羽状縄文はみられない。ここで想い起こされるのは、「天王山式までは東北の弥生式に羽状縄文が無い。そのあとに羽状縄文が出て来る」、（十王台ですか、という問いに対して）「そうです。十王台の系統です。それが岩手県の方まで出て来る」（山内清男ほか 1971：76頁）という山内清男の発言である。この指摘以後、「天王山式系」から「十王台式系」へという先後関係は覆っておらず、羽状縄文が後出の要素であることは確実なところであろう。鈴木正博は、秋田県能代市浅内寒川Ⅱ遺跡の羽状縄文土器（小林克ほか 1988）を分析して寒川Ⅱ式を提唱し、それが東関東地方の続十王台式に併行することを論じた（鈴木正博 1990）[17]。

　したがって、縦走縄文が早くから盛行している点によっても、羽状縄文が古い段階になく、後期の新しい段階に初めて出現することによっても、先に示した対向連弧文土器の変化の方向の妥当性が裏付けられる。そうして、岩手県盛岡市安倍館町安倍館遺跡RD030号土坑坑底における、羽状縄文土器破片と土師器の共伴から（平澤祐子ほか 1999）[18]、附加条羽状縄文で飾る鳶ヶ長根Ⅳ・小井田Ⅳ段階の時期は、弥生・古墳両時代の交にあたるとみて間違いない。

交互刺突文の形態から　斎藤邦雄の編年の指標は、交互刺突文の存否とその形態であった。すなわち、交互刺突様浮線文から典型的な交互刺突文の段階を経て、退化交互刺突文へと形態を変え、最後に交互刺突文自体の割合が大幅に減少するという基本ラインである。斎藤案に従うなら、交互刺突文で飾った土器を欠き、縄文施文の土器のみで構成される岩手県九戸郡軽米町大日向Ⅱ遺跡LV02住居跡の出土品などは（高木晃ほか 1998）、最も新しい特殊撚糸文段階に位置づけられるだ

ろう。[19]

　他方、本書では対向連弧文の扱いに注目して変遷案を提示した。交互刺突文についても、区画文としての役割から装飾文様へ、そうして対向連弧文との融合へという変化が推測され、交互刺突文をそなえる例と、欠く例とが、鳶ヶ長根Ⅳ・小井田Ⅳ段階まで併存するとの帰結に到る。

　筆者の案の各段階から交互刺突文で飾った例を抜き出し、斎藤の基準と比較すると、湯舟沢・室小路15段階の交互刺突文は「典型的な交互刺突文」に、柿ノ木平・八卦、上八木田Ⅲ・高松寺、鳶ヶ長根Ⅳ・小井田Ⅳの各段階のそれは、いずれも「退化交互刺突文」にあたる。一見、斎藤が描いたプロセスを筆者も首肯しているようではある。

　問題は、「退化交互刺突文」が筆者の案では3つの段階に跨がる点である。すなわち、本章の試案は斎藤の退化交互刺突文段階を細別したにすぎず、その後に特殊撚糸文段階が嵌まる余地があるのか、そうではなく斎藤編年に矛盾があり、交互刺突文が終末まで続くのかを、確かめておかなければなるまい。

　交互刺突文の形態をみると、柿ノ木平・八卦段階のそれは立体的でなく、点列化している点で、湯舟沢・室小路15段階の例と違っている。ただし、上→下→上→下・・・の順で交互に刺突を加える点は崩れていない。ところが、上八木田Ⅲ・高松寺段階の例は、刺突を交互に施したように見える箇所もあるが、刺突が弧文の間で遊離している箇所や、上→上→下→上→下→・・・のように順序が正しくない箇所がある。これは、上下交互に刺突するという約束事が継承されず、上→上→上・・・下→下→下・・・のようにして、まず上列の、次いで下列の刺突を充たしたことに起因しており、この点に大きな変化をみとめうる。そうして、もはや点列を添えるだけになった大面例は、刺突の施文順序に関する作法が完全に失われたことを示す。「ハ」の字状の短沈線もおそらくはこの辺りで出現し、鳶ヶ長根Ⅳ・小井田Ⅳの段階に盛行するのだろう。

　一方、交互刺突文を欠く例は、すべてが1つの段階に納まるとは考えられないほどバラエティがあり、しかし装飾の構造はいずれかの段階の交互刺突文土器と共通性をもつ。畢竟、対向連弧文の変化から導出した4段階案は、地文の変化によっても、交互刺突文の形態の変化によっても妥当性をみいだしうるのであり、独立した「特殊撚糸文段階」をみとめることはどうしてもできないのである。

註
（1）引用部分の原著はすべて同じ書体で表記されており、ゴシック体の箇所は本書の筆者が改変したものである。
（2）引用部分の原著はすべて同じ書体で表記されており、ゴシック体の箇所は本書の筆者が改変したものである。
（3）中村五郎は、「基準の東北大学所蔵の赤穴洞窟資料の全貌が不明で、林謙作氏の同資料には交互刺突文段階以外の土器を含むとの指摘から赤穴式は使えない」（興野義一ほか 2005：463頁）と述べ、「赤穴式」の使用を避けている。石川日出志は、赤穴洞穴出土資料を基準として赤穴式の語を厳格に用い、「斎藤邦雄氏（1993）の赤穴式の範疇とは異なる点にご留意願いたい。斎藤氏の赤穴式古段階も本稿では湯舟沢式

（4）原図は、高橋信雄ほか（1982）掲載の図である。

（5）本章の初出論文では、「東北南部の能登式にも共通する資料が存するが（石川 2004）、東北北部ではほかに例がない」（齋藤瑞穂 2007a：31頁）と述べたが、撤回する。

（6）初出論文では、「地文は、無節L単軸絡条体の縦回転である」（齋藤瑞穂 2007a：34頁）と記しているが、これは筆者の当初の観察の誤りである。明記して、訂正する。

（7）第54図18の例は、その典型である。

（8）第95図において、石川がⅠ文様帯をもつと判断している1〜8のうち、1や8は口縁部に段を作らない。

（9）明戸式を特徴づける「単位文間の凹点文」（第12章参照）と関係するように思うが、検証が必要である。

（10）2条を同時に施文しているようにみえる箇所がある。

（11）齋藤瑞穂（2007a）では、岩手県二戸郡一戸町「上野遺跡の第Ⅱ群土器のなかにも、対向連弧文土器が数例含まれている」として菱形文様の土器を示したが（高田和徳 1985）、対向連弧文の系譜に連なるとは言いがたいとの判断から、本書では削除した。また、三陸沿岸の岩手県宮古市崎鍬ヶ崎大付遺跡例も（高橋憲太郎ほか 1996）、同様の理由からとりあげなかった。

（12）齋藤瑞穂（2004）では、本例を「家の前B類に併行する例」として挙げたが、本章の初出論文である齋藤瑞穂（2007a）にて撤回した。

（13）齋藤瑞穂（2007a）では、岩手県気仙郡住田町小松Ⅱ遺跡例（鳥居達人ほか 2002）を、いわゆる赤穴式の対向連弧文土器としてとりあげたが、齋藤瑞穂（2012a）で撤回した。

（14）特徴からみて、G-4住居跡が古く、F-5住居跡が新しい。これは後述する柿ノ木平・八卦段階が、小細別を内包していることを物語る。

（15）齋藤友里恵ほか（2014）掲載の図を転載した。

（16）千歳式を充分に咀嚼できたわけでないが、少なくとも同式の成立基盤に接近するには、対向連弧文の位置が鍵になるように思われる。構成の近い例として、青森県平川市碇ヶ関四戸橋遺跡（葛西励ほか 1997）、青森市駒込蛍沢遺跡（塩谷隆正ほか 1979）、青森市大別内葛野（3）遺跡例（設楽政健ほか 2010）、上北郡野辺地町向田(26)遺跡例があり（川村眞一ほか 2004）、この種の土器の整理は喫緊の課題である。筆者は、中村が下した評価よりも古い印象を持っている。

（17）この羽状縄文について、鈴木は最近「日本海系列羽状作法」と呼んでいる（鈴木正博 2015）。

（18）安倍館遺跡では、遺物包含層からも羽状構成を採る弥生土器しか出土していない。なお、『岩手県土師器集成』は安倍館遺跡の土師器を4世紀代に比定しているが（佐藤良和ほか 2004）、根拠は明確でない。

（19）本章の案に従うなら、新しく見積もっても上八木田Ⅲ・高松寺段階であろう。赤穴式の最新段階にはならない。

第12章　東日本後期弥生土器の「縄」・「櫛」・「線」
　　　　　——横糸の型式学——

1. 蒲原平野における後期弥生土器研究の現在

　新潟・蒲原平野における弥生時代後期の研究が、目覚ましい進捗をみせている。わけても、土器編年研究の充実と集落研究の深化は、まさしく両輪となって既往の弥生時代像を一新し、弥生時代社会の解体プロセスを明らかにしつつある。

　このような現今の状況をもたらした立役者であり、いまなお議論の中核の位置を占めるのは、新潟県新潟市秋葉区古津八幡山遺跡である（渡邊朋和ほか 2001・2004）。いわゆる「北陸系」・「東北系」の両土器群がほぼ同量共存して、その折衷形を生み、かつ、内外2つの環壕をめぐらせた高地性集落の発見は種々の課題を提起し、研究の方向性を決定づけたのであった（渡邊朋和 2005、石川日出志 2008b）。

　就中、土器の分野に関して言うと、八幡山遺跡は、北陸地方と東北地方とでそれぞれ整えられてきた土器編年の併行関係が吟味されて、後期「東北系」土器群の編年的位置があらためて確認された点と、「東北系」の系譜を継承しつつ、「北陸系」の調整で仕上げる折衷形がみいだされて八幡山式が新設された点に、研究上の大きな意義がある。八幡山遺跡の報告以後、滝沢規朗は自身の「北陸系」土器編年のなかで、「東北系」土器の伴い方を地域ごとに整理し（滝沢規朗 2005）、野田豊文は八幡山式に先行する後期初頭の「東北系」土器を、新潟県村上市八日市砂山遺跡にみいだす（石丸和正ほか 2003）。この野田の成果をもとに、石川日出志は砂山式を設定して「天王山式系」土器群の形成に関する新たな視座を提供し（石川日出志 2004）、野田も砂山・八幡山両式を基軸として、蒲原平野における「東北系」土器の推移と系統を復原していった（野田豊文 2005・2006・2009・2010a・2010b・2011）。

2. 課題の設定

　ところが、このようにして編年研究が着実に成果をあげているにも関わらず、議論の俎上に載らない1点の資料がある。新潟市北区法花鳥屋B遺跡の土器がそれで（第102図）、遺構にともなわず、単体で出土したという。

　器高は25cmで、口縁部を無文とし、胴部は単節LR縄文で下端まで埋める。本例を特徴付けているのは頸部の文様であり、LR縄文の原体を押圧して重弧文を描く[1]。重弧文は5条の弧線で構成

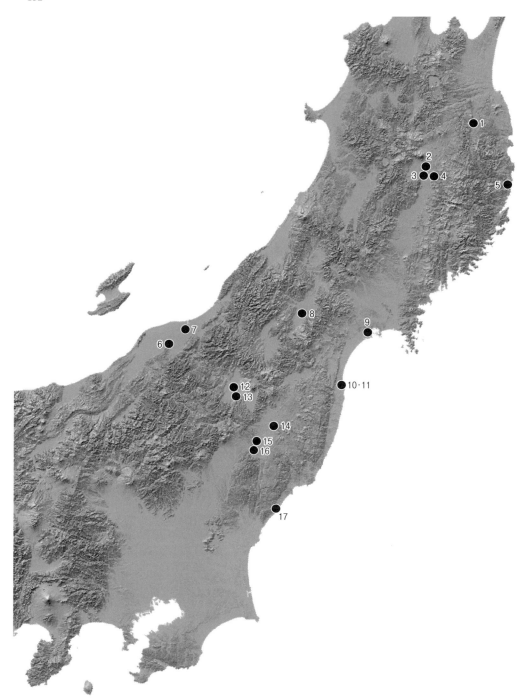

第 101 図　第 12 章で言及する遺跡の位置

1 岩手・長興寺Ⅰ、2 岩手・湯舟沢、3 岩手・八卦、4 岩手・柿ノ木平、5 岩手・豊岡Ⅴ
6 新潟・八幡山、7 新潟・法花鳥屋B、8 山形・向河原、9 宮城・崎山囲洞窟、10 福島・双子
11 福島・師山、12 福島・桜町、13 福島・屋敷、14 福島・大安場古墳群、15 福島・踏瀬大山
16 福島・明戸、17 茨城・十王台

され、8単位で一周りする。また、重弧文の下方にも原体押圧による1条の横線文を施す。報告を担当した関雅之は、これを重弧縄線文土器と呼んだ。

重弧縄線文土器研究の難しさは、類例が簡単にみあたらない点にある。「新潟県内および東北南部地域で、重弧縄線文土器と器形、文様構成、施文手法が酷似する完形土器の知見に接していない」(関雅之ほか 2005：7頁) という記述から察せられるように、長らく新潟の弥生時代研究をリードしてきたベテランをしても、年代的位置と系譜の特定には苦慮させられたらしい。

そこで、関は重弧縄線文土器を特徴付けている諸要素を分解して、近傍の諸例との比較を試みる。ところが、新潟市西区六地山遺跡例は、原体押圧による横線文をそなえる点で共通するものの、弧文は沈線描きで (寺村光晴 1960、甘粕健ほか 1994)、新潟県村上市岩ヶ崎滝ノ前遺跡や同市砂山遺跡は、数条からなる原体押圧文で飾った例があっても、重弧文がない (関雅之 1972、石丸和正ほか 2003)。例数の多い新潟市八幡山遺跡の場合には、原体押圧文で飾る例があり、器形の類似性もみとめられるが (渡邊朋和ほか 2001)、しか

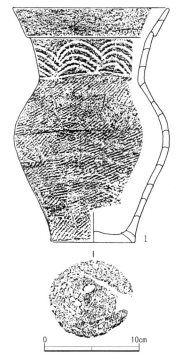

第102図　新潟県新潟市法花鳥屋B遺跡の土器

し、各部位の形状が異なる。他方、新潟市北区松影A遺跡や東区石動遺跡や先掲の砂山遺跡などに弧文の例は存するが (加藤学ほか 2001、廣野耕造 1996)、沈線描きであり、重弧縄線文土器との直接の関連性は考えにくいと関は言う。

そうして、蒲原平野の諸例でなく、「波状口縁や器面の施文を抜きにしてみると、天王山式系の壺形土器により系譜的な類似性を感じる」との帰結に辿り着く。福島「中通り地区では天王山式土器の次に、踏瀬大山遺跡・明戸遺跡の土器が位置し」、それらには「撚糸や縄文の側面圧痕による弧線・平行線がみられる。この時期から壺と甕の区分が困難になり、複合口縁部の幅が広くなって縄文の押圧施文もみられる」らしい。これが決め手となり、ようやく重弧縄線文土器の編年的位置が「天王山式期に後続する明戸・屋敷期の間くらい」に定まったのであった (関ほか 前掲：8～9頁)。

ここまでみてきたように、重弧縄線文土器が現行の編年上で議論しにくい最大の理由は、類例の乏しさに因る。しかし、関の思考の過程は、われわれ後進が重弧縄線文土器の生成要因を検討し、その意義を問ううえで、手掛かりをあたえてくれているように思うのである。すなわち、㋐蒲原平野に一般的でないこと、㋑重弧文と原体押圧文のいずれかであれば、採用している例が数多く存すること、㋒東北南部における天王山式以後の「天王山式系」土器群に原体押圧による弧線文などがみられること、などの指摘である。

そこで、本章の課題を、以下のように設定してみたい。まず第一に、東北南部における「明戸・

屋敷期」の「天王山式系」土器群において、重弧文や原体押圧文をどのように用いているかを整理し、重弧縄線文土器との異同を確認する。第二に、「明戸・屋敷期」に原体押圧文が頻用される要因を検討して、重弧縄線文土器生成の背景を明らかにする。これらの基礎作業をふまえて第三は、「縄」・「櫛」・「線」の互換性という視点から、東日本後期弥生土器型式間の横の関係を展望する。

結果、重弧縄線文土器の形成というイベントを通じて、東北地方における後期弥生土器の新たな動向が射程に入り、1つの定点が確立するはずである。

3. 重弧文の系譜

「天王山式系」土器群の研究は、福島県白河市久田野天王山遺跡の資料を標式として天王山式が設定されて以来（伊東信雄 1950）、半世紀以上の積み重ねがある。同式の特徴として、中村五郎は、①口縁の突起の発達、②交互の刺突、③縦走する縄文、④「体部文様帯下端の下向きの弧線文（連弧文となる場合もある）」の4項目を挙げた（大木直枝ほか 1970）。以後、このような要素をそなえた土器群が新潟・福島以北の東北地方全域でみいだされ（山内清男ほか 1971、中村五郎 1976）、北海道島や関東・北陸方面においてもめずらしくなくなった現在では、地域的な特色まで明らかにされている（石川日出志 2001、相澤清利 2002、興野義一ほか 2005 など）。

年代については、東関東地方の土器型式との関係から提案された後期前半代説が（磯崎正彦 1956、中村五郎ほか 1958・1960）、いまなお有力である。そうして、鈴木正博が天王山式を「天王山遺蹟出土資料群で中核を担っている型式学的特徴」（鈴木正博 2002a：39頁）と再定義し、懸案であった同式の成立過程について、鈴木と石川日出志との議論から和泉式→能登式→天王山式という変遷案が発議された（石川日出志 2004）。

重弧縄線文土器が属する「明戸・屋敷期の間くらい」というのは、ここで言われた天王山式の次の段階にあたる。鈴木のいう明戸式の時期であり（鈴木 前掲）、石川のいう屋敷式の時期というわけである（石川日出志 2000・2001 前掲）。

明戸式は、福島県白河市板橋明戸遺跡 SI-08 ならびに SI-11 の出土品と、「平面的にも垂直的にも一括性の高い資料といえる」（辻秀人ほか 1984：12頁）I-B・C区3層の資料を標式とする弥生時代後期の土器型式である（第103図）。同式の特徴として鈴木は、

　①交互刺突文の残存と対刺突文の定着（33、2 など）
　②口縁部の弧線間に展開する三叉（角）構成文（1、34 など）
　③単位文間の凹点文（21、34 など）
　④縄文原体押圧文の残存（26）
　⑤広い複合口縁部を無文とする無地文複合口縁手法（7、46 など）
　⑥頸部から胴部にかけての下向き連弧文
　⑦有段口縁の発達と波状口縁、及び口縁の突起文（5～7、4、42 など）
　⑧広口壺や深鉢・甕以外の器種の「型式組成」への参画、及び特徴ある精製高杯（57 など）
　⑨単節縄文の継承と撚糸文の台頭（4、2 など）

第12章　東日本後期弥生土器の「縄」・「櫛」・「線」　195

第103図　福島県白河市明戸遺跡の明戸式土器

⑩八幡台式から十王台式にかけての系統と推定すべき土器群の検出（8、9など）の10項目を掲げた。

　明戸式の諸例と法花鳥屋B遺跡の重弧縄線文土器とを較べると、たしかに共通する点がみとめられる。まず第一に、⑦有段口縁の発達であり、⑤の無地文複合口縁手法も該当する。④縄文原体押圧文の採用も挙げてよい。他方、重弧縄線文土器の重弧文が、明戸式の⑥「下向き」＝下開きの連弧文に対比しうるかというと、躊躇せざるを得ない。何となれば、重弧縄線文土器の弧文が、重弧の名に違うことなく多条であるのに対して、明戸式やその直前の天王山式にみられる下開きの連弧文は、多くの場合1ないし2条で構成されるからである。

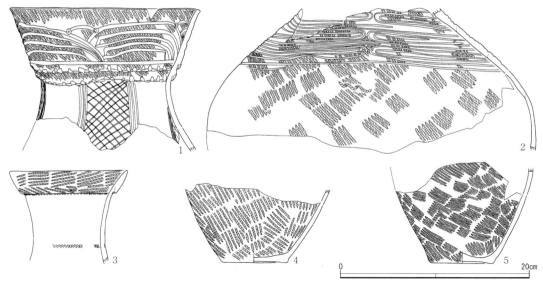

第 104 図　福島県郡山市大安場古墳群 1 号墳出土の弥生土器

　そこで、東北南部のなかで重弧文をそなえた例を探していくと、福島県郡山市田村町大安場古墳群 1 号墳の前方部墳裾から出土した例に行きあたる（第 104 図 1、柳沼健二ほか 1997）。口縁部を単節 RL 縄文で飾り、その下端に 2 つの段を設けて刺突を加える。頸部には縦のスリットを配し、その間を斜格子文で充たす。重弧文は口縁部に描き、重弧文をつなぐ弧文との結節点には凹点文がみとめられる。重弧文を 5 条で構成する部分が重弧縄線文土器と共通するが、さらに注意を惹くのは、重弧文の下方に 1 条の横線文を併施する点である。縄と線という違いはあるにせよ、この点で奇妙な一致をみせており、したがって重弧縄線文土器の頸部文様は、単に重弧文として捉えるべきでないことが判明する。重弧文と横線文とが、1 つのセットをなすのである。

　これに対して、「天王山式系」土器群における下開きの連弧文は、1 ないし 2 条で描かれるうえに、直上の横線文とともに、Ⅱ文様帯の下端を画する役割を担っており、単位文様でない。つまり、法花鳥屋 B 遺跡や大安場古墳群第 1 号墳の重弧文＋横線文のセットは、「天王山式系」土器群で継承されてきた下開きの連弧文から発生した、とは考えにくい。

　それならば、重弧文＋横線文のセットは、どこに系譜をもとめうるだろうか。明戸式と影響関係をもちうる他所の土器型式というと、明戸遺跡の SI-08・11 の両住居址で共伴していた東関東地方の十王台式が、候補の筆頭に挙がる。第 105 図に示したのは十王台式の標本で（山内清男 1939a）、1 の茨城県日立市十王町十王台遺跡例に注目したい。明戸式に併行する、十王台 1 式十王台段階に位置づけられた資料であるが（鈴木正博 1976a・1995b）、頸部下端の第Ⅱ境界部に 3 条の隆帯があり、その上方を 5 本櫛歯の工具による下開きの連弧文で飾ってある。

　もとより、この櫛描連弧文は、「十王台式に顕著な「下向き櫛描連弧紋」は天王山式における「体部文様下端の下向きの弧線紋（連弧紋となる場合もある）」と無関係ではないであろう」（齋藤弘道ほか 1978：21〜22 頁）と、古くから予測されていた。すなわち、「天王山式系」土器群と十王台式との関係は、いずれかが一方的に影響を受けるのでなく、ベクトルは双方向的だったのであ

第 105 図　十王台式の標本
1・2 茨城・十王台、3 茨城・紅葉、4 茨城・北山ノ上

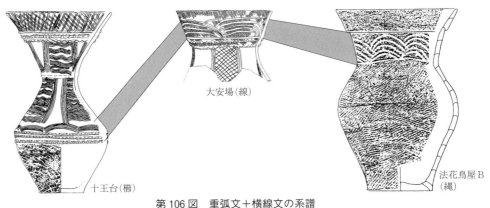

第 106 図　重弧文＋横線文の系譜

ろう。天王山式の影響を受けて成立した櫛描連弧文＋境界帯という文様の組み合わせが、逆に「天王山式系」土器群にも影響をあたえ、そうして生まれたのが重弧文＋横線文のセットであった（第106図）。

　以上、重弧縄線文土器のそなえる諸特徴の多くは、東北南部の明戸式にみとめられる。ところが、肝心の重弧文を、明戸式を育んだ「天王山式系」の伝統で説明することは少し難しい。むしろ、直接的に系譜関係を辿りうるのは東関東地方の十王台1式であり、同式における下開き櫛描連弧文＋第Ⅱ境界帯の組み合わせこそが、重弧縄線文土器における重弧文＋横線文のセットの祖型であったと考えられるのである。[6]

4. 縄文原体押圧文の性格

　法花鳥屋B遺跡の重弧縄線文土器を特徴づけるもう1つの要素が縄文原体押圧文であり、東北南部の「天王山式系」土器のなかにも、原体押圧文を駆使した例はいくつも知られている。会津地方でいうと、福島県会津若松市町北町屋敷遺跡の例が挙がり（木本元治ほか 1991a）、中通り地方では先に検討した明戸遺跡に加えて、西白河郡泉崎村踏瀬大山遺跡がある（中村五郎 1976）。また、浜通り地方北部（相双地域）においても、相馬郡新地町双子遺跡や師山遺跡でその種の土器が存するから（鈴木敬治ほか 1990）、東北南部一帯で原体押圧文が一般的であったとみてよい。
　これらのうち、屋敷遺跡の例は石川日出志が屋敷式を提唱した資料であり（石川日出志 2000・2001）、踏瀬大山遺跡は中村五郎によって設定された踏瀬大山式の標式である（中村 前掲）。いずれの土器型式も、天王山式に後続する位置があたえられている点にまずは注意しておきたい。
　他方、天王山式よりも古手の「天王山式系」である、会津若松市北会津町和泉遺跡や（木本元治ほか 1991b）、河沼郡会津坂下町能登遺跡の土器には（大越道正ほか 1990）、このような手法がみあたらない。和泉式→能登式→天王山式→明戸式・屋敷式・踏瀬大山式という「天王山式系」の現行編年案に則していうと、原体押圧文は天王山式より後の「天王山式系」で流布した文様であることが察せられる。
　ちなみに、東北南部の地において、天王山式以前に原体押圧文が全くみられない、ということではない。浜通り地方の南部（いわき地域）では、東関東地方と関わりの深い後期初頭の伊勢林前式に、原体押圧でなされる列点文があり（馬目順一 1972・1976）、後続する輪山式や八幡台式に継承される（松本友之ほか 1977、馬目順一 1979、馬目順一ほか 1980）。列点文と線文という違いがあるにせよ、浜通り地方では原体押圧施文の伝統が、少なくとも後期初頭以来、連綿と続くわけである。しかし、明戸式の原体押圧文との関係は詳らかでなく、「天王山式系」土器群における押圧文の系譜については、今後に委ねざるを得ない。
　これに対して、明戸式以降、原体押圧文をどのように用いたか、あるいはどのように展開したかについては、検討の余地が残されている。一例として、先に名前を挙げた浜通り地方北部の双子遺跡Ⅳ区グリッドK4-72と、師山遺跡Ⅱ・Ⅲ区グリッドF7-47・48の出土品をみてみよう。双子遺跡の第107図13、29～37、39と、師山遺跡の45が、原体押圧文で飾ったものである。
　原体押圧文の使い方には2つのパターンがあるらしい。33～37などの例は区画文として部位の境を表示し、その他は口縁部の装飾文様として用いてある。特に、装飾文様として駆使する場合は、29のように数条の横走文で口縁部を充たし、あるいは32や39のように口縁部の形にあわせて弧状に施す。一方で、沈線文で飾った例に眼を転じると、29の例が横の原体押圧文で口縁部を埋めるのと同じく、横の沈線で口縁部を充たした11があり、32が弧状の原体押圧文で飾ったように、10や12などは沈線でそれを表現する。これはすなわち、原体押圧文と沈線文という2つの手法のあいだに互換性があることを示す。
　ここで想起されるのは、法花鳥屋B遺跡の重弧縄線文土器と前節でとりあげた郡山市大安場古

第12章　東日本後期弥生土器の「縄」・「櫛」・「線」　199

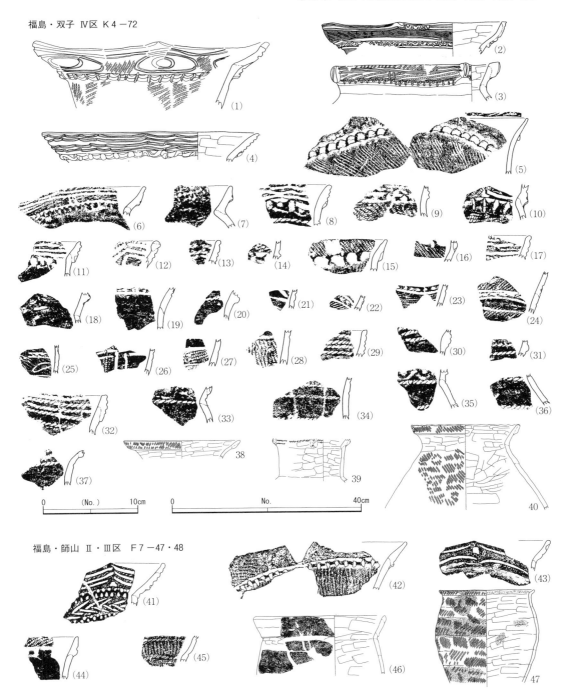

第107図　東北南部浜通り地方北部（相双地域）の「天王山式系」土器

墳群例との関係である。前者は原体押圧文によって、後者は沈線文によって、それぞれ重弧文＋横線文のセットを描いており、構図を同じくしていながら施文の手法を異にする、という関係にある。さらに付言すると、原体押圧文や沈線文で描かれた重弧文や横線文も、元を辿れば、片や櫛描

の連弧文であり、片や第Ⅱ境界帯と呼ばれる隆帯であった。

　このようにして十王台式の櫛描文様を受容し得たのも、また、原体押圧文などでそれを表現しているのも、ひとえに天王山式より後の「天王山式系」土器群が、工具の代替を諒とする環境を育んでいたからにほかならない。

5.「縄」と「線」の行方

　「天王山式系」土器群における原体押圧文装飾は、天王山式が設定されるはるか前よりすでに知られていた。第108図1に掲げた宮城県塩竈市新浜町崎山囲洞窟の例がそれで、有段の口縁部を5条の原体押圧文で充たす。頸部を狭くして無文とし、胴部を縦方向の縄文で飾る（永澤譲次 1931）。これと近い特徴をそなえた例が、奥羽脊梁西側の山形県山形市渋江向河原遺跡で出土しているが（2、押切智紀ほか 2005）、複合口縁は形成していない。頸部との境を横走文で表示する点や、口

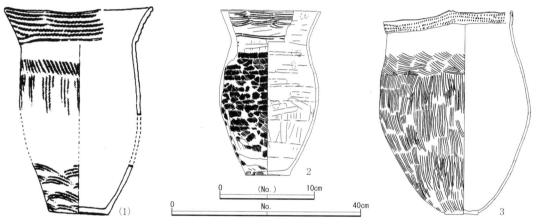

第108図　東北中・北部における縄文原体押圧文の例
（1宮城・崎山囲洞窟、2山形・向河原、3岩手・湯舟沢）

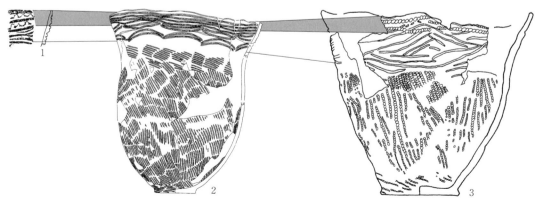

第109図　交互刺突文・沈線文・縄文原体押圧文の互換性
（1岩手・柿ノ木平、2岩手・八卦、3岩手・豊岡Ⅴ）

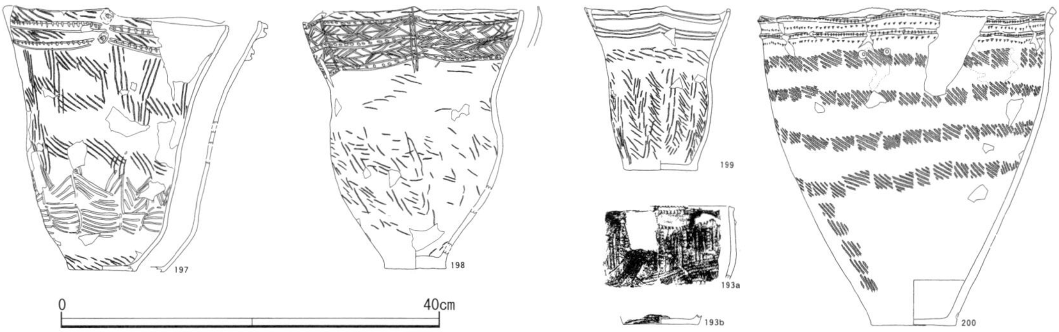

第110図　岩手県九戸村長興寺Ⅰ遺跡第68号土坑の土器

縁部に横走文と重弧文の2種を収める点で崎山囲洞窟例と異なる。東北北部に眼を向ければ、湯舟沢式の標式資料である岩手県滝沢市湯舟沢遺跡3区の土器が、原体押圧文で口縁部を飾っている（3、桐生正一ほか 1986）。いま、東北南部と中部・北部との併行関係を充分に把握できているわけでないが、多少の前後を見込むとしても、「天王山式系」土器群の新しい段階には原体押圧文が広く定着しているとみてよいだろう。

さて、第109図に掲げたのは、岩手県盛岡市浅岸柿ノ木平、同市北太田八卦、下閉伊郡岩泉町豊岡Ⅴの各遺跡から出土した後期弥生土器である（津嶋知弘ほか 1997、田鎖康之 2006）。柿ノ木平・八卦の両例は、前章で柿ノ木平・八卦段階と呼んで湯舟沢遺跡例の次に位置づけた資料で、柿ノ木平例は口縁部の上半分を2列の交互刺突文で、下半を対向連弧文でそれぞれ飾る。中央の八卦例は、口縁部の下半分に対向連弧文を配する点で柿ノ木平例と共通するものの、上半分が交互刺突文でなく、4条の横線文で埋められる。3の豊岡Ⅴ遺跡の例も、文様の配置をこれらと同じくするが、八卦例では横線文を施していた口縁部の上半を2条の縄文原体押圧文で飾る。つまり、東北北部の原体押圧文は、単に東北南部と同じ装飾手法があるということでなく、同じように沈線文との互換性をそなえている。

そうして、縄文原体押圧文と沈線文との互換性は弥生時代の終末に及んで、さらなる展開をみせる。筆者はかつて、岩手県九戸郡九戸村長興寺Ⅰ遺跡第68号土坑の出土品を、東北北部の後期弥生土器のなかでもっとも新しい一群の1つと評した。その際、「長興寺Ⅰ遺跡第68号土坑の一括性はきわめて高く、種々の系列を明らかにして、前後の関係などを理解し得れば、長興寺Ⅰ式としての指標化が可能であると考える。鈴木正博は、報告書第73図197に対して、羽状縄文を沈線で表現しており、縄文と沈線との互換性が興味深い、という」（齋藤瑞穂 2007a：46〜47頁）との鈴木正博のコメントを紹介したが、その「報告書第73図197」が第110図の197に示した土器である。

「縄」と「線」の互換は、胴下半部で確認される。東北北部では、弥生時代の終末に十王台式の影響が達して（山内清男ほか 1971）、199などのように附加条羽状縄文で器面を飾るようになるが、しかし197は縄文でなく、沈線で羽状の文様を表現する。つまり、東北北部では、湯舟沢式の前後に縄文原体押圧文を頻用するようになって以降、十王台式の波動が及ぶ弥生時代の終末まで、「縄」・「線」の互換性が維持されたことを、これは証示している。そうして、口縁部文様においてのみ行われていた原体押圧文と沈線文との互換関係が、適用の範囲を拡大し、地文でさえ沈線と置

き換えるようになったことを、ここから推知しうるのである。

6. 十王台式の北漸現象と蒲原平野

　本章では、重弧縄線文土器の形成イベントを糸口として、東日本後期弥生土器型式の横の関係を掘り下げた。その結果、まず第一に重弧縄線文土器の頸部文様は、単なる下開きの重弧文でなく、重弧文＋横線文のセットで理解すべきであり、その祖型は東関東地方の十王台１式土器にみられる、下開きの櫛描連弧文と第Ⅱ境界部とにもとめられることが明らかとなった。

　櫛描文のない「天王山式系」土器群を介在したにも関わらず、櫛を頻用する十王台式の文様が伝わったのは、別型式の文様を受け容れやすい環境が「天王山式系」土器群に用意されていたからにほかならない。文様を描く工具の代替が属性としてそなわっており、ゆえに４ないし５本の櫛歯工具で施された下開きの櫛描連弧文は、５条の原体押圧文からなる重弧文に、境界部の隆帯は横線文に置換することが可能だったのである。このような施文工具の互換性は、東北北部まで広くみとめられる。

　さて、章の最後にふれておかなければならないのは、このような状況から生成される重弧縄線文土器が、新潟・蒲原平野に存することの意味である。その装飾文様が、東関東地方に由来することからすれば、同例の存在は十王台式の北漸現象の一環として理解される。ただし、この現象は一元的なものでなく、時期やルートによって波及の様相を異にする。

　詳しくは次章で議論することとなるが、福島浜通り地方北部には、海を伝って十王台２式土器そのものが動き、次ぐ続十王台式期には東北北部まで羽状縄文装飾が波及する。他方、内陸方面の場合には、明戸遺跡でみられたように、海路による北進に先んじて、十王台１式土器が明戸式に共伴し、会津若松市町北町屋敷遺跡や河沼郡湯川村桜町遺跡などでも、同式に系譜をもとめうる充填櫛描波状文の土器が数多くともなう（木本元治ほか 1991a、安田稔ほか 2005、福島雅儀ほか 2010・2011・2012、福田秀生 2013）。このように、福島中通り地方や会津地方においては、新しい段階の「天王山式系」土器群に十王台式、あるいは十王台式の影響の色濃い土器が共伴するらしい。

　これに対して、会津盆地の先に広がる蒲原平野は、十王台式の進出が積極的でない。櫛描波状文はもちろん、同式に特徴的な附加条第２種縄文で器面を充たした例は、蒲原平野随一の拠点集落であり、天王山式の直後に盛期をむかえる新潟市秋葉区八幡山遺跡であっても、わずかでしかない（渡邊朋和ほか 2001・2004、渡邊朋和 2013）。もとより重弧縄線文土器も、「天王山式系」のフィルターを経て生成された土器であった。会津地方との異同は十王台式の影響の多寡にとどまらず、八幡山遺跡において「東北系」として分類された例でさえ、同地方の「天王山式系」土器とは違いがはなはだしい。

　この点は、吟味を重ねていかなければならない。八幡山遺跡の「東北系」土器が特殊であるならば、その特殊ぶりはどのようにして生じるのか。いま、蒲原平野の後期弥生土器研究は、この問題を土器編年上の問題としてだけでなく、後期社会論として「東北系」概念を止揚するステージに到達しつつある。

註

（1）初出論文では、「無節縄文の原体を押圧して重弧文を描く」（齋藤瑞穂 2012a：96頁）と記しているが、これは筆者の当初の観察の誤りである。明記して、訂正しておく。

（2）本書では、これを下開きと表現している。

（3）山内清男や中村五郎によって特徴が吟味されたあと、馬目順一が⑤受口状口縁の多さと、⑥頸部の一部を横帯状に素文化する手法とを（馬目順一 1979）、鈴木正博が⑦Ⅰ・Ⅱa・Ⅱ・Ⅲの文様帯構成を（鈴木正博 1976b）、佐藤信行が⑧体部文様帯における磨消縄文の発達と、⑨条の横走する縄文を挙げ（佐藤信行 1990）、それらをふまえて、石川日出志が器形、文様帯構成、文様、施文手法について詳説している（石川日出志 1990・2000）。

（4）ただし、中村五郎（1960）以降、中村が積極的に中期・後期の区分を使用していないことは、注意しておく必要がある。

（5）川井正一ほか（1991）、片平雅俊（1998）、小林行雄ほか（1968）から転載した。

（6）重弧縄線文土器の系譜を東関東地方にもとめる点で筆者と小玉秀成とは共通するが、ただし小玉の場合、後期前半の「東中根式土器に似た土器」（小玉秀成 2013：19頁）と評して、筆者より古く見積る。しかしながら、条数が異なり、かつ、横線文とのセットをなす点をふまえれば、東中根式由来とみることは難しい。また、東中根式に併行する時期の「天王山式系」土器群に、「縄」と「線」を置き換えていた様子はうかがえない。

（7）鈴木正博は、これを「縄紋原体押圧列点文」と呼ぶ（鈴木正博 2002b）。

（8）須藤隆（1998）から転載した。

第13章　十王台式の北漸と赤穴式羽状縄文技法の成立
　　　　　——東北地方における弥生土器の終末——

1. 目的と問題の所在

　弥生時代後期の後半代において、東北地方には、天王山式以後の「天王山式系」土器群が広く展開していた。すでに、多くの先学によって地域色の存在とその広がりとが指摘され、東北北部で赤穴式が、南部で踏瀬大山式や屋敷式や明戸式や桜町式が、それぞれ設定されている。中部では、特に称呼をあたえられていないものの、相澤清利による後期弥生土器編年Ⅲ期の諸例が、これにあたるだろう。

　他方、東関東の地では「附加条縄文系」土器群が作られ、那珂・久慈両川の流域に十王台式が、古霞ヶ浦の北岸に下大津式や上稲吉式の名で呼ばれる土器群が、それぞれ展開していた。後者が、古霞ヶ浦最奥部の二軒屋式や南岸の諸例と繋がりをもつのに対し、十王台式土器は那珂・久慈両川以北に広がりをみせる。

　このように、東北地方においても東関東地方においても、それぞれ地域ごとの差がみいだされ、かつ、その分布圏がもつ意味あいについても様々な視角から論じられている（鈴木素行 1998、川西宏幸 2000、石川日出志 2001 など）。しかしその一方で、両地方を総合的に扱い、影響関係を追求する議論は、意外にも多くなかった。かつて山内清男が、東北地方の後期弥生土器における羽状縄文の出現について、その出自を十王台式にもとめ（山内清男ほか 1971）、また、鈴木正博が寒川Ⅱ式を設定して、東北北部と東関東地方との併行関係を考察した以外は（鈴木正博 1990）、多くの場合、隣りあう福島・茨城両県域間の関係を問うにとどまっていたのである。

　以上をふまえ、本章では、後期後半代における東北地方の土器型式と東関東地方のそれとが、どのような影響関係にあったかを広域的に復原する。そうして、その現象の歴史的意義についても追究してみようと思う。

2. 十王台式の北漸

　那珂・久慈両川の流域に成立した十王台式は、鈴木正博や鈴木素行によって細別編年研究が進められ、4ないし5段階の変遷を辿ることがこんにちまでに確認されている（鈴木正博 1976a・1976b・1979b・1995c など、鈴木素行 1998・2002）。また、その分布が福島県浜通り地方南部に及ぶことも古くから説かれており（渡辺誠 1962）、馬目順一が示した同地方の編年によれば、伊勢林前式か

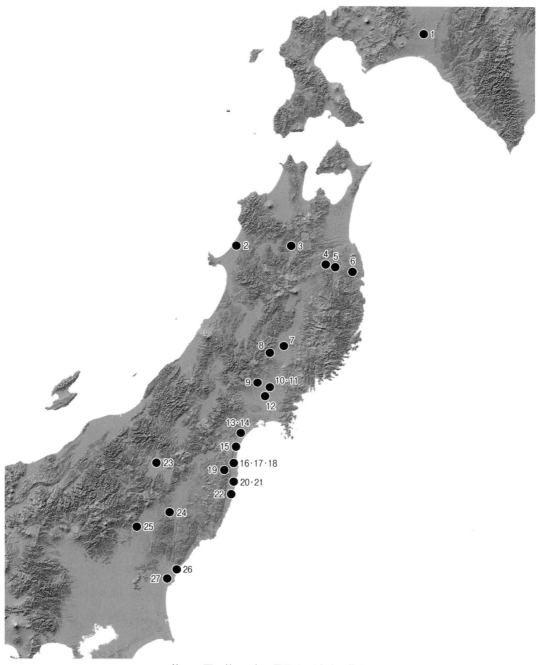

第111図　第13章で言及する遺跡の位置

1 北海道・ユカンボシE9、2 秋田・寒川Ⅱ、3 秋田・はりま館、4 岩手・小井田Ⅳ、5 岩手・長興寺Ⅰ
6 岩手・上水沢Ⅱ、7 岩手・南部工業団地内、8 岩手・下尿前Ⅳ、9 宮城・上ノ原B、10 宮城・宇南
11 宮城・糠塚、12 宮城・大境山、13 宮城・清水、14 宮城・西野田、15 宮城・宮前、16 福島・双子、17 福島・師山
18 福島・大坪東畑、19 福島・岩下C、20 福島・桜井高見町A、21 福島・桜井、22 福島・本屋敷古墳群
23 福島・舘ノ内、24 福島・明戸、25 栃木・堀越、26 茨城・吹上、27 茨城・武田石高

ら輪山式などを経て、後期後半に十王台式を受容するという（馬目順一 1979）。

　次いで、浜通り地方北部（相双地域）に眼を転じれば、弥生時代後期の遺跡は 17 例余知られ、土器は猪狩忠雄によって 2 つの段階に区分されている（猪狩忠雄 2000）。すなわち、第 1 段階に「天王山式系」土器を、第 2 段階に十王台式ならびに同式の影響を受けた土器をあて、「天王山式系」から「十王台式系」へという流れで大枠が定められた。

　この第 2 段階に属するのが、福島県相馬市大坪東畑（長島雄一 1992）、南相馬市原町区桜井高見町 A（辻秀人ほか 1996）、同市原町区桜井（竹島國基ほか 1992）、双葉郡浪江町本屋敷古墳群（伊藤玄三ほか 1985）の各遺跡から出土した土器である。第 112 図 4 に掲げた大坪東畑例は、口縁部と頸部とにスリットを設けて縦に区画し、そのなかを櫛描波状文で埋める。部位境は棒状の工具を用いて刺突をめぐらせ、胴部に附加条第 2 種の羽状縄文を施したらしい。

　5〜8 は桜井高見町 A 遺跡第 1 号住居跡の出土品である。5 の例は微隆起帯を 4 段配して口頸部の境を示し、頸部にはスリットを設けて、区画内を波状文で充たす。頸部と胴部とを下開きの連弧文で画し、胴部を附加条第 2 種羽状縄文で飾る。6 も 5 と同様の構成を採る。7 は、頸部を縦に区画するのがスリットでない。櫛描波状文の充填が疎らな点でも、頸胴部境に連弧文でなく波状文を配する点でも、他と異なる。8 は口頸部に文様をもたない。横線文上に 2 列の刺突を加えて、口頸部と胴部とを画する。9 は、第 2 号住居跡出土の例である。微隆起帯を 5 段作って、附加条第 2 種縄文を全面に施す。

　桜井遺跡採集の 1 は頸部片で、スリットによる区画の内部を波状文で埋める。2・3 も櫛描波状文で飾った口縁部片で、後者は 4 段の微隆起帯をそなえている。

　本屋敷古墳群出土の 10 の例は、第 2 号住居跡の床面から「古式土師器」とともに検出されたという例である。鈴木正博は、「「十王台 2 式」あるいはその直後」（鈴木正博 1995c）と評価し、さしあたって十王台 2 式期に配した（鈴木正博 1995b）。口縁部や頸部を無文とし、両部位の境にわずかな厚みをもたせて、2 列の刺突を加える。頸部の縦幅は、他の例に較べて著しく狭い。胴部は附加条第 2 種羽状縄文で飾る。

　以上の諸例は、附加条第 2 種羽状縄文を採用する点で共通し、器形も大きな違いはないが、一方で櫛描文の存否など異なる点もみいだされる。ところが、当地の「十王台式系」土器は採集資料が多いために、遺構の切り合い関係などから新古の序列をあたえることができず、猪狩も「十王台式系」の枠で括らざるを得なかった。桜井高見町 A 遺跡の場合も住居址出土品とはいえ、一括性を保証しうる関係にない。したがってここでは、文様帯の特徴などに焦点をあてて分類を試みたい。

　浜通り地方北部・相双地域の諸例は、頸部の遺存状態が比較的良い。そこで、頸部の文様帯に注目すると、縦幅の広狭から 2 つの群を抽出することができる。すなわち、大坪東畑・桜井両遺跡の例や、桜井高見町 A 遺跡の出土品の多くは、頸部文様帯の幅を広くとり、スリットによって画した内側を櫛描の波状文で充たす。これに対して、本屋敷古墳群例の場合は縦幅が狭く、櫛描文を欠く。さしあたって前者を①群、後者を②群と呼んでおこう。

　なお、桜井高見町 A 遺跡の 9 の例は、附加条縄文で器面を埋め、櫛描文を欠く。櫛描文の存否で分類するならば、当然②群に属することになろうが、しかしそうはしがたい。頸部文様帯の幅は

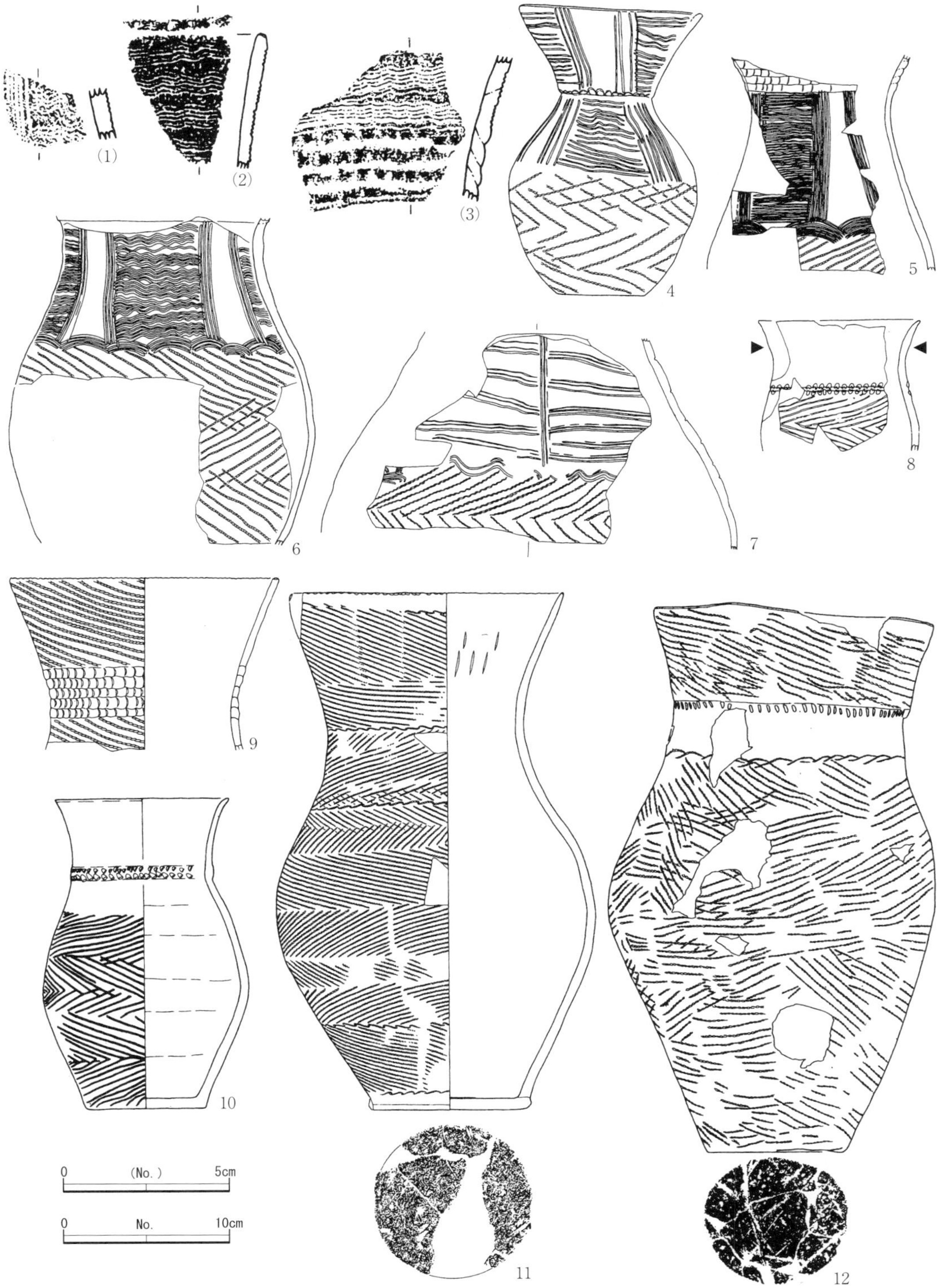

第13章 十王台式の北漸と赤穴式羽状縄文技法の成立　207

第112図　浜通り地方北部（相双地域）の「十王台式系」土器と関連資料
1〜3福島・桜井、4福島・大坪東畑、5〜9福島・桜井高見町A、10福島・本屋敷古墳群、11茨城・武田石高、12栃木・堀越

広く、口頸部を画する境界帯の作法も①の群と共通しており、本屋敷古墳群の②群とは大きく違っているからである。実際、櫛描波状文で飾った土器に、縄文のみを施す土器がともなうことは、鈴木素行がすでに指摘するところであり（鈴木素行 1998）、以上から9は①群に含めておこう。他方、8の場合は、図中に▼で強調した箇所のわずかな厚みを、口頸部境とみなすことは充分に可能である。頸部文様帯の縦幅が狭い点によっても、櫛描文で飾らない点によっても、②群に含めてさしつかえない。

さて、この2つの群の相違を新古に置き換えようとした場合、十王台式がそもそも後期前半の東中根式に連なる土器型式である、という点に注意しなければならない。東中根式は、基本的に2段の装飾を頸部にそなえるため、縦幅を広くとるという特徴がある（川崎純徳 1982）。2つのうち一方は、のちに十王台1式のなかで徐々に狭小化し、消失するというが（鈴木素行 前掲）、消失して1つになっても、幅は広いまま保たれる。したがって、頸部に広い文様帯をおくのは、東中根式以来の伝統に則った古手の属性と考えられ、そこを無文として狭くするのは、文様帯配分の原理が崩れた新しい姿とみなしうる。すなわち、①群が古くて②群が新しく、①群から②群へと変化したであろうことが推知されるのである。

ここで、鈴木正博が示した案を参考にしながら、那珂・久慈両川流域の十王台式と、①・②両群との併行関係を検討してみよう。まず、①群の大坪東畑例は、口頸部の境が単純な段で構成され、高い隆起をともなわない点などから、十王台2式土器と判断される。また、8を除く桜井高見町A遺跡の出土品も、口頸部を画する隆帯の厚みが乏しく、櫛描波状文がやや直線的である点などを勘案すると、大坪東畑例と同じ段階に属するとみてよく、①群は総じて十王台2式土器とみるのが穏当であろう。

これに対して、②群の本屋敷古墳群例（10）や桜井高見町A遺跡の8は、やはり頸部無文帯幅の狭小ぶりが注意をひく。このような例を那珂川や久慈川の流域で捜してみると、鈴木正博が続十王台式の一形態として設定した武田石高式の（鈴木正博 前掲1995a）、標式資料である茨城県ひたちなか市の武田石高遺跡第5号住居跡の縄文壺が、特徴を同じくすることに気付く（鈴木素行ほか 1998）。

11がそれで、附加条第2種羽状縄文を全面に施す。縄文原体の末端で頸部の上下端を表し、このようにして区画された部分の幅は狭い。この傾向は、12に掲げた那珂川上流域の栃木県矢板市東泉堀越遺跡の出土品にもみとめられる（芹澤清八 2005）。以上から、②群は十王台2式の範疇におさまらず、後続する武田石高式に併行するものと考えられるのである。[(4)]

ただし、①群の場合、那珂・久慈両川流域の十王台2式土器とは、櫛描波状文を充たす部位にも共通性がみとめられるのに対して、②群の両例の場合は、武田石高式と同じように頸部を狭くするとはいっても、加飾の度合いが同式と相違する。すなわち②群は、口縁部と頸部とを無文にして、胴部のみを附加条羽状縄文で飾るのに対し、武田石高式の場合は口縁部を縄文帯とする。また、②群の境界帯には「天王山式系」の要素も垣間みられるから[(5)]、武田石高式とは異なる土器型式として理解すべきであろう。そこで、②群を本屋敷式と称して続十王台式の一形態とみなし、同地における弥生時代終末の編年を、

　　　　十王台２式　→　本屋敷式
とする。
(6)

　ところで、東北南部における現行の後期弥生土器編年では、「天王山式系」から「十王台式系」へという認識のもと、「天王山式系」の土器と「十王台式系」のそれとのあいだに共時性はなく、十王台式が展開する時点で、すでに「天王山式系」が一掃されているかのような編年観が示されてきた（猪狩　前掲）。これに対して、鈴木正博は、福島県白河市板橋明戸遺跡の出土品から（辻秀人ほか 1984）、天王山式に後続する「天王山式系」として明戸式を設定し、これが十王台１式十王台段階に併行することを、茨城県東茨城郡大洗町一本松遺跡の分析から指摘して（井上義安ほか2001）、現行の編年案に疑義をとなえたのである（鈴木正博 2002a）。そこで、「天王山式系」の時期とされた猪狩編年の第１段階についても簡単に検討を加え、「十王台式系」との先後関係を解決しておこう。

　第１段階に属する遺跡のうち、資料に恵まれているのは福島県相馬郡新地町双子（鈴木敬治ほか1990）、同町師山（鈴木敬治ほか　前掲）、同郡飯舘村岩下Ｃ（鈴鹿良一ほか 1985）の各遺跡で、双子遺跡はⅣ区のグリッドＫ４－７２のⅢ層に、師山遺跡はⅡ・Ⅲ区のグリッドＦ７－４８のⅡａ層に、それぞれ土器の集中地点がある。第113図１～７に掲げた双子遺跡の例と８～11の師山遺跡例は、

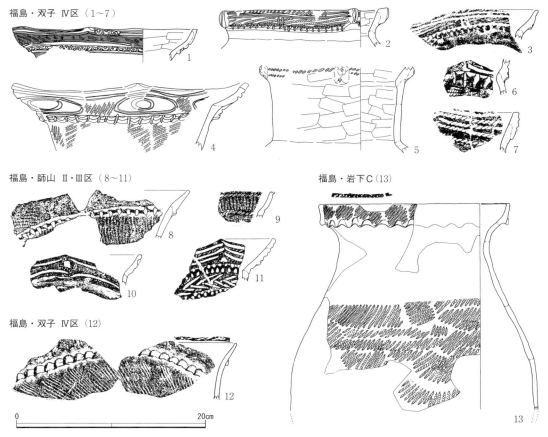

第113図　浜通り地方北部（相双地域）の「天王山式系」土器

交互刺突文が点列化し、口縁部の文様もやや単純になるなど、天王山式以前に遡るものではすでに
なく、また、対刺突文を頻用し（2・11）、三角ないし楕円形状の単位文や（4）、凹点文をそなえ
るなど（6・10・11）、前章で注目した明戸式の特徴（第103図）と共通する点が多い。さしあたっ
て、これを師山・双子段階と称する。

　他方、双子遺跡の12や、13の岩下C例は、交互刺突文以来の2列の列点によってではもはやな
く、大振りな指頭の押圧によって文様帯を画する。これらは、師山・双子段階よりも単純化が進ん
だものとみてよく、岩下C段階と呼ぶならば、相双地域の「天王山式系」土器群は、

　　　　師山・双子段階　→　岩下C段階

の変化が措定される。そうして、文様の共通性から、前者には中通り地方の明戸式に併行する位置
があたえられるのである。

　ところが、これらの遺跡では、上でとりあげた土器の集中地点だけでなく、全体をみまわしても、十王台式に連なる例がみあたらない。鈴木が指摘した中通り地方南部の場合と違って、相双地
域では十王台1式の段階にはまだ、東関東地方からの影響が達していなかったことが、ここから察
せられる。逆に、十王台2式や本屋敷式に属する遺跡を見返してみても、「天王山式系」の要素が
一部に残るとはいえ（第112図8・10）、「天王山式系」と「十王台式系」の双方が用いられた、と
いう様子はない。したがって、東北南部のなかでも最南端の白河周辺では、十王台1式十王台段階
の時点で、すでに十王台式の北漸があったのかもしれないが、仙台湾にほど近い相双地域には、十
王台2式期になってようやく達したのであろう。東北南部のなかでもズレがあることを、これは示
している。

　以上のところから、相双地域の後期弥生土器には、少なくとも

　　　　師山・双子段階　→　岩下C段階　→　十王台2式　→　本屋敷式

という4つの指標があたえられ、師山・双子段階が明戸式に併行する。また、「天王山式系」・「十
王台式系」両種の共伴が確認できないことから、岩下C段階の下限はひとまず十王台式が展開す
る直前、すなわち十王台1式紅葉段階とみておきたい。

　十王台式の影響が及んだのは同2式期であり、次いで本屋敷式が成立する。本屋敷古墳群第2号
住居跡において本屋敷式と共伴した無文の土器群は、北陸地方に系譜をもとめうるというから（伊
藤玄三ほか 前掲、辻秀人 1995）、この段階で同地方に繋がるチャネルを有したことは間違いない。
しかし、それは「天王山式系」由来のものでなく、新たに形成された「十王台式系」のネットワー
クであった。

3. いわゆる赤穴式における羽状縄文の受容

　東北北部は、「天王山式系」の系統が後期の終末まで続いた地域である。古くからこの土器群の
時期差について議論が重ねられ、石川日出志が後期初頭の兎II式を（石川日出志 2004）、伊東信雄
が前葉の常盤式を（伊東信雄 1960）、小田野哲憲が湯舟沢式を（小田野哲憲 1986）、そうして新し
い部分にあたる赤穴式を江坂輝彌が設定して（江坂輝彌 1955a）、こんにちに到る。

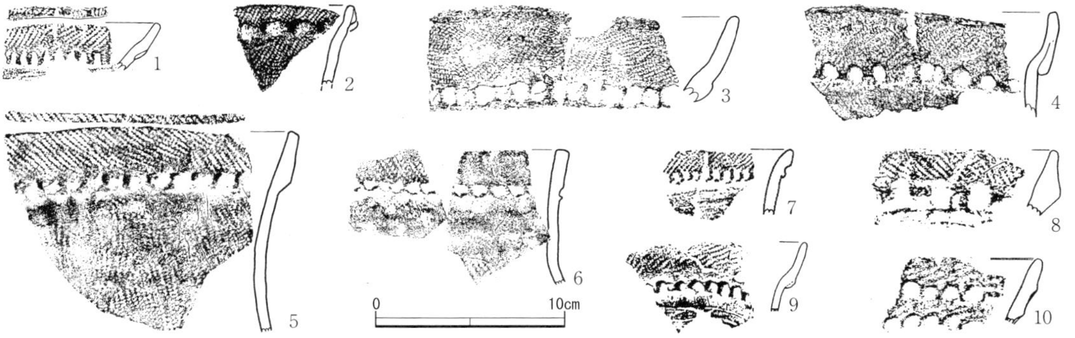

第 114 図　「天王山式系」期の交渉を示す土器
1 秋田・はりま館、2 岩手・上水沢Ⅱ、3・4 岩手・下尿前Ⅳ、5・6 宮城・上ノ原B、
7 宮城・糠塚、8・9 宮城・西野田、10 宮城・宮前

　研究が深化する過程で、東北北部の「天王山式系」諸式と、南部のそれとでは、器形・器種のバラエティや、用いる縄文の種類などに差異がみいだされてきたが（石川日出志 2001）、特徴のことごとくが相違するということではもとよりない。「天王山式系」という概念がなおも有効であるように、違いがあるとはいえ、例えば交互刺突文の採用ひとつをとっても共通性はみとめられるから、東北地方内における諸地域のあいだが全くの没交渉ということではなかったであろう。

　その関係を、秋田県鹿角郡小坂町はりま館（大野憲司ほか 1990）、岩手県九戸郡洋野町上水沢Ⅱ（北村忠昭ほか 2002）、奥州市胆沢区下尿前Ⅳ（中村直美 1998）など、東北北部の各遺跡から出土した後期後半代の土器がさらに証示する。いずれも器面を単節LR縄文で飾り、複合口縁の下端を幅広の棒状工具で刺突を加えるか、あるいは指頭押圧して、頸部との境を明示する（第 114 図 1〜4）。ところが東北北部では、後期初頭を除けば、附加条縄文や無節Lの撚糸文を使う割合が高く、単節縄文を用いることはない。各々の報告をみると、これらは東北南部の踏瀬大山式（中村五郎 1976）に類すると指摘され、先にとりあげた相双地域の岩下C段階にもたしかによく似ている。類例の探索を続けていくと東北南部が数のうえで他を凌ぎ、中部でも宮城県栗原市一迫上ノ原B（佐藤信行ほか 1978）、同市志波姫糠塚（小井川和夫ほか 1978）、名取市愛島塩手西野田（藤沼邦彦ほか 1974）、亘理郡亘理町宮前（丹羽茂ほか 1983）の各遺跡などで散見される（5〜10、大友透 1990、相澤清利ほか 1990）。

　したがって、土器文様の共通性だけでなく、実際に東北南部の土器が中・北部に移動している点からも、弥生時代後期の東北地方に、何らかの交渉関係があったことはみとめてよい。ただし、これは前節で導いた岩下C段階の編年的位置から、十王台式の北漸が相双地域に及ぶ十王台2式より前の状況ということになろう。

　それならば、十王台2式以降、東北地方諸地域の繋がりはどうなっていくのだろうか。相双地域が十王台式圏に包摂された後、東関東地方の影響はどのように拡がるのだろうか。ここでまず注目してみたいのは、第 115 図 1 に掲げた、秋田県能代市浅内寒川Ⅱ遺跡の例である（小林克ほか 1988）。器形は十王台式土器に近似し、口縁部と胴部とを附加条羽状縄文で飾る。ところが、頸部の中央には断面三角形の微隆起帯をそなえ、底部も上げ底で、必ずしも十王台式の製作技法に準じていると

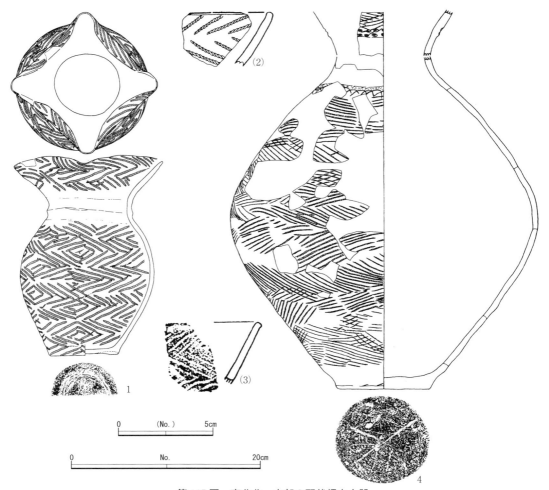

第 115 図　東北北・中部の羽状縄文土器
1 秋田・寒川Ⅱ、2 宮城・大境山、3 宮城・清水、4 宮城・宇南

は言えない。鈴木正博は本例から寒川Ⅱ式を設定し、かつ「口縁部に於ける縄紋の文様化」（鈴木正博 1990：99 頁）を論拠として、続十王台式に併行する位置をあたえた。頸部文様帯の広狭に着目する筆者の視点によっても、武田石高式や本屋敷式との共通性がみとめられ、その主張はスムーズに首肯できる。

　同じく注意されるのは、いわゆる赤穴式土器にみられるはなはだしい変化である。第 11 章では対向連弧文土器に着目し、湯舟沢・室小路 15 段階から柿ノ木平・八卦段階を経て、上八木田・高松寺段階へと転じ、鳶ヶ長根Ⅳ・小井田Ⅳ段階へと到る 4 段階変遷案を提示したが（第 100 図）、この案では最も新しい鳶ヶ長根Ⅳ・小井田Ⅳ段階に、

　　㋐地文の変化
　　㋑頸部文様帯の拡幅

という大きな転換がみとめられるのである。

　㋐はすなわち、附加条羽状縄文の採用である。上八木田・高松寺段階までのあいだも、撚糸文だ

けでなく、附加条縄文によっても器面を埋めているが、前者は縦方向に、後者は斜方向に回転させることで、いずれも条が縦走するような視覚効果をあたえ、羽状縄文を生みだす素地はみあたらない。もちろん、本州島に分布を拡げはじめた北海道の後北式にも、羽状縄文で飾る伝統はない。したがって、鳶ヶ長根Ⅳ・小井田Ⅳ段階の諸例と共通する附加条羽状縄文を有するのは、寒川Ⅱ遺跡の土器が唯一例であり、かつて山内清男が論じた十王台式起源の羽状縄文拡散説が（山内清男ほか1971）、信憑性を帯びてくるのである。

　十王台式から赤穴式に羽状縄文技法が伝わったとすれば、相双地域と東北北部のあいだにも、何らかの形跡は残っていてよいはずである。そこで東北中部の、相澤清利の編年で後期後葉とされるⅢ期の資料をみてみよう（相澤清利2000・2002）。「天王山式系」が多くを占めるⅢ期において、宮城県名取市田高清水（丹羽茂ほか1981）、栗原市瀬峰大境山（阿部正光ほか1983）、同市志波姫宇南の各遺跡から出土した土器が（斉藤吉弘1979）、様相を異にしているようである（第115図2～4）。清水例や大境山例は小さな破片で、器形や頸部の特徴などは不明であるが、口縁部は寒川Ⅱ例のように附加条羽状縄文で飾ってある。これに対して、Ⅲ期の例の多くは、縄文あるいは撚糸文の条が縦走していて、筆者の赤穴式変遷案に照らすと、上八木田Ⅲ・高松寺段階までの諸例に対比することができる。両者の相違は、相澤編年のⅢ期が新古に細別される可能性を示唆している。

　東北中部における十王台式の北漸を物語る決定的な例が、宇南遺跡から出土した4の例で、胴部を附加条第2種羽状縄文で飾るだけでなく、底面に木葉痕をもつ点で特筆される。(8)管見にふれた限りにおいて、少なくとも東北北・中部の「天王山式系」土器に木葉痕を残した例はみあたらず、先掲の寒川Ⅱ例にもそれはない。また、口縁部片とは接合しないものの、頸部の下端がここまで窄まる以上、極端にその縦幅を広くするとは考えにくく、口頸部の境には2列の刺突もみられる。すなわち、本例は寒川Ⅱ例と違って完全に「十王台式系」の技法に準じており、特に相双地域の本屋敷式に連なる例と判断される。(9)近年、鈴木正博はこれを、内陸部を北上した「十王台式系」堀越式（第112図12）の系統とする新案を提示しているが（鈴木正博2014b・2015）、本屋敷式あるいは堀越式のいずれから生じるにせよ、「十王台式系」の北漸が宮城県北部の大崎平野にまで達したのは、続十王台式期のようである。寒川Ⅱ例の存在や、赤穴式鳶ヶ長根Ⅳ・小井田Ⅳ段階における羽状縄文の採用は、このような続十王台式期の動向がひきおこしたに違いない。

　最後に、いわゆる赤穴式におけるもう1つの変化についてもふれておこう。すなわち、④頸部文様帯の拡幅現象である。鳶ヶ長根Ⅳ・小井田Ⅳ段階の諸例は頸部が拡がり、括れは器高のやや中央にまで下がってくる。十王台式の影響であれば、武田石高式や本屋敷式のように頸部文様帯の幅はむしろ狭まるはずであるが、どうやらそうではないらしい。

　第116図には、第11・12章でとりあげた岩手県二戸郡一戸町小井田Ⅳ、九戸郡九戸村長興寺Ⅰ両遺跡の例と（嶋千秋ほか1984、金子昭彦2002）、同じように羽状縄文で飾る北上市相去町南部工業団地内遺跡の例とを掲げた（杉本良ほか1993）。1の小井田Ⅳ例は上半部のみが遺存しているが、括れの位置がやや下がる。附加条縄文の原体の末端を2段回転させて口縁部と頸部とを画し、その下方を縦羽状の縄文帯とする。2は南部工業団地内遺跡の例で、横方向の羽状縄文で頸部を、縦方向のそれで胴部を飾る。また、長興寺Ⅰ遺跡の第68号土壙から出土した3と4も、器高の中

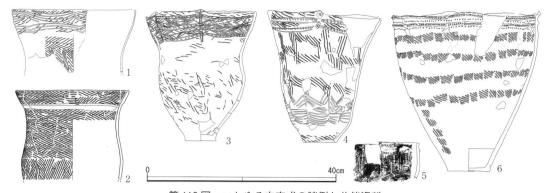

第116図　いわゆる赤穴式の諸例と共伴資料
1岩手・小井田Ⅳ、2岩手・南部工業団地内、3～6岩手・長興寺Ⅰ

央に括れを有し、頸部に相当する場所に幅広の文様帯がそなわっている。

　ここで注目されるのが、長興寺Ⅰ遺跡第68号土壙から出土した6の例である。口縁部に微隆起線文を2段配し、同文様上やその間隙に三角形の刺突を加えていることから、津軽海峡の北方で展開した後北C2・D式の影響を受けたものと判断されるが、この土器もまた、鳶ヶ長根Ⅳ・小井田Ⅳ段階の諸例と同じく、上半に幅広の文様帯をそなえているのである。後北式の場合、C2・D式以前から器面の上半に幅広の文様帯をおくのに対して、赤穴式の古手の諸例に、このような特徴はみられない。したがってこの変化は、後北式文様帯の介入によって起こった、と理解することができる。さらに言を加えると、文様帯構造の受容というだけでなく、5のように、後北C2・D式そのものと判断される例も、東北地方では数多く確認されている。とりわけ北部が数のうえで卓越し、分布が集中するらしい（芳賀英実ほか 2003）。

　本節の検討結果を約言すると、東北北部のいわゆる赤穴式土器は、続十王台式併行期に、大きな変化をむかえる。ひとつは、中部の大崎平野にまで達した十王台式の北漸の余波を受けて羽状縄文を採用する点であり、もうひとつは南進する後北式の文様帯を受容する点である。北海道方面からのインパクトがとりわけ大きく、両地のあいだで深いかかわりあいがあったらしいことは、赤穴式の文様帯の配分原理を一変させたというだけでなく、東北北部で相当量の後北C2・D式土器が検出されている点によっても、また、鳶ヶ長根Ⅳ・小井田Ⅳ段階に類する対向連弧文土器が北海道南西部から出土している点によっても[10]、推知されるのである。

4. 東北地方における弥生土器の終末

　この章では、まず、福島浜通り北部・相双地域の「十王台式系」土器を分類して、十王台2式から本屋敷式への推移を辿り、十王台式の北漸プロセスを次のように復原した。

　東関東地方でいう十王台1式までのあいだ、東北南部では天王山式に後続する「天王山式系」土器が展開しており、十王台式圏との交渉は、白河市周辺などの福島中通り地方に限られていた。2式期に入って浜通り地方全域が十王台式圏に包摂され、次いで続十王台式期には東北中部の大崎平

野にまで達する。

　なお、本屋敷古墳群第2号住居跡などをみると、続十王台式期には十王台式に連なる例と、いわゆる「北陸北東部系」の土器との共伴が目立つようになる。これは、東北南部に進出した「十王台式系」の製作者と、「北陸北東部系」土器を製作する人々との交渉が始まったことを示している。

　一方、いわゆる赤穴式土器が展開していた東北北部にも、完全ではないものの、東関東地方からの影響が及ぶ。羽状縄文の採用にそれをみてとることができるが、時をほぼ同じくして後北式土器の文様帯も赤穴式土器に大きな変化を促したらしい。すなわち同地の土器は、南から十王台式の影響を、北から後北式の影響を受けたことになるが、土器の移動状況などを勘案すると、後北式との繋がりをことさら強めていったようにみえる。

　さて、弥生時代の終末といえば、すでに胎動をはじめていた畿内政権が拡充の準備をととのえ、他方、北日本では後北C2・D式期の続縄文社会が北海道島にとどまらず、海を越えて北へ南へと活発な活動をみせる時期にあたる。次代の古墳時代研究の成果を縦覧すると、大規模墳墓が継続的に営造される北限の地は大崎・仙台両平野の辺りであるといい（例えば、藤沢敦 2003、黒田篤史 2004 など）、また、前期の塩釜式土器の分布は、若干、北上川中流域にもみられるものの、概して大崎平野以南に広がっているという（辻秀人 1995・2001）。北限の大規模拠点集落もまた、この地に営まれた（村上裕次ほか 2016）。

　東北地方における古墳時代の開始は、「弥生時代最終末の土器群と、最古の土師器との間には、文様の有無や器種の構成、形態などすべてにわたって、大きなへだたりがあり、連続的な変化をみとめることができない」（辻秀人 1986：152 頁）という言説がよく示すように、西方からのインパクトが重視され、弥生時代からのコンテクストを等閑に付すかたちで復原されてきた。前代の関係が払拭され、古墳・続縄文の両文化を分かつ一線が、にわかに出現したかのように描かれてきたわけである。

　ところが、これに本章で述べ来たった弥生時代終末の状況を重ね合わせてみたい。完全な形での十王台式の北漸は大崎平野辺りまでを限界とし、対して赤穴式は後北C2・D式の文様帯を受容する。たしかに、後北C2・D式土器そのものは大崎平野以南の地にもみられ、赤穴式もまた十王台式に出自をもつ羽状縄文を採用するものの、前者については東北北部と中部以南との例数の違いが著しい点を、後者については文様帯の構造や技術体系が中部までとは違って完全に伝わらなかった点をそれぞれ考量するならば、大崎平野の近傍にはすでに薄らとした一線があらわれているように思われるのである。

　畢竟するに、古墳時代前期における「境界線」は脈絡なく形成されたわけではなく、続十王台 - 北陸北東部系、赤穴 - 後北C2・Dという、弥生時代終末の繋がりによって醸成されたと考えることができる。そうして、そのトリガーを引いたのはほかでもない、東北全域を覆う「天王山式系」のネットワークを南北に解体した、十王台式の北漸現象であった。

註

（1）筆者は、おおよそ弥生時代中期初頭までの同水域を「古鬼怒湾」、中期中葉以降を「古霞ヶ浦」と呼んでいる（佐久間好雄ほか 2006）。同水域の沿岸で土地利用が転換するのが、この頃だからである（齋藤瑞穂ほか 2005）。

（2）土師器は、東北地方前期土師器編年の最古段階に位置づけられている（辻秀人 1994・1995）。

（3）報告者によれば、「床面にともなうものは」「1点だけで、他は床面からやや浮いた状態あるいは壁際の堆積土中からの出土が多い。堆積土中からの出土資料は、出土状況から、比較的短い時間のうちに投棄されたか、流入したものと見られるが、厳密な意味での一括性はない」（辻秀人ほか 1996：19頁）という。

（4）会津盆地の福島県喜多方市塩川町舘ノ内遺跡2号周溝墓の例も、文様帯幅の配分を同じくする（和田聡ほか 1998）。また、堀越遺跡の例については、近年、鈴木正博が堀越式を提唱している（鈴木正博 2014c・2015）。

（5）明戸式の「対刺突文」（鈴木正博 2002a）の系譜と考えられる。

（6）本章の初出論文である齋藤瑞穂（2011）では本屋敷段階としているが、指標としての汎用性の高さに鑑み、本屋敷式に変更する。なお、茨城県日立市久慈町吹上遺跡第3号住居跡から、十王台式の系統で理解すべき無文の壺が、S字状口縁台付甕などとともに出土している（鈴木裕芳 1981）。この壺は、口縁部に段を作り、頸部の幅は狭い。胴部は球状を呈し、縄文を施さない。底部が横に突き出す。まず確かであるのは、頸部の狭さから十王台2式以前に遡りえない点である。そうして、続十王台式の諸例と違って無文化し、胴部が球状化している点で、この時期に位置づけることも難しく、続十王台式の後続段階とみるのが穏当であろう。他方、共伴したS字甕は口縁部が厚く、刺突文を欠く。胴部は球胴を保っているが、台部は「八」の字状に広がる。肩部横線の施し方は丁寧でない。したがって、これらは「第1次拡散」によって波及したS字甕ではなく、「第2次拡散」以後、関東地方で変容を遂げた廻間Ⅲ式期の例とみてよい（赤塚次郎 1990・2005 など）。ただし、肩部横線を残し、長胴化していないことから、同式のなかでは古手と推測されよう。これは早野浩二の「前1期（廻間Ⅱ式4段階・廻間Ⅲ式1段階）を下限とする」（早野浩二 2014：102頁）との発言とも、おおよそ調和的である。したがって、本章の議論からすると、吹上遺跡例に先行する武田石高式と、同式に併行する本屋敷式とは、廻間Ⅲ式に先行する時期をあたえうるが、早野は本屋敷式の出土した本屋敷古墳群第2号住居跡を新しく位置づける（井上雅孝ほか 2013）。

（7）中通り地方における「天王山式系」・「十王台式系」の接触については、第12章を参照されたい。

（8）宇南例の底面拓本は、東北歴史博物館のご厚意により採拓させていただいたものである。

（9）相澤清利（2002）は、鈴木素行による編年の十王台2a式（本章で参照した鈴木正博編年の十王台2式に相当）に併行する位置をあたえており、筆者が得た帰結とは見解を違えている。

（10）例えば、北海道恵庭市戸磯ユカンボシE9遺跡で出土した対向連弧文土器は（上屋眞一ほか 1993）、鳶ヶ長根Ⅳ・小井田Ⅳ段階と特徴を同じくする。

第14章　勒島式細別編年試案
―韓半島無文土器型式の細別―

1. 勒島式研究の課題

（1）後期無文土器研究の濫觴

　韓半島先史土器の長い伝統にあって、その最後を締め括ったのが、いわゆる粘土帯土器に代表される後期無文土器である。口縁部に粘土帯をめぐらせ、厚みを加えたこの種の甕や、これと期を同じくする精製の把手付壺が、対馬海峡を越えて列島の各地で散見され、また、これらを携えて訪れた人々が、倭の地の青銅器生産の開始に何らかの形で関与している、と推測されることから（岩永省三 1991、片岡宏二 1997 など）、従前より弥生時代研究者の耳目を集めてきた。

　後期無文土器の編年研究が本格的に始まったのは、無文土器が出土する遺跡に、粗製の甕のみで構成される場合と、「黒陶」と呼ばれる精製の壺がそれに加わる場合とがあり、これをそれぞれ前期、後期と称するようになって（林炳泰 1969）、まもなくのことである。後藤直は、器種の組み合わせをもって、前・後期のあいだに鮮やかな一線を引くとともに、後期の壺につく把手の形にバラエティがみとめられることから、「こうした把手形態はある程度時間差を示すものと思われる。すなわち組合牛角把手よりも牛角形ないし棒状のものが後出であり、後者は灰色硬質土器にひきつがれたようである」（後藤直 1973：67頁）と述べて、細別の第一歩を刻んだ。後藤の学説は海峡の彼方にも大きな反響を呼び起こしたらしい。李白圭もまた把手の多様ぶりに着目し、これに有溝石斧の存否などを勘案して、後期を「環形把手」の段階と、組合・棒状の両牛角形把手をそなえる段階とに分離する（李白圭 1974）。

　折しも、福岡県福岡市博多区諸岡遺跡では、この種の甕や壺が弥生時代前期の板付Ⅱ式土器をともなって出土していた（横山邦継ほか 1975）。発掘調査での初確認は、識者の関心を喚起しただけでなく、既報告資料を見直す機運を高め、類例はたちまちのうちに蓄積されたようである。後藤はそれらを集成して共伴する弥生土器の時期を整理し、一方では把手と壺の形制から後期無文土器の変遷を確定させることによって、弥生土器と「無文土器文化」との併行関係の把握を目論んだ（後藤直 1979）。

　後藤が展開した議論のなかから無文土器の変遷の部分を抜粋すると、第1期には頸部が直立して、球形の胴部をそなえ、頸胴部の境が明瞭な壺が属する（第117図）。京畿道南楊州市水石洞水石里遺跡Ⅲ号住居址の例が代表的で（金元龍 1966）、半環形の把手を有するが、把手は未だ一般的でないらしい。つづく第2期の壺は、組合牛角形把手をもつ。ソウル特別市城東区鷹峰遺跡の出土

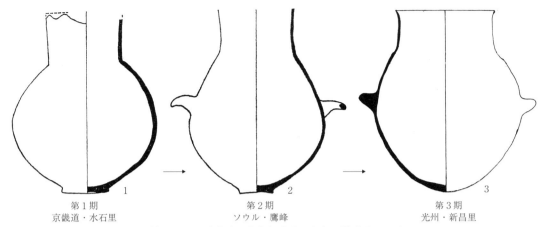

第117図　後藤直の後期無文土器編年（後藤直 1979）

品が典型で（横山将三郎 1930）、頸部は直立するものだけでなく、中ほどで締まり、上下方が緩やかに開く例もある。第3期は、組合牛角形把手も残るものの、光州広域市光山区新昌里甕棺墓地遺跡の壺棺につくような（金元龍 1964）、棒状の牛角形把手が加わる。そうして、「第3期のあと金海式の灰色陶質土器（金海式灰陶）が出現する」（後藤 前掲：509頁）段階へと移行する。

　一方、甕は壺ほどの鮮やかな変転をみせるわけではない。第1期の甕は、口縁部に断面円形の粘土帯をめぐらせる。粘土帯下に瘤状の突起を付す場合もあり、胴部の張り出しはおしなべて弱い。これが、第2期には強く張るようになる。また扁平気味の粘土帯をもつ例もある。この時期にみられる甕が次の第3期にも残っていくが、第3期の多くは口縁部が「く」の字状に外反し、粘土帯の断面は三角形に近くなる。

　前・後期の分離に成功し、後期の細別に歩を進め、北部九州の弥生土器によってそれを検証した後藤に、半島側から応えたのは申敬澈である。申は、釜山広域市金井区久瑞洞遺跡において、断面三角形の粘土帯をもつ甕が、「灰色瓦質系」の甕や壺とともに出土した点をふまえ、後藤が「第3期のあと」と外した時期を「無文土器時代後期」の範疇に組み込み、円形粘土帯甕段階を前葉、三角形粘土帯甕の段階を中葉、「灰色瓦質系」土器との共存段階を後葉とする、新しい枠組みを構想した（申敬澈 1980）。円形粘土帯甕の段階にあたる前葉を、特に、壺が把手をもたないⅠ期と、把手が出現して、半環形把手をもつⅡa期、組合牛角形把手をもつⅡb期に分け、さらにはⅠ期に属する壺や甕の胴部最大径の高さの違いに注目して、Ⅱa期へ到るプロセスを推考した。

　後藤と申の変遷観は大筋で一致していたが、唯一、際立った違いをみせたのは、甕の推移についてである。後藤が、第3期にも第2期の特徴をもつ甕は残り、これに三角形粘土帯甕が加わるとみていたのに対し、申は慶尚南道泗川市勒島洞勒島遺跡などが、三角形粘土帯甕のみで構成されるのを論拠として、円形・三角形の両種は共存する関係でなく、前者から後者へ交替するものであり、甕の断面形こそが時期を判別する基準になりうる、と考えていた。もっとも、後藤が壺で3期に分け、申が甕で前・中・後葉を分けた以上、このような相違が生じるのは当然のなりゆきであったと言える。

第10表　申敬澈による後期無文土器の編年（申敬澈 1980）

指標遺物 遺跡 \ 時期	口縁断面円形甕 前葉			断面三角形口縁甕		無文土器 瓦質系土器	把手		
	I	II a	II b	中葉	後葉		半環形	組合牛角形	牛角形
大田槐亭洞	─								
飛下里	─								
南城里	─								
白翎島	──						○		
水石里							○		
鷹峰A地点								○	
俄差山								○	
陶谷里				⋯⋯				○	○
金丈2里								多數	1点
金丈3里								○	
朝陽洞								○	
勒島				⋯⋯⋯⋯					○
玉房洞									○
新昌里									○
久瑞洞									○
松川里合송									
燕巌山									○
良田洞									○

　その両種がともに出土する遺跡がなかったわけではない。しかし、両種が共伴した慶尚北道慶州市見谷面金丈2里遺跡の竪穴では、典型的な円形・三角形粘土帯甕だけでなく、粘土帯断面が長楕円形であったり、円形であっても、三角形粘土帯甕のように外反させた例が加わっていて、4種は層をなすことなく混在していた。それを、申は過渡期の態様と捉えたわけである。「金丈2里期」と呼びはしたものの、あくまでも「前葉末～中葉初」における一時的な現象、というのが申の理解であった（第10表）。

(2) 勒島式の登場と型式内容の変転

　80年代に入ると、年代的組織の編成へと研究が進む。崔鍾圭は、「鉢形土器一器種の観察および韓半島中・南部というひろい地域をひとつの尺度におさめるという点で、時期尚早の感がなくもない」（崔鍾圭 1982：214頁、後藤直訳：164頁）との但し書きを添えたうえで、円形粘土帯甕を指標として槐亭洞式を、三角形粘土帯甕を指標として新昌里式を設定する。これらはそれぞれ、大田広域市西区槐亭洞遺跡（李殷昌 1968）、光州広域市新昌里甕棺墓地遺跡（金元龍 1964）を標式とする。

　就中、前者の槐亭洞式は、精製の黒陶長頸壺に、「口頸部は直立から外傾に、胴部は球形からタマネギ形に、底部は径がひろく強く突出するものからせまく突出度の弱いものへという変化」（崔鍾圭 前掲：同頁）がみられるとして、水石里遺跡III・VI号住居址例を標式とする古段階と、槐亭洞遺跡例を指標とする新段階とに細別された。これは、把手の存否を新古に置き換えた申敬澈とは順序の逆転をもたらしたが、それ以上に大きな相違をみせたのは、金丈2里遺跡に対する評価であった。申が一時的とみなした断面楕円形の粘土帯をもつ甕を金丈二里式として独立させ、槐亭洞式新段階と新昌里式とのあいだに位置をあたえたのである。

また、安在晧は、申敬澈や崔鍾圭が例数の乏しさを理由に留保した、三角形粘土帯甕の細別に着手し、甕の形制や壺に付く棒状の牛角形把手の大小に注目する。申が報告した勒島遺跡の三角形粘土帯甕は、前代の円形粘土帯甕と同じく丸みがあり、崔が新昌里式を提唱した新昌里甕棺墓地遺跡の例はそれよりも長胴であるという。安は両者の異同を時期差とみて、勒島遺跡例を新昌里式から切り離し、勒島式を始めて打ち出した（安在晧 1984）。

　一方、楕円形粘土帯甕のみで構成される遺跡や遺構が追加されなかったためか、金丈二里式をめぐる議論は短命に終わる。藤口健二は、崔の変遷観と細別を支持したものの、水石里式→槐亭洞式→新昌里式として、唯一、金丈二里式を退け（藤口健二 1986）、武末純一も「金丈二里式定立の可能性は充分あるが、いまは大きく前半の中に包含しておきたい」（武末純一 1987a：844頁）と述べて、同式以前をことごとく水石里式の名でまとめてしまう。なお、崔の新昌里式に対し、武末が

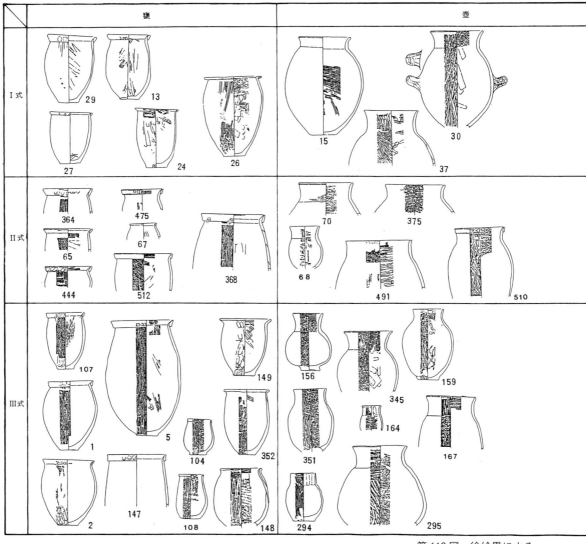

第118図　徐姶男による

勒島式への呼び換えを提案したことも、本章の題材に関わるところとして付け加えておこう。

　採集資料でありながら、三角形粘土帯甕の細別基準としてとりあげられ、存在感を増しつつあった勒島遺跡は、1985・86年、発掘調査が実施される。鄭澄元・申敬澈は、出土品をいちはやく紹介し、鉄器類の多さを強調した。それは、前・中・後葉を設け、瓦質土器との共存段階を後葉にあてていた後期無文土器の枠組みに新装を促すほどであったらしく、まずは後葉を「無文土器時代」の範疇から省いてしまう。そうして、円形粘土帯甕段階と三角形粘土帯甕段階とのあいだにも、土器の製作技法以上の画期的な展開があるとみて「無文土器時代終末期」を設け、三角形粘土帯甕を終末期無文土器と呼ぶことを提唱したのであった（鄭澄元ほか 1987）。

　調査報告書『勒島住居址』は、1989年に刊行される（鄭澄元ほか 1989）。報告に携わった安在晧は、新昌里式から分離し、三角形粘土帯甕の前半段階として自らが提案したかつての勒島式概念

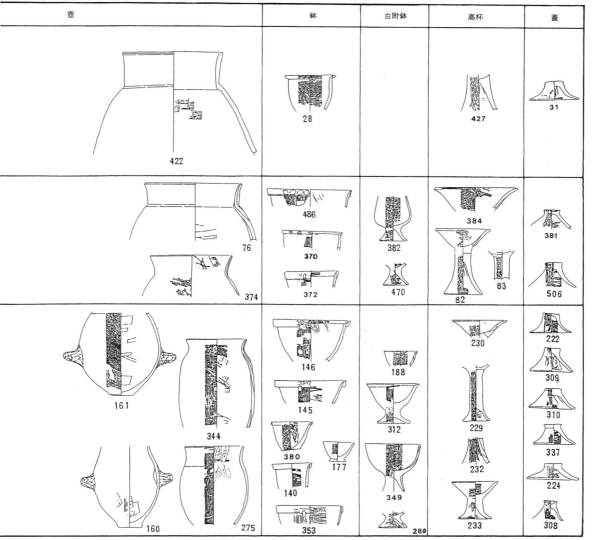

勒島式の細別（徐姶男 1989）

を棄て、同式を「断面三角形口縁粘土帯土器を指標と」し、「断面三角形口縁粘土帯土器（以下は三角形粘土帯土器と呼ぶ）だけが出土する時期」（安在晧 1989：132 頁）と再定義した。現行の勒島式がこれにあたり、徐姶男が勒島Ⅰ式・Ⅱ式・Ⅲ式の 3 段階に細別する（第 118 図、徐姶男 1989）。

ところが、三角形粘土帯甕の細別は、徐の 3 細別案の提示をもって一応の完整をみた、というわけではなかった。翌年、安在晧と徐姶男は、「勒島住居址遺跡は各遺構の重複関係と遺物の分布によって 3 段階に分け、上限を B.C. 2 C 中葉、下限を B.C. 1 C 前半に編年した。これは遺構の重複関係を重視した結果だが、実際に勒島Ⅱ式とⅢ式の土器形態を比較すると明確な区分は指摘することができなかった」（安在晧ほか 1990：80 頁）と述べて、早くも撤回してしまう。勒島住居址式に改称し、Ⅱ・Ⅲ式を「勒島住居址Ⅱ期」に統合する、2 段階案に修正された。

世紀の交に到ると、高久健二が弁・辰韓墳墓の編年を公表し（高久健二 1999・2000）、白井克也が根拠のひとつにこれをおいて、勒島式土器と弁・辰韓墳墓との年代的な関係を吟味する。白井は、慶尚南道昌原市義昌区茶戸里遺跡第 29 号墳、第 39 号墳、第 40 号墳出土の把手付壺を（李健茂ほか 1991・1993）、高久編年の弁・辰韓Ⅱ期にあて、これらが「勒島Ⅲ式の把手付壺に対し」、「把手が小さく、把手の付着位置が高くなっており、底部はくびれを失って単純化、さらに丸底化への傾向を示している」（白井克也 2001：160～161 頁）ことから、勒島Ⅲ式（勒島住居址Ⅱ期）の直後に位置をあたえて、茶戸里式を提唱した。

李昌熙は、勒島Ⅲ期を設定して、「断面三角形口縁粘土帯土器」「だけが出土する時期」とされる勒島式・修正勒島住居址式が、Ⅰ期・Ⅱ期だけではなおも不充分であることを衝き（李昌熙 2004）、李在賢は、中期の無文土器であり、円形粘土帯甕段階よりも古手にあたる松菊里式の要素が、勒島式に色濃く残ると指摘する（李在賢 2003）。

ここまで、後期無文土器の細別が始まり、粘土帯の形状によって新古を別け、やがて勒島式が設定されて、こんにちに到るまでを辿ってきた。結果的に、後半代を中心にとりあげることとなったが、前半代とされる円形粘土帯甕の研究も停滞していたわけではもちろんない。

むしろ、粘土帯甕の起源に関わる議論は、90 年代に新たな局面をむかえ、円形粘土帯甕の編年研究を活性化に導く。そうして、2000 年以降は、円形粘土帯甕の段階から三角形粘土帯甕段階までの、総体的な編年の構築をめざす動きもにわかに拡がりをみせる。その先鞭をつけたのが、朴辰一であった。

朴はまず、中国東北部から韓半島西海岸にかけての円形粘土帯甕を俎上にのせ（朴辰一 2000）、次いで東南部に転じて、慶尚北道・南道の円形・三角形粘土帯甕に分析のメスを入れた（朴辰一 2001）。それによると、円形粘土帯甕は胴部最大径の位置が下がりつつ、小型化していく。その小型化しきった円形粘土帯甕に、列島の弥生土器の手法が加わることによって、三角形粘土帯甕が成立するらしい。ところが、サイズの大小を新古に置き換えた点に対しては、李在賢がすぐさま反駁を加え（李在賢 2002）、胴部最大径の位置が低くなるという点も、その 1 つのみでは時期の区分に適用できない、との見解が提出されている（徐吉徳 2006）。

もちろん、朴も手をこまねいていたわけでなく、批判に応えて旧案を一新し、土器・石器のアセ

第11表　朴辰一が示した後期無文土器の変化の指標（朴辰一 2006・2007）

時　期 生活遺跡	粘土帯土器		把手付壺			高　杯			有溝石斧	墳　墓
	円　形	三角形	環　状	組合牛角形	棒　状	短　脚	長脚中空	長脚中実		
Ⅰ期（A類型）	■		■			■	■			石棺墓？
Ⅱ期（B類型）	■			■		■			■	石棺墓
Ⅲ期（C類型）	■									石棺墓
Ⅳ期（D類型）		■							■	石棺墓 木棺墓

ンブリッジから後期無文土器を4期に分け直す（第11表、朴辰一 2006・2007）。この新案は、「正確性が高い編年案」（中村大介 2008：64頁）という中村大介の記述から察すると、一定の声価を得て、大きな影響力をもっているらしい。中村自身も、朴の新案から出発して、把手付壺を基軸とする4期区分を打ち出し（中村　前掲）、甕の粘土帯の接合方法や黒陶長頸壺の形制などについても推移を示した（中村大介 2010a・2010b）。

他方、朴辰一旧案のように、粘土帯甕がそなえる諸属性にこだわって序列を導く手法も、いまだ健在である。林雪姫は、粘土帯の形状や外反の度合いや底部の形状から20のタイプを設定し、共伴頻度の高い組み合わせをもとに、やはり4期で区分する。ただし、期の数が共通するとはいえ、朴や中村の案との隔たりは著しい。三角形粘土帯甕が比較的早い段階から出現するとみており、林が推測する円形・三角形両粘土帯甕の共存期間は相当に長い（林雪姫 2010）。
(8)

これらは一例にすぎないが、朴の旧案・新案を出発点として細緻化をはかり、あるいは批判的に継承して修正案を示した論考が、数多く発表されている。その点で、2000年代の編年研究は、朴辰一の議論を中核の1つとして進んできたと言っても、決して大げさでないだろう。

(3) 問題の所在

しかしながら、着実に歩を進めてきた後期無文土器の編年研究も、全く問題がない、というわけではない。何よりもまず第一に気に懸かるのは、土器をともなった遺構であっても、何期にあたるかが簡単に決まらない、という点である。

例えば、朴辰一に従い、第11表の指標を拠り所にしても、環状把手をもつ把手付壺は、Ⅰ期に属するのか、あるいはⅡ期に属するかを断定できず、また、組合牛角形把手付壺と短脚高杯と長脚中空の高杯とがセットで出土したとしても、Ⅱ期からⅣ期という以上に限定し得ない。

中村大介は、把手付壺に付す把手の異同によって4つの段階を設けた。これに甕や黒陶長頸壺や高杯の形制なども盛り込まれ、編年の指標は朴よりも細やかに示されている（第12表）。ところが、それらの項目を参照すれば位置が決まる、ということではないらしい。Ⅱ期の場合でいうと、青銅器による細別がさらに加わり、「暫定的にⅡ-1、Ⅱ-2期を設定し」、「Ⅱ-2期を細形銅剣出現期とみる」（中村大介 2008：66頁）と述べられていた。ところが、その後の論考では、「前稿ではⅡ期を細形銅剣の有無によりⅡa期とⅡb期に分離したが、Ⅰ期とⅡa期の土器に大きな型式的差異はみられないため、Ⅱa期をⅠ期にまとめ」（中村大介 2010a：16頁）るといい、区分の基準が別の器物に替わってしまう。

また、京畿道安城市元谷面盤諸里遺跡13号住居址は（李尚燁ほか 2007）、環状の把手が出土し

第12表　中村大介が示した後期無文土器の変化の指標（中村大介 2012）

	粘土帯土器						黒色磨研長頸壺				把手付壺			豆形土器			
	断面形態		接合方法		胴部形態		胴部最大径		頸部境界		把手形態			脚形態		脚製作	
	方形・楕円	円形	垂下・三角	貼付	巻込	球胴	寸胴	高	低	明瞭	曖昧	環状・環状系	組合牛角	棒状	短脚	長脚	中空	中実
I																		
II																		
III																		
IV																		

ていることから、初めはⅡ期に位置づけられていた（中村 前掲2008）。第12表によれば、「環状・環状（系）把手」は、確かにⅡ期以前の指標となっている。しかしながら、この表が掲載されている最近の論著の本文部分には、「以前にⅡ期の遅い段階を考えた安城盤諸里13号住居をⅢ期前半の標準資料として再設定する」（中村大介 2012：135頁）とあるから、本人以外の他者が追検証できる編年ではもはやない。

　問題の第二は、円形粘土帯甕と三角形粘土帯甕との関係についてである。朴辰一新案は、三角形粘土帯甕の出現するⅣ期を、「三角形粘土帯土器文化が既存円形粘土帯土器文化と共存する時期」（朴辰一 2006：45頁）と規定する。しかし、学史を尊重する立場に立つと、円形・三角形粘土帯甕が共存するか否か、共存する場合、どの程度の共存期間が見込まれるか、は後藤直と申敬澈とが相違する見解を示して以来の懸案であって、安易に「共存する」と断案しうる問題でない。中村が、朴の編年案を出発点としていながら、Ⅳ期のあとに、三角形粘土帯甕のみで構成される「原三国時代早期」や同「前期」をおいているのは（第119図C類）、そうした学史をふまえてのことなのであろう。

　後期無文土器の編年研究が、いま、抱えている問題を、ことさら紙幅を割いて指摘したのは、韓半島だけにとどまる問題ではないからである。勢威の高揚を企図する北部九州の有力者層が通交した相手を、順に跡付けていこうとするならば、当然、彼の地の有力者層の動向が整理されていなければならず、そのためには、土器編年に不安があってはならない。本章で後期無文土器編年の構築に着手し、代表する土器型式の1つである勒島式をとりあげたのは、こうした問題意識にもとづく。

　さて、土器編年を議論する場合、まずは対象とする型式の定義と内容とを確認し、それにしたがって適切な資料を選択する、というのがふつうである。しかしながら、ここでは当面、その作業を措いたまま先に進めていくことを、諒とされたい。なぜなら、勒島式が提唱されたのは、1989年に刊行された報告書『勒島住居址』（鄭澄元ほか 1989）においてであり、勒島住居址式に修正されたのは、その翌年である（安在晧ほか 1990）。ところが、標式遺跡である勒島遺跡は、その後に大規模な調査が行われ、型式設定時の例数をはるかに凌駕する膨大な量の資料が報告されている。定義を遵守するあまり、資料選択の幅を狭め、同式を理解するうえで看過できない例を見逃してしまうことを、ひそかに恐れているわけである。

　したがって、勒島式の定義に拠ってでなく、標式遺跡である勒島遺跡にこだわって資料を選び出し、同遺跡に遺された土器の推移を精確に捉え直すことを、当面の目標とする。そこで、作業の第一として、まずは壺棺墓をとりあげる。壺棺葬に用いた棺の新古を、遺構の重複関係にもとづいて

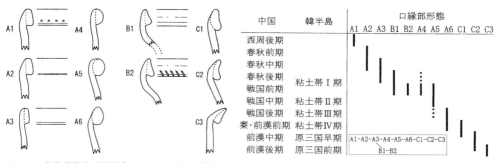

A3～A4：方形・楕円形，貼付接合　A5～A6：円形，巻込接合
B1～B2：垂下・三角形，貼付接合
C1～C3：垂下・三角形，弱巻込接合（強い横撫で）

第119図　中村大介による粘土帯甕の分類と編年（中村大介 2012）

整理し、変化の方向性を推測する。第二に、第一の作業で導出された方向性を、住居址の切り合い関係によって検証し、かつ、住居址の出土品でそれを補うことによって、変化の階梯を提示する。そうして、いまは先送りにする定義と内容の点検は、作業の第三として実施しよう。2つの作業で得た結果を修正勒島住居址式の内容と対比し、現行の定義の有効性を点検することとする。

なお、本章は、壺形土器によって変遷を辿り、壺形土器の相違によって序列を決定する。したがって、「土器を中心にした研究」が、「土器のみを重要視して青銅器類全体を充分に考慮しない」（朴辰一 2000：127頁）ことが問題となるなら、批判は甘んじて受けることとしたい。それは何より、筆者が青銅器類に明るくない、という消極的な理由に因るが、しかし、土器の序列は土器をもって定めるべきであり、小田富士雄が強く戒めたように（小田富士雄 1973c）、他の器物に左右されるものであってはならない。

2．勒島遺跡出土土器の変遷

慶尚南道泗川市勒島洞勒島遺跡は、韓半島南海岸に多島海景観を作り出している島々のひとつにあって、壱岐島から直線距離にして200km、対馬から140kmほどのところに存する。1979年に発見された際、釜山大学校博物館が分布調査を実施し、三角形粘土帯甕、壺の把手片、北部九州系の土器が採集される（申敬澈 1980）。

1985・86年の第1・2次発掘調査では、住居や墓や貝塚が検出された。そうして、住居域の報告の際に（鄭澄元ほか 1989）、現行の勒島式が提唱される。90年代後半には、慶尚南道南海郡昌善島と泗川市三千浦港間の橋梁架設工事にともない、釜山大学校博物館、慶南考古学研究所、東亜大学校博物館による大規模な調査が、4ヶ年にわたって実施された（禹枝南ほか 2003、徐姶男ほか 2004、沈奉謹 2005、崔鍾圭ほか 2006a・2006b・2006c・2006d）。

（1）壺棺墓の検討から

勒島遺跡では壺棺葬が盛行したらしく、土壙墓とともに多数の壺棺墓が検出されている。まずは、この葬俗に用いた壺棺の変化をみいだすところから始めたい。なお、報告書ではこの種の墓制

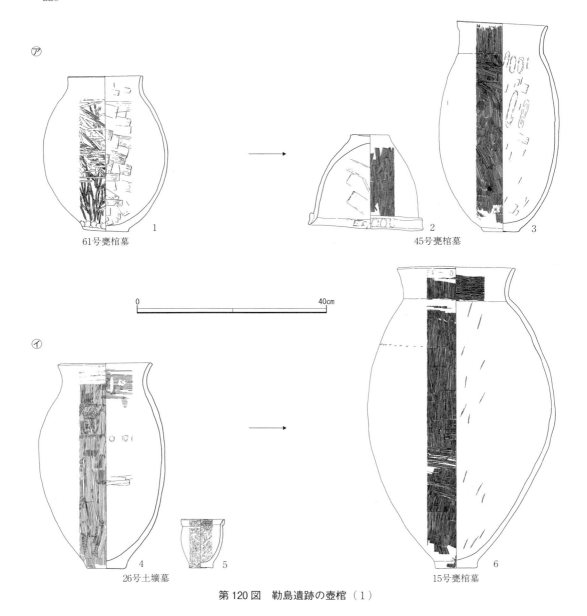

第 120 図　勒島遺跡の壺棺（1）

を「甕棺墓」と言い、棺を「甕棺」と呼ぶが、実際は壺を棺身とする壺棺である。若干の煩瑣をともなうが、以下では事実に即して「壺棺」と記述し、すでにあたえられている遺構名に限ってのみ「甕棺墓」の語を用いることとする。

　　㋐ 61 号甕棺墓【古】→ 45 号甕棺墓【新】（第 120 図上段）　㋐〜㋒は、釜山大学校博物館ＩＣ調査区で検出された、墓壙の重複関係である（徐姁男ほか　前掲）。㋐の関係では、61 号甕棺墓の上方で 47 号土壙墓が重なり、47 号土壙墓の上方に 45 号甕棺墓が重なっていた。61 号甕棺墓は土器 1個体からなる単棺の例で、蓋は検出されていない。1 が棺に用いた壺で、34.1 cm を測り、頸部は短く立ちあがる。

第14章 勒島式細別編年試案 227

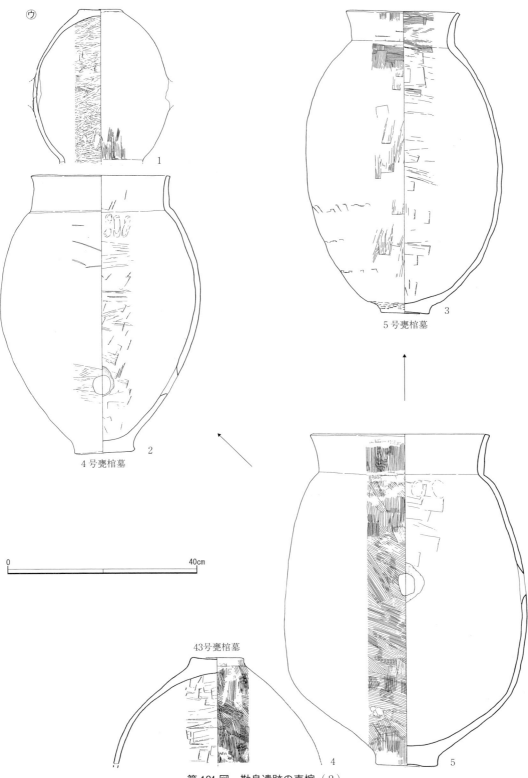

5号甕棺墓

4号甕棺墓

43号甕棺墓

第121図 勒島遺跡の壺棺（2）

他方、45号甕棺墓は、三角形粘土帯を口縁部にめぐらせた鉢を棺蓋とし、長胴の壺を棺身とする合口の壺棺である。3が棺身の壺で、器高は45cmを測る。頸部は直立して、口縁部がわずかに開く。段によって、頸部と胴部の境を示す。

⑦ 26号土壙墓【古】→15号甕棺墓【新】（第120図下段）　⑦では、26号土壙墓が古く、15号甕棺墓が新しい。26号土壙墓は、幼児骨を埋葬した墓壙で、壺と小型の三角形粘土帯甕が副葬されていた。副葬された壺が4で、器高は44.3cmである。口頸部と胴部との境は明瞭でない。

15号甕棺墓は単棺の例で、蓋は検出されていない。棺は、65.3cmを測る大型品である（6）。

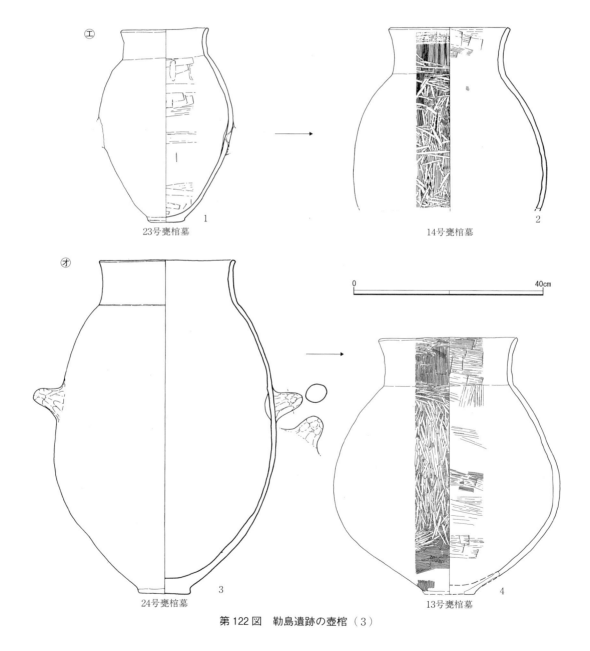

第122図　勒島遺跡の壺棺（3）

強く屈曲して、直線的に開いていく。

㋒ 43号甕棺墓【古】→ 4号甕棺墓【新】・5号甕棺墓【新】（第121図）　43号甕棺墓は、南側上方で4号甕棺墓と、東側上方で5号甕棺墓とそれぞれ重複する。43号甕棺墓は右下に5として掲げた大型の壺を棺身とし、同じく大型であるが、胴下半部のみを残した壺を棺蓋とする壺棺である。棺身は72.5cmを測り、頸胴部の境に屈曲をもつ。頸部は直線的に立ちあがる。胴部は大きく膨らみ、下方で窄まって小さい底部がつく。また、胴部の中ほどを穿孔する。

これに対して4号甕棺墓は、把手付壺を棺蓋とし、把手をもたない壺を棺身とする。ただし、棺蓋の把手付壺も、把手を除いてある。2が棺身の壺で、60.9cmを測る。段を設けて頸胴部の境を示し、頸部は直立して、口縁部のみわずかに開く。胴下半部を穿孔する。

同じく43号甕棺墓の上方で重なっていた5号甕棺墓は（3）、単棺の例で、蓋は検出されていな

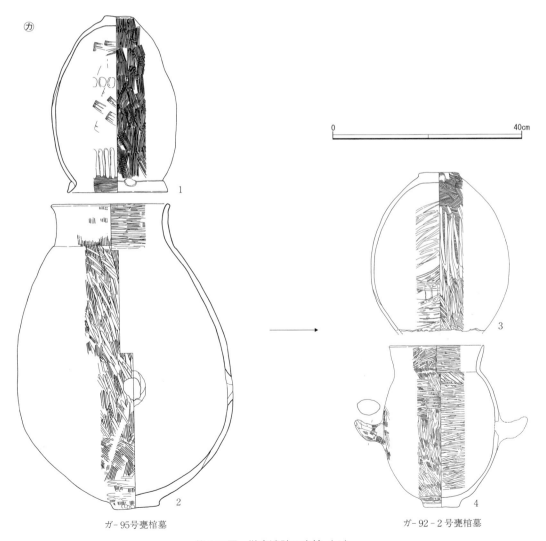

第123図　勒島遺跡の壺棺（4）

い。棺の高さは 65.4 cm である。強い屈曲があり、頸部はそう長くない。

㋓ 23 号甕棺墓【古】→ 14 号甕棺墓【新】（第 122 図上段）　23 号甕棺墓が古く、14 号甕棺墓が新しい。23 号甕棺墓は、把手付壺を棺身とする合口の壺棺である。(11) 1 に示した棺身の壺は器高 42.1 cm で、把手を除いてある。頸部は一旦真っ直ぐに立ちあがって、中ほどから開いていく。

14 号甕棺墓は、板石で蓋をした単棺の例である（2）。耕作によって胴下半部が失われており、本来のサイズは詳らかでない。ただし、遺存部分だけで 39.4 cm に達するから、大型品とみて間違いあるまい。頸部は独立して胴部と区別されているが、強い段や屈曲はない。

㋔ 24 号甕棺墓【古】→ 13 号甕棺墓【新】（第 122 図下段）　24 号甕棺墓は、上方で 13 号甕棺墓が重なっている。24 号甕棺墓は、把手付壺を棺に用いた単棺の例である。杓子形土器を副え、土器片を詰めて口をふさいでいた。棺は、73.3 cm を測る大型品である（3）。把手は、これまで「棒状把手」、「棒状の牛角形把手」、「牛角形把手」などの名があたえられてきたタイプである。読み手の誤読を生まないよう、本書では棒状把手を採用しておこう。ここまでみてきた例と違って、把手を残す。

13 号甕棺墓も単棺の例で、丸礫を蓋とする。4 が棺で、器高は 55.1 cm を測る。頸部は真っ直ぐ立ちあがり、中ほどから開いていく。他の例に較べて、胴部は丸みを帯びている。

㋕ ガ－95 号甕棺墓【古】→ガ－92－2 号甕棺墓【新】（第 123 図）　㋕ は、慶南考古学研究所の調査区で重複した唯一例で（崔鍾圭ほか 2006b）、ガ－95 号甕棺墓の上方に、ガ－92－2 号甕棺墓が重なっていた。

ガ－95 号甕棺墓は、大型壺を棺身とし、三角形粘土帯甕を棺蓋とする、合口の壺棺である。タカラガイが副葬され、棺のそばからは蓋も出土している。2 が棺身の壺で、器高は 63 cm である。胴部を下膨れの形につくる。頸部は真っ直ぐに立ちあがって、口縁部がわずかに開く。胴下半部を穿孔し、外面に籠目痕が遺る。ガ－92－2 号甕棺墓も、合口の壺棺からなる。把手付壺を棺身とし、口頸部を欠いた壺を蓋とする。4 が棺身の壺で 35 cm を測り、葬棺としては小型の部類に属する。棒状把手をもつ。口径と胴部最大径の差が小さい。

壺棺のバラエティ　重複関係にある 13 例の壺棺は、それぞれに個性がある。葬法という点では、単棺と合口棺の両種があり、前者は板石や礫を蓋としたり、土器片を詰めたりする。他方、後者においても、甕を蓋とする場合と、壺を蓋とする場合とがあり、把手付壺を用いていながら、把手を除いたりもする。棺身のサイズに眼をやれば、30 cm〜70 cm 代のあいだを偏ることなく散らばり、かつ、後で埋納した棺が、先に埋納されていた棺より大きい場合も、小さい場合もある。釜山大学校博物館調査区の報告を担当した徐姶男は、(a)「上下に重畳した甕棺墓相互間には把手をはじめ、土器の器形の変化を探すことはできなかった。さらに言うと、重畳関係には土器の型式学的変化性を探すことはできない」（徐姶男ほか 2004：217 頁）と述べ、その多様ぶりこそを勒島式期の特徴と捉えた。

一方、次代に進むと、勒島遺跡でみられた多様性は影を潜め、「把手の形態はもちろん、器形がほぼ統一した壺などが甕棺に使用されるか、副葬される」ようになるらしい（第 124 図）。そうして、(b)「このようにほぼ同じ形の長胴壺等は、生活に使用していた土器をそのまま甕棺に使用し

第 14 章　勒島式細別編年試案　*231*

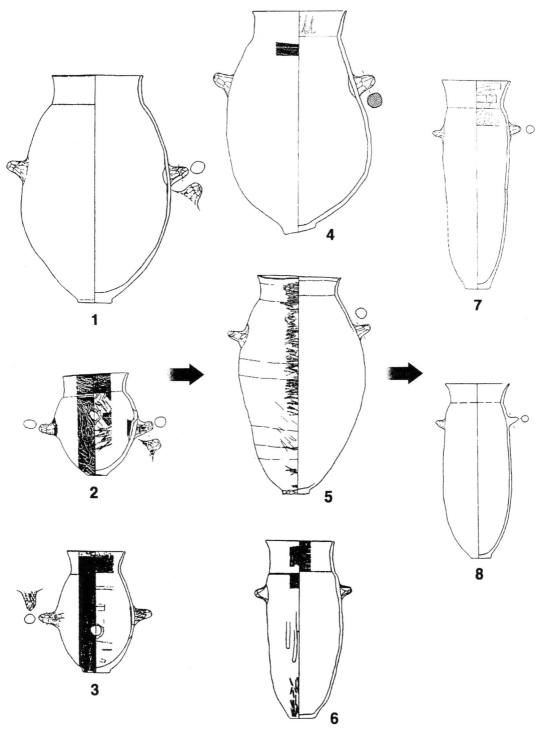

第 124 図　徐姈男が提示した壺棺の変化（徐姈男ほか 2004）
1〜3 勒島

た勒島とは異なり、甕棺（副葬壺）として特別に製作されたものと把握したい」（徐姶男ほか 前掲：215頁）、と解説する。

しかしながら、この論述の組み立てには若干の違和感を覚えるのである。何とならば、(b)「特別に製作され」るのでなく、「生活に使用していた土器をそのまま」壺「棺に使用」するのが、勒島遺跡の壺棺の特徴であるとすれば、(a)「型式学的変化性を探すことはできな」かったのは、勒島遺跡において日常生活に使用されていた土器、ということになる。つまり、主張の (a)・(b) を総合すると、先史土器のなかに型式学的方法が通用しない場合がある、ということになってしまう。

そうでは決してあるまい。事実、住居址の出土品を使って、勒島式を3ないし2段階に細別したのは、徐自身だからである（徐姶男 1989、安在晧ほか 1990）。したがって、逆に言うと、「生活に使用していた土器」で「型式学的変化性を探すこと」ができた以上、そのまま使用したというこれらの壺棺にも、「型式学的変化性」はみいだされてよい。

第125図として示したのは、棺身の壺の器高を任意の数値にあわせて、形制を較べたものである。⑦・④の2つの重複関係をみてみると、先に埋納された例はいずれも短頸で、頸部と胴部との境が明瞭でない。これに対して、後で埋納された45号甕棺墓例や15号甕棺墓例は、両例とも頸部が独立して、胴部との境を強い屈曲で示す。

際立った違いをみせた頸部に注意して次に眼を向けると、⑰・㋑では後の3例だけでなく、先の2例においてもすでに屈曲や段が設けられ、頸部は独立している。その点で、先・後のあいだに違いはない。しかし、わずかな差ではあるものの、⑰において、後で埋納された4号甕棺墓例の頸部が、先行する43号甕棺墓例のそれよりも拡幅している点は筆者の眼を強く惹き、この傾向は㋕や㋖でいっそう顕著にあらわれる。すなわち、13号・ガ-92-2号両甕棺墓例の頸部の拡がりぶりははなはだしく、先に埋納された24号甕棺墓例やガ-95号甕棺墓例とのあいだに瞭然たる違いがある。

このように、勒島遺跡の壺棺からは、
　①頸胴部の境が明瞭でないグループ
　②頸部が独立して、屈曲や段で境を示したグループ
　③頸部が発達して、幅を拡げたグループ
という3つの群を摘出することが可能であり、重複関係⑦・④と㋕・㋖は、それぞれ②のグループが①より新しく、③のグループが②より新しいことを物語る。バラエティに富む勒島遺跡の壺棺にも、一定時間のみを占める要素は、間違いなく内在しているのである。

（2）住居址の検討から

徐姶男は、勒島遺跡において壺棺葬に使われた葬棺を、日常的に用いる土器の転用品とみなした（徐姶男ほか 2004）。全てをそうと言い切るには二の足を踏むが、しかし少なくとも、4号甕棺墓で棺蓋として、23号甕棺墓で棺身として、それぞれ採用された把手付壺が把手や頸部を欠くのは、用途の変更にともなって故意に除かれたものとみて差し支えない。

そこで、次にとりあげるのは住居址の土器である。頸部に着目して摘出した3つのグループの、基準としての有効性と、墓壙の重複から推測された変化の方向性の当否とを、壺棺にも転用される

第 14 章　勒島式細別編年試案　233

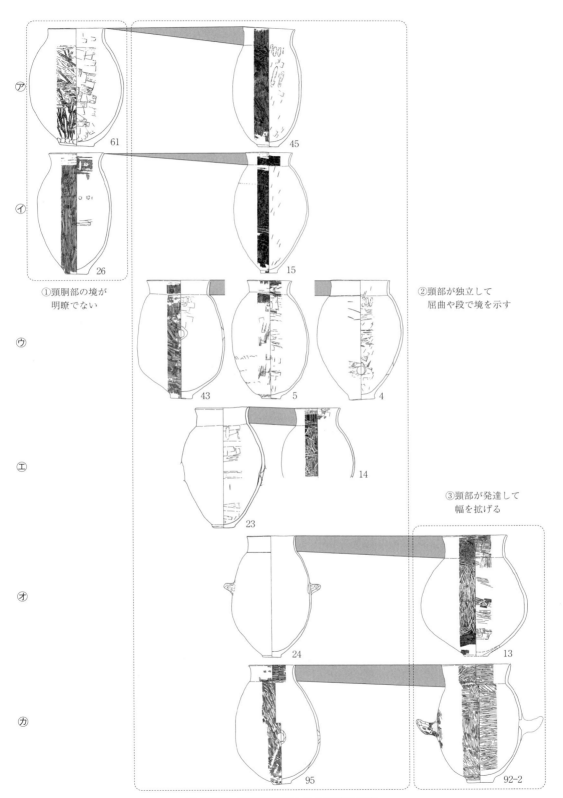

第 125 図　勒島遺跡における壺棺の三者

という日常用の土器で検証するのが、ここでの課題である。

㋖ガ−66号住居址【古】→ガ−65号住居址【中】→ガ−64号住居址【新】（第126図）　ガ−64・65・66号住居址は、慶南考古学研究所調査区のほぼ中央に位置する住居址群で（禹枝南ほか 2003）、勒島式ならびに修正勒島住居址式が提唱された釜山大学校博物館ⅠA地区の住居址群とも、20m程度しか離れていない。7棟の住居址が切り合い、68号→50号→72号→67号→66号→65号→64号の順に構築された。このうち、先の4棟は遺物量が乏しいが、後に続く3棟は土器の遺りが比較的良い。(12)

ガ−66号住居址では、壺、高杯と棒状把手の小破片が出土した（下段）。比較対象となるのは38の壺である。上下の破片は接合しないが、同一個体であるという。短頸で、胴部との境は明瞭でない。口縁部がわずかに開く。

他方、ガ−65号住居址の出土品には（中段）、壺、高杯、三角形粘土帯甕、棒状把手片が存する。壺は3点あって、22や23は床面から、21は覆土から出土した。床面出土品の2点は小破片であるため、図示されたとおりのサイズ・形状に復原しうるかはわからない。覆土出土の21は長胴の把手付壺で、胴下半部を欠く。弱い段で、頸部と胴部との境を表示する。頸部は内傾気味に立ちあがり、口縁部がわずかに開く。把手は、21、24、25のように長く延び、先が尖る例と、26のように寸胴の例とがある。

ガ−64号住居址は遺りが良く、器種の構成を把握しうる好例である（上段）。壺には把手付のものと（2・3）、把手をもたないもの（1）との両種があり、片把手付鉢（5）、小型の巾着形壺（7）、三角形粘土帯甕がともなう。これに、回転ナデで成形した高杯も加わっている（6）。比較の対象となるのは1〜3で、把手の存否に関わらず、サイズをほぼ同じくする。頸部は発達していて、その縦幅が器高に占める割合はおしなべて大きい。胴部は丸みを帯びて、球形に近い。把手が直線的に突き出す。

以上、切り合い関係にある3棟の住居址の壺を比べると、短頸で、頸胴部境が明瞭でない例が古手の住居址にあり、段を設けて、頸部が独立しているものがそれに次ぐ。最も新しい住居址では、頸部の幅が拡がり、胴部も丸みを帯びている。これは奇しくも、壺棺の検討で摘出された①頸胴部の境が明瞭でないグループ、②頸部が独立して、屈曲や段で境を示したグループ、③頸部が発達して、幅を拡げたグループの各々に対応し、その際に推測した①→②→③の順序とも齟齬をきたしていない。葬棺として用いた壺と、日常生活において使用した壺とが、変化の軌道を共有していることを、これは示している。

㋗ガ−53号住居址【古】→ガ−23号住居址下層【中】→同23号住居址上層【新】（第127図）　㋗は、ガ地区の中央、やや東寄りに位置する2棟の住居址の切り合い関係で、ガ−53号住居址が古く、ガ−23号住居址が新しい。切った側の23号住居址からみてみると、覆土は4つの層に分けられ、遺物は褐色の砂質土層であるⅠ・Ⅱ層と、黒褐色砂質土が堆積したⅢ層から出土しているという。前者を上層、後者を下層と呼び換えて、遺物を較べてみよう。(13)

7〜11が下層の、1〜6は上層の出土品である。7は下層の大型の壺で、胴が長い。頸部と胴部は区別されておらず、その境は曖昧である。これに対して、1は上層の把手付壺である。頸部は独

第14章 勒島式細別編年試案 235

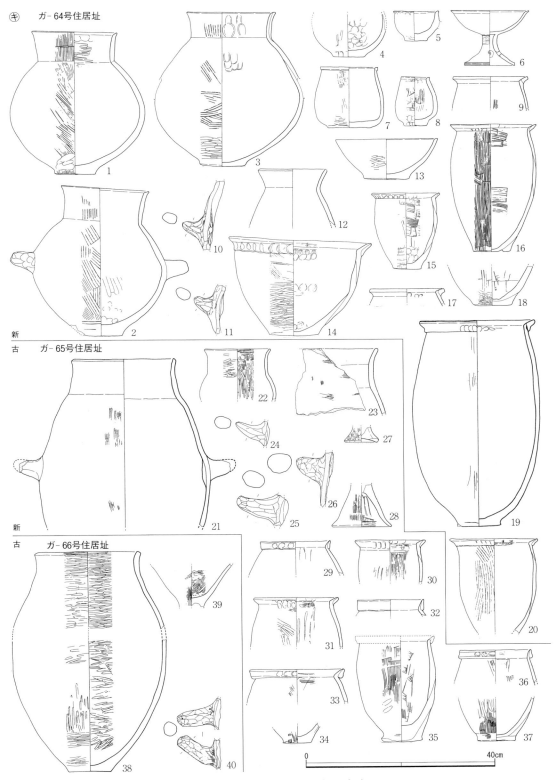

第126図 住居址出土の土器（1）

236

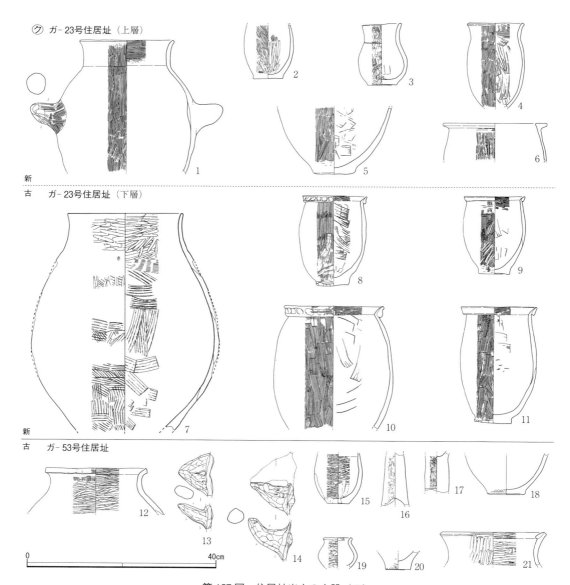

第127図　住居址出土の土器（2）

立し、強い屈曲を設けて胴部との境を表す。直立して、口縁部でわずかに開く。これらもまた、頸胴部の境が明瞭でないものから、頸部が独立するものへと変化したことを証示しており、重複関係㋐〜㋕および、㋖で得られた結果とも矛盾するところはない。

　この住居址に先行する、ガ-53号住居址から出土した例が下段に示した12〜21で、壺、中実の高杯、組合牛角形把手片などがある。12の壺は、23号住居址の下層から出土した7と同様、短頸で、胴部との境は明瞭でない。しかし、相違する点もあって、頸部は「コ」の字状に外反し、肩は強く張るようである。組合牛角形把手がともなうのも、勒島遺跡ではめずらしい。

　以上の㋖・㋗という2つの切り合い関係は、壺棺の分析によって導出された3つのグループが、

第 14 章　勒島式細別編年試案　237

指標としての有効性をそなえ、①→②→③という変化を辿ることを検証しただけでなく、変化の軌道の復原を可能ならしめる。ここでは、壺の推移にもとづいて 5 つの段階を設け、暫定的に A〜E の呼称をあたえる。

仮称 A 段階　頸部の、幅の大小や胴部との関係にみられる相違を、遺構の重複を論拠として新古に置き換えた場合、最も古い段階に位置をあたえうるのは、慶南考古学研究所調査区ガ-53 号住居址の出土品であり、これを A 段階と仮称する（第127図下段）。朴辰一や中村大介が「Ⅳ期」の指標とする中実の長脚高杯は（第11表、第12表）、この段階にもみとめられる。どのような甕が組み合うかは、いまのところ詳らかでない。

仮称 B 段階　ガ-23 号住居址の出土品のうち、下層で検出された例を仮称 B 段階とする（第127図中段）。A 段階と本段階との新旧関係は、切り合い関係㋐によって保証されている。肩の張り出しや「コ」の字状の外反ぶりは弱まり、口頸部は真っ直ぐ立ちあがる。同様の特徴をそなえた例は、切り合い関係㋖で最も古いガ-66 号住居址にも含まれており（第126図下段）、同じく B 段階に充てることができる。ガ-23 号住居址で三角形粘土帯甕と、ガ-66 号住居址で高杯とそれぞれ組み合う。高杯は直線的な立ちあがりをみせ、深い杯部をもつことが想像される。

仮称 C 段階　C 段階と称するのは、ガ-65 号住居址の出土品である（第126図中段）。B 段階と本段階との新古は、切り合い関係㋖によって保証される。壺は、頸部が発達して内傾気味に立ちあがり、弱い段を設けて頸部と胴部とを区別するようになる。把手を接着した部分の内面は、少しく盛りあがっている。三角形粘土帯甕は胴部が張っていて、最大径が口径よりも大きいものが多い[14]。台付鉢や高杯と組み合う。第126図28 によると、脚部内面の上端は、平たく面取りされるわけではないらしい。

仮称 D 段階　つづく仮称 D 段階として、ガ-23 号住居址上層の出土品が挙げられる（第127図上段）。切り合い関係㋐が B 段階よりも新しいことを示すが、C 段階との新古は層の上下で確かめられたわけではない。C 段階との違いは、頸部が締まり、頸胴部境の屈曲が強まる点で、その結果として、頸部は真っ直ぐに立ちあがるようになる。同様の特徴を、ガ-5 号住居址がそなえている（禹枝南ほか　前掲）。大型の壺は 6 点みられるが（第128図1・2、4〜7）、頸部が内傾した例はなく、強い屈曲によってことごとく直立し、先端のみ開く。

ガ-23 号住居址で黒陶長頸壺と（第127図3）、ガ-5 号住居址で台付鉢や蓋などと組み合う。黒陶長頸壺は、円形粘土帯甕段階において、主に墓壙から出土するというから（李在賢 2002）、それらがおしなべて勒島遺跡の時期より古いとすれば、どの時点かで用途や機能に変更が生じた可能性を考えなければなるまい。台付鉢は（第128図8）、口縁部がまだ開かない。

仮称 E 段階　ここまでみてきた例において最も新しいのは、ガ-64 号住居址の出土品である（第126図上段）。D 段階と本段階との新古は、壺棺墓の重複関係㋔・㋕によって保証されている。頸部がいっそう発達して、器高に占める割合が大きくなり、胴部も球胴化していて、D 段階との違いははなはだしい。

また、壺の形制だけでなく、器種構成の面でも共通する点は乏しい。多量の土器が遺っていた D 段階のガ-5 号住居址と本段階のガ-64 号住居址とを較べると、三角形粘土帯甕は両住居址に存

するものの、巾着形壺や片把手付鉢は本段階にしかみあたらない。回転ナデで成形する高杯も、本段階に限られる。

　畢竟、D段階とE段階とが、壺の形制によっても、器種の構成によっても、はなはだしい相違をみせるのは、たとえD段階が古く、E段階が新しいことが確かであっても、連続する関係には

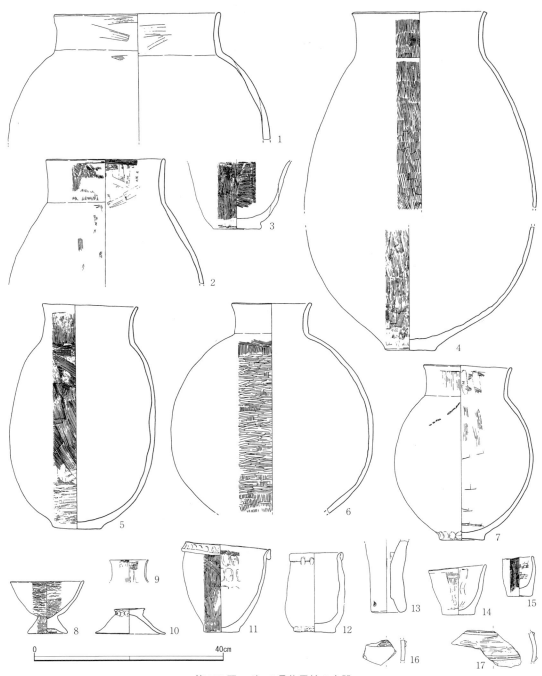

第128図　ガ-5号住居址の土器

ないことを示している。両段階のあいだを埋める型式が存在するであろうことを、ここから推知しうるのである。

3. 勒島式・修正勒島住居址式の再検討

勒島式の枠組みがこんにちのように定まったのは、1989年に刊行された発掘調査報告書『勒島住居址』においてである。安在晧は、釜山大学校博物館が実施した第1・2次調査の成果をふまえ、「勒島式土器は紀元前2世紀中葉から紀元前1世紀前半の間に位置する後期無文土器の後半代の土器形式(ママ)を言い、断面三角形口縁粘土帯土器を指標とする」(安在晧 1989：132頁) と定義した。

釜山大学校博物館の調査は、IA地区(住居址、鄭澄元ほか 1989)、IC地区(貝塚、墓域、徐姈男ほか 2004)、II地区(貝塚、徐姈男 1990)、III地区(住居址、貝塚)、IV地区(住居址) という5地点で行われたようであるが(李昌熙 2008)、5つの調査区で出土した土器すべてが勒島式とされたわけではない。安は、「断面三角形口縁粘土帯土器(以下は三角形粘土帯土器と呼ぶ)だけが出土する時期の単純遺跡だと考えられる」IA地区の住居址出土品のみを、勒島式と定めている(第13表)。したがって、三角形粘土帯甕があっても、円形粘土帯甕が共伴する場合や、瓦質土器をともなう場合は勒島式の範疇から除かれており、前者は同式に先行する段階として、後者は後続段階として、それぞれ位置づけられた。

このようにして上下限が定まった勒島式は、徐姈男によって細別が試みられる。徐は、まず、甕の粘土帯の貼付手法と、貼付時の押圧の位置をもとに、IA地区の三角形粘土帯甕を9タイプに分類し、各タイプの出現率を切り合い関係にある住居址間で比較する。そうして、胴部の膨らみぶりや胎土の特徴の変化や器面の調整技法の特徴を加味し、その結果、勒島式はI〜III式の3段階に細

第13表　安在晧の後期無文土器編年 (安在晧 1989)

無文土器後期의 編年案(嶺南地方)

年代／區分	B・C 200	B・C 150	B・C 50	0	A・D 100
圓形粘土帶土器	━━━━━━━━	━━			
三角形粘土帶土器		━━━━━	━━━━━━━━	━━━━━━	
瓦質土器			━━━━━	━━━━━━	━━━━━
遺蹟	水石里／校成里	金戈二里／勒島II地區最下層	勒島IA地區	茶戸里／勒島IC地區最上層	久瑞洞／池内洞
時期	前葉	中葉	後葉	末葉	

第14表　勒島式細別の指標（徐姶男 1989 に加筆）

胎土 遺構		種類	石英	長石	砂岩	花岡岩	安山岩	白雲母	黒雲母	金雲母	黒曜石	緑簾石	貝殻
I式	2號												
	11號												
II式	3號												
	9號												
	14號												
III式	8號	IV											
		III											
		II											
		I											
	1號												

口縁部形態 遺構		型式	I				II				III
			a	b	c	d	a	b	c	d	
I式	2號										
II式	9號										
	3號										
	14號										
III式	1號										
	8號	IV									
		II									

別されたのであった（徐姶男 1989）。

　徐が注目した諸要素のうち、とりわけ顕著な相違をみせたのは、胎土に含まれる物質と甕の口縁部の形状であった（第14表）。胎土でいうと、先に構築された住居址では貝殻を含み、新しい住居址ほど金雲母を含む割合が高い。口縁部の形状の場合は、Ib類としたタイプの出現率が徐々に高まるという。

　ところが、胎土のみではII式とIII式とを見定めることができない。口縁部の形状によっても、出土量総数に占める割合で位置が定まるため、II式は過渡期的な性格を帯びざるを得ず、I式ともIII式とも相違する独自の要素を欠く、という学理上の不備を抱えていた。結局、安と徐は、勒島式3細別案を撤回して勒島住居址式と改称し、元のII式とIII式とを勒島住居址式のII期に統合してしまう。そうして修正が加わり、一新した勒島住居址式は、

　　　勒島住居址 I期：IA地区「2号住居址」の「V～IX層」、「11号住居址、12号住居址がこれに属し、2号住居址」「V～IX層」「出土土器を標準遺物とする」。「甕は口縁の粘土帯が逆三角形で、胴部はほぼ口縁から膨らまない深鉢状であり、底部の内面が平坦な面をなす」。

　　　勒島住居址 II期：IA地区「1号住居址、2号住居址のI～IV層、3号竪穴、8号・9号住居址、10号・14号竪穴がここに属する」。「土器器種の各々が形態的にとても多様化し、小形甕と単口縁の甕が出現する」。「土器の底部内面が凹

む特徴をみせる」(安在晧ほか 1990：81頁)。
と説明された。

　しかし、この両期を弁別するにも困難がともなう。何とならば、Ⅰ期の特徴とされる「口縁の粘土帯が逆三角形」の甕は、「多様化し」た甕の1つとしてⅡ期にも残るからであり、底部内面の形状も、Ⅰ期は「平坦な面をな」し、Ⅱ期は「凹む特徴をみせる」と説くが、必ずしもそう単純ではない。その影響であろうか、近年刊行された報告書や図録などが、勒島住居址Ⅰ期に属するのか、Ⅱ期なのかを明確に記述することはほとんどなく、むしろ勒島式や勒島住居址式の語を採用しないケースも少なくない。

　後期無文土器の単位としての役割を、勒島式や勒島住居址式は、すでに終えてしまったということなのだろうか。

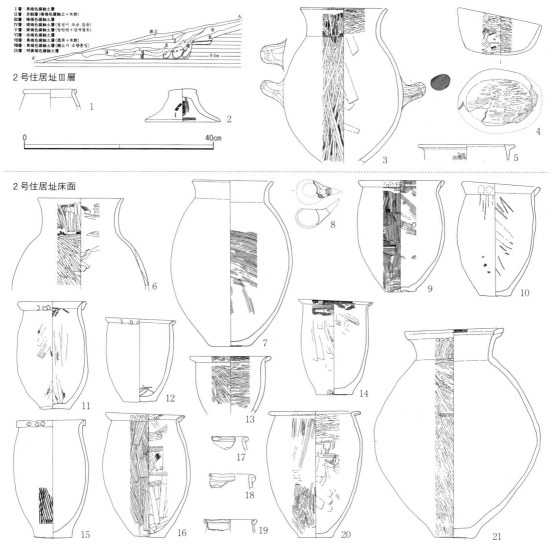

第129図　ⅠA地区2号住居址の土器

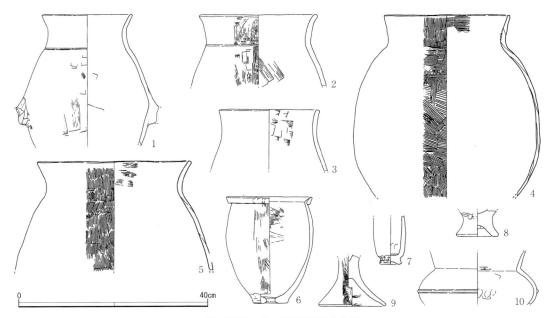

第130図　ガ-4号住居址の土器

　第129図に掲げたのは、勒島Ⅰ式の標式資料であり、修正された勒島住居址式ではⅠ期とⅡ期とに分けられた、ⅠA地区2号住居址の出土品である。左上に添えた断面図によると、Ⅲ層がⅤ・Ⅵ層を切っており、Ⅴ・Ⅵ層以下とは堆積が連続していないことが看取される。勒島住居址式に修正された際に下層出土品のみをⅠ期とし、上層出土品がⅡ期に組み入れられた所以である。

　6～21は、床面から出土した勒島住居址Ⅰ期の例で、6は大型の、7は小型の壺である。サイズの違いがあるとはいえ、両例とも頸胴部境に強い屈曲があり、頸部は真っ直ぐに立ちあがる。ここまでの成果でいうと仮称D段階にあたり、ガ-23号住居址上層の例や（第127図）、ガ-5号住居址の諸例（第128図）と共通することがわかる。

　他方、1～5は勒島住居址Ⅱ期に属するⅢ層の例で、比較対象となるのが1の把手付壺である。頸胴部境の屈曲が、床面の6や7ほど強くない。そのために肩は張らず、なで肩化していて、重心は下がっている。頸部も、発達してラッパ状に大きく開く。その点で、安と徐が床面出土品と上層出土品とで期を分け直したのは、精製器種を重んじる本書の立場によっても、首肯しうるところである。

　Ⅲ層出土品と同様の特徴をそなえた例として、ガ-4号住居址の出土品が挙げられる（禹枝南ほか 2003）。第130図1に掲げたように、把手付壺の頸部はラッパ状に大きく開き、肩は張らない。さらに、注目に価するのは、1や2が頸胴部の境を沈線で表示する点である。段が強調されなくなり、形骸化した結果であることは、いまさら論を俟たないであろう。

　これに対して、第131図に示したのは、かつての勒島Ⅲ式の標式であり、修正勒島住居址式ではⅡ期に位置づけられている、ⅠA地区8号住居址の出土品である。左上に添えたのは、住居址西側B-B'ラインの、真中は東側C-C'ラインの土層断面図で、先に堆積したⅣ層が東側に偏っている

第14章 勒島式細別編年試案 *243*

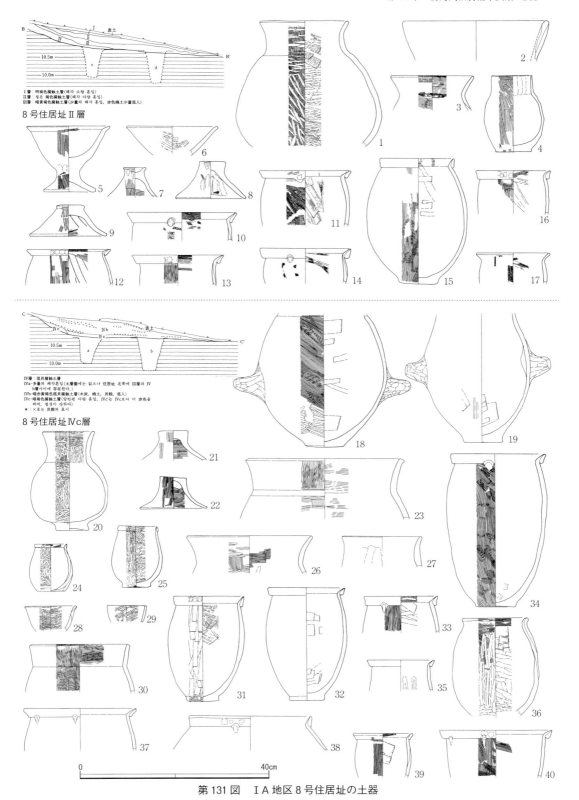

第131図　ⅠA地区8号住居址の土器

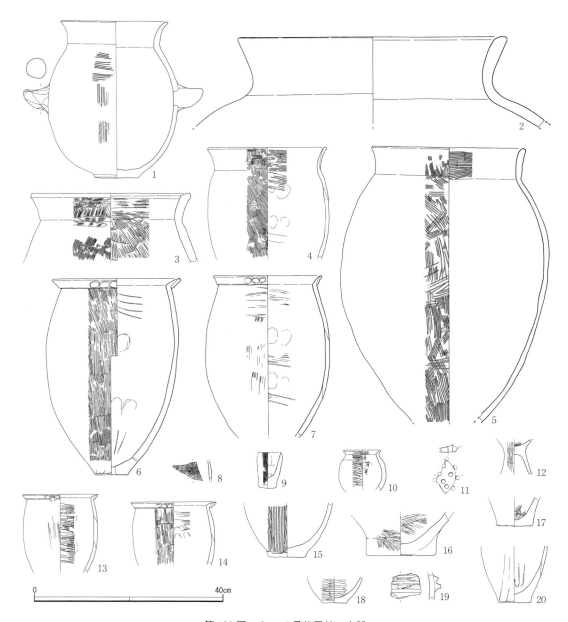

第132図　ナ-46号住居址の土器

ことを示す。Ⅳ層は混貝腐食土層で、C-C'ラインの×印は貝殻を表すという。当然、遺物が投棄された機会は一度や二度でなかった可能性が高く、また、レンズ状に堆積していない点からすると、周囲からの流れ込みをも見込んでおく必要があろう。

　そういった条件下にあることをふまえたうえで、床面直上のⅣc層から出土したすべての例を、第131図の下段に掲げた。黒陶長頸壺や台付鉢や三角形粘土帯甕があり、把手付壺も2例ある（18・19）。両例とも口頸部を欠く点が惜しまれるが、把手は直線的に突き出し、特に18は、胴部が張り出して丸みを帯びている。これは、肩の張りが弱まり、重心が下がるという傾向が、さらに進んだ

ものとみてよく、当然、2号住居址のⅢ層より新しい。丸みというと、先に仮称E段階と呼んだガ-64号住居址の例も想起されるが（第126図）、そこまでの膨らみではないことも、あわせて指摘しておく。

これらと同じ段階に位置をあたえうるのは、慶南考古学研究所調査区ナ-46号住居址の諸例である（崔鍾圭ほか 2006a）。論拠となるのが第132図1の把手付壺で、重心は低く、胴部は丸みを帯びるが、球胴というほどでない。把手は直線的に突き出す。1の壺はまた、8号住居址Ⅳc層ではわからなかった口縁部の特徴についても情報を提供してくれている。2号住居址Ⅲ層の例よりも、外反の度合いはさらに強まるらしい。

8号住居址に論を戻すと、Ⅳ層より後に堆積したⅡ層でも、まとまった量の土器が出土しているという。真っ先に眼につくのは、球胴化がいっそう進んだ壺であり（第131図1）、これに台付鉢や蓋や三角形粘土帯甕がともなう。球胴化とならんで、頸部の占める幅も大きくなっており、これならば仮称E段階と呼んだガ-64号住居址例と、期を同じくするとみて大過ない。[15]

以上をまとめると、修正勒島住居址式のⅠ期にあたる、ⅠA地区2号住居址Ⅳc層の土器は、壺の頸胴部境の屈曲や、頸部の立ちあがりぶりからみて、先に設けた仮称D段階にあたる。次いで、同住居址Ⅲ層の例は、層位学的な判断によってのみ新しい時期をあたえうるのでなく、型式学的にみても、Ⅳc層出土品とは特徴を異にしており、頸部の発達と重心の低下という2つの現象がみいだされた。これらは漸進的に変化していくらしく、8号住居址Ⅳc層の段階では、頸部が一段と外に開き、胴部は丸みを帯びはじめる。そうして、同住居址のⅡ層になると球胴化して、胴の張りは極致に達する。前節で設定したE段階がこれにあたり、前節で残された課題は奇しくも解決する。

4. 勒島式細別編年試案

本章では、まず、勒島遺跡の壺棺をとりあげて3つのグループを摘出し、変化の方向性を示した。次に、3つのグループの序列を住居址の切り合い関係によって検証するとともに、その不足を補い、変化をより細やかに把握することをめざした。その結果が、仮称A～E段階の設定である。ところが、D段階とE段階とは違いが著しく、その間を埋める段階の追加が期待された。

偶然にも、現行型式の有効性を点検する作業において、勒島住居址Ⅰ・Ⅱ期の内容が、D段階とE段階のあいだを繋ぐことが明らかとなり、結果、勒島遺跡の土器の変化は、A段階→B段階→C段階→D段階（2号住居址床面）→2号住居址Ⅲ層→8号住居址Ⅳc層→E段階（8号住居址Ⅱ層）という7段階で理解されるに到った。

最後に検討しておかなければならないのは、勒島式の上下限である。あらためて復習しておくと、勒島式・修正勒島住居址式は、三角形粘土帯甕のみで構成される段階である。その直前には円形・三角形両粘土帯甕が共存する段階が存するといい（第13表）、「勒島Ⅱ地区Ⅴ層期」と名付けられている（安在晧ほか 1990）。勒島遺跡Ⅱ地区の貝塚が論拠となっており（徐姶男 1990）、最初に形成された貝層であるⅤ層において、「三角形粘土帯土器とともに円形粘土帯土器2点がほぼ完形で出土した」（安在晧 1989：132頁）からであるらしい。

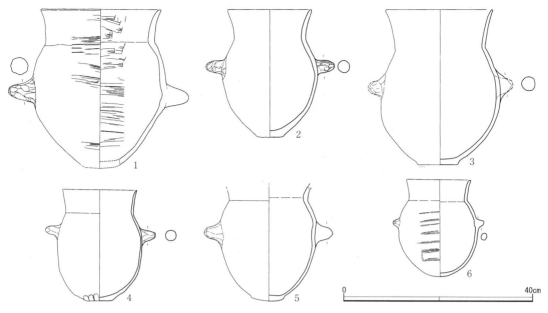

第133図 「茶戸里式」の諸例
1勒島ナ-56号竪穴、2～6茶戸里

一方、本書が辿ってきた序列でいうと、勒島住居址式のⅠ期は仮称D段階に相当し、前にAないしC段階がある。ところが、円形・三角形両粘土帯甕の共伴を証示する例はなく、B段階（第127図中段、第126図下段）やC段階（第126図中段）も、三角形粘土帯甕のみで構成されるようである。

したがって、勒島住居址Ⅰ期に先行して、円形・三角形の両粘土帯甕が共存する段階がある、というかつての所説は、否定せざるを得ない。ただし、A段階にどのような甕がともなうかは詳らかでなく、A段階あるいはそれ以前に共存していた可能性も、もちろん残ってはいる。

付け加えて言うと、B段階やC段階が三角形粘土帯甕のみで構成されているのは、勒島住居址

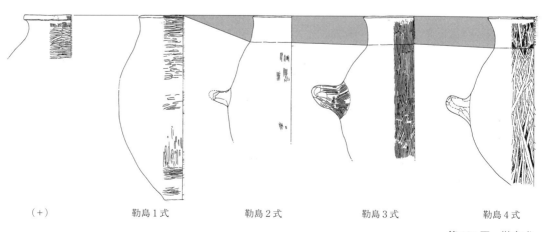

（＋）　　　　　勒島1式　　　　勒島2式　　　　勒島3式　　　　勒島4式

第134図　勒島式

Ⅰ期が、三角形粘土帯甕単純期の最も古い段階ではない、ということをも意味している。当然、勒島住居址式の上限は変更されなければならないが、しかしながら、A段階にどのような甕がともなうかは現時点で明らかでないし、そもそも粗製土器の形制の変化は漸次的である以上、甕によって一線を設けるには自ずと限界がある。そこで、壺に眼を向けると、勒島遺跡の壺が把手をもつ場合、ほとんどが棒状把手であるのに対して、A段階でのみ組合牛角形把手がともなっているのは（第127図 13・14）、注意されてよい。勒島遺跡の土器で継承されていく要素が、この時点では成立に到っていないことを、これは示している。

次に、白井克也が勒島住居址式Ⅱ期の直後においた「茶戸里式」をとりあげて（白井克也 2001）、勒島式の下限を考えよう（第133図 2～6、宋義政ほか 2012）。仮称E段階と呼んだガ-64号住居址の壺と較べると（第126図上段）、頸部は一段と発達するとともに、頸部の括れが失われていることに気付く。勒島遺跡の資料でいうと、慶南考古学研究所調査区のナ-56号竪穴出土品が「茶戸里式」壺にあたる（第133図 1、崔鍾圭ほか 2006a）。

ただし、E段階の壺の形制と「茶戸里式」壺のそれとの違いは小さくない。いま報告されている住居址群のなかにも両段階を繋ぐ例はみあたらないから、この変化を画期とみなし、E段階を勒島式の終末とするのは、それなりに妥当性をそなえた一案である。

しかし、そうではなく、截然とは分かち得ないという前提に立ち、さらに捜索をつづけていくと、ガ-92-2号甕棺墓に行きあたる（第123図）。棺身の壺は、第125図でいうと、ⅠC地区13号甕棺墓の例とともに、③頸部が発達して、幅を拡げたグループに属し、これらが勒島遺跡の壺棺において最も新しい一群であることは、住居址の切り合い関係によって検証されている。

このうち、13号甕棺墓の例がE段階と特徴を同じくするのに対して、ガ-92-2号甕棺墓例は、頸胴部境の括れを失い始めるなど、E段階の形制をすでに脱しつつある。重心はいまだ低いところにあるものの、口径と胴部最大径の差は小さくなり、「茶戸里式」の方向へと進んでいることを察知しうる。

「茶戸里式」壺は、高久健二のいう弁・辰韓Ⅱ期に属するといい（高久健二 1999・2000）、この

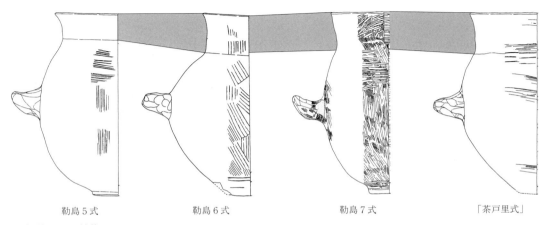

勒島5式　　　勒島6式　　　勒島7式　　　「茶戸里式」

の推移とその前後

弁・辰韓Ⅱ期は、精製器種の新たな組み合わせが確立する時期にあたる。したがって、仮称Ｅ段階→ガ-92-2号甕棺墓例→「茶戸里式」壺の序列において界線を設けるならば、「茶戸里式」壺の直前がふさわしい。

以上縷述してきたところから、Ａ段階を省いて上限をＢ段階におき、「茶戸里式」直前にあたるガ-92-2号甕棺墓段階を下限として、勒島式を7段階の変化で捉えることとする。既往の名称との混乱を避けるべく、算用数字を用いて、

  仮称Ｂ段階　　　　　　　　　　→　　勒島1式
  仮称Ｃ段階　　　　　　　　　　→　　勒島2式
  仮称Ｄ段階（勒島住居址Ⅰ期）　　→　　勒島3式
  2号住居址Ⅲ層（勒島住居址Ⅱ期）→　　勒島4式
  8号住居址Ⅳｃ層（勒島住居址Ⅱ期）→　勒島5式
  仮称Ｅ段階（勒島住居址Ⅱ期）　　→　　勒島6式
  ガ-92-2号甕棺墓　　　　　　　→　　勒島7式

と呼ぶ（第134図）。

ここで到達した帰結が、いくぶんかにせよ賛同を得て、「縦」の序列が定まるとすれば、勒島遺跡にどの時期の土器が行ったかだけでなく、勒島遺跡のどの時期に土器が行ったかを議論することが可能になる。弥生時代における半島との通交は、いっそう精緻に、かつ、立体的に復原されていくに違いない。しかし、勒島式研究の意義はそれだけでない。

他とは区別される特徴をもった、一定の器形と装飾を持つ一群の土器を、土器型式と呼ぶ立場に立つと、勒島式の遺跡が意外に多くないことに気付く。例えば、洛東江の中・上流域まで離れると、変化の軌道は共有されておらず、それを安易に勒島式と呼ぶ現行の認識には少なからず躊躇いを覚える。

畢竟するに、後期無文土器研究の課題は、韓半島内における「横」の追究に尽きる。勒島式の諸段階が、各地のどの資料と併行するかが把握されるなら、三角形粘土帯甕が分布に偏りをみせることの理由や背景も、自ずと解明していくように私には思われるのである。

註
（1）後藤直（1979）では、断面三角形の例を「粘土帯」と呼び、断面円形の例には「粘土紐」の語を用いている。しかし、後日、全てを「粘土帯」としている点をふまえ（後藤直 1987：註3）、ここでも「粘土帯」の語で統一する。
（2）「槐亭洞式」の初出は申敬澈（1980）であり、後期前葉Ⅰ期の解説で登場するが、内容説明は特にない。
（3）「黒陶」（林炳泰 1969）、「黒色磨研土器」（後藤直 1973、尹武炳 1975）、「黒陶長頸壺」（李白圭 1974）、「黒色磨研長頸壺」（後藤直 1979）、「黒色土器」（李健茂 1991）、「黒塗長頸壺」（李弘鍾 1995）、「平底長頸壺」（朴辰一 2000）などの呼称がある。後藤が「「黒陶」とされる土器についての記述を読むと」、「論者によって「黒陶」の内容は少しずつことなり、何を「黒陶」とするかの明確な基準はない」（後藤 前掲 1973：53頁）と指摘して以降、「黒陶」の使用は比較的低調であったが、近年の論考では、「黒色磨研長頸壺」とならんで「黒陶長頸壺」の語もよく使われる。

（4）原文は「古式은 水石里Ⅲ、Ⅳ号出土品이 指標이며、新式은 槐亭洞遺跡이 된다.」(ママ)（崔鍾圭 1982：215頁）となっているが、この「Ⅳ号出土品」とはⅥ号出土品の誤記であろう。

（5）白井克也（2001）は「弁(ﾍﾞﾝ)辰韓Ⅱ期」として3例挙げているが、高久健二（2000）は茶戸里遺跡第29号墳、第39号墳の編年的位置に言及しておらず、第40号墳については、むしろ1段階新しい弁・辰韓Ⅲ期に位置をあたえている。しかし、弁・辰韓Ⅲ期が丸底化の徹底する時期である点をふまえれば、これらが型式学的にⅢ期より古いことは間違いなく、Ⅱ期に位置づけた白井の判断は妥当である。

（6）白井克也（2001）が、Ⅱ・Ⅲ期を統合した修正勒島住居址式編年ではなく、当初の3細別案（徐姶男 1989）にこだわった理由は明記されていない。

（7）朴辰一（2000）や同（2001）が示した編年案に対する批判は少なくない。しかし、崔鍾圭（1982）が提唱した金丈二里式に対して、洛東江中流域における地域型式の可能性を構想し、また、「海岸様式」の名で勒島式の範囲を規定しようとするなど、傾聴すべき見解もまた少なくない。

（8）林雪姫（2010）案は、1つの竪穴からまとまって出土した遺物を、それぞれ100年の幅をもつⅡ期とⅢ期に分けてあったり、Ⅲ期とⅣ期に分けていたりする。この点で、説得力を大幅に失している。

（9）中村は、朴辰一旧案（2000・2001）で示された甕の胴部最大径の位置の変化について、「胴部最大径が時期に従って下がるという指摘（朴 2000）は遼東地域の資料を起点とする限りは妥当である」（中村大介 2010a：16頁）と述べて、賛同の立場をとる。これは最新の著作においても、「胴部最大径の位置は、変化の基準にならないとする見解があるが（徐 2006、宮里 2010）、江陵芳洞里ではＣ8、Ｃ7(ﾏﾏ)、Ｃ6号の順序で住居が重複し、胴部最大径もその順序で下がっていくように、全体的な推移では有効である」（中村大介 2012：134頁）と説いて、徐吉徳（2006）や宮里修（2010）の批判を退けた。しかしながら、中村が提示した図を参照するかぎり、必ずしも「Ｃ8、Ｃ7、Ｃ6号の順序で住居が重複し、胴部最大径もその順序で下がっていく」とは思われず、第2の段階とするＣ-7号住居址例の胴部最大径の位置が、むしろ最も高い。なお、端野晋平（2017）も、別の点で中村の編年案に批判を加えている。

（10）中村大介（2010a）は、原三国時代について「須玖Ⅰ式新段階に併行する時期を早期とする」、「須玖Ⅱ式に併行する時期を前期とする」（19頁）と解説する。作業を進めるうえでの一時的な説明かもしれないが、北部九州の土器型式によって韓半島の時期区分を行う点に、違和感を覚える。

（11）「無文土器壺と壺の胴部で構成された結合式甕棺である」（徐姶男ほか 2004：117頁）という記載があるのみで、棺蓋として使われた「壺の胴部」は示されていない。

（12）ただし、72号住居址で三角形粘土帯甕が2点出土している。

（13）ガ-23号住居址の説明では、「土層断面の観察から23号住居址は36号住居址が埋没した後、36号住居址の埋没土である暗褐色土の上部に造営されたものと確認された」（禹枝南ほか 2003：90頁）とあるが、「36号住居址」は53号住居址の誤りである。

（14）口縁部の形状は多様であり、中村大介がいうＣ1種、Ｃ2種、Ｃ3種（第119図）が共存する。

（15）巾着形壺の重心も、この時点では低い位置にある（第126図7）。

（16）勒島遺跡の近傍で注目されるのは、慶尚南道泗川市泗南面芳芝里遺跡であるが（尹昊弼ほか 2005・2007）、李昌煕の分析結果は、円形・三角形両粘土帯甕の共存に否定的である（李昌煕 2010・2013）。

第 15 章　土器型式の運動と伝承の論理

1. 土器型式という単位

前章までの内容　ここまで 13 の章を割いて議論してきたのは、弥生時代とその併行期の土器型式についてであり、それぞれにおいて一定の形態と装飾を持つ一群の土器の摘出をめざした。

第 2 章では、九州・玄界灘沿岸における貝塚の消長と増減とを整理して、前期の温暖化現象の実態を明らかにするとともに、温暖期である前期末の土器型式・板付 II c 式の定義と軌道を確認した。

第 3 章もまた九州地方に注目して、前期末ないし中期初頭の響灘沿岸に焦点をあてる。福岡平野と響灘沿岸とを較べ、響灘沿岸のなかで較べ、さらには中期初頭に位置づけられてきた諸例と較べることによって、福岡平野とは別の新しい土器型式が摘出されるに到った。高津尾式、岡（古）式、岡（新）式、馬場山式の 4 型式がこれにあたる。

第 4 章は、フィールドを東北地方に転じて、いわゆる「遠賀川系土器」の問題を論じた。この一群の土器に、弥生時代研究者が寄せてきた期待は決して小さくないが、しかしそれに応え得るかは、新古を正しく位置づけて初めて判断できる。伴存する精製土器の分析から、本書では、遠賀川式はこの種の土器の直接の母体でない、という説を追認するに到った。すなわち、弥生文化の到達を契機に出現したものでなく、その定着と波及を契機に拡散したものでもない。

第 5 章は、東北地方で独自に発達したその「遠賀川系土器」がもつ先史時代史上の意義を、田向冷水式の整理を通じて展望した章である。4 つの小細別を内包する田向冷水式を現行の区分に照らすと、前期末から中期前葉に位置があたえられるが、この間「遠賀川系土器」の文様も着実な継承をみせ、「縄文式文化の解体、続縄文式文化の形成、弥生式文化の北方伝播」（馬目順一 1963）を三位一体で顕現する。

第 6 章は、三陸海岸の弥生土器を俎上に載せ、紅山 B 段階から千鶏IV㋐段階に到る 6 段階の階梯で弥生時代の前半代を整理する。最も新しい千鶏IV㋐段階は、磨消文様の構図から中期の中頃に位置づけられるが、特に注意を喚起したのは、この段階を最後にしばらく集落が形成されない断絶現象であった。後期までの時間を要し、かつ、立地が大幅に転換する点からみて、先般の大震災と同様の大規模災害が影を落としていることはほぼ間違いないであろう。

第 7 章でとりあげた大石平式は、第 5 章の田向冷水式の地域に近いが、同式より新しい。4 つの階梯で捉えようとした過去の組み立て（齋藤瑞穂 2004）を抜本的に見直し、9 段階の小細別を内包する土器型式として、新しく大石平式を提唱した。

ところで、「北陸系」・「東北系」とは、新潟県域の弥生土器を整理するうえで頻用される座標系

である。第8章では佐渡浜端洞穴で出土した両種の年代から洞穴の利用時期と利用者を、山の洞穴との比較から利用形態を、それぞれ検討した。中・後期の交における「北陸系」・「東北系」両種の間にズレをみとめたのが、初出論文（齋藤瑞穂 2012b）から大きく変更した点である。

第9章で焦点をあてたのは、弥生時代後期の関東地方である。「境界」を越えて移動し、それが在地変容化していくプロセスの可視化を、下戸塚1・2式の設定を通じて試みた。

一方、第10章では、同じようにして「境界」を越えた二軒屋式土器をとりあげたが、第9章の下戸塚式とは相反する結果が得られている。埼玉県域で出土した例のことごとくが同式の作法に準じ、変容した様子はいささかもみせなかった。

第11章では、東北地方のいわゆる赤穴式土器を扱った。湯舟沢式とそれ以後について、いまは対向連弧文土器から導かれた湯舟沢・室小路15段階、柿ノ木平・八卦段階、上八木田Ⅲ・高松寺段階、鳶ヶ長根Ⅳ・小井田Ⅳ段階の順序で捉えておくと無理がない。しかし、土器型式としての体系化には、連続性を保証する縦横の整備がなお不可欠である。

第12章は、重弧縄線文土器の背景を探索するところからスタートして、やがて東日本後期弥生土器における「縄」と「櫛」と「線」の絡み合った関係が露わになり、それを観測の定点として横の関係を読み解いた。東関東地方の十王台式で用いる「櫛」文様を、「線」文様が一般的な東北地方の「天王山式系」土器が「縄」に置き換えて受け入れるが、ついには「線」文様をも「縄」で描き、あるいは地文の縄文を「線」で表現するようになる。

このようにして「天王山式系」を刺激する十王台式が、よりいっそうのインパクトをあたえる十王台2式・続十王台式期の動向を、第13章で整理した。十王台式の影響は東北北部にまで達するものの、東北南部で十王台式由来の軌道が定着し、かつ、「北陸系」とも複合するのと違って、東北北部への作用はあくまで部分的で、むしろ北海道後北式の文様帯を受け容れる。

第14章では「日本考古学」の対象をはみ出して、おおよそ中期に併行するという韓半島の勒島式を俎上に載せた。層位を比較し、型式を比較することにより、同式が相継ぐ7段階の小細別をそなえることが判明し、あわせて茶戸里式への連絡過程を示すことにも成功した。

本章の課題と議論の対象 以上の作業をふまえ、このような土器型式という現象として現れているのは何か、人間活動のどのような側面が表出しているか、に迫るのが本章の課題である。前章までに発見・摘出した土器型式そのものが本章の素材であり、データであり、議論の対象である。

時期は前期、中期、後期を、地域は韓半島、九州、北陸、関東、東北の5地方を扱ってきたが、弥生時代の土器型式すべてをとりあげ得たわけではもちろんない。したがって、土器型式とは何かを考える際に、前章までに発見したものだけでなく、先行研究の成果を加えてサンプルサイズを大きくするのは、標本誤差を小さくして信頼度を高める1つの方法ではある。しかしながら、たとえサンプルが多くとも完全でなく、断片以上のものには決してならないし、もとより土器型式という語の指示する対象が、本書と他の文献とで、あるいは他の文献同士であっても、一致しているかわからない。誤差の縮減をめざすあまり、釣り合うはずのないレベルを比較してしまうことに危惧を覚えるのである。

一方で、本書のここまでの「成果物」は、本書の筆者が1つの方法と基準にもとづいて摘出した

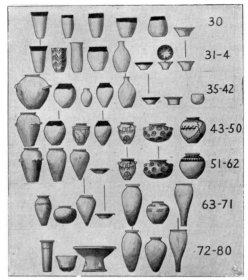

第 135 図　先史考古学における編年研究の発展

ものである。数に限界があるとはいえ、それらのみを使って立論するのは、他者の成果を加えてレベルの均一性を保証できなくなるより、はるかに有効性をもちうるだろう。

　もっとも、筆者が扱ったものであっても、全ての章の「成果物」を同等に比較できるわけでない。例えば、第5章で田向冷水「式」が登場するのに対して、次の第6章で設定されているのは紅山B「段階」や千鶏Ⅳ⑦群「段階」であり、第13章では岩下C「段階」と本屋敷「式」が併出する。二様の語を用い、表記にゆれがあるのを、読み手はすぐ感付いたに違いない。

　第135図に示したのは、相対年代を導く方法の基本で、それぞれ頻度セリエーション、コンテクスト・セリエーションの名で呼ばれている。A・クローバーによる左の例は、アメリカ南西部における無文字文化の相対年代を、土器の彩色の割合から導き出した大きな業績で、最も早い「Early B」から現在までを6期に分ける（Kroeber 1916）。他方、F・ピートリーによるエジプトのディオスポリス・パルヴァ遺跡の編年は（右）、多少の違いを繋いで、連続する単位の鎖を作り上げた（Petrie 1899）。クローバーが「知りうる限り最も古い時代から、現代に至るまで連続する発展がある」（Kroeber 前掲：44頁）と述べている点からも明らかなように、両者の編年の目指したところは、いかにして**連続性を可視化する**かにあったと言って良い。

　ただし、クローバーの成果の場合は追検証が難しい。黒色や赤色で飾った土器は、割合が変わるといっても「Early B」期から「Late A」期までに及び、新たに出土しても、それだけでは時期を絞り込めないからである。表採品にもとづく成果としては充分に過ぎるが、この100年余の間に整理・改変も大いに加わっているに違いない。一方で、発掘品を駆使したピートリーの編年案は、どの点だけが違っているかを明示する。各段階とその前後は鮮やかな一線によって分かたれており、いまなお大きな改変を必要としない。

本書の表記ゆれ問題に論を返すと、紅山 B 段階や千鶏Ⅳ㋐群段階や岩下 C 段階とは、現時点でみえている飛び石にすぎず、各段階の内容はもちろん、段階間の間隔も、いまはまだ詳らかでない。一方、田向冷水式とは、どの点だけが変わっていったかという軌道が明らかで、かつ、続・砂沢式や五所式とは地域を違え、大石平式とは年代を違えることも判明している単位概念である。これを本書では土器型式と呼び、次節以降で行う議論の対象とする。

2. 土器型式が「かわる」こと

　複製の失敗　土器型式とは何か。弥生時代に行われた人間活動のどのような側面が、土器型式という現象に表出しているのだろうか。
　この問題設定は本質的だが、漠然としてはいる。そこで、「ちがう」、「かわる」、「かかわる」をキーワードとして用意し、
　　㋐土器型式が「ちがう」とはどういう事態なのか
　　㋑土器型式が「かわる」とはどういった作用なのか
　　㋒そういった土器型式の「ちがう」・「かわる」は、作り手のどのような「かかわる」の結果
　　　であったのか
という 3 つの補助線を引いて接近を試みよう。
　このうち、㋑の土器型式が「かわる」をまず俎上に載せると、土器型式の変化とはふつう、○○文が△△文に一変する、ということでない（鈴木加津子 1999）。例えば第 2 章で検討した板付Ⅱc 式も、変化したのは肩部羽状文帯の幅とその上下端の区画方法とに過ぎなかった。すなわち同式の古い部分は、羽状文帯の縦幅を広くとり、かつ、特にその下端を 2 条の横線で画するのに対して、新しい部分は縦幅が狭くなって、上下を 1 条で区切るようになる（**第 8～10 図**）。土器型式に順序の特定までを要求するなら議論はこれ以上必要ないが、しかしそうでなく、土器型式が「かわる」メカニズムを追究するのなら、何が 1 条への変化を促したか、という問いへと思考を掘り下げていくことになる。
　板付Ⅱc 式を、その前後も含めて俯瞰すると、先行する型式ではほとんどの場合、肩部の装飾帯の上下端が 2 条の沈線で区画されている。他方、板付Ⅱc 式より新しい型式は、頸部と肩部との境をおしなべて 1 条の突帯で表示する。板付Ⅱc 式にはその両種が存するから、変化を促す何らかの運動が、同式のなかで起こったらしいことを察知しうるわけである。ポイントは 2 条の沈線から 1 条の突帯に転じる点にあり、2 条の沈線から 2 条の突帯へ変わったのでも、1 条の沈線から 1 条の突帯へと変わったのでもない。
　この 2 条の沈線と 1 条の突帯は、中央に突出部を 1 つもつ、という点で共通する。つまり、1 条の突帯の出現とは、2 条の沈線を 2 条の凹みとしてでなく、2 条の凹みのあいだを 1 条の凸みと認識した製作者がいたことを物語る（**第 136 図**）。2 条の沈線を引いている最中でなく、すでに引き終えた状態しか見ていないゆえか、あるいは眼にした角度に起因するのか、いずれにせよ手本にした土器の製作の作法とは異なる理解がなされたようである。2 条の沈線を引く動作と、1 条の突帯

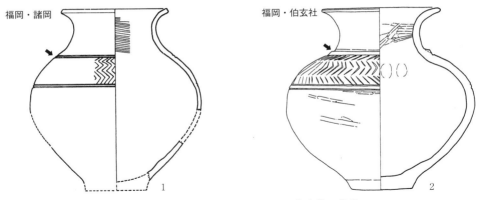

第 136 図　板付Ⅱc式における１条突帯の萌芽

を作出する動作とで、前者の方が手数が少ない点からすれば、意図的な手抜きの結果とは言い得まい。しかし、生じた認識のズレが一般化して、１条の突帯によって画する例を見本として再生産が繰り返されたなら、区画は１条で行うものとの方向へ自ずと進むであろう。

このように、条数と凹凸に着目して変化の要因を考えてみると、

　　　板付Ⅱb式：２条沈線横線文（凹凹）による区画
　　　板付Ⅱc（古）式：２条沈線横線文区画（凹凹）からの１条**突帯（凸）**区画認識の形成
　　　板付Ⅱc（新）式：突帯（凸）区画の一般化による**１条突帯（凸）・１条沈線（凹）**区画への
　　　　　　　　　　　転換

と整理しうる。

　２条の凹みは、「じかに目に見える要素」であり、「みようみまねのできる要素」であって（林謙作 1990）、それを１条の凸みと認識するのは、完全なコピーを要請され、丁寧に手ほどきを受けたならば生じ得ない誤認である。したがって、少なくとも板付Ⅱ式土器の生産の場にあっては、「模範的な型＝範型（model）の規範にできるだけ則ろうと努力」（小林達雄 1977：167 頁）するわけでも、させるわけでもないのであろう。完全なコピーを要請されていないからこそ、身の回りの貝がにわかに施文具に使われ、獲れなくなれば使わなくなるわけである。東日本後期弥生土器において縄と櫛と線とが互換性をもつ背景としても（第 12 章、第 106・109 図）、同様の緩やかな継承環境が想像されてよい。

　もっとも、板付Ⅱ式土器のケースは区画文であって、メーンでない。区画文など副次的な部分は一任され、メーンの文様のみ丁寧に教育される、という可能性もある。そこで、繁縟な文様で飾る東日本の土器型式の変化を、こうした観点で観察してみよう。

　第 137 図に掲げたのは、第７章で大石平５式・６式と呼んだ例で、１が５式の有文土器である。口縁部を縄文帯とし、その下方に直線文で分割した無文帯、鋸歯文帯、縦位短沈線帯を順に置く。肩部には波状工字文が緩く描かれている。

　頸部を中央で分割する１の構造は、後続する大石平６式によく残る（２）。ただし１の場合、口頸部の境を直線文＋鋸歯文で区画して、頸部を中央で分割するのに対し、２は口頸部境を直線文の

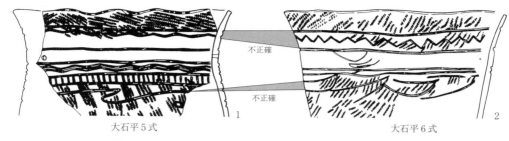

第137図　大石平式土器にみられる主文様の不正確なコピー

みによって区画し、鋸歯文は分割された頸部の上半分を広く占める。加えて、1では胴上半部に簡略化した緩い波状工字文を描くが、2はこれが松葉状の文様へと転じている。

したがってこの場合も、装飾の構造が一変して、○○文が△△文に置き換わったわけでなく、変わったのは①鋸歯文の役割であり、②波状工字文のフォルムである。フォルムが変わったとはいえ、右肩上がりの構図に名残をとどめており、もちろんこれらも簡素化や効率化で説明がつく変化でない。土器型式の「かわる」の本質は、この辺りに潜んでいるように思う。

逆に言うと、簡素化や効率化で説明のつく変化に対して、別の作り手がもたらしたのか、あるいは同じ1人の製作者が起こしたのか、我々はそれを識別する手立てを持たない。日常、ある目的のために一連の動作を繰り返すなかで、簡素化や効率化を図るのは至極当然の行為だからである。ふつう、これを工夫と呼んでいる。

他方、効率化や簡素化で説明することが難しく、おそらくは認識の相違によって生じたこの種の変化を、1人の製作者が起こしたとはなかなか考えにくい。板付Ⅱc式土器の製作者が、2条の凹みを1条の凸みに読み換えたケースと同様、大石平6式有文土器の製作者による、

　　①直線文とともに区画文の役割を担っていた鋸歯文を、頸上半部の主文様として
　　②一繋がりの緩い波状工字文を、松葉状の文様として

という2つの誤認は、1の製作者でない人物が、1の実物を直に眼にし、見よう見まねも可能な環境にありながらも、不正確に継承し、それが承認されたことを意味する。

このような不正確な継承＝複製の失敗は、文様の委細についてのみ発生するわけではもちろんない。第138図に掲げたのは、前章でとりあげた韓半島の勒島式土器である。2は口頸部がラッパ状に開いた勒島4式の把手付壺で、1の3式壺に較べて肩が張らず、なで肩化する点に特徴がある。

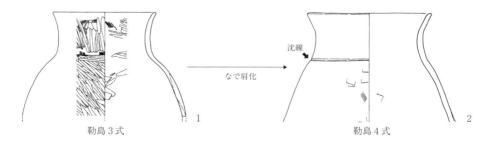

第138図　勒島式土器にみられる成形方法の不正確なコピー

筆者の注意を惹くのは、横線文を施して頸胴部の境を表示している点で、勒島３式以前の例や、同式と期を同じくする他地域の土器型式にこうした例はないから、これは勒島４式の成立に際して初めて生じたとみてよい。もとより３式と４式との違いは、

　　　勒島３式壺：肩が張るため、肩部と頸部との境に明瞭な段がつく。
　　　勒島４式壺：肩は張らない。肩部から頸部へ滑らかに移行し、段は生じない。

と対比でき、この対比を参照する限りは、４式の成立が３式壺の製作者による工夫の結果か、あるいは新しい作り手による成形技術の一新かを判定しきれない。

　ところが、２の存在が決して工夫の結果でないことを導く。簡素化や効率化を図り、段を作出する手間を省いたのであれば、２のように頸部と肩部の境をことさら表示する必要がない。そうでないという事実は、勒島４式壺の製作者が、自らの作法では生じない３式壺の段を眼にし、それを沈線による１条の横線文によって代用したことを意味するのである。

　技術継承と地縁技術　このようにして土器型式の「かわる」の内実を、**不完全な習得による不正確な技術継承**と捉えると、文化人類学の重田眞義が提起した community-based technorogy ＝ 地縁技術の概念と（Shigeta 1996）、この概念にもとづいてエチオピア南西部の土器生産を記述した、同じく文化人類学の金子守恵の一連の仕事が射程に入る。

　地縁技術は「人々が日常生活で最低限要求する必要不可欠な商品を作り出す技術」（Shigeta 前掲：19頁）と定義され、具体的に「地域内で入手できる素材をもちいて製作し地域内のマーケットで流通されていることを特徴としたうえで、地域にくらす人びとの生活と密接なかかわりをもった技術」（金子守恵 2011：18頁）を言うらしい。

　金子が対象とした、エチオピア南西部の農耕民・アリの社会には、カンツァとマナという２つの社会集団があって、前者は農耕を、後者は鉄製品や木工品、土器製作をそれぞれ生業とする。このマナのうち、ティラマナと呼ばれる分枝集団の女性が土器作りに携わり、集団内で婚姻関係を結ぶという。村は父系の親族集団で構成され、多くの場合、土器を作る女性は別の村のティラマナの男性と結婚し、夫の村へ移り住む（金子守恵 2011 前掲・2014）。金子の記述は様々な部分で興味を惹起するが、就中、「不完全な習得による不正確な技術継承」に関して注目されるのは、

　　　①子供は土器を作る母のそばで過ごし、6〜7歳には本格的に成形を始める。
　　　②娘の土器製作に母が身体的な動作を示し、あるいは言語的な指示を行うなどの介入はほとんどしない。
　　　③同じ敷地内で近所の土器職人と一緒に成形・焼成することはない。
　　　④母と娘、姉と妹でも、成形の順序や乾燥のタイミングが異なる場合がある。
　　　⑤結婚により移動した際に、土器生産がうまくいかなくなる場合がある。粘土の質の違いなどが原因とみられ、職人は方法を変えて対応する。
　　　⑥金子が聞き取りした土器職人29人のうち、21人が２回以上結婚し、居所を移動している。

の諸点である。製作者の性はさておくとして、①は土器作りの作法が一変せず、一部不正確な面がありながらも、多くの部分で継承される現象と矛盾がない。また、②〜④は不正確な技術継承の発生と、⑤や⑥は土器型式が広がりをもち、一定の空間で作法がシェアされる現象と、それぞれ調和

「かわる」の大小と連続性　土器型式の「かわる」は決して大きな変化を指し示していない。しかし、変化の階段をどのようになぞるかは、資料に対峙する我々に委ねられているから、我々が変化の大きさを強調しようとすれば、段差が大きく、昇降の容易でない階段ができあがるし、変化をきめ細かく示そうとすれば、脚に負担のかからないスムーズな階段が作られる。現今の土器型式研究には両方の態度が存するが、「不完全な習得による不正確な技術継承」の軌跡は、後者の階段を作って初めて可視化されるだろう。

生命の本質は自己複製にあるといい、器官の延長として生み出された身の回り品もまた、複製を繰り返して命脈を保つ。しかし、遺伝情報を完全に継承することはいずれもない。先史考古学のフィールドでは、この不完全であり、不正確ながら受け継がれた複製の軌跡こそが、すぐれて連続的な人類の足跡を、連続するものとして可視化する唯一の表現手段となる[7]。鈴木正博のいう「流れ」や（鈴木正博 1987a）、松本完のいう「軌道」は（松本完 1996）、土器型式に対するこうした姿勢の代表例であり、「究極」が目的となる理由もおそらくここにある。

生産量のいっそうの増加が要請されれば、自ずと工程の省略へと舵を切るだろうし、装飾を競い合う環境が育まれれば、手間と時間はより費やされていくに違いない。土器型式を運動させる動力は、環境によって異なり、社会の動静によって簡単に変わるはずである。

似たものを同じに括る着膨れ式に従うかぎり、単位から単位への変化はいくらでも大きくなり、もっともらしい物語を使って転換の背景が解釈されてしまう。他方、違いを違いとみとめ、それを丁寧に解きほぐしていったなら、ドラスティックな展開は失うものの、しかし紙芝居はアニメーションへと成長する。人類の足跡も、場面から場面への変換によってでなく、コマ送りで再生される軌道にもとづいて復原されるわけである。そうして描かれる足跡を、動態と呼ぶ。

3. 土器型式が「ちがう」こと

軌道の共有　前節では、範型が用意された制度としてでなく、伝承されゆく慣習の軌道として土器型式を捉え、それが「かわる」という作用の理屈として「不完全な習得による不正確な技術継承」を想定した。いま、次に考えてみたいのは、そのようにして変わっていく土器型式が「ちがう」とはどのような事態を意味するか、である。

第2章でとりあげ、前節でも若干の議論を加えた板付Ⅱc式は、肩部羽状文帯の縦幅と、その上下端の区画方法とに少しずつの変化が加わる。繰り返しになるが、同式の古い部分は、羽状文帯の縦幅が広く、2条の横線で画するのに対し、新しい部分は縦幅が狭まり、上下を1条で区画するようになる。これは、標式の福岡県福岡市博多区諸岡遺跡と（第8図、横山邦継ほか 1975）、同博多区比恵遺跡群とによって（第9図、菅波正人 1993）、把握し得た順序であった。

言わば、諸岡遺跡の前期集落と比恵遺跡群のそれとで、変化の軌道を共有していたわけである。両集落とも御笠川と那珂川とに挟まれた低丘陵上に地を占め、距離は4kmに満たない。徒歩での往復が2時間程度と考えると、これは別段不思議なことでない。

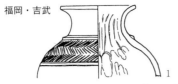
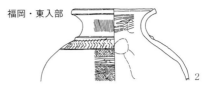

第139図　早良平野の板付Ⅱc式土器

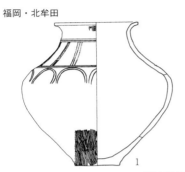
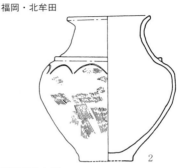

第140図　三国丘陵の前期末の土器

さて、第139図として掲げたのは、福岡市早良区吉武遺跡群Ⅳ区SC-53（二宮忠司ほか 1997）、ならびに同早良区東入部遺跡群8区SC1520出土の板付Ⅱc式土器で（濱石哲也 2000）、前者が（古）式に、後者が（新）式にあたる。両遺跡群は、福岡平野西方の早良平野に営まれた弥生時代の集落址で、先述の諸岡遺跡とはいずれも14kmほどの距離があるが、精製の有文壺は羽状文で肩部を飾り、福岡平野と同じ軌道を辿る。このように**軌道が共有される場合**を以て、**板付Ⅱc式が福岡平野と早良平野に分布する**、と捉えたい。

一方、諸岡遺跡から20km余り南方の三国丘陵では、こうした板付Ⅱc式の軌道を観察できない（第140図、酒井仁夫ほか 1979）。早良平野と同様、福岡平野とそう距離はなく、器面を飾る連弧文自体は前期の九州島で盛行した文様であるから、似たものを同じグループに括る立場からすると、これらを板付Ⅱc式に収めることに何の躊躇もないだろう。しかし、一見して明らかなように、福岡・早良両平野の板付Ⅱc式は羽状文のみが受け継がれ、連弧文の命脈はとうに尽きているのである（第139図）。違いを違いとみとめる本書の立場では、三国丘陵の諸例をして板付Ⅱc式と呼び得ない。変化の軌道がこのように共有されていない場合、**三国丘陵は板付Ⅱc式の地域でない**、と表現しよう。

共通の母体から発生する複数の軌道　第9章で提起した下戸塚1式は、関東地方における弥生時代後期の土器型式である。東海地方の菊川式と共通する要素があり、少なくとも3つの小細別を内包する。

簡単に振り返ると、菊川式の器形は「なで肩で長頸のものから、頸部が短くなり太頸化していく傾向や胴部が扁平化していく傾向」にあり、文様も「胴部下位の屈折近くまで幅広く展開するものがあるが、次第に肩部に集約されてくる」（第141図、篠原和大 2006：49・52頁）らしい。後期の前葉にあたる菊川式の2期は、1期に較べてやや肩が張り、頸部の区画文も幅をもつ（佐藤由紀男ほか 2002）。下戸塚1式①（22号住居址）の諸例（第80図）と共通する点が多い。

第 15 章 土器型式の運動と伝承の論理　259

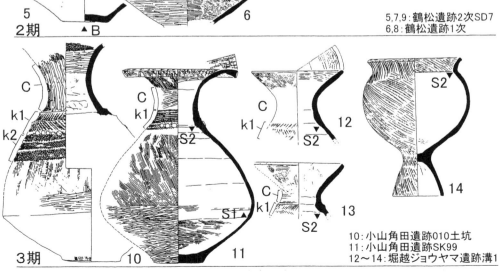

第 141 図　菊川式の推移（篠原和大 2006）

続く菊川式の3期は、頸部区画文の多条化・多段化が進み、有段の羽状文が成立する（第141図10）。この有段羽状文が4期に盛行し、他方、胴部文様が上方に縮約していくようであるが、これに対して下戸塚1式の場合は、1式①につづく1式②（11号住居址）や1式③（18号住居址）に多条化や多段化が進んでおらず、有段の羽状文は一切みあたらない。太頸化も起こらない。

先掲の板付Ⅱc式のケースに照らしてみれば、菊川式と下戸塚1式とは同種の文様で飾り、多くの点で特徴を同じくしていながら、軌道を共有する関係ではないらしい。すなわち、篠原和大の言う菊川式2期を母体として同3期へと「かわる」軌道と、下戸塚1式②、1式③へと「かわる」軌道との二者が併在した、というわけである。この点で、「下戸塚遺跡」「などにおいて後期初頭～前葉から**菊川式土器が定着し**」（古屋紀之 2014：38頁）たとの評価は、事実と一致していない。

第4章で扱った山形県庄内平野の生石2式もまた、青森県弘前平野の砂沢式を母体としていながら、同式とは異なる軌道を進む土器型式であった。複段の変形工字文で飾った浅鉢同士を較べてみれば明快で（**第142図**）、古手の生石2式の文様構図は（2）、砂沢式のそれ（1）とよく似ている。ところが、砂沢式が上方の横線文を追加し、頸部を強調していくのに対して（3、矢島敬之 2000）、生石2式で横線文を加えることはなく、砂沢式にない弧線化した独自の変形工字文を生む（4）。

もちろん、距離が生じれば軌道は必ず分岐する、ということではない。縄文時代前期末、北陸地方の真脇式が東北地方の秋田市周辺に進出するが、進出した北陸の土器は、以後、中期中葉の新崎式まで本場と軌を一にした変化を辿っているという（今村啓爾 2006）。菊川式や砂沢式の場合と違い、遠距離にあってなお軌道が維持され続けたわけである。

時点の「ちがう」から軌道の「ちがう」へ　時点ではなく、軌道として土器型式を捉えたとき、その広がりとは技術継承の軌道を共有する範囲を指すことになる。もちろん、精粗の別によっても違いがあり（阿部芳郎 1993）、本書では精製土器における文様の一般則と手法の変遷から導いた軌道の異同を根拠としているが、少なくとも単なる地形や行政上の区分や遺跡分布の（現状での見た目の）粗密をもって、ア・プリオリに規定すべきものでないことは、大方の理解と一致するところ

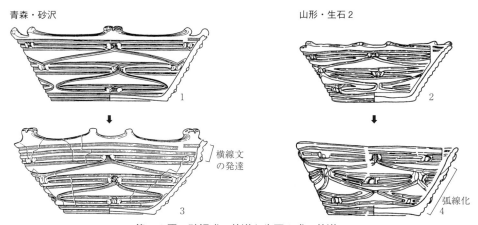

第142図　砂沢式の軌道と生石2式の軌道

であろう。

　土器型式や、あるいは土器様式の範囲が、しばしば「領域」の語を用いて説明されるように、それが偶然生じたのでなく、一時代の歴史を叙述するうえで有意な、一定のまとまりであるとみる論者は少なくない。実際、様式論における土器様式とは文化的環境を再現する単位であり（小林行雄1933a）、小林行雄は土器様式の違いから、地域により時間によって文化内容が異なることを表現しようとした（小林行雄 1939）。一方、土器型式を使用する立場でも、芹澤長介が早くに「そこで生まれ、土器を作り、用い、死んだところの人間の集団を意味する」（芹澤長介 1958：160頁）と主張して、先導的役割を果たす。小林や芹澤のこうした理解は、文化を継承し、共有し、再生産する集団があり、その継承し、共有し、再生産している文化の1つが土器様式や土器型式である、という論法であり、これは集団が「描かれざる設計図」、すなわち範型を保有するという想定、かつ、集団アイデンティティが土器に表象されているという解釈へと繋がっていく（小林達雄 1977）。

　他方、本書では、土器型式を「不完全な習得による不正確な技術継承」によって絶えず変化している運動の軌道と理解する。範型が用意された制度の持続としてでなく、反復され、伝承された行為の結果とだけ考えるのである。したがって、筆者の理解からすると、土器型式は必ずしも文化を共有し、再生産する集団の前提でない。[11]

　あるいは、土器型式や土器様式から、コミュニケーションの実態や情報伝達の仕組みを復原しようという論説がある。田中良之が縄文時代後期の磨消縄文土器を使って初めて実践し（田中良之 1982）、谷口康浩は縄文時代中期・加曽利E式土器圏における曽利式の出現率や変形具合から、情報の逓減ぶりを鮮やかに示してみせた（谷口康浩 2002、谷口康浩ほか 2008）。

　田中が阿高式系と磨消縄文系とのあいだを、谷口が曽利式と加曽利E式とを対象としているように、これらは別型式を俎上に載せ、一地点（一地方）を出発した情報の嵌入状況からコミュニケーションを読み解く論法である。それゆえコミュニケーションが成立する過程や、最も拡大した時点の濃淡は明快だが、しかし「その後」がややみえにくい。

　本書の立場では、コミュニケーションの強化や維持は軌道の共有によって、弱体化は軌道の分岐によって捉えうる。この場合、判断は連続する複数の時点にもとづいてなされ、板付Ⅱc式期における福岡平野と早良平野のコミュニケーションは、（古）式と（新）式における軌道の共有によって示されるし、菊川式と下戸塚1式との軌道の分岐は、その弱体化を物語る。

　説明が少しく煩瑣に亙るが、下戸塚1式①と、菊川式2期とは共通する点が多く、この菊川式2期は菊川式1期を母体とする。土器型式の運動としては、東海地方で伝承された作法が、菊川式2期のある時点で関東地方に転移しているわけである。

　東海地方では、菊川式2期がやがて菊川式3期に転じる。関東地方でも、菊川式2期とは共通点が多かった下戸塚1式①ののち、下戸塚1式②、1式③と推移するが、菊川式3期と下戸塚1式の新しい部分との違いは小さくない。双方が異なる軌道を辿っていったからであり、それこそが下戸塚1式を菊川式と呼ぶことのできない所以である。共通の母体によって成立していながら、軌道が分岐し、互いに影響しあっていないこの状態を、「文化的環境」や「集団」はともかく、関東地方への入植という人間行動に読み換えてひとまず差し支えあるまい（第143図）。

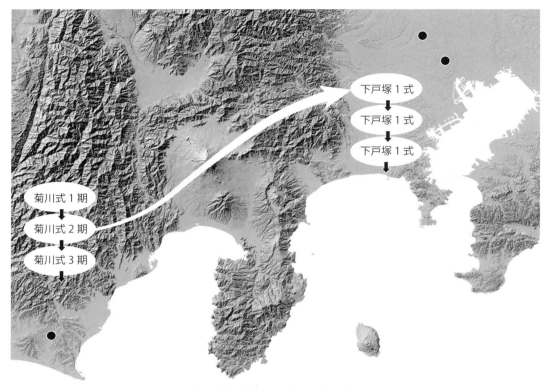

第 143 図　軌道の分岐に入植を読む

　東海地方に起源のある土器の出現を、人の移動に読み換える言説がこれまでなかったわけではもちろんない。この場合の根拠は、都出比呂志が移動 B 型と呼んだ「全器種の移動」であり、都出は「生活用具をひっさげた人間そのものの移動を思わせる」（都出比呂志 1979：175 頁）と推測した。なるほど下戸塚 1 式も様々な器種があり、この基準を充たすが、しかし人の移動に際して、そもそも全器種の移動が必要条件かは検討の余地がある。すなわち、移動先において、元々使っていた器種をことごとく復元製作しなければならない道理はなく、移動先で作られている器種を使うという選択肢は当然考え得るからである。事実、新潟地方の山草荷式は、東北南部からの入植によって成立し（齋藤瑞穂 2018b）、北陸一帯に一般的な櫛描文甕などと複合する。[12]

　移動する器種の数というのも結局は一時点の状況でしかなく、移動先で新しい軌道が確立するかどうかこそ、むしろ移住・入植の判断基準としてふさわしい。軌道の確認という手続きを経て得た帰結が、都出の基準による結果とさして違わないケースもあるだろうが、しかし確実性のうえで一線を画するのである。

　土器型式の狭さ　軌道の共有を以て括る土器型式の範囲は、おそらくこれまでイメージされてきた「型式圏」や「様式圏」よりはるかに狭い（例えば、向坂鋼二 1970 など）。[13]いっそう細かく分かたれたエリアのひとつひとつが伝承されゆく慣習の共有圏であり、そこに伝承者と継承者が、あるいは同じ作法を学んだ継承者達が散らばっているわけである。この散らばりについて、製作者の性や社会制度をはじめ、いくつもの前提条件を細かく設けて解釈する姿勢があるが、しかしこれは

記述を積み重ねるなかで接近していく課題であって、前提でない。

　婚姻にともなう空間的移動は、もちろん継承者を散らばす要因の有力候補であり（都出比呂志 1974・1982a）、先に板付Ⅱc式圏として措定した福岡平野と早良平野の距離も、近世の通婚圏研究が明らかにしてきた近隣婚の範囲（自村から4・5里内）にほどよく収まる。軌道の共有と婚姻移動とに相関があるならば、共有圏同士は排他的でないだろうし、これは複数の軌道があたりまえに併在する土器型式の現象とも（佐藤達夫 1974a、鈴木正博 1979a）、たしかに調和的である。

　ただ、婚姻移動と相関するにしても、通婚そのものは頻繁におこなわれる社会的接触交渉でない。種々の社会的接触交渉が先行しているに違いなく（池田義祐 1954）、もとより慣習もそうした接触や交渉を通じて伝承されるはずである。その点で、通婚圏の前提として黒崎千晴が提起した生活交渉圏概念、すなわち**人間集団がその生活を展開するために、いろいろの交渉関係を持つ範囲**は、土器型式の範囲の形成要因として、高い蓋然性と説得力をもつ。他の文化細目との比較を通じて検証することも可能であろう。当然、縄張りでなく、行動域であるから、その範囲はもちろん排他的でない。重なりがあるし、伸縮もする。相接する土器型式と似るのも当然である。

　「ちがう」の大小と連続性　土器型式の「ちがう」は必ずしも大きな違いを指し示すわけでない。しかし、違いをどのように把握するかは、資料に対峙する我々に委ねられているから、1段1段の変化の階段をなぞらず、似たものを同じに括る着膨れ式に従うかぎり、土器型式の範囲はどこまでも大きくなる。例えば「畿内地方」や「南関東地方」のような規模に仕上げれば、その大きく膨れあがった領域同士を切り離す境界線は、聞き心地の良い物語によって意味づけされるであろう。現今の土器型式研究には様々な態度が存するが、伝承されゆく慣習の共有範囲は、きめ細かいスムーズな階段があって初めて露わになる。

　かつて山内清男は、継承者が散らばり、軌道が共有される範囲として、一部族の生活範囲を想定した（山内清男 1969）。おおよそ半世紀を経て、土器型式をよりきめ細かく把握することが可能になった本書では、黒崎に学び、より具体的で、かつ、考古学的な検証も可能な生活交渉圏をこれにあてたが、いずれにせよその範囲には大小があり、重なることがあり、ときに伸縮し、ときに持続して並び立つ。

　弥生時代の社会への接近をさらにめざすとき、そのようにして隣りあう「ちがう」土器型式との力学――大小の均衡、重なりの程度、伸縮するタイミングの一致・不一致――の検討が、他の文化細目の比較とともに要求されるであろう。

4. 土器型式の「ちがう」・「かわる」と人の「かかわる」

　もう一つの変化要因　102ページの**第53図**は、大石平3式や4式と呼んだ例で、「かわる」でとりあげた大石平5・6式に先行する土器型式である。上段の大石平3式は、甕、台付甕、壺、鉢、浅鉢といった多様な器種で構成され、磨消の弧文が目立つ。他方、下段の大石平4式は、同一集落の、かつ、後続の単位として設定しうる土器型式であるにも関わらず、3式の特徴をほとんど継承していない。かつての筆者案と同じく大雑把な分割に留まるなら、3式以前と4式以降とは全く断

絶的でさえあり（工藤竹久 2005a）、一新したようにみえるかもしれない。

　しかし、第7章で解説したとおり、大石平3式の精製丸底鉢は3列を単位とする縦走刺突文を施し、4式の有文甕は3条を単位とする縦走鋸歯文で胴部を飾る（第144図）。したがって、ほとんどの部分で異なるものの、3式の作法が全く参照されなかったわけでは決してない。大石平の中期集落とは「ちがう」軌道に連なっていた地域から製作者が転入し、かつ、3式の装飾を部分的に組み入れて初めて生まれ得た。転入元がいまは詳らかでないが、やがて土器型式の追加を経て解明に赴くであろう。

　さて、前節まで強調してきたのは、土器型式の「かわる」がすぐれて連続的な点であり、その連続する軌道の「ちがう」を正しくつかむことによって、作り手の社会的な接触交渉環境をより具体化できるという点であった。そこで示した「かわる」は、伝承過程における「不完全な習得による不正確な技術継承」に起因する「かわる」であったが、いま、ここでとりあげる大石平4式の成立はそうでない。人の「かかわる」が大きく影響した「かわる」であると言えよう。「土器型式の変遷は在来の土器の伝統及び多少の変遷と、新しく他地方から来た影響との二者から成立する」（山内清男 1932a：43頁）という山内清男の言は、実に明快である。

　この「新しく他地方から来た影響」、すなわち「かかわる」という人間行動に起因するもうひとつの「かわる」を、最後にもう少し掘り下げてみよう。

　「かかわる」から「かわる」まで　下戸塚1式は、東海地方の菊川式を母体とする関東地方の土器型式である。菊川式2期の諸例と共通する部分が多い一方で、同3期とは変化の方向が同じでなく、前節ではこの軌道の分岐を、関東地方への入植という人間行動に読み換えた。東京都新宿区下戸塚遺跡において、下戸塚1式に先行する痕跡を欠くのも、新しく一から環壕を掘り、入植したという推測と調和的である。

　下戸塚1式は、久ヶ原式土器など武蔵野台地在来の例を伴存する。ただし伴存にとどまり、下戸塚1式の主体をなす菊川式由来の櫛刺突文土器とのあいだに装飾の共有・融合や交換は行われない。これは、東京都板橋区西台後藤田遺跡や（藤波啓容ほか 1999）、埼玉県和光市新倉午王山遺跡や（鈴木一郎ほか 2000）、同市白子吹上遺跡など（鈴木一郎ほか 2003）、他の後期集落で出土した下戸塚1式土器も同様であり、一方で久ヶ原式など武蔵野台地在来の土器型式でも、下戸塚1式の

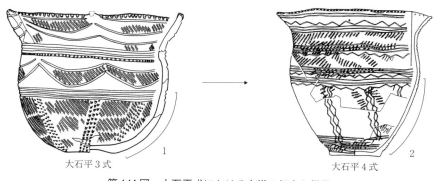

第144図　大石平式における文様の転変と継承

装飾を採り入れた様子はない。

　このようにして接触をもちながらも、製作の作法においては相互に不干渉であった下戸塚・久ヶ原両式の関係に起こった大きな転換が、下戸塚２式（第83図）の成立であった。精製土器から櫛刺突文の継承が絶え、磨消縄文装飾が主となる。興味深いのは、下戸塚の集落を囲繞する環濠が（第78図）、下戸塚２式の成立と期を同じくして役目を終える点で、２式の住居址はほとんどが環濠外に形成される。環濠の堆積層中の土器を縦覧すると、埋没は１式の末頃に進んだらしい。

　かような集落の動向に対して、例えば比田井克仁は、弥生時代後期250年余をⅢ期に分割する氏の編年のⅡ段階新相〜Ⅲ段階に下戸塚遺跡の土器をあて、「後期環濠集落が南関東一円に突如出現するが、この契機については、三河・遠江の人々の集団移動と不可分なものと考えている。しかし後期Ⅲ段階にはほとんど環濠機能が停止することから、**一時的な緊張関係は、かれらと在地との融合という形で解消されていったものと理解される**」（比田井克仁 2004：242頁）と読む。[19]

　他方、土器型式を軌道とみなす本書の立場では、緊張の一時性を推測しがたい。何とならば、環濠内に集落を営む下戸塚１式は、少なくとも３つの小細別を内包するうえ、最も新しい段階に営まれた18号住居址には重複もみうけられ、「一時的」とは一概に言い得ない長い幅があるように思われるからである。加えて、環濠をめぐらせて入植集落がスタートするとはいえ、１式②の段階には、すでに武蔵野台地の土器がともなう。したがって、環濠が機能していた期間を緊張の持続期間と単純に理解するのでなく、交渉をもちながらも、多少の緊張ゆえに、土器製作者が転出・転入する人的資源の交換まで到っていないとみる方が、データに対する理解としてふさわしいだろう。武蔵野台地色の濃い下戸塚２式は、この一定期間の経過の末に成立した土器型式であった。

　このように下戸塚式の軌道は、関東地方に入植した東海系移民のその後を可視化し、武蔵野台地周辺との「かかわる」がどのように進行したかをよく反映する。武蔵野台地在来の土器型式が干渉していない点からすると、下戸塚１式の作法は、環濠をめぐらせた下戸塚の後期集落内でのみ伝習されたとみてよく、強いて婚姻との関係に踏み込むなら、内婚的状況を想像しうる。

　下戸塚２式が、同１式におけるしばらくの疎な交渉期間を経て成立するのと較べると、本節の冒頭でふれた大石平４式の成立は、むしろ唐突な感じを受ける。４式の製作者の出身集落とに信頼関係があったとも、急な対応を迫る事態が発生したとも考え得るが、いまはまだ決め手を欠く。[20]「かかわる」という人間行動によって土器型式が「かわる」プロセスはおそらく一様でなく、「かかわ」ってすぐに「かわる」とは限らない。いずれにしても、状況を反映する微妙なタイムラグを正しくみてとるには、場面の大きく動く紙芝居でなく、コマ数の多いアニメーションでなければならない。

　土器型式研究の高度化による弥生社会論への展望　土器型式の研究が「大綱はすでに完成の域にある」と評され、あるいは「いつまでやるか」との声が挙がって久しい。完成をみた発展性の低い分野をいつまでもほじくり返しているようにしか映らないかもしれない。

　繰り返しになるが、年代のアタリをつけるまでならば、エネルギーを傾ける必要はすでにない。本書がそれでもなお土器型式を追補し、かつ、細別をいっそう進めて得ようとしたのは、時々刻々の軌道であり、軌道として可視化される人類の足跡であった。足跡はコマ送りで再生され、推測で

本書で議論した土器型式は、似たものを同じに括った概念でない。違いを尊重して再構成した単位であり、適用される対象のサイズは従来措定されていたよりずっと小さいであろう。しかし、その小ささゆえに、伝承のプロセスがコマ送りで表現されるのであり、その「かわる」・「ちがう」と「かかわる」の進行の様子が、社会を構成する人口の流動と定着とを教えてくれるのである。土器型式をなぜ細別しなければならないか、を問われたとき、これが本書の出す回答になる。

土器型式にもとづく弥生時代社会の研究は、土器型式の軌道を整え、流動や定着をみいだして終わるわけではもちろんない。「ちがう」複数の土器型式が、期を同じくして新しい技法を採用するなど、その運動は予想をはるかに超えて複雑である。そうして、相接する土器型式の圏の均衡や大小、重なりの度合いなど土器型式間の力学が順次判明していけば、人口の密度や、集団の数や規模、その統合ぶりが射程に入る。

本書は、日本先史考古学が積み重ねてきた方法に学び、その方法を以て13の資料群と対峙し、そうして得た結果に立脚して、土器型式とは何か、何に資するかを探究したものである。土器型式の研究は、目新しさに欠けるのが玉に瑕だが、しかし可能性の地平は果てる気配がない。現在手にしている方法論がもつ可能性を最大限利用し、眼前の資料から新たなものを読み取っていくことの大切さを、私に気づかせる。

註

（1）川西宏幸は、「日本考古学という場合、特別な定義をしなければ通常は、現在の国境線に囲まれた区域をフィールドとする考古学を指しており、したがってこの語のもつ意味は、歴史上の領域を対象とするローマ考古学とも、地勢によって限られた地域を扱う西アジア考古学とも、根本的に違っている。現在の国民国家としての「日本」がここに深く刻印されている」（川西宏幸 2008：8頁）と、日本考古学の盲点を衝く。

（2）勒島式の研究において、徐姶男（1989）の細別が継承されなかったのは、それが頻度セリエーションによるものであり、絞り込みが困難だったからである。頻度セリエーションは、たとえ実年代が判明する資料を含んでいても、割合を根拠にする限りにおいて、特定することが難しい。J. ディーツは、パイプの吸口の編年を行ったJ. C. ハリントンの成果を、「1600年ごろにつくられた初期のパイプの吸出孔の直径が64分の9インチ、1800年ごろの孔径が64分の4インチと細くなる。この変化は、パイプの柄が200年間で長く、細くなったからである。これを参考に、考古学者は遺跡から出土したパイプの柄の孔径を測り、パイプの柄の孔径を30年単位であらわした平均値と照合して年代を算出する。パイプの柄の孔径と時代の関係は、つぎのようになる。」と紹介したうえで（第15表）、「もし遺跡を発掘し、そこから64分の7インチの孔径をもつパイプの柄が70％、64分の6インチのものが15％、64分の8インチのものが15％出土したとする。パイプの出土状態から、この遺跡には1650年から1680年ごろに

第15表　パイプの直径による編年案

直　　径	時　　代
9／64インチ	1590—1620年
8／64	1620—1650
7／64	1650—1680
6／64	1680—1720
5／64	1720—1750
4／64	1750—1880

人々が住んでいたことがわかる。」(Deetz 1967（関俊彦訳 1988）：52・53頁) と述べるが、必ずしもそう単純ではあるまい。
(3) Kintigh（1981）などがある。
(4) 様式論を採用していないゆえに、段階と段階の間に空隙がある、と考える。いまは、その間隔を知る手立てがない。
(5) 大田堯（2013）を参考にしている。第1章註39に同じ。
(6) 現在、筆者は東入部式の設定を構想している。この型式の命名は、久住猛雄氏との雑談にもとづく。
(7) 今村啓爾（2000）が、この点をわかりやすく解説してくれている。
(8) 充分な吟味を経たわけではないが、山崎頼人らが提示した序列とは（山崎頼人ほか 2004）、若干異なる印象をもっている。
(9) 安藤広道の「下戸塚遺跡などでは、在地の後期初頭の土器と共伴する菊川式系の土器に、菊川式の古い段階のものが見られないということがありまして」（伊丹徹ほか 2005：201頁）という発言は、筆者の理解と調和的である。
(10) 引用部分の原著はすべて同じ書体で表記されており、ゴシック体の箇所は本書の筆者が改変したものである。
(11) 同様の理解にもとづく見解に、小杉康（2004）がある。
(12) ちなみに、佐原眞は、「様式概念は、よその地域からもたらされた土器をもその中に包括してもちいることが多い。しかし、型式概念では、伴出・共存するよその土器は、よその土器型式として区別することが一般である」（佐原眞 1970b：93頁）と解説するが、少なくとも型式概念については、この佐原の理解が一般的と思えない。よそに由来があるとしても、その地において変化を遂げ、軌道が形成されるならば、よその土器型式とみなしていないからである（山内清男 1941）。
(13) 神奈川県横浜市鶴見区二ツ池遺跡の後期弥生土器を標式として二ツ池式を提唱した黒沢浩は（黒沢浩 2003）、「そこにある土器を整理して系統だてて考えるための一つの単位であって、仮に一遺跡でも型式というのは成り立つ」（伊丹徹ほか 2005：156頁）と主張した。これに対して、比田井克仁は「遺跡ごとの個性とその遺跡に住んでいる人々の個性を、それぞれ意味するための表現ということに陥ってしまうと、本来の型式、考古学辞典でいう型式とは非常に遠のいていってしまうような気もする」と言い、「横浜の大体同じ時間帯と言われるところのドット図がたくさんの型式が集合している状態になる」、「二ツ池とかなんとか式とかがどんどんでき上がってしまう」（同：158頁）と応酬する。比田井の言う「本来の型式」の指示するところはわからないが、土器に規格性を要請する環境（例えば、小林青樹 1998）でもなければ、「なんとか式とかがどんどんでき上がってしまう」のは起こり得る現象であろう。土器型式を変化の軌道として捉える限り、その広がりは固定的でも当然なく、「利害の衝突、闘争、侵略、併合などの事情」（山内清男 1969：88頁）等を理由として、あたりまえのように伸縮・増減すると考える。
(14) 山本典幸（2000）の方法に対する今村啓爾の批判がある（今村啓爾 2010）。
(15) 山内清男ほか（1923）が得た結果にも学んでいる。
(16) 黒崎千晴の生活交渉圏の定義は、「一つの人間集団がその生活を展開するために、いろいろの交渉関係を持つ範囲」（黒崎千晴 1957：20頁）であり、現時点で検証し得ない「一つの」を本書では省いている。佐々木藤雄（1981）と同じく、筆者も土器型式の範囲を超えた通婚は起こりうると考えており、ゆえに生活交渉圏概念を採用するのである。
(17) 縄張りと行動域の相違を、小池裕子が解説している（小池裕子 1987）。
(18) 工藤竹久は、本書でいう大石平3式を中期前葉に、4式以降に相当する例を、中葉を挟んで中期後葉に

おく。
(19) 引用部分の原著はすべて同じ書体で表記されており、ゴシック体の箇所は本書の筆者が改変したものである。
(20) 弥生時代中期の中頃、東北地方太平洋側では大規模な地震津波が発生しており（斎野裕彦ほか 2010、庄子裕美ほか 2012）、少なくとも岩手県域までは大きな被害が及んでいる（第6章参照、齋藤瑞穂 2014b）。
(21) 鈴木正博のいう「共振構造」が相当する（鈴木正博 2001）。異なる複数の土器型式間で発生するこの運動の背景として、人・モノ・情報に分けた場合の「情報の移動」が候補にあがってくるだろうか。

引用文献 （五十音順）

〈あ〉

相澤清利　2000「宮城県における弥生後期の土器編年」『東日本弥生時代後期の土器編年』第2分冊　東日本埋蔵文化財研究会福島県実行委員会　962～969頁

相澤清利　2002「東北地方における弥生後期の土器様相―太平洋側を中心として―」『古代文化』第54巻第10号　古代学協会　47～62頁

相澤清利ほか　1990「検討会記録」『「天王山式期をめぐって」の検討会記録集』弥生時代研究会　1～73頁

青木義脩　1970「浦和市駒場・前耕地遺跡出土の弥生式土器をめぐって」『埼玉考古』第8号　埼玉考古学会　41～48頁

青木　豊ほか　1986『岩屋山洞窟遺跡』小木町教育委員会

麻生　優　2001『日本における洞穴遺跡研究』発掘者談話会

赤塚次郎　1990『廻間遺跡』愛知県埋蔵文化財センター

赤塚次郎　2005「廻間Ⅱ式の時代」『東日本における古墳の出現』東北・関東前方後円墳研究会　251～254頁

穴沢咊光　1990「騎馬民族はやってきたのか」『争点日本の歴史』第2巻　新人物往来社　74～89頁

阿部正光ほか　1983『大境山遺蹟』瀬峰町教育委員会

阿部芳郎　1993「縄文土器の型式の広がりは何を表すか」『新視点日本の歴史』第1巻　新人物往来社　80～87頁

阿部芳郎　1998「精製土器と粗製土器―学史的検討と土器型式による地域認識の問題―」『帝京大学山梨文化財研究所研究報告』第9号　帝京大学山梨文化財研究所　265～284頁

安部　実ほか　1987『生石2遺跡発掘調査報告書』（3）山形県教育委員会

阿部泰之　2012「東蒲原郡とその周辺の弥生・古墳時代」『東蒲原郡史』通史編第1巻　東蒲原郡史編さん委員会　190～206頁

阿部　豊　1999『千鶏Ⅳ遺跡―宮古市水産課千鶏地区漁港漁村総合整備事業関係―』宮古市教育委員会

甘粕　健ほか　1983『新潟県史』資料編1　新潟県

甘粕　健ほか　1994『新潟市史』資料編1　新潟市史編さん原始古代中世部会

網　伸也　1993「小林行雄「弥生式土器の様式構造」の意義」『考古学史研究』第2号　京都木曜クラブ　51～57頁

網　伸也ほか　1992「「先史考古学に於ける様式問題」注解」『考古学史研究』第1号　京都木曜クラブ　17～37頁

荒川正夫　2003『下戸塚遺跡第2・3次調査報告』早稲田大学教務部本庄考古資料館・早稲田大学

新谷　武ほか　1987『大石平遺跡発掘調査報告書Ⅲ―むつ小川原開発事業関係埋蔵文化財調査報告書―』青森県教育委員会

安　在晧　1984「梁山暮地里新平遺跡出土無文土器」『加耶通信』第10号　加耶通信編輯部　32～39頁

安　在晧　1989「三角形粘土帯土器의 性格과 年代」『勒島住居址』釜山大学校博物館　132～145頁

安　在晧ほか　1990「勒島住居址遺物　追報」『加耶通信』第19・20合輯　加耶通信編輯部　71～105頁

安藤広道　2008「東京湾西岸～相模川流域の後期弥生式土器の検討」『シンポジウム南関東の弥生後期土器を考える　予稿集』シンポジウム南関東の弥生後期土器を考える実行委員会　128～137頁

安藤広道　2015「様式と型式―型式を使用する立場から―」『弥生土器』ニューサイエンス社　12～13頁

安藤広道ほか　2009『東日本先史時代土器編年における標式資料・基準資料の基礎的研究―平成18～20年度科学研究費補助金（基盤研究（C））研究成果報告書―』慶応義塾大学文学部民族学考古学研究室

李　殷　昌　1968「大田槐亭洞 青銅器文化의 研究―石器・黒陶・青銅器・装身具의 結合文化을 中心으로―」『亜細亜研究』第Ⅺ巻第2号　高麗大学校出版部　75～99頁

李　健　茂　1991「韓国無文土器の器種と編年」『日韓交渉の考古学』弥生時代篇　六興出版　26～31頁

李　健　茂ほか　1991「昌原 茶戸里遺跡 発掘進展報告（Ⅱ）―第3・4次 発掘調査概報―」『考古学誌』第3輯　韓国考古美術研究所　5～111頁

李　健　茂ほか　1993「昌原 茶戸里遺跡 発掘進展報告（Ⅲ）―第5・6次 発掘調査概報―」『考古学誌』第5輯　韓国考古美術研究所　5～113頁

李　尚　燁ほか　2007『安城 盤諸里遺跡―고속도로 제40호선 안성～음성간（제5공구）건설공사 사업부 지내―』中原文化財研究院

李　在　賢　2002「円形粘土帯土器文化에 대하여」『金海大清遺跡』釜山大学校博物館　118～133頁

李　在　賢　2003「영남지역 三角形粘土帯土器의 성격」『新羅文化』第23輯　東国大学校新羅文化研究所　7～31頁

李　昌　熙　2004「勒島遺跡 出土 外来系 遺物 報告―勒島 Ⅲ期의 設定과 함께―」『勒島 貝塚과 墳墓群』釜山大学校博物館　539～566頁

李　昌　熙　2008「勒島遺跡の研究状況と課題―勒島式土器と弥生土器の併行関係再照明―」東北亜細亜考古学研究会2008年2月例会発表資料

李　昌　熙　2010「炭素14年代を用いた粘土帯土器の実年代―泗川芳芝里遺跡の資料を中心に―」『国立歴史民俗博物館研究報告』第158集　国立歴史民俗博物館　79～105頁

李　昌　熙　2013「環朝鮮海峡における土器の実年代からみた鉄器の出現年代―日本列島における鉄器の上限年代を考える上で―」『日本考古学』第35号　日本考古学協会　1～26頁

李　白　圭　1974「京畿道 出土 無文土器 磨製石器～土器編年을 中心으로～」『考古学』第3輯　韓国考古学会　53～129頁

李　弘　鍾　1995「粘土帯土器文化의 編年 및 性格」『石渓 黄龍渾教授 定年紀念論叢 亜細亜古文化』紀念論叢刊行委員会　243～261頁

五十嵐一樹ほか　2009「新潟大学考古学研究室2008年度佐渡調査報告」『佐渡・越後文化交流史研究』第9号　新潟大学大学院現代社会文化研究科・新潟大学人文学部　1～44頁

五十嵐利勝　1982「宇都宮市雀宮町西原発見の弥生式土器紹介と若干の考察」『下野考古学』第4号　下野考古学研究会　1～93頁

猪狩忠雄　2000「福島県における弥生後期の土器編年」『東日本弥生時代後期の土器編年』第2分冊　東日本埋蔵文化財研究会福島県実行委員会　823～837頁

池田次郎ほか　1963『新潟県佐渡三宮貝塚の研究』立教大学博物館学講座

池田祐司　2001『周船寺遺跡群』4　福岡市教育委員会

池田義祐　1954「通婚圏研究の社会学的意義」『大谷大学社会学年報』第6号　大谷大学社会学会　10～15頁

池ノ上宏　1993『宮司大ヒタイ遺跡―福岡県宗像郡津屋崎町所在遺跡の発掘調査報告―』津屋崎町教育委員会

石川日出志　1990「天王山式土器編年研究の問題点」『北越考古学』第3号　北越考古学研究会　1～20頁

石川日出志　2000「天王山式土器弥生中期説への反論」『新潟考古』第11号　新潟県考古学会　5～31頁

石川日出志　2001「弥生後期湯舟沢式土器の系譜と広がり」『北越考古学』第12号　北越考古学研究会　11～32頁

石川日出志　2004「弥生後期天王山式土器成立期における地域間関係」『駿台史学』第120号　駿台史学会　47～66頁

石川日出志　2005a「北上川流域の谷起島式とその後続型式」『関東・東北弥生土器と北海道続縄文土器の広域編年―平成14年度～平成16年度科学研究費補助金（基盤研究（B）（2）研究成果報告書）―』明治大学文学部考古学研究室　21～30頁

石川日出志　2005b「弥生中期谷起島式に後続する磨消縄文土器群」『岩手考古学』第 17 号　岩手考古学会　7〜24 頁

石川日出志　2008a「開催趣旨」『シンポジウム南関東の弥生後期土器を考える　予稿集』シンポジウム南関東の弥生後期土器を考える実行委員会　1 頁

石川日出志　2008b「西日本と北日本をつなぐ拠点─弥生時代の古津八幡山遺跡─」『平成 20 年度国史跡古津八幡山遺跡講演会記録集』新潟市　43〜64 頁

石川日出志　2012「弥生時代中期の男鹿半島と新潟平野の遺跡群」『古代学研究所紀要』第 17 号　明治大学古代学研究所　15〜31 頁

石黒立人　1990「弥生中期土器にみる複数の〈系〉─〈様式〉の理解に向けて─」『考古学フォーラム』第 1 号　愛知考古学談話会　1〜38 頁

石原正敏　1990「新潟県における洞穴・岩陰遺跡研究の現状と今後の課題」『新潟考古』第 1 号　新潟県考古学会　13〜18 頁

石丸和正ほか　2003「新潟県岩船郡域における弥生時代中期〜後期にかけての様相─村上市砂山遺跡・滝ノ前遺跡を中心に─」『三面川流域の考古学』第 2 号　奥三面を考える会　45〜117 頁

磯崎　一ほか　1989『新田裏・明戸東・原遺跡──一般国道 17 号深谷バイパス関係埋蔵文化財調査報告Ⅰ──』埼玉県埋蔵文化財調査事業団

磯崎正彦　1956「天王山式土器の編年的位置について」『上代文化』第 26 輯　上代文化研究会　9〜21 頁

井関弘太郎　1982「末盧の地形と地質」『末盧国─佐賀県唐津市・東松浦郡の考古学的調査研究─』本文篇　唐津湾周辺遺跡調査委員会　7〜17 頁

板倉歓之ほか　1993『下戸塚遺跡──西早稲田地区第一種市街地再開発事業に伴う埋蔵文化財発掘調査報告書──』新宿区西早稲田地区遺跡調査会

伊丹　徹ほか　2002「相模地域」『弥生土器の様式と編年』東海編　木耳社　701〜843 頁

伊丹　徹ほか　2005「シンポジウム討議記録」『南関東の弥生土器』六一書房　147〜203 頁

市川金丸ほか　1988『上尾駮（2）遺跡Ⅱ（B・C 地区）発掘調査報告書─むつ小川原開発事業に係る埋蔵文化財調査報告書─』青森県教育委員会

一町田工ほか　1980『碇ヶ関大面遺跡発掘調査報告書─東北縦貫自動車道関係昭和 54 年度─』青森県教育委員会

井出政男　2008「縄文土器制作のための粘土の調査」『第 5 回馬場小室山遺跡に学ぶ市民フォーラム・見沼のめぐみと交流』馬場小室山遺跡に学ぶ市民フォーラム実行委員会・馬場小室山遺跡研究会　20〜21 頁

伊藤玄三ほか　1985『本屋敷古墳群の研究』法政大学文学部考古学研究室

伊東信雄　1950「東北地方の弥生式文化」『文化』第 2 巻第 4 号　東北大学文学会　40〜64 頁

伊東信雄　1954「岩手県佐倉河村発見の弥生式遺跡」『古代学』第 3 巻第 2 号　古代学協会　144〜154 頁

伊東信雄　1955「東北」『日本考古学講座』第 4 巻　河出書房　112〜118 頁

伊東信雄　1958「考古学上から見た古代の東北開発」『東北の古代文化』河北文化事業団　19〜28 頁

伊東信雄　1960「東北北部の弥生式土器」『文化』第 24 巻第 1 号　東北大学文学部　17〜45 頁

伊東信雄　1970「稲作の北進」『古代の日本』第 8 巻　角川書店　22〜42 頁

伊東信雄　1974「水沢地方の弥生式土器」『水沢市史』第 1 巻　水沢市史編纂委員会　295〜322 頁

伊東信雄ほか　1982『瀬野遺跡─青森県下北郡脇野沢村瀬野遺跡の研究─』東北考古学会

稲生典太郎　1937「須和田発見の縄文を有する弥生式土器」『先史考古学』第 1 巻第 1 号　先史考古学会　25〜32 頁

井上雅孝ほか　1999『室小路土地区画整理事業発掘調査報告書─室小路Ⅰ・7・11・15・16 遺跡─』滝沢村教育委員会

井上雅孝ほか　2013「岩手県岩手郡滝沢村大釜館遺跡出土の宇田型甕について」『筑波大学先史学・考古学研

究』第 24 号　筑波大学大学院人文社会科学研究科歴史・人類学専攻　33～49 頁
井上裕弘ほか　1978「土器からみた前期末の地域性について」『山陽新幹線関係埋蔵文化財調査報告』第 7 集　福岡県教育委員会　318～345 頁
井上裕弘ほか　1983『御床松原遺跡』志摩町教育委員会
井上義安ほか　2001『一本松遺跡』一本松埋蔵文化財発掘調査会
今里幾次　1942「畿内遠賀川式土器の細別について—河内西瓜破遺跡水門西地点調査概報—」『古代文化』第 13 巻第 8 号　日本古代文化学会　12～32 頁
今里幾次　1943「播磨市之郷弥生式遺跡の研究—播磨国弥生式土器の様式分類—」『古代文化』第 14 巻第 9 号　日本古代文化学会　18～27 頁
今村啓爾　1983「文様の割りつけと文様帯」『縄文文化の研究』第 5 巻　雄山閣出版　124～150 頁
今村啓爾　1988「土坑性格論」『論争・学説日本の考古学』第 2 巻　雄山閣出版　223～257 頁
今村啓爾　1999『縄文の実像を求めて』吉川弘文館
今村啓爾　2000「人に代わって土器が残った」『本郷』第 25 号　吉川弘文館　13～15 頁
今村啓爾　2006「縄文前期末における北陸集団の北上と土器系統の動き（上）」『考古学雑誌』第 90 巻第 3 号　日本考古学会　1～43 頁
今村啓爾　2010『土器から見る縄文人の生態』同成社
岩上照朗ほか　1985『車堂—芳賀郡益子町生田目所在—』益子町
岩瀬彰利　2003「愛知県における弥生貝塚について—貝塚の特性と漁撈活動の推測—」『立命館大学考古学論集』Ⅲ-2　立命館大学考古学論集刊行会　587～604 頁
岩永省三　1989「土器から見た弥生時代社会の動態—北部九州地方の後期を中心として—」『横山浩一先生退官記念論文集Ⅰ—生産と流通の考古学—』横山浩一先生退官記念事業会　43～105 頁
岩永省三　1991「日本における青銅武器の渡来と生産の開始」『日韓交渉の考古学』弥生時代篇　六興出版　114～119 頁
岩見和泰　2002「前期弥生土器成立期の様相—山形県生石 2 遺跡出土土器を中心に—」『古代文化』第 54 巻第 10 号　古代学協会　3～21 頁
岩本義雄ほか　1979『宇鉄Ⅱ遺跡発掘調査報告書』青森県立郷土館
林 雪姫　2010「南韓地域 粘土帯土器의 登場과 拡散過程」『湖南考古学報』第 34 輯　湖南考古学会　5～42 頁
林 炳泰　1969「漢江流域 無文土器의 年代」『李弘稙博士回甲紀念韓国史学論叢』李弘稙博士回甲紀念論文集刊行委員会　547～567 頁
禹 枝南ほか　2003『勒島貝塚—A 地区・住居群—』慶南考古学研究所
内田好昭　1992「「先史考古学に於ける様式問題」の成立過程—1933 年東京羽沢町—」『考古学史研究』第 1 号　京都木曜クラブ　5～16 頁
上野俊一ほか　1978『洞窟学入門—暗黒の地下世界をさぐる—』講談社
上野佳也　1980「情報の流れとしての縄文土器型式の伝播」『民族学研究』第 44 巻第 4 号　日本民族学会　335～365 頁
植松暁彦ほか　2011『作野遺跡第 2 次発掘調査報告書』山形県埋蔵文化財センター
宇部則保ほか　1981『是川中居・堀田遺跡発掘調査報告書』八戸市教育委員会
宇部則保ほか　2011『田向冷水遺跡Ⅳ—田向土地区画整理事業に伴う発掘調査報告書 5 —』八戸市教育委員会
梅﨑惠司　2000「東北部九州における弥生時代前期土器の変遷」『突帯文と遠賀川』土器持寄会論文集刊行会　217～253 頁
梅﨑惠司　2005「『城ノ越式土器の今』—「北九州地域」」『第 5 回遠賀川流域文化財研究会 遠賀川流域の弥生土器（2）—城ノ越式土器の今—』発表資料

梅宮　茂ほか　1986『霊山根古屋遺跡の研究―福島県霊山町根古屋における再葬墓群―』霊山根古屋遺跡調査団
上屋眞一ほか　1993『ユカンボシE9遺跡・ユカンボシE3遺跡』恵庭市教育委員会
江坂輝彌　1953「岩手県小本川流域の洞窟遺蹟」『貝塚』第45号　土曜会　1〜3頁
江坂輝彌　1955a「日本石器時代の文化5―後期から晩期への縄文文化―」『奥羽史談』第5巻第3号　奥羽史談会　1〜7頁
江坂輝彌　1955b「日本石器時代の文化6―縄文文化の終末とそれ以降の文化―」『奥羽史談』第6巻第1号　奥羽史談会　1〜9頁
榎本義嗣　2007「弥生時代前期末から中期初頭における土器編年の検討―福岡市域を中心として―」『市史研究ふくおか』第2号　福岡市博物館市史編さん室　117〜132頁
海老澤稔　1985「恋瀬川流域の弥生式土器（2）―新治郡千代田村松延遺跡出土土器の周辺―」『婆良岐考古』第7号　婆良岐考古同人会　10〜27頁
海老澤稔　2000「茨城県における弥生後期の土器編年」『東日本弥生時代後期の土器編年』第2分冊　東日本埋蔵文化財研究会福島県実行委員会　758〜772頁
大井晴男　1970「型式学的方法への試論」『考古学雑誌』第55巻第3号　日本考古学会　1〜22頁
大井晴男　1982a「土器群の型式論的変遷について（上）―型式論再考―」『考古学雑誌』第67巻第3号　日本考古学会　22〜46頁
大井晴男　1982b「土器群の型式論的変遷について（下）―型式論再考―」『考古学雑誌』第67巻第4号　日本考古学会　28〜47頁
大金宣亮ほか　1975『井頭』下野古代文化研究会
大木直枝ほか　1970「山草荷2式土器について」『信濃』第22巻第9号　信濃史学会　39〜60頁
大越道正ほか　1990『東北横断自動車道遺跡調査報告』10　福島県教育委員会
大坂　拓　2007「恵山式土器の編年―北海道島南部における続縄文時代前半期土器編年の再検討―」『駿台史学』第130号　駿台史学会　53〜83頁
大坂　拓　2010a「続縄文時代前半期土器群と本州島東北部弥生土器の並行関係」『北海道考古学』第46輯　北海道考古学会　89〜104頁
大坂　拓　2010b「田舎館式土器の再検討―津軽平野南部における弥生時代中期土器型式の変遷と型式交渉―」『考古学集刊』第6号　明治大学文学部考古学研究室　39〜66頁
大坂　拓　2012a「仙台平野の弥生土器」『発掘富沢！！―30年のあゆみ―』仙台市富沢遺跡保存館・仙台市教育委員会　34〜39頁
大坂　拓　2012b「本州島東北部における初期弥生土器の成立過程―大洞A'式土器の再検討と「特殊工字文土器群」の提唱―」『江豚沢』I　江豚沢遺跡調査グループ　144〜181頁
大田　堯　2013「子育ての社会化とは何か」『大田堯自撰集成』第2巻　藤原書店　41〜67頁
太田陽子　1964「大佐渡沿岸の海岸段丘」『地理学評論』第37巻第5号　日本地理学会　10〜26頁
大塚達朗　1991「縄文時代研究の動向」『日本考古学年報』第42号　日本考古学協会　7〜10頁
大塚達朗　1996「縄文時代（1）土器―山内型式論の再検討より―」『考古学雑誌』第82巻第2号　日本考古学会　11〜25頁
大塚達朗　1999「型式研究　総論」『縄文時代』第10号第3分冊　縄文時代文化研究会　3〜12頁
大塚達朗　2003「縄紋土器と粘土工芸―「土器型式の細別」の再考―」『異貌』第21号　共同体研究会　9〜34頁
大塚達朗　2008「縄文土器研究解題―山内清男―」『総覧縄文土器』アム・プロモーション　872〜879頁
大塚達朗　2011「日本先史考古学における編年研究の様相」『南山大学人類学博物館紀要』第23号　南山大学人類学博物館　1〜25頁

大坪　剛ほか　1998『上二貝塚』水巻町教育委員会
大友　透　1990「宮城県内における天王山式期以降の諸問題」『「天王山式期をめぐって」の検討会記録集』弥生時代研究会　頁番号なし
大場磐雄ほか　1953『千種』新潟県教育委員会
大村　直　1983「弥生土器・土師器編年の細別とその有効性」『史館』第14号　市川ジャーナル社　33～46頁
大村　直　2004「山田橋遺跡群および市原台地周辺地域の後期弥生土器」『市原市山田橋大山台遺跡』市原市文化財センター　281～309頁
大村　直　2007「山田橋式補遺」『西相模考古』第16号　西相模考古学研究会　1～22頁
大村　裕　2014『日本先史考古学史講義—考古学者たちの人と学問—』六一書房
大野憲司ほか　1990『はりま館遺跡発掘調査報告書—東北自動車道小坂インターチェンジ建設工事に係る埋蔵文化財発掘調査—』秋田県教育委員会
大湯卓二ほか　1994『家ノ前遺跡Ⅱ・鷹架遺跡Ⅱ発掘調査報告書』青森県教育委員会
大和久震平ほか　1960『秋田県史』考古編　秋田県
岡崎　敬　1968「倭の水人—壱岐島弥生時代遺跡発見の鯨骨製品とその伝統—」『日本民族と南方文化』金関丈夫博士古稀記念委員会　93～125頁
小笠原永隆ほか　1996「日本の洞穴遺跡地名表（附　参考文献）」『シンポジウム『洞穴遺跡の諸問題』発表要旨』千葉大学文学部考古学研究室　1～40頁
小笠原好彦ほか　1973「考古学研究会第19回総会研究報告1：研究報告をめぐる討議」『考古学研究』第20巻第1号　考古学研究会　24～32頁
岡田康博　1990「青森県における天王山式期の現状と課題」『「天王山式期をめぐって」の検討会記録集』弥生時代研究会　頁番号なし
岡本　勇　1959「土器型式の現象と本質」『考古学手帖』第6号（塚田　光発行）　1～2頁
岡本　勇ほか　1969『佐渡藤塚貝塚』立教大学学校・社会教育講座博物館学研究室
小方泰宏ほか　1989『岡遺跡—九州縦貫自動車道関係文化財調査報告16—』北九州市教育文化事業団埋蔵文化財調査室
小川良祐ほか　1968『大宮市史』第1巻　大宮市役所
小熊博史　2007『縄文文化の起源をさぐる—小瀬ヶ沢・室谷洞窟—』新泉社
尾崎高宏　2005「佐渡地域の弥生後期〜古墳時代前期の動向について」『新潟県における高地性集落の解体と古墳の出現』第1分冊　新潟県考古学会　27～34頁
尾崎高宏ほか　2005「佐渡」『新潟県における高地性集落の解体と古墳の出現』第2分冊　新潟県考古学会　1～24頁
押切智紀ほか　2005『向河原遺跡第5・6次発掘調査報告書』山形県埋蔵文化財センター
小田川哲彦ほか　2003『檜館遺跡—八戸南環状道路建設事業に伴う遺跡発掘調査報告—』青森県教育委員会
小田富士雄　1973a「入門講座弥生土器—九州3—」『月刊考古学ジャーナル』No.79　ニュー・サイエンス社　22～26頁
小田富士雄　1973b「貝庖丁と鉄庖丁—五島列島民具採訪録—」『考古学論叢』第1号　別府大学考古学研究室　95～99頁
小田富士雄　1973c「入門講座弥生土器—九州4—」『月刊考古学ジャーナル』No.82　ニュー・サイエンス社　20～23頁
小田富士雄　1979「北九州と西部瀬戸内における弥生土器編年」『高地性集落跡の研究』資料編　学生社　20～23頁
小田富士雄　1983「沖縄・鹿児島における弥生文化研究の現状」『古文化研究会会報』No.37　九州古文化研

究会　頁番号なし
小田富士雄　1987「初期筑紫王権形成史論―中国史書にみえる北部九州の国々―」『東アジアの考古と歴史―岡崎敬先生退官記念論集―』中巻　岡崎敬先生退官記念事業会　755～803頁
小田富士雄　2009「北九州沿海地域の弥生青銅武器―中期前半墳墓の性格をめぐって―」『考古学と地域文化―一山典還暦記念論集―』一山典還暦記念論集刊行会　69～74頁
小田富士雄ほか　1961『高槻遺跡弥生式資料集成』土器編　八幡市教育委員会
小田富士雄ほか　1973『原遺跡―北九州市香月地区茶屋原団地造成地の調査―』北九州市香月地区埋蔵文化財調査会
小田富士雄ほか　1975『馬場山遺跡―北九州市八幡区馬場山道路用地内の遺跡調査報告―』北九州市埋蔵文化財調査会
小田富士雄ほか　1976『原遺跡―第2地点―』北九州市埋蔵文化財調査会
小田富士雄ほか　1978「原始・古代・中世篇」『中間市史』上巻　中間市史編纂委員会　87～480頁
小田富士雄ほか　1982a「宇木汲田貝塚」『末盧国―佐賀県唐津市・東松浦郡の考古学的調査研究―』本文篇　唐津湾周辺遺跡調査委員会　135～178頁
小田富士雄ほか　1982b「柏崎貝塚」『末盧国―佐賀県唐津市・東松浦郡の考古学的調査研究―』本文篇　唐津湾周辺遺跡調査委員会　178～208頁
小田野哲憲　1986「湯舟沢遺跡3区の弥生式土器」『湯舟沢遺跡』第1分冊　滝沢村教育委員会　391～421頁
小田野哲憲　1987「岩手の弥生式土器編年試論」『岩手県立博物館研究報告』第5号　岩手県立博物館　1～22頁
小田野哲憲ほか　1991『上村貝塚発掘調査報告書』岩手県文化振興事業団埋蔵文化財センター
小野　昭ほか　1986『人ヶ谷岩陰（第1次発掘調査概報）』上川村教育委員会
小野　昭ほか　1987『人ヶ谷岩陰（第2次発掘調査報告書）』上川村教育委員会
小野　昭ほか　1993『長者岩屋岩陰（第1次・2次調査報告）』朝日村教育委員会
小保内裕之ほか　2006『田向冷水遺跡Ⅱ―田向土地区画整理事業に伴う発掘調査報告書2―』八戸市教育委員会
小山浩平ほか　2003『畑内遺跡Ⅸ―八戸平原開拓建設事業（世増ダム建設）に伴う遺跡発掘調査報告―』青森県教育委員会

〈か〉

利部　修ほか　2000『館の上遺跡――般国道7号琴丘能代道路建設事業に係る埋蔵文化財発掘調査報告書Ⅶ―』秋田県教育委員会
鏡山　猛ほか　1961「福岡県城ノ越遺跡」『日本農耕文化の生成』第1冊本文篇　日本考古学協会　89～109頁
柿沼幹夫　2008「北武蔵中央部の後期土器」『シンポジウム南関東の弥生後期土器を考える　予稿集』シンポジウム南関東の弥生後期土器を考える実行委員会　91～108頁
柿沼幹夫　2015「吉ヶ谷式・吉ヶ谷式系土器の移動」『ゆくものくるもの―北関東の後期弥生文化―』かみつけの里博物館　30～38頁
景山哲二　1935「先史学編年への異見」『考古学』第6巻第10号　東京考古学会　467～470頁
葛西　励ほか　1979『家の上・外崎沢（1）遺跡―（小沢地区農道拡張整備工事に伴う埋蔵文化財発掘調査報告書）―』脇野沢村教育委員会
葛西　励ほか　1997『四戸橋遺跡―東北電力北奥幹線新設工事に伴う発掘調査報告書―』碇ヶ関村教育委員会
片岡宏二　1997「渡来人の集落」『考古学による日本歴史』第10巻　雄山閣出版　103～110頁
片根義幸　1997『間々田地区遺跡群Ⅰ―住宅・都市整備公団小山・栃木都市計画事業間々田地区埋蔵文化財発

掘調査—』栃木県教育委員会・栃木県文化振興事業団
片平雅俊　1998『十王台南—個人住宅建設に伴う十王台遺跡群の発掘調査—』十王町教育委員会
加藤　学ほか　2001『日本海沿岸東北自動車道関係発掘調査報告書』Ⅰ　新潟県教育委員会
加藤良彦ほか　1997『西新町遺跡』6　福岡市教育委員会
鹿取　渉ほか　2008『県営ほ場整備事業（畑野東部地区）発掘調査報告書Ⅱ—道崎遺跡・出崎遺跡—』佐渡市教育委員会
金子彰男　2000「埼玉県における弥生後期の土器編年について」『東日本弥生時代後期の土器編年』第1分冊　東日本埋蔵文化財研究会福島県実行委員会　432～446頁
金子昭彦　2002『長興寺Ⅰ遺跡発掘調査報告書—主要地方道二戸九戸線新幹線関連道路整備事業関連遺跡発掘調査—』岩手県文化振興事業団埋蔵文化財センター
金子昭彦ほか　2006『金附遺跡発掘調査報告書—緊急地方道路整備事業関連遺跡発掘調査・県営ほ場整備事業下門岡地区関連遺跡発掘調査—』岩手県文化振興事業団埋蔵文化財センター
金子浩昌　1964「室谷洞窟の動物遺存体」『上代文化』第34輯　国学院大学考古学会　1～6頁
金子浩昌　1977「外海系貝塚への視点—関東太平洋岸の縄文後期貝塚例—」『考古学研究』第24巻第3・4号　考古学研究会　209～215頁
金子浩昌　1980「弥生時代の貝塚と動物遺存体」『三世紀の考古学』上巻　学生社　86～141頁
金子正典　1999『内野手遺跡・経塚山遺跡—市内遺跡発掘調査報告書—』三条市教育委員会
金子守恵　2002「一人前の土器職人への道—エチオピア西南部アリ地域における土器作りのフィールドから—」『アジア・アフリカ地域研究』第2号　京都大学大学院アジア・アフリカ地域研究研究科　357～361頁
金子守恵　2004「創り出される土器のサイズと形—エチオピア西南部オモ系農耕民アリの多様な土器の利用と製作—」『JANESニュースレター』第12号　日本ナイル・エチオピア学会　22～24頁
金子守恵　2005「地縁技術としての土器づくり—エチオピア西南部アリ地域における土器の野焼き—」『アフリカ研究』第67号　日本アフリカ学会　1～20頁
金子守恵　2007「生業としての土器づくり—エチオピア西南部における土器づくりの地域間比較研究にむけて—」『アジア・アフリカ地域研究』第6巻第2号　京都大学大学院アジア・アフリカ地域研究研究科　522～539頁
金子守恵　2011『土器つくりの民族誌—エチオピア女性職人の地縁技術—』昭和堂
金子守恵　2014「土器の製作と学習への民族考古学的アプローチ—エチオピアにおける土器のかたちと動作連鎖—」『ホモ・サピエンスと旧人2—考古学からみた学習—』六一書房　90～103頁
亀井正道　1956「佐渡岩谷口岩蔭遺跡について」『石器時代』第3号　石器時代文化研究会　55～58頁
亀沢　磐　1958「福岡町の金田一川遺蹟」『岩手史学研究』第29号　岩手史学会　58～62頁
河合　修　2010『新町・御床松原遺跡—新町遺跡第9次調査／御床松原遺跡第2次調査—』糸島市教育委員会
川井正一ほか　1991『茨城県史料』考古資料編弥生時代　茨城県史編集会・茨城県
川上喚涛　1927「鷲崎貝塚の発見」『佐渡史苑』第2号　佐渡史苑社　58～61頁
川上秀秋ほか　1990『高津尾遺跡3（1区の調査）—九州縦貫自動車道関係文化財調査報告20—』北九州市教育文化事業団埋蔵文化財調査室
川崎純徳　1982『勝田市史』別編Ⅲ　勝田市史編纂委員会
川西宏幸　1982「形容詞を持たぬ土器」『考古学論考—小林行雄博士古稀記念論文集—』小林行雄博士古稀記念論文集刊行委員会　189～214頁
川西宏幸　1997「日本考古学の未来像」『博古研究』第13号　博古研究会　1～9頁
川西宏幸　2000「土器生産の変容と地域社会の圏域—総括にかえて—」『西アジア考古学』第1号　日本西アジア考古学会　61～71頁
川西宏幸　2008『倭の比較考古学』同成社

川向聖子　2002『細浦Ⅵ・後山Ⅰ遺跡発掘調査報告書―町道織笠外山線道路改良工事関連遺跡発掘調査―』山田町教育委員会
川向聖子ほか　1999『紅山B遺跡発掘調査報告書―大沢漁港漁業集落環境整備事業関連遺跡発掘調査―』山田町教育委員会
川向聖子ほか　2003『山田町遺跡地図―平成11～14年度詳細分布調査事業の成果―』山田町教育委員会
川村眞一ほか　2004『向田（26）遺跡―国道279号有戸バイパス道路改築事業に伴う発掘調査―』野辺地町教育委員会
川村　均ほか　1993『兵庫館跡・梅ノ木台地Ⅱ遺跡発掘調査報告書―東北横断自動車道秋田線建設関連遺跡発掘調査―』岩手県文化振興事業団埋蔵文化財センター
神澤勇一　1976「弥生時代、古墳時代および奈良時代の卜骨・卜甲について」『駿台史学』第38号　駿台史学会　1～25頁
神澤勇一　1983「日本における骨卜、甲卜に関する二三の考察―先史古代の卜骨・卜甲と近世以降の諸例との比較検討を中心に―（1）」『神奈川県立博物館研究報告』第11号　神奈川県立博物館　1～41頁
神澤勇一　1990「呪術の世界―骨卜のまつり―」『弥生人とまつり』六興出版　67～107頁
菊池貴広　2001『中和田遺跡発掘調査報告書――般県道釜石住田線交流ネットワーク道路整備事業に伴う緊急発掘調査―』岩手県文化振興事業団埋蔵文化財センター
菊池義次　1954「南関東弥生式土器編年への一私見」『安房勝山田子台遺跡』千葉県教育委員会　1～13頁
菊池義次　1974「南関東後期弥生式文化概観」『大田区史』（資料編）考古Ⅰ　大田区史編纂委員会・大田区　87～100頁
岸本直文　2015「炭素14年代の検証と倭国形成の歴史像」『考古学研究』第62巻第3号　考古学研究会　59～74頁
木太久守ほか　1992『高津尾遺跡5（3区・26区の調査）―九州縦貫自動車道関係文化財調査報告26―』北九州市教育文化事業団埋蔵文化財調査室
北林八洲晴ほか　1976『千歳遺跡（13）発掘調査報告書―むつ小川原地域の開発に伴う新市街地A住区造成予定地内埋蔵文化財発掘調査―』青森県教育委員会
北林八洲晴ほか　1985『大石平遺跡発掘調査報告書―むつ小川原開発事業関係埋蔵文化財調査報告書―』青森県埋蔵文化財調査センター
北林八洲晴ほか　1993『家ノ前遺跡・幸畑（7）遺跡Ⅱ発掘調査報告書―むつ小川原開発事業に係る埋蔵文化財調査報告書―』青森県教育委員会
北見継仁ほか　2000『県営ほ場整備事業（金井町）埋蔵文化財調査報告書―二反田遺跡―』金井町教育委員会
北村忠昭ほか　2002『上水沢Ⅱ遺跡発掘調査報告書―ふるさと農道緊急整備事業水沢地区関連遺跡発掘調査―』岩手県文化振興事業団埋蔵文化財センター
君島利行　1995『明城遺跡―壬生町運動公園（仮称）建設に伴う発掘調査報告―』壬生町教育委員会
金　元龍　1964『新昌里甕棺墓地』서울大学校出版部
金　元龍　1966「水石里　先史時代　聚落住居址　調査報告」『美術資料』第11号　国立博物館　1～16頁
木村幾多郎　1982「北部九州の弥生時代貝塚」『森貞次郎博士古稀記念古文化論集』上巻　森貞次郎博士古稀記念論文集刊行会　385～411頁
木村幾多郎ほか　1978「福岡県古賀町鹿部東町貝塚」『九州考古学』第53号　九州考古学会　1～7頁
木村鐵次郎ほか　2000『砂子遺跡―八戸平原開拓建設事業（世増ダム建設）に伴う埋蔵文化財発掘調査報告―』青森県教育委員会
木本元治ほか　1991a『東北横断自動車道遺跡調査報告』12　福島県教育委員会
木本元治ほか　1991b『東北横断自動車道遺跡調査報告』13　福島県教育委員会
興野義一ほか　2005「いわゆる交互刺突文土器と前1世紀以後の北陸・東北・北海道―階上町大蛇採集の資料

から―」『葛西勵先生還暦記念論文集―北奥の考古学―』葛西勵先生還暦記念論文集刊行会　463～481頁
清野謙次　1928「佐渡紀行」『佐渡史苑』第3号　佐渡史苑社　4～20頁
桐生正一ほか　1986『湯舟沢遺跡』滝沢村教育委員会
Kintigh,K.W., 1981 An Outline for a Chronology of Zuni Ruins, Revisited: Sixty-five Years of Repeated Analysis and Collection. *Annals of the New York Academy of Sciences*, Vol. 376, Issue 1. pp. 467-487.
日下和寿　2000「岩手県における弥生後期の土器編年」『東日本弥生時代後期の土器編年』第2分冊　東日本埋蔵文化財研究会福島県実行委員会　1010～1015頁
久住愛子ほか　2008「九州Ⅰ（福岡県）―福岡県下における弥生時代から古墳時代前期の井戸について―」『井戸再考～弥生時代から古墳時代前期を対象として～発表要旨集』埋蔵文化財研究会第57回研究集会実行委員会　29～84頁
工藤国雄　1978「弘前市清水森西遺跡出土の続縄文土器」『考古風土記』第3号（鈴木克彦発行）　60～70頁
工藤竹久　1968「下北半島尻屋念物間（ママ）遺跡」『月刊考古学ジャーナル』No.23　ニュー・サイエンス社　21～23頁
工藤竹久　1987「東北北部における亀ヶ岡式土器の終末」『考古学雑誌』第72巻第4号　日本考古学会　39～68頁
工藤竹久　2001「念仏間遺跡」『東通村史』歴史編Ⅰ　東通村史編集委員会・編纂委員会　644～652頁
工藤竹久　2005a「青森県の弥生土器」『青森県史』資料編考古3　青森県史編さん考古部会　14～21頁
工藤竹久　2005b「大石平遺跡」『青森県史』資料編考古3　青森県史編さん考古部会　152～157頁
工藤竹久ほか　1986「是川中居遺跡出土の縄文晩期終末期から弥生時代の土器」『八戸市博物館研究紀要』第2号　八戸市博物館　1～31頁
工藤泰博ほか　1977『鳥海山遺跡発掘調査報告書（東北縦貫自動車道青森県内埋蔵文化財発掘調査Ⅲ）』青森県教育委員会
車崎正彦ほか　1996『下戸塚遺跡の調査』第2部　早稲田大学校地埋蔵文化財調査室・早稲田大学
Kroeber, A.L., 1916 Zuni Culture Sequences. *Proceedings of the National Academy of Sciences*, Vol. 2. pp. 42-45.
黒崎千晴　1957「地方的中小市場の商圏に関する一考察―明治初期善光寺平東部の各市場の集荷圏を中心として―」『新地理』第5巻第4号　日本地理教育学会　1～20頁
黒沢　浩　2003「神奈川県二ツ池遺跡出土弥生土器の再検討―「二ツ池式土器」の提唱―」『明治大学博物館研究報告』第8号　明治大学博物館　21～58頁
黒沢　浩　2005「南関東における弥生時代後期土器群の動向―二ツ池式土器の検討を中心に―」『駿台史学』第124号　駿台史学会　49～72頁
黒田篤史　2004「東北南部」『≪シンポジウム≫東日本における古墳出現について　発表要旨資料』第9回東北・関東前方後円墳研究会実行委員会　149～162頁
黒野　肇　1962「水巻町の遺跡調査報告」『水巻町誌』水巻町郷土誌編集委員会　27～48頁
計良勝範　1969a「浜端洞穴遺跡出土の貝類の同定」『佐渡考古歴史（会報）』第7号　佐渡考古歴史学会　頁番号なし
計良勝範　1969b「小出義治先生指導要点」『佐渡考古歴史（会報）』第7号　佐渡考古歴史学会　頁番号なし
小井川和夫ほか　1978『宮城県文化財発掘調査略報（昭和52年度分）』宮城県教育委員会
小池裕子　1987「宮崎博論文「土地と縄文人」に関する先史生態学からの一コメント」『貝塚』第39号　物質文化研究会　10～11頁
恋河内昭彦　1992「児玉地方における弥生時代の概観」『児玉郡市における埋蔵文化財の成果と概要』埼玉県教育局指導部文化財保護課・児玉郡市文化財担当者会　53～78頁
小出輝雄　1983a『針ヶ谷遺跡群―南通遺跡第3地点の調査―』富士見市遺跡調査会
小出輝雄　1983b「「弥生町式」の再検討」『人間・遺跡・遺物―わが考古学論集1―』渓水社　211～219頁

小出輝雄　1986「弥生時代末期から古墳時代前期にかかる土器群の検討」『土曜考古』第 11 号　土曜考古学研究会　35〜54 頁

小出輝雄　1988「埼玉県における弥生町式土器」『柳田敏司先生還暦記念論文集―埼玉の考古学―』柳田敏司先生還暦記念論文集刊行委員会　327〜342 頁

小出輝雄　2008「旧武蔵国中・南部における弥生後期土器（前編）」『シンポジウム南関東の弥生後期土器を考える　予稿集』シンポジウム南関東の弥生後期土器を考える実行委員会　5〜69 頁

小出輝雄ほか　2012「馬場小室山遺跡の弥生式土器から観た「見沼文化」―【見沼シャモット弥生】研究の意義―」『日本考古学協会第 78 回総会研究発表要旨』日本考古学協会　32〜33 頁

甲野　勇　1953『縄文土器のはなし』世界社（1995、解説付新装版、学生社）

紅村　弘　1986「土器型式の構造的理解について―型式の生態―」『知多古文化研究』第 2 号　知多古文化研究会　25〜33 頁

甲元眞之ほか　1984『弥生時代の知識』東京美術

越田賢一郎ほか　1968a『佐渡浜端・夫婦岩洞穴遺跡調査概報』立教大学考古学研究会

越田賢一郎ほか　1968b『佐渡の洞穴遺跡』立教大学考古学研究会

小柴吉男ほか　1990『荒屋敷遺跡』Ⅱ　三島町教育委員会

小杉　康　1984「物質的事象としての搬出・搬入、模倣製作」『駿台史学』第 60 号　駿台史学会　160〜172 頁

小杉　康　1985「木の葉文浅鉢形土器の行方―土器の交換形態の一様相―」『季刊考古学』第 12 号　雄山閣出版　47〜50 頁

小杉　康　1995「土器型式と土器様式」『駿台史学』第 94 号　駿台史学会　58〜129 頁

小杉　康　1996「土製品―動物型中空土製品を例にして―」『考古学雑誌』第 82 巻第 2 号　日本考古学会　37〜49 頁

小杉　康　2004「土器型式編年と集団同定論：「北大式土器」の型式論的処理に関する問題―土器群の実態をどう捉えるべきか、その方法論的検討―」『シンポジウム「蝦夷からアイヌへ」』北海道大学総合博物館　5〜9 頁

児玉　準ほか　1984『横長根 A 遺跡―秋田県南秋田郡若美町横長根 A 遺跡の調査報告―』若美町教育委員会

小玉秀成　2007a「原田遺跡群の弥生時代後期後半土器群」『考古学の深層―瓦吹堅先生還暦記念論文集―』瓦吹堅先生還暦記念論文集刊行会　149〜158 頁

小玉秀成　2007b「塔ヶ塚古墳群の弥生土器」『小美玉市史料館報』第 1 号　小美玉市史料館　115〜127 頁

小玉秀成　2007c「下田町の大崎台式」『埼玉の弥生時代』埼玉弥生土器観会　249〜262 頁

小玉秀成　2011「大型式としての同心円文・渦巻文系土器群」『東国の地域考古学』六一書房　105〜122 頁

小玉秀成　2013「桜町遺跡の北関東系土器の編年的位置（一次調査）」『東北南部における弥生後期から古墳出現前夜の社会変動―福島県湯川村桜町遺跡資料見学・検討会―予稿集』弥生時代研究会　17〜22 頁

後藤守一　1934「東京帝室博物館所蔵の弥生式土器―口絵図版聚成図解説―」『考古学』第 5 巻第 3 号　東京考古学会　63〜67 頁

後藤守一ほか　1953『登呂』本編　毎日新聞社

後藤　直　1973「南朝鮮の「無文土器」―その変遷について―」『考古学研究』第 19 巻第 3 号　考古学研究会　49〜77 頁

後藤　直　1979「朝鮮系無文土器」『三上次男博士頌寿記念東洋史・考古学論集』三上次男博士頌寿記念論集編集委員会　485〜529 頁

後藤　直　1987「朝鮮系無文土器再論―後期無文土器系について―」『東アジアの考古と歴史―岡崎敬先生退官記念論集―』中巻　岡崎敬先生退官記念事業会　325〜358 頁

小林　克ほか　1988『一般国道 7 号八竜能代道路建設事業に係る埋蔵文化財発掘調査報告書』Ⅰ　秋田県教育委員会

小林青樹　1998「土器作りの専業製作と規格性に関する民族考古学的研究―フィリピンとタイの事例分析を中心に―」『民族考古学序説』同成社　122～138頁
小林達雄　1975「タイポロジー」『日本の旧石器文化』第1巻　雄山閣出版　48～63頁
小林達雄　1977「縄文土器の世界」『日本原始美術大系』第1巻　講談社　153～181頁
小林達雄　1984「ニール・ゴールドン・マンロー論」『縄文文化の研究』第10巻　雄山閣出版　188～198頁
小林達雄　1994「土器と集団」『季刊考古学』第48号　雄山閣出版　14～16頁
小林正史　1989「先史時代土器の器種分類について」『北越考古学』第2号　北越考古学研究会　1～24頁
小林正史　1993「カリンガ土器の製作技術」『北陸古代土器研究』第3号　北陸古代土器研究会　74～103頁
小林正史　1994「稲作農耕民とトウモロコシ農耕民の煮沸用土器―民族考古学による通文化比較―」『北陸古代土器研究』第4号　北陸古代土器研究会　111～139頁
小林正史　2000「カリンガ土器の変化過程」『交流の考古学』朝倉書店　134～179頁
小林行雄　1933a「先史考古学における様式問題」『考古学』第4巻第8号　東京考古学会　223～238頁
小林行雄　1933b「弥生式土器様式研究の前に―図の説明に代へて―」『考古学』第4巻第8号　東京考古学会　239～242頁
小林行雄　1935「弥生式土器の様式構造」『考古学評論』第1巻第2号　東京考古学会　1～9頁
小林行雄　1939『弥生式土器聚成図録』正編解説　東京考古学会
小林行雄　1959「おんががわしき－どき」『図解考古学辞典』東京創元社　134頁
小林行雄　1965「技術と技術者」『世界歴史』第1巻　人文書院　344～365頁
小林行雄　1971「解説」『論集日本文化の起源』第1巻　平凡社　1～86頁
小林行雄ほか　1968『弥生式土器集成』本編2　日本考古学協会弥生式土器文化総合研究特別委員会
駒井和愛ほか　1949『登呂』前編　毎日新聞社
小松　譲ほか　2009「弥生成立期の地理的景観―佐賀県唐津平野にみる初期農耕集落の出現と拡大―」『弥生時代の考古学』第2巻　同成社　17～33頁
駒見佳容子　1999「上ノ宮遺跡出土の弥生土器について」『上ノ宮遺跡発掘調査報告書（第2次）』浦和市教育委員会　39～40頁
小森哲也　1990「成果と問題点　弥生時代」『三ノ谷東・谷館野北遺跡―住宅・都市整備公団小山・栃木都市計画事業自治医科大学周辺地区埋蔵文化財発掘調査―』栃木県教育委員会・栃木県文化振興事業団　383～399頁
近藤福雄　1940「新潟県佐渡島に於ける貝塚遺蹟」『貝塚』第17号　山岡書店　79頁
近藤宗光ほか　1986『桂平遺跡発掘調査報告書―東北縦貫自動車道関連遺跡発掘調査―』岩手県文化振興事業団埋蔵文化財センター
近藤義郎　1959「共同体と単位集団」『考古学研究』第6巻第1号　考古学研究会　13～20頁

〈さ〉

斎藤邦雄　1993「岩手県にみられる後北式土器と在地弥生土器について」『岩手考古学』第5号　岩手考古学会　1～26頁
齋藤秀平　1937『新潟県史蹟名勝天然記念物調査報告』第7輯　新潟県
齋藤弘道ほか　1978「日立市曲松遺跡の弥生式土器に就いて―型式学的検討を中心として―」『古代』第64号　早稲田大学考古学会　11～34頁
齋藤瑞穂　2001「東北地方における遠賀川系土器の展開に関する一試論」『筑波大学先史学・考古学研究』第12号　筑波大学歴史・人類学系　37～56頁
齋藤瑞穂　2004「東北北部における弥生時代中期土器編年の再検討」『古代文化』第56巻第8号　古代学協会　1～18頁

齋藤瑞穂　2005「東北北部における弥生時代の海岸遺跡」『物質文化』第 79 号　物質文化研究会　13～35 頁
齋藤瑞穂　2006「見沼周辺地域における縄文・弥生時代集落の増減」『見沼文化」を形成した遺跡群の分布と馬場小室山遺跡における後晩期集落形成に至る中期集落の様相』馬場小室山遺跡研究会　1～14 頁
齋藤瑞穂　2007a「赤穴式対向連弧文土器考」『信濃』第 59 巻第 2 号　信濃史学会　29～49 頁
齋藤瑞穂　2007b「埼玉の二軒屋式土器の位置と意義」『埼玉の弥生時代』埼玉弥生土器観会　309～320 頁
齋藤瑞穂　2010a「九州弥生時代研究における福岡市城南区浄泉寺遺跡の役割」『還暦、還暦？、還暦！―武末純一先生還暦記念献呈文集・研究集―』武末純一先生還暦記念事業会　29～45 頁
齋藤瑞穂　2010b「下戸塚式という視点」『古代』第 123 号　早稲田大学考古学会　53～71 頁
齋藤瑞穂　2010c「北部九州における前期弥生壺の文様帯・雑考」『古代』第 124 号　早稲田大学考古学会　133～148 頁
齋藤瑞穂　2011「十王台式の北漸と赤穴式羽状縄文技法の成立」『東国の地域考古学』六一書房　135～150 頁
齋藤瑞穂　2012a「新潟市法花鳥屋 B 遺跡「重弧縄線文土器」小考」『古代』第 128 号　早稲田大学考古学会　95～111 頁
齋藤瑞穂　2012b「浜端洞穴研究序説」『新潟考古』第 23 号　新潟県考古学会　145～154 頁
齋藤瑞穂　2013a「洞窟・洞穴・岩陰と弥生時代の人々」『弥生時代のにいがた―時代がかわるとき―』新潟県立歴史博物館　91～96 頁
齋藤瑞穂　2013b「山田湾沿岸地域における弥生時代開始期の動向」『実践！パブリック・アーケオロジー―鈴木正博さんと馬場小室山遺跡につどう仲間たち―』馬場小室山遺跡に学ぶ市民フォーラム　51～62 頁
齋藤瑞穂　2014a「勒島式細別編年試案」『古代』第 135 号　早稲田大学考古学会　103～139 頁
齋藤瑞穂　2014b「三陸海岸で検出された津波イベント堆積物の年代と遺跡の消長―岩手県域を中心に―」『2014 年前近代歴史地震史料研究会講演要旨集』前近代歴史地震史料研究会　7～10 頁
齋藤瑞穂　2015「大石平 4 段階変遷案再考」『型式論の実践的研究』Ⅲ　千葉大学大学院人文社会科学研究科　61～82 頁
齋藤瑞穂　2016「東北「遠賀川系土器」再論」『人文科学研究』第 138 号　新潟大学人文学部　115～139 頁
齋藤瑞穂　2017「晩期縄文越後地震の復興と土器型式―新潟平野における弥生集落の出現順序―」『2017 年前近代歴史地震史料研究会講演要旨集』前近代歴史地震史料研究会　9～14 頁
齋藤瑞穂　2018a「東北「遠賀川系土器」の拡散と亀ヶ岡文化の解体」『季刊考古学別冊 25・「亀ヶ岡文化」論の再構築』雄山閣　71～76 頁
齋藤瑞穂　2018b「川原町口式系土器」『山草荷遺跡出土の弥生土器―新発田市指定有形文化財（考古資料）―』新発田市教育委員会　14～27 頁
齋藤瑞穂ほか　2005「常陸浮島の考古学的検討」『茨城県考古学協会誌』第 17 号　茨城県考古学協会　145～191 頁
齋藤友里恵　2012「山田湾周辺の遺跡分布と立地」『ワンダートラベラー・山田湾まるごとスクール資料』ワンダートラベラー・山田湾まるごとスクール事務局　13～17 頁
齋藤友里恵ほか　2014『山田湾まるごとスクールのしおり』新潟大学災害・復興科学研究所危機管理・災害復興分野
斉藤吉弘　1979『宇南遺跡』宮城県教育委員会
斎野裕彦ほか　2010『沓形遺跡―仙台市高速鉄道東西線関係遺跡発掘調査報告書Ⅲ―』仙台市教育委員会
酒井仁夫ほか　1979『九州縦貫自動車道関係埋蔵文化財調査報告 XXXI―福岡県小郡市三沢所在遺跡群の調査―』上巻　福岡県教育委員会
酒井龍一　1997「型式学と様式論」『堅田直先生古希記念論文集』堅田直先生古希記念論文集刊行会　851～857 頁
酒井龍一　2003「考古学者と弥生土器―1884～1995 年論―」『文化財学報』第 22 集　奈良大学文学部文化財

学科　1〜47頁

坂上有紀ほか　2000『県営ほ場整備事業関連発掘調査報告書』新潟県教育委員会・新潟県埋蔵文化財調査事業団

坂田邦洋ほか　1975『対馬の遺跡』長崎県教育委員会

佐久間好雄ほか　2006『図説稲敷・北相馬の歴史』郷土出版社

櫻井はるえ　2009「剣吉荒町遺跡出土の類遠賀川系土器について」『東日本先史時代土器編年における標式資料・基準資料の基礎的研究―平成18〜20年度科学研究費補助金（基盤研究（C））研究成果報告書―』慶応義塾大学文学部民族学考古学研究室　127〜137頁

櫻井はるえ　2012「類遠賀川系土器の分布に関する一考察―本州島東北部における弥生時代前期〜中期の様相から―」『古代学研究所紀要』第17号　明治大学古代学研究所　59〜68頁

佐々木清文ほか　1996『山ノ内Ⅱ遺跡発掘調査報告書―三陸縦貫自動車道（山田道路）関連遺跡発掘調査―』岩手県文化振興事業団埋蔵文化財センター

佐々木清文ほか　2000『沢田Ⅰ遺跡発掘調査報告書―三陸縦貫自動車道（山田道路）関連遺跡発掘調査―』岩手県文化振興事業団埋蔵文化財センター

佐々木藤雄　1981「縄文時代の通婚圏」『信濃』第33巻第9号　信濃史学会　45〜74頁

佐々木幹雄ほか　1980『宥勝寺北裏遺跡』宥勝寺北裏遺跡調査会

笹澤正史ほか　2006『吹上遺跡―主要地方道上越新井線関係発掘調査報告書Ⅰ―』上越市教育委員会

笹森紀己子　1984「久ヶ原式から弥生町式へ―壺形土器の文様を中心に―」『土曜考古』第9号　土曜考古学研究会　17〜40頁

笹森紀己子　1990「弥生壺口縁内文様帯論―南関東地方弥生時代後期・壺形土器にみる―」『古代』第90号　早稲田大学考古学会　101〜110頁

笹森紀己子　1991「木曽呂・木曽呂北遺跡の弥生土器について」『篠谷ツ・木曽呂北・木曽呂―市道南浦和越谷線新設工事に伴う埋蔵文化財発掘調査報告書―』川口市遺跡調査会　261〜274頁

笹森紀己子　1993「大宮台地における弥生後期土器―変遷の素描―」『二十一世紀への考古学』櫻井清彦先生古稀記念会　105〜113頁

定村責二ほか　1965「福岡県長井遺跡の弥生式土器」『九州考古学』第25・26号　九州考古学会　6〜10頁

佐藤達夫　1974a「土器型式の実態―五領ヶ台式と勝坂式の間―」『日本考古学の現状と課題』日本歴史学会・吉川弘文館　81〜102頁

佐藤達夫　1974b「学史上における山内清男の業績」『日本考古学選集』第21巻　築地書館　1〜11頁

佐藤友子ほか　2009『一般国道49号阿賀野バイパス関係発掘調査報告書』Ⅰ　新潟県教育委員会・新潟県埋蔵文化財調査事業団

佐藤信行　1990「天王山式土器の成立と展開―いわゆる交互刺突文の系譜を中心に―」『「天王山式期をめぐって」の検討会記録集』弥生時代研究会　頁番号なし

佐藤信行ほか　1978『上ノ原A遺跡―弥生後期の住居跡―』一迫町教育委員会・弥生時代研究会

佐藤雅一　1991「新潟県・竜巌窟確認調査概要報告」『牟邪志』第4号　武蔵考古研究会　83〜95頁

佐藤雅一ほか　2004『黒姫洞窟遺跡―第1期発掘調査報告―』入広瀬村教育委員会・魚沼地域洞窟遺跡発掘調査団

佐藤祐輔　2006「生石2遺跡をめぐる研究史―「生石式」と「生石2式」―」『さあべい』第22号　さあべい同人会　26〜44頁

佐藤祐輔　2008「東北地方南部における砂沢式並行期の土器について」『弥生時代における砂沢式土器の諸問題―資料集―』海峡土器編年研究会　147〜221頁

佐藤祐輔　2009「生石2B式と青木畑式」『地底の森ミュージアム・縄文の森広場研究報告』2008　仙台市富沢遺跡保存館・仙台市縄文の森広場　5〜20頁

佐藤祐輔　2010『洞穴遺跡の考古学』仙台市富沢遺跡保存館（地底の森ミュージアム）・仙台市教育委員会
佐藤由紀男ほか　2002「遠江・駿河地域」『弥生土器の様式と編年』東海編　木耳社　517～700頁
佐藤良和ほか　2004『岩手県土師器集成（4～8世紀）』集落遺跡検討会
佐藤嘉広　1994「岩手県二戸市金田一川遺跡出土の土器について」『岩手考古学』第6号　岩手考古学会　64～69頁
佐原　眞　1959「弥生式土器製作技術に関する二三の考察」『私たちの考古学』第5巻第4号　考古学研究会　2～11頁
佐原　眞　1967「山城における弥生式文化の成立―畿内第I様式の細別と雲ノ宮遺跡出土土器の占める位置―」『史林』第50巻第5号　史学研究会　103～127頁
佐原　眞　1968「畿内地方」『弥生式土器集成』本編2　東京堂出版・日本考古学協会弥生式土器文化総合研究特別委員会　53～72頁
佐原　眞　1970a「大和川と淀川」『古代の日本』第5巻　角川書店　24～43頁
佐原　眞　1970b「土器の話（3）」『考古学研究』第17巻第2号　考古学研究会　86～96頁
佐原　眞　1971「近畿弥生式文化の地域性」『古代学研究』第61号　古代学研究会　19～27頁
佐原　眞　1972「1971年の動向・弥生時代（下）」『月刊考古学ジャーナル』No. 74　ニュー・サイエンス社　3～13頁
佐原　眞　1987「みちのくの遠賀川」『東アジアの考古と歴史―岡崎敬先生退官記念論集―』中巻　岡崎敬先生退官記念事業会　265～291頁
鮫島和大　1994「南関東弥生後期における縄文施文の二つの系統」『東京大学文学部考古学研究室研究紀要』第12号　東京大学文学部考古学研究室　169～207頁
鮫島和大　1996「弥生町の壺と環濠集落」『東京大学文学部考古学研究室研究紀要』第14号　東京大学文学部考古学研究室　131～154頁
椎谷福男ほか　1980『五十嵐川流域における先史遺跡』Vol. 2　新潟県立三条商業高等学校社会科クラブ考古班
椎谷福男ほか　1981『五十嵐川流域における先史遺跡』Vol. 3　新潟県立三条商業高等学校社会科クラブ考古班
塩谷隆正ほか　1979『蛍沢遺跡―青森市新団地造成計画に基づく戸山団地予定地内蛍沢遺跡緊急発掘調査報告書―』青森市蛍沢遺跡発掘調査団
重住　豊ほか　1978『方南峰近隣（第一）遺跡』杉並区教育委員会
Shigeta, M., 1996　Wisdom of Ari: Community-Based Technology in South Omo, Ethnographic Exhibition on the Peoples of Ethiopia. *Nilo-Ethioian Newsletter* No. 3&4, Japan Association for Nilo-Ethiopian Studies, pp. 18-20.
設楽政健ほか　2010『葛野（3）遺跡発掘調査報告書』青森市教育委員会
設楽博己　2000「縄文系弥生文化の構想」『考古学研究』第47巻第1号　考古学研究会　88～100頁
設楽博己ほか　2007「板付I式土器成立における亀ヶ岡系土器の関与」『新弥生時代のはじまり』第2巻　雄山閣　66～107頁
品川欣也　2002「砂沢式土器の型式学―北日本先史時代史の再構築に向けて―」『2002年度駿台史学会大会研究発表要旨』駿台史学会　8～9頁
品川欣也　2005a「砂沢式土器の細分と五所式土器の位置づけ」『関東・東北弥生土器と北海道続縄文土器の広域編年―平成14年度～平成16年度科学研究費補助金（基盤研究（B）(2)）研究成果報告書―』明治大学文学部考古学研究室　31～42頁
品川欣也　2005b「岩手県金ヶ崎町長坂下遺跡出土土器の再検討」『法政考古学』第31集　法政考古学会　65～80頁

品川欣也　2005c「岩手県二戸市足沢遺跡出土資料の再評価」『岩手考古学』第 17 号　岩手考古学会　25～36頁

品田高志ほか　1985『刈羽大平・小丸山―東京電力新潟原子力発電所建設用地内埋蔵文化財発掘調査報告―』柏崎市教育委員会

篠原和大　2006「登呂式土器と雌鹿塚式土器―駿河湾周辺地域における弥生時代後期の地域色に関する予察―」『静岡県考古学研究』第 38 号　静岡県考古学会　45～72頁

柴田昌児　2011「中・四国西部地域」『講座日本の考古学』第 5 巻　青木書店　165～200頁

柴田陽一郎ほか　1990『東北横断自動車道秋田線発掘調査報告書』Ⅴ　秋田県教育委員会

渋谷寛子ほか　2012『中野田中原遺跡（第 1 次）・中野田島ノ前遺跡（第 3 次）・下野田本村遺跡（第 8 次）―さいたま市都市計画事業浦和東部第一特定土地区画整理事業に伴う発掘調査報告 6 ―』さいたま市遺跡調査会

嶋　千秋ほか　1984『小井田Ⅳ遺跡発掘調査報告書―東北縦貫自動車道関連遺跡発掘調査―』岩手県埋蔵文化財センター

下條信行　1989「弥生時代の玄界灘海人の動向―漁村の出現と役割―」『横山浩一先生退官記念論文集Ⅰ―生産と流通の考古学―』横山浩一先生退官記念事業会　107～123頁

下條信行ほか　1970『板付遺跡』福岡市教育委員会

下谷　淳　1998『三王遺跡』南河内町教育委員会

庄子裕美ほか　2012『沓形遺跡第 2・3 次調査―仙台市荒井東土地区画整理事業に伴う発掘調査報告書―』仙台市教育委員会

庄内昭男ほか　1981『国道 103 号線バイパス工事関係遺跡発掘調査報告書』秋田県教育委員会

白井克也　2001「勒島貿易と原の辻貿易―粘土帯土器・三韓土器・楽浪土器からみた弥生時代の交易―」『弥生時代の交易―モノの動きとその担い手―』埋蔵文化財研究会第 49 回研究集会実行委員会　157～176頁

白鳥文雄ほか　1997『宇田野（2）遺跡・宇田野（3）遺跡・草薙（3）遺跡―県営津軽中部地区広域営農団地農道整備事業に伴う遺跡発掘調査報告―』青森県教育委員会

申　敬澈　1980「熊川文化期 紀元前上限説 再考」『釜大史学』第 4 輯　釜山大学校史学会　211～265頁（後藤直訳、1981「熊川文化期紀元前上限説の再考」『古文化談叢』第 8 集　九州古文化研究会　165～204頁）

沈　奉謹　2005『泗川勒島ＣⅠ』東亜大学校博物館

菅波正人　1993『比恵遺跡群』（12）　福岡市教育委員会

菅波正人　1996「玄界灘沿岸地域の弥生前期土器について―福岡平野を中心にして―」『西部瀬戸内の弥生文化～前期弥生土器の諸相～』山口考古学談話会百回記念大会実行委員会　19～42頁

菅波正人ほか　1992『比恵遺跡群』（11）　福岡市教育委員会

菅原俊行ほか　1984『秋田臨空港新都市開発関係埋蔵文化財発掘調査報告書』秋田市教育委員会

菅原俊行ほか　1986『秋田市秋田新都市開発整備事業関係埋蔵文化財発掘調査報告書』秋田市教育委員会

杉原荘介　1939「北関東に於ける後期弥生式文化に就いて」『考古学』第 10 巻第 10 号　東京考古学会　528～536頁

杉原荘介　1940a「武蔵前野町遺跡調査概報」『考古学』第 11 巻第 1 号　東京考古学会　2～20頁

杉原荘介　1940b「武蔵久ヶ原出土の弥生式土器に就いて」『考古学』第 11 巻第 3 号　東京考古学会　133～143頁

杉原荘介　1940c「武蔵弥生町出土の弥生式土器に就いて」『考古学』第 11 巻第 7 号　東京考古学会　412～428頁

杉原荘介　1943a『遠賀川―筑前立屋敷遺跡調査報告―』葦牙書房

杉原荘介　1943b『原史学序論―考古学的方法による歴史学確立への試論―』葦牙書房

杉原荘介　1946『原史学序論―考古学的方法による歴史学確立への試論―』あしかび書房

杉原荘介　1955「弥生文化」『日本考古学講座』第4巻　河出書房　2～30頁
杉原荘介　1960「農業の発生と文化の変革」『世界考古学大系』第2巻　平凡社　1～13頁
杉原荘介　1961「日本農耕文化の生成」『日本農耕文化の生成』第1冊本文篇　日本考古学協会　3～33頁
杉原荘介　1967「群馬県岩櫃山における弥生時代の墓址」『考古学集刊』第3巻第4号　東京考古学会　37～56頁
杉原荘介　1968a「南関東地方」『弥生式土器集成』本編2　日本考古学協会弥生式土器文化総合研究特別委員会　110～116頁
杉原荘介　1968b「福島県成田における小竪穴と出土土器」『考古学集刊』第4巻第2号　東京考古学会　19～28頁
杉原荘介　1977『日本農耕社会の形成』吉川弘文館
杉原荘介ほか　1961「愛知県西志賀遺跡」『日本農耕文化の生成』第1冊本文篇　日本考古学協会　355～376頁
杉本　良ほか　1993『南部工業団地内遺跡Ⅰ（1988・1989年度）』北上市教育委員会
鈴鹿良一ほか　1985『真野ダム関連遺跡発掘調査報告』Ⅶ　福島県教育委員会
鈴木一郎　1998「和光市午王山遺跡出土の弥生時代中期末から後期前半の土器について（予報）」『あらかわ』創刊号　あらかわ考古談話会　1～10頁
鈴木一郎　2001「和光市午王山遺跡における弥生時代土器の変遷―午王山遺跡住居出土土器を中心としたノート―」『あらかわ』第4号　あらかわ考古談話会　1～12頁
鈴木一郎ほか　2000『市内遺跡発掘調査報告書』3　和光市教育委員会
鈴木一郎ほか　2003『吹上遺跡―第3次―』和光市遺跡調査会・和光市教育委員会
鈴木加津子　1999「第5回縄文セミナー発表記録―「縄文晩期の諸問題・南関東―」『縄文土器論集―縄文セミナー10周年記念論文集―』縄文セミナーの会　425～439頁
鈴木克彦　1978a「青森県における弥生時代終末期の土器文化―鳥海山式土器について―」『考古風土記』第3号（鈴木克彦発行）　29～40頁
鈴木克彦　1978b「青森県の弥生時代土器集成Ⅰ」『考古風土記』第3号（鈴木克彦発行）　71～92頁
鈴木克彦　1980「青森県の弥生時代土器集成Ⅲ」『考古風土記』第5号（鈴木克彦発行）　189～210頁
鈴木公雄　1964「土器型式の認定方法としてのセットの意義」『考古学手帖』第21号（塚田　光発行）　1～5頁
鈴木公雄　1969「土器型式における時間の問題」『上代文化』第38輯　国学院大学考古学会　6～13頁
鈴木恵治ほか　1993『湾台Ⅱ遺跡・湾台Ⅲ遺跡発掘調査報告書―三陸縦貫自動車道（山田道路）関連遺跡発掘調査―』岩手県文化振興事業団埋蔵文化財センター
鈴木恵治ほか　1994『上村遺跡発掘調査報告書―三陸縦貫自動車道（山田道路）関連遺跡発掘調査―』岩手県文化振興事業団埋蔵文化財センター
鈴木敬治ほか　1990『相馬開発関連遺跡調査報告』Ⅱ　福島県教育委員会
鈴木貞行　1992『細浦Ⅰ遺跡・細浦Ⅱ遺跡発掘調査報告書―三陸縦貫自動車道（山田道路）関連遺跡発掘調査―』岩手県文化振興事業団埋蔵文化財センター
鈴木重信ほか　2011『大原遺跡』横浜市教育委員会
鈴木裕芳　1981『久慈吹上』日立市教育委員会
鈴木正博　1976a「「十王台式」理解の為に（1）―分布圏西部地域を中心として―」『常総台』第7号　常総台地研究会　1～8頁
鈴木正博　1976b「「十王台式」理解のために（2）―前号の追加1とリュウガイ第Ⅳ群a類土器について―」『常総台地』第8号　常総台地研究会　1～16頁
鈴木正博　1979a「高野寺畑の弥生式土器について」『高野寺畑遺跡発掘調査報告書』勝田市教育委員会　151

〜162 頁

鈴木正博　1979b「「十王台式」理解のために（3）―分布圏南部地域の環境（上）―」『常総台地』第 10 号　常総台地研究会　56〜74 頁

鈴木正博　1980a「大森貝塚「土器社会論」序説」『大田区史（資料編）』考古Ⅱ　大田区史編さん委員会　458〜465 頁

鈴木正博　1980b「婚姻動態から観た大森貝塚」『古代』第 67 号　早稲田大学考古学会　17〜30 頁

鈴木正博　1981「「加曾利Ｂ式（古）」研究序説」『取手と先史文化―中妻貝塚の研究―』下巻　取手市教育委員会　1〜148 頁

鈴木正博　1985「「荒海式」生成論序説」『古代探叢』Ⅱ　早稲田大学出版部　83〜135 頁

鈴木正博　1986「「十王台式」研究から学んだこと」『唐沢考古』第 6 号　唐沢考古会　39〜41 頁

鈴木正博　1987a「『流れ』流れて北奥「遠賀川系土器」」『利根川』第 8 号　利根川同人　12〜18 頁

鈴木正博　1987b「「白幡本宿式」土器考―大宮台地に於ける縄紋式晩期終末比定土器の系統再点検事始―」『埼玉考古』第 23 号　埼玉考古学会　32〜50 頁

鈴木正博　1990「栃木「先史土器」研究の課題（一）」『古代』第 89 号　早稲田大学考古学会　78〜117 頁

鈴木正博　1991「汎列島的視点による所謂遠賀川系土器研究法の元型」『地域相研究』第 20 号上巻　地域相研究会　13〜48 頁

鈴木正博　1993a「荒海貝塚文化の原風土」『古代』第 95 号　早稲田大学考古学会　311〜376 頁

鈴木正博　1993b「小瀬ヶ沢洞穴の先史生活・労働様式（素描）」『埼玉考古』第 30 号　埼玉考古学会　173〜222 頁

鈴木正博　1995a「縄紋学再生―縄紋式文化論の元型と連環―」『古代探叢Ⅳ―滝口宏先生追悼考古学論集―』早稲田大学出版部　17〜70 頁

鈴木正博　1995b「十王台式研究の基礎」『遺跡研究発表会資料第 17 回（平成 7 年度）』茨城県考古学協会　25〜33 頁

鈴木正博　1995c「茨城弥生式の終焉―「続十王台式」研究序説―」『古代』第 100 号　早稲田大学考古学会　143〜201 頁

鈴木正博　1995d「山内清男の『日本遠古之文化』と土器型式の意義」『縄文／弥生　変換期の考古学』考古学フォーラム出版部　120〜121 頁

鈴木正博　1999a「本邦先史考古学における「土器型式」と縦横の「推移的閉包」―古鬼怒湾南岸における弥生式後期「下大津式」の成立と展開―」『古代』第 106 号　早稲田大学考古学会　41〜114 頁

鈴木正博　1999b「北関東弥生式後期「二軒屋式」の研究―「二軒屋式」制定 60 年の清算と「土器型式」研究の再構築―」『日本考古学協会第 65 回（1999 年度）総会研究発表要旨』日本考古学協会　69〜73 頁

鈴木正博　2000「「砂沢式縁辺文化」生成論序説―「砂沢式」南下と連動した「藤堂塚Ｓ式」の制定と杉原荘介氏命名「有肩甕」の今日的評価―」『婆良岐考古』第 22 号　婆良岐考古同人会　41〜74 頁

鈴木正博　2001「「小田原式」研究序説―「十王台式」研究法である「土器 DNA 関係基盤」から観た「小田原式」の真相―」『茨城県考古学協会誌』第 13 号　茨城県考古学協会　1〜25 頁

鈴木正博　2002a「「十王台式」と「明戸式」―茨城県遺蹟から観た「十王台 1 式」に並行する所謂「天王山式系」土器群の実態―」『婆良岐考古』第 24 号　婆良岐考古同人会　39〜72 頁

鈴木正博　2002b「「伊勢林前式」研究の漂流と救済の型式学―「土器 DNA 関係基盤」から観た「伊勢林前式」並行の所謂「天王山式系」土器群―」『茨城県考古学協会誌』第 14 号　茨城県考古学協会　65〜87 頁

鈴木正博　2006a「「荒海海進」と較正曲線―縄紋式終末における環境（気候）変動と年代推定―」『法政考古学』第 32 集　法政考古学会　25〜55 頁

鈴木正博　2006b「「西部縄紋式」研究序説―縄紋式における環境（気候）変動と貝殻条痕文の展開に観る相互作用―」『異貌』第 24 号　共同体研究会　48〜71 頁

鈴木正博　2007「「荒海海進」と鳥屋遺蹟のヤマトシジミ貝塚―わかっちゃいるけどやめられない、山内清男によるC14年代評価法の真価―」『利根川』第29号　利根川同人　18～29頁

鈴木正博　2008a「井頭遺蹟から観た『二軒屋－須和田二極構造』への展望―「縦長のコブ状突起」の回顧から新たなる型式学の開拓へ―」『栃木県考古学会誌』第29集　栃木県考古学会　29～49頁

鈴木正博　2008b「縄紋式終末における汽水系貝塚の群在と消長」『季刊考古学』第105号　雄山閣　40～44頁

鈴木正博　2009「「久ヶ原2式」への接近」『南関東の弥生土器2～後期土器を考える～』関東弥生時代研究会・埼玉土器観会・八千代栗谷遺跡研究会　229～239頁

鈴木正博　2014a「「砂山」崩し―いつやるか、今でしょ！―」『利根川』第36号　利根川同人　45～55頁

鈴木正博　2014b「「山草荷2式」に学ぶ―「十王台式」研究法は「山草荷式／天王山式文様帯変遷問題」を超えられるか―」『福島考古』第56号　福島県考古学会　17～48頁

鈴木正博　2014c「東京低地の「十王台式」から探る3世紀の動向―「十王台式」の全方位的拡散と「続十王台式」研究の新たな旅立ち―」『平成26年度地域史フォーラム・古代国家形成期の東京低地―3・4世紀の東京低地の様相を探る―』葛飾区郷土と天文の博物館　29～40頁

鈴木正博　2015「陸中・山田湾文化の8世紀土師器に学ぶ（第2報）―人類活動の順序と地域間の連絡・交渉から観た「山田湾式」の出現―」『型式論の実践的研究』Ⅲ　千葉大学大学院人文社会科学研究科　115～140頁

鈴木瑞麿ほか　2008『国指定史跡大境洞窟住居跡保全整備事業報告書』氷見市教育委員会

鈴木素行　1998「武田石高遺跡における十王台式土器の編年について―「十王台式」分析のための基礎的な作業―」『武田石高遺跡』旧石器・縄文・弥生時代編（第2分冊）　ひたちなか市文化・スポーツ振興公社　360～384頁

鈴木素行　1999「「紅葉」が散るまで―十王台式土器研究史外伝・3―」『菟玖波』第3号　菟玖波倶楽部　19～25頁

鈴木素行　2002「仙湖の辺―「武田式」以前の「十王台式」について―」『茨城県史研究』第86号　茨城県立歴史館　1～25頁

鈴木素行ほか　1998『武田石高遺跡』旧石器・縄文・弥生時代編　ひたちなか市文化・スポーツ振興公社

鈴木裕一郎　2012『中穴牛遺跡―平成23年度市内遺跡発掘調査事業報告書―』二戸市埋蔵文化財センター

須藤　隆　1970「青森県大畑町二枚橋遺跡出土の土器・石器について」『考古学雑誌』第56巻第2号　日本考古学会　10～65頁

須藤　隆　1983a「東北地方の初期弥生土器―山王Ⅲ層式―」『考古学雑誌』第68巻第3号　日本考古学会　1～53頁

須藤　隆　1983b「弥生文化の伝播と恵山文化の成立」『考古学論叢』Ⅰ　芹沢長介先生還暦記念論文集刊行会　309～360頁

須藤　隆　1986「弥生土器の様式」『弥生文化の研究』第3巻　雄山閣出版　11～26頁

須藤　隆　1990「東北地方における弥生文化」『伊東信雄先生追悼考古学古代史論攷』伊東信雄先生追悼論文集刊行会　243～322頁

須藤　隆　1998『東北日本先史時代文化変化・社会変動の研究―縄文から弥生へ―』纂修堂

須藤　隆　2007「東北北部の前期弥生社会と文化」『東日本縄文・弥生時代集落の発展と地域性』東北大学大学院文学研究科　67～84頁

須藤　隆　2008「東北地方の弥生社会・文化の形成と土器型式」『芹沢長介先生追悼考古・民族・歴史学論叢』芹沢長介先生追悼論文集刊行会・六一書房　331～377頁

関　雅之　1963「佐渡弥生文化の諸問題―離島における本土との関連から―」『古代学研究』第33号　古代学研究会　16～20頁

関　雅之　1972『滝ノ前遺跡―新潟県村上市滝ノ前遺跡緊急調査概報―』村上市教育委員会
関　雅之ほか　2005『新潟県豊栄市市内遺跡確認調査報告書―法花鳥屋B遺跡・狐川渡遺跡―』豊栄市教育委員会
芹澤清八　2005『堀越遺跡』栃木県教育委員会・とちぎ生涯学習文化財団埋蔵文化財センター
芹澤長介　1958「縄文土器」『世界陶磁全集』第1巻　河出書房新社　159～176頁
徐　吉德　2006「원형점토띠토기의 변천과정 연구 ―서울・경기지역을 중심으로―」『先史와 古代』第25号　韓国古代学会　327～361頁
徐　姶男　1989「勒島式土器의 設定」『勒島住居址』釜山大学校博物館　114～128頁
徐　姶男　1990「늑도유적 Ⅱ지구 Ⅴ층 출토토기」『考古研究』第5輯　嶺南青年考古研究会　3～13頁
徐　姶男ほか　2004『勒島 貝塚과 墳墓群』釜山大学校博物館
曾野寿彦ほか　1961「長崎県吉田遺跡」『日本農耕文化の生成』第1冊本文篇　日本考古学協会　79～87頁
宋　義政ほか　2012『昌原茶戸里―1～7次 発掘調査 綜合報告書―』国立中央博物館

〈た〉

高木　晃　1999『大芦Ⅰ遺跡発掘調査報告書―ふるさと農道緊急整備事業大芦地区関連遺跡発掘調査―』岩手県文化振興事業団埋蔵文化財センター
高木　晃ほか　1998『大日向Ⅱ遺跡発掘調査報告書―第6次～第8次調査・国道395号改良工事関連遺跡発掘調査―』岩手県文化振興事業団埋蔵文化財センター
高木　晃ほか　2002『中半入遺跡・蝦夷塚古墳発掘調査報告書―担い手育成基盤整備事業東田地区圃場整備工事関連遺跡発掘調査―』岩手県文化振興事業団埋蔵文化財センター
高久健二　1999「韓国南部地域における原三国時代の墳墓と集落」『渡来人登場―弥生文化を開いた人々―』大阪府立弥生文化博物館　92～97頁
高久健二　2000「楽浪郡と弁・辰韓の墓制―副葬品の組成と配置の分析を中心に―」『嶺南考古学会・九州考古学会第4回合同考古学大会―考古学から見た弁・辰韓と倭―』嶺南考古学会・九州考古学会　25～81頁
高瀬克範　1998「恵山式土器群の成立・拡散とその背景」『北海道考古学』第34輯　北海道考古学会　21～41頁
高瀬克範　2000「東北地方初期弥生土器における遠賀川系要素の系譜」『考古学研究』第46巻第4号　考古学研究会　34～54頁
高瀬克範　2005「恵山式成立前後の型式細分と系統関係」『関東・東北弥生土器と北海道続縄文土器の広域編年―平成14年度～平成16年度科学研究費補助金（基盤研究（B）（2））研究成果報告書―』明治大学文学部考古学研究室　63～72頁
高田和德　1985『上野遺跡―昭和59年度発掘調査報告書―』一戸町教育委員会
高橋一彦ほか　1976「考古資料 縄文・弥生時代」『本庄市史』資料編　本庄市史編集室　考古1～考古53頁
高橋憲太郎ほか　1996『大付遺跡―平成5年度・平成6年度発掘調査報告書―』宮古市教育委員会
高橋正勝ほか　1980『アヨロ遺跡―続縄文（恵山式土器）文化の墓と住居址―』北海道先史学協会
高橋　保　1979「出土土器について」『北陸自動車道埋蔵文化財発掘調査報告書―下谷地遺跡―』新潟県教育委員会　44～54頁
高橋　保　1990「県内の弥生中期の土器―櫛描文系土器を中心として―」『新潟考古学談話会会報』第6号　新潟考古学談話会　16～21頁
高橋信雄ほか　1979『主要地方道一関・北上線関連遺跡発掘調査報告書―岩手県江刺市力石Ⅱ遺跡・兎Ⅱ遺跡・落合Ⅲ遺跡・朴ノ木遺跡（昭和53年度）―』岩手県埋蔵文化財センター
高橋信雄ほか　1982『岩手の土器―県内出土資料の集成―』岩手県立博物館
高橋　護　1958「土器とその型式」『考古学手帖』第1号（塚田　光発行）　1～2頁

高橋　護ほか　1960「後藤守一先生のことども」『考古学手帖』第13号（塚田　光発行）　11～14頁

高橋與右衛門ほか　1986『堀切・竹林遺跡発掘調査報告書―東北縦貫自動車道関連遺跡発掘調査―』岩手県文化振興事業団埋蔵文化財センター

高橋龍三郎ほか　2007「パプア・ニューギニアにおける民族考古学調査（3）―ミルンベイ州イーストケープ周辺の調査概報―」『史観』第160冊　早稲田大学史学会　74～94頁

滝沢規朗　2005「土器の分類と変遷―いわゆる北陸系を中心に―」『新潟県における高地性集落の解体と古墳の出現』シンポジウム新潟県における高地性集落の解体と古墳の出現実行委員会・新潟県考古学会　4～26頁

滝沢規朗　2010「土器からみた佐渡玉作遺跡の年代観」『今なぜ佐渡の玉作か―離島「佐渡」の玉作文化を探る―』日本玉文化研究会佐渡大会実行委員会　94～118頁

田鎖康之　2006『豊岡Ⅴ遺跡―平成16年度発掘調査報告書―』岩泉町教育委員会

宅間清公　2013「大宮台地及びその周辺におけるシャモット研究の現状と課題」『実践！パブリック・アーケオロジー―鈴木正博さんと馬場小室山遺跡につどう仲間たち―』馬場小室山遺跡に学ぶ市民フォーラム　95～106頁

竹島國基ほか　1992『桜井』（竹島國基発行）

武末純一　1982「北九州における弥生時代の複合口縁壺」『森貞次郎博士古稀記念古文化論集』下巻　森貞次郎博士古稀記念論文集刊行会　837～868頁

武末純一　1985「市域の弥生土器」『北九州市史』総論　先史・原史　北九州市史編さん委員会　526～544頁

武末純一　1987a「弥生土器と無文土器・三韓土器―併行関係を中心に―」『三佛金元龍教授停年退任紀念論叢』第1巻―考古学篇―　三佛金元龍教授停年退任紀念論叢刊行委員会　842～857頁

武末純一　1987b「須玖式土器」『弥生文化の研究』第4巻　雄山閣出版　17～33頁

武末純一　2008「韓国・勒島遺跡のアワビおこし」『九州と東アジアの考古学―九州大学考古学研究室50周年記念論文集―』上巻　九州大学考古学研究室50周年記念論文集刊行会　93～110頁

武末純一　2011「九州北部地域」『講座日本の考古学』第5巻　青木書店　85～145頁

武田將男　1983『宮古市遺跡分布調査報告書』1　宮古市教育委員会

武田光正　2007『尾崎・天神遺跡Ⅴ・金丸遺跡Ⅱ』遠賀町教育委員会

武田光正ほか　1999『尾崎・天神遺跡Ⅳ』遠賀町教育委員会

武田光正ほか　2001『先ノ野遺跡・慶ノ浦遺跡』遠賀町教育委員会

武田良夫　1978「岩手県における弥生式土器について―盛岡地方を主として―」『考古風土記』第3号（鈴木克彦発行）　10～28頁

田崎博之　2007「発掘調査データからみた砂堆と沖積低地の形成過程」『砂丘形成と寒冷化現象』熊本大学文学部　56～67頁

田崎博之　2008「発掘調査データからみた土地環境とその利用―北部九州玄界灘沿岸における検討―」『地域・文化の考古学―下條信行先生退任記念論文集―』愛媛大学法文学部考古学研究室　323～342頁

田代　隆ほか　1986『烏森遺跡』栃木県文化振興事業団

田嶋明人　1986「漆町遺跡出土土器の編年的考察」『漆町遺跡』Ⅰ　石川県立埋蔵文化財センター　101～202頁

田嶋明人　2007「法仏式と月影式」『石川県埋蔵文化財情報』第18号　石川県埋蔵文化財センター　55～80頁

橘　善光　1968「下北郡東通村尻屋念仏間遺跡―下北半島の弥生式土器―」『うとう』第70号　青森郷土会　41～48頁

橘　善光　1971「青森県尻屋念仏間の弥生式土器について」『北海道考古学』第7号　北海道考古学会　39～43頁

橘　善光　1972「下北半島の弥生中期後半以降の土器について」『北海道考古学』第 8 号　北海道考古学会　49～56 頁

橘　善光　1975「東北北部の弥生式土器文化（上）―岡本論文への批判を含めて―」『考古学ジャーナル』No. 106　ニュー・サイエンス社　15～19 頁

田中國男　1939「宇都宮郊外東河田の弥生式土器」『考古学』第 10 巻第 2 号　東京考古学会　95～98 頁

田中耕作　2001「縄文中・後期　新発田市轟貝塚の発見」『北越考古学』第 12 号　北越考古学研究会　81～88 頁

田中　琢　1965「布留式以前」『考古学研究』第 12 巻第 2 号　考古学研究会　10～17 頁

田中　靖　1990「北陸地方の天王山式土器」『「天王山式期をめぐって」の検討会資料集』弥生時代研究会　頁番号なし

田中　靖ほか　1999「弥生中期後半」『新潟県の考古学』新潟県考古学会　232～235 頁

田中良之　1982「磨消縄文土器伝播のプロセス―中九州を中心として―」『森貞次郎博士古稀記念古文化論集』上巻　森貞次郎博士古稀記念論文集刊行会　59～96 頁

田中良之ほか　1984「広域土器分布圏の諸相―縄文時代後期西日本における類似様式の並立―」『古文化談叢』第 14 集　九州古文化研究会　81～117 頁

田辺昭三　1966『陶邑古窯址群』Ⅰ　平安学園考古学クラブ

田辺昭三　1981『須恵器大成』角川書店

谷井　彪　1966「大和町新倉午王山出土の弥生式土器」『埼玉考古』第 4 号　埼玉考古学会　25 頁

谷井　彪　1968「大和町の遺跡と出土土器（弥生時代・古墳時代）」『埼玉考古』第 6 号　埼玉考古学会　30～54 頁

谷口康浩　1986「縄文時代の親族組織と集団表象としての土器型式」『考古学雑誌』第 72 巻第 2 号　日本考古学会　1～21 頁

谷口康浩　1987「撚糸文系土器様式の成立に関する問題」『史学研究集録』第 12 号　國學院大學日本史学専攻大学院会　1～23 頁

谷口康浩　2002「縄文土器型式情報の伝達と変形―関東地方に分布する曽利式土器を例に―」『土器から探る縄文社会―2002 年度研究集会資料集―』山梨県考古学協会　39～55 頁

谷口康浩　2017『縄文時代の社会複雑化と儀礼祭祀』同成社

谷口康浩ほか　2008「土器型式情報の伝達と変容―属性分析からみた加曽利 E 式土器の多様性―」『縄文時代の考古学』第 7 巻　同成社　157～176 頁

田畑直彦　2014「内折口縁土器について―長門西部における弥生時代前期末～中期初頭の様相―」『考古学研究』第 61 巻第 2 号　考古学研究会　45～64 頁

田畑直彦　2016「遠賀川式土器の広域編年と暦年代」『科学研究費助成事業成果公開・普及シンポジウム　近畿で「弥生」はどうはじまったか？　発表要旨集』平成 25～28 年度科学研究費助成事業基盤研究一般（B）「近畿地方における初期農耕集落形成をめぐる考古学的研究」・古代学協会　39～48 頁

溜浩二郎　1996『長倉Ⅳ遺跡・長倉Ⅴ遺跡発掘調査報告書―世増ダム関連遺跡発掘調査―』岩手県文化振興事業団埋蔵文化財センター

田村　隆　2011『旧石器社会と日本民俗の基層』同成社

崔　鍾　圭　1982「陶質土器 成立前夜와 展開」『韓國考古学報』第 12 号　韓国考古学研究会　213～243 頁（後藤直訳、1983「陶質土器の成立前夜とその展開」『古文化談叢』第 12 集　九州古文化研究会　163～194 頁）

崔　鍾　圭ほか　2006a『勒島貝塚Ⅱ―A 地区住居群―』慶南考古学研究所

崔　鍾　圭ほか　2006b『勒島貝塚Ⅲ―A 地区墓地―』慶南考古学研究所

崔　鍾　圭ほか　2006c『勒島貝塚Ⅳ―A 地区貝塚編―』慶南考古学研究所

崔　鍾　圭ほか　2006d『勒島貝塚Ⅴ―考察編―』慶南考古学研究所

Childe, V.G., 1954 *What Happened in History*. Penguin Books Ltd.(今来陸郎ほか訳、1958『歴史のあけぼの』岩波書店)
千代　肇　1965「北海道の続縄文文化と編年について」『北海道考古学』第 1 輯　北海道考古学会　19〜38 頁
鄭　澄 元ほか　1987「終末期 無文土器에 관한 研究—南部地方을 中心으로 한 예비적 고찰—」『韓国考古学報』第 20 号　韓国考古学会　113〜131 頁(中島達也訳、1989「終末期無文土器に関する研究—南部地方を中心とした予備的考察—」『古文化談叢』第 20 集(中)　九州古文化研究会　135〜154 頁)
鄭　澄 元ほか　1989『勒島住居址』釜山大学校博物館
津嶋知弘ほか　1997『永福寺山遺跡—昭和 40・41 年発掘調査報告書—』盛岡市教育委員会
辻　秀人　1986「古墳時代」『図説発掘が語る日本史』第 1 巻　新人物往来社　149〜178 頁
辻　秀人　1994「東北南部における古墳出現期の土器編年—その 1　会津盆地—」『東北学院論集—歴史学・地理学—』第 26 号　東北学院大学学術研究会　105〜140 頁
辻　秀人　1995「東北南部における古墳出現期の土器編年—その 2 —」『東北学院論集—歴史学・地理学—』第 27 号　東北学院大学学術研究会　39〜88 頁
辻　秀人　2001「東北の弥生土器と土師器」『アジア文化史研究』第 1 号　東北学院大学大学院文学研究科アジア文化史専攻　1〜18 頁
辻　秀人ほか　1984『明戸遺跡発掘調査概報』福島県教育委員会
辻　秀人ほか　1996『桜井高見町 A 遺跡発掘調査報告書』東北学院大学文学部史学科辻ゼミナール・原町市教育委員会
辻田淳一郎　2011「アワビの大きさとその出土状況」『壱岐カラカミ遺跡Ⅲ—カラカミ遺跡第 1 地点の発掘調査(2005〜2008 年)—』九州大学大学院人文科学研究院考古学研究室　134〜136 頁
都出比呂志　1974「古墳出現前夜の集団関係—淀川水系を中心に—」『考古学研究』第 20 巻第 4 号　考古学研究会　20〜47 頁
都出比呂志　1979「ムラとムラとの交流」『図説日本文化の歴史』第 1 巻　小学館　153〜176 頁
都出比呂志　1982a「原始土器と女性—弥生時代の性別分業と婚姻居住規定—」『日本女性史』第 1 巻　女性史総合研究会・東京大学出版会　1〜42 頁
都出比呂志　1982b「畿内第五様式における土器の変革」『考古学論考—小林行雄博士古稀記念論文集—』小林行雄博士古稀記念論文集刊行委員会　215〜243 頁
都出比呂志　1983「弥生土器における地域色の性格」『信濃』第 35 巻第 4 号　信濃史学会　41〜53 頁
都出比呂志　1989『日本農耕社会の成立過程』岩波書店
角田文衞　1936「陸前里浜貝塚の尖底土器」『史前学雑誌』第 8 巻第 5 号　史前学会　17〜26 頁
坪井正五郎　1897「石器時代総論要領」『日本石器時代人民遺物発見地名表』東京帝国大学　9〜24 頁
Deetz, J., 1965 *The Dynamics of Stylistic Change in Arikara Ceramics*. The University of Illinois Press.
Deetz, J., 1967 *Invitation to Archaeology*. The Natural History Press.(関俊彦訳、1988『考古学への招待』雄山閣)
寺内武夫ほか　1939「下野中原遺跡調査概報—第一回—」『考古学』第 10 巻第 10 号　東京考古学会　514〜536 頁
寺沢　薫　1980「大和におけるいわゆる第五様式土器の細別と二・三の問題」『奈良市六条山遺跡』奈良県立橿原考古学研究所　155〜196 頁
寺沢　薫　1986「畿内古式土師器の編年と二・三の問題」『矢部遺跡—国道 24 号線橿原バイパス建設に伴う遺跡調査報告(Ⅱ)—』奈良県立橿原考古学研究所　327〜397 頁
寺村光晴　1960「越後六地山遺跡」『上代文化』第 30 輯　国学院大学考古学会　27〜36 頁
轟　次雄　1985「黒ヶ畑遺跡」『北九州市史』総論先史・原史　北九州市史編纂委員会　466〜468 頁
土橋由理子ほか　2009『一般国道 49 号亀田バイパス関係発掘調査報告書』Ⅱ　新潟県教育委員会・新潟県埋

蔵文化財調査事業団

鳥羽政之ほか　2003『四十坂遺跡』岡部町遺跡調査会

冨井　眞　2005「遺物型式学的編年の論理と西日本磨消縄文土器」『考古学研究』第51巻第4号　考古学研究会　28～47頁

富岡謙蔵　1918「九州北部に於ける銅剣銅鉾及び弥生式土器と伴出する古鏡の年代に就いて」『考古学雑誌』第8巻第9号　考古学会　1～25頁

冨桝憲次ほか　1982「小川島」『末盧国―佐賀県唐津市・東松浦郡の考古学的調査研究―』本文篇　唐津湾周辺遺跡調査委員会　602～628頁

鳥居和樹ほか　2007「東北地方三陸海岸における津波堆積物調査」『平成19年度研究発表会講演論文集』日本応用地質学会　191～192頁

鳥居達人ほか　2000『狼沢Ⅱ・高松寺・上駒板遺跡発掘調査報告書―東北横断自動車道釜石秋田線建設工事関連遺跡発掘調査―』岩手県文化振興事業団埋蔵文化財センター

鳥居達人ほか　2002『小松Ⅱ遺跡発掘調査報告書―一般県道釜石住田線クロスロード整備事業関連遺跡発掘調査―』岩手県文化振興事業団埋蔵文化財センター

〈な〉

直良信夫　(1997)「佐渡の自然遺物〔付記 春成秀爾〕」『動物考古学』第9号　動物考古学研究会　87～115頁

中川成夫ほか　1964「考古学からみた佐渡」『佐渡―自然・文化・社会―』九学会連合佐渡調査委員会　48～97頁

仲座久宜ほか　2013『白保竿根田原洞穴遺跡―新石垣空港建設工事に伴う緊急発掘調査報告書―』沖縄県立埋蔵文化財センター

永澤譲次　1931「陸前国塩釜港字崎山囲洞窟の石器及び古墳時代遺跡に関する略報」『史前学雑誌』第3巻第1号　史前学会　6～17頁

中島栄一ほか　2006『東蒲原郡史』資料編第1巻　東蒲原郡史編さん委員会

中島郁夫　1988「いわゆる「菊川式」と「飯田式」の再検討」『転機』第2号（向坂鋼二発行）　119～150頁

中島直幸ほか　1982『菜畑遺跡―唐津市菜畑字松円寺所在の縄文・弥生時代稲作遺跡の調査―』唐津市教育委員会

長島雄一　1992「福島県相馬市大坪出土の弥生式土器」『籾』第7号　弥生時代研究会　1～3頁

中園　聡　1993「折衷土器の製作者―韓国勒島遺跡における弥生土器と無文土器の折衷を事例として―」『史淵』第130輯　九州大学文学部　1～29頁

中園　聡　2005「型式学を超えて」『認知考古学とは何か』青木書店　36～53頁

中田敦之　1997「池田遺跡」『原始・古代の長崎県』資料編Ⅱ　長崎県教育委員会　137～143頁

長友朋子　2011「書評：金子守恵著『土器つくりの民族誌―エチオピア女性職人の地縁（ママ）関係―』」『考古学研究』第58巻第3号　考古学研究会　94～96頁

長友朋子　2013『弥生時代土器生産の展開』六一書房

中根君郎ほか　1929「東京府久ヶ原に於ける弥生式の遺蹟、遺物並に其の文化階梯に関する考察」『考古学雑誌』第19巻第11号　考古学会　27～37頁

長嶺正秀ほか　1985『下稗田遺跡』下稗田遺跡調査指導員会

中村修身ほか　1979『香月遺跡』北九州市教育委員会・北九州市教育文化事業団

中村孝三郎ほか　1964『室谷洞窟』長岡市立科学博物館

中村五郎　1960「東北地方の後期弥生式文化の諸問題」『磐城考古』第14号　磐城考古同好会　1～4頁

中村五郎　1967「東北地方南部の弥生式土器編年」『第10回福島県考古学大会発表要旨』福島県考古学会　9頁、ならびに当日配布資料（未見）

中村五郎　1973「北海道南部の続縄紋土器編年」『北海道考古学』第 9 輯　北海道考古学会　81〜99 頁
中村五郎　1976「東北地方南部の弥生土器編年」『東北考古学の諸問題』東北考古学会　205〜248 頁
中村五郎　1978「東部・西部弥生土器と続縄紋土器の編年関係—福島県の資料を基準として—」『北奥古代文化』第 10 号　北奥古代文化研究会　1〜8 頁
中村五郎　1982『畿内第Ⅰ様式に並行する東日本の土器』（中村五郎発行）
中村五郎　1983「東北中・南部と新潟」『三世紀の考古学』下巻　学生社　520〜540 頁
中村五郎　1988『弥生文化の曙光—縄文・弥生両文化の接点—』未来社
中村五郎　1993「屋敷遺跡の縄文土器・弥生土器・古式土師器」『屋敷遺跡—国道 121 号線改良工事埋蔵文化財発掘調査報告書（磐越自動車道インター・アクセス道路整備に係る埋蔵文化財調査報告書）—』会津若松市教育委員会　83〜105 頁
中村五郎　2001「天王山式以前」『福島考古』第 42 号　福島県考古学会　9〜33 頁
中村五郎　2009「混乱の大正後半からミネルヴァの論争まで」『地域と学史の考古学』杉山博久先生古稀記念論集刊行会　199〜227 頁
中村五郎　2016「図解 山草荷・平田・狐塚遺跡の土器と編年」『福島考古』第 58 号　福島県考古学会　1〜8 頁
中村五郎ほか　1958「福島県川原町口遺蹟について」『古代学研究』第 19 号　古代学研究会　20〜23 頁
中村五郎ほか　1960「福島県天ヶ遺跡について」『考古学雑誌』第 46 巻第 3 号　日本考古学会　89〜93 頁
中村五郎ほか　2011「油田 Y 期土器とその周辺—会津地方の天王山式以前の諸段階—」『福島考古』第 53 号　福島県考古学会　1〜18 頁
中村大介　2008「青銅器時代와 初期鉄器時代의 編年과 年代」『韓国考古学報』第 68 輯　韓国考古学会　39〜87 頁
中村大介　2010a「粘土帯土器文化期から原三国時代の社会と副葬習俗の変化」『考古学研究』第 57 巻第 1 号　考古学研究会　14〜34 頁
中村大介　2010b「粘土帯土器文化と弥生文化」『季刊考古学』第 113 号　雄山閣　43〜47 頁
中村大介　2012『弥生文化形成と東アジア社会』塙書房
中村直美　1998『下尿前Ⅳ遺跡発掘調査報告書—胆沢ダム建設関連遺跡発掘調査—』岩手県文化振興事業団埋蔵文化財センター
中山平次郎　1916「筑前国糸島郡今津の貝塚」『考古学雑誌』第 6 巻第 6 号　考古学会　25〜32 頁
中山平次郎　1917「所謂弥生式土器に対する私見」『考古学雑誌』第 8 巻第 2 号　考古学会　14〜26 頁
浪形早季子　2009「弥生時代の卜骨の再検討—シカ・イノシシからみた時代性・地域性について—」『國學院大學伝統文化リサーチセンター研究紀要』第 1 号　國學院大學研究開発推進機構伝統文化リサーチセンター　47〜67 頁
楢崎彰一ほか　1994「タイ東北部の土器作り」『愛知県陶磁資料館研究紀要』第 13 号　愛知県陶磁資料館　2〜15 頁
新潟県教育庁文化行政課　1980『昭和 54 年度遺跡地図（付、史跡・名勝・天然記念物等所在地）』新潟県教育委員会
西健一郎　1992『九州大学埋蔵文化財調査報告—九州大学筑紫地区遺跡群—』第 1 冊　九州大学春日原地区埋蔵文化財調査室
西田泰民　1985「精製土器と粗製土器—胎土からの検討—」『東京大学文学部考古学研究室研究紀要』第 3 号　東京大学文学部考古学研究室　1〜25 頁
西田大輔　1994『夜臼・三代遺跡群』第 3 分冊　新宮町教育委員会
西本豊弘ほか　2003「福岡市雀居遺跡出土の動物遺体」『雀居』9（別冊）　福岡市教育委員会　5〜17 頁
仁田坂聡　2001『千々賀遺跡—住宅団地造成工事に係る埋蔵文化財調査—』唐津市教育委員会

仁田坂聡ほか　1998『雲透遺跡』（Ⅱ）　唐津市教育委員会
二宮忠司ほか　1997『吉武遺跡群Ⅸ―飯盛・吉武圃場整備事業関係調査報告書3・弥生時代生活遺構の調査報告―』福岡市教育委員会
丹羽　茂ほか　1981『東北新幹線関係遺跡調査報告書』Ⅴ　宮城県教育委員会
丹羽　茂ほか　1983『朽木橋横穴古墳群・宮前遺跡』宮城県教育委員会
根岸　洋　2003「砂沢式再考」『研究紀要』第18号　埼玉県埋蔵文化財調査事業団　1～20頁
根岸　洋　2006「志藤沢式土器の研究（2）―秋田県内の弥生前期・中期の土器編年について―」『秋田考古学』第50号　1～23頁
野田豊文　2005「三面川流域における弥生時代の終わり―天王山式土器から見た新潟県内弥生後期の様相―」『三面川流域の考古学』第4号　奥三面を考える会　51～64頁
野田豊文　2006「新潟県における「天王山式土器」について」『新潟考古学談話会会報』第31号　新潟考古学談話会　11～16頁
野田豊文　2009「新潟県内の弥生時代後期東北系土器群像」『新潟県の考古学』Ⅱ　新潟県考古学会　289～304頁
野田豊文　2010a「新潟県の弥生時代後期後半の東北系土器群考―村上市滝ノ前遺跡出土土器群の検討から―」『新潟考古』第21号　新潟県考古学会　125～144頁
野田豊文　2010b「山形県における天王山式系土器考―砂山式との比較検討―」『三面川流域の考古学』第8号　奥三面を考える会　25～40頁
野田豊文　2011「弥生時代後期の会津地域と砂山式―福島県会津地域桜町遺跡出土土器群の検討から―」『新潟考古』第22号　新潟県考古学会　95～114頁
野本孝明ほか　2007『久ヶ原遺跡Ⅰ・山王遺跡Ⅰ・大森射的場跡横穴墓群Ⅱ』大田区教育委員会

〈は〉

芳賀英実ほか　2003『新金沼遺跡―高規格道路「三陸自動車道」建設に伴う発掘調査報告書―』石巻市教育委員会
朴　辰一　2000「円形粘土帯土器文化研究―湖西 및 湖南地方을 中心으로―」『湖南考古学報』第12輯　湖南考古学会　125～161頁
朴　辰一　2001「嶺南地方 粘土帯土器文化 試論」『韓国上古史学報』第35号　韓国上古史学会　33～57頁
朴　辰一　2006「서울=경기지방 점토대토기문화 試論」『고고학』第5巻第1号　서울경기고고학회　31～50頁
朴　辰一　2007「粘土帯土器、그리고 青銅器時代와 初期鉄器時代」『韓国青銅器学報』第1号　韓国青銅器学会　85～114頁
橋口達也ほか　1980『石丸遺跡―宗像郡宗像町大字石丸所在遺跡の調査―』宗像町教育委員会
橋本達也　2015「成川式土器の研究の道」『成川式土器ってなんだ？―鹿大キャンパスの遺跡で出土する土器―』鹿児島大学総合研究博物館　20～24頁
橋本澄朗　1984「柳久保遺跡」『真岡市史』第1巻　真岡市史編纂委員会　223～242頁
端野晋平　2017「中村大介著「支石墓の多様性と交流」に対するコメント」『長崎県埋蔵文化財センター紀要』第7号　長崎県埋蔵文化財センター　59～71頁
長谷部言人　1919「宮戸島里浜貝塚の土器に就て」『現代之科学』第7巻第3号　現代之科学社　137～146頁
畠山　昇ほか　1989『発茶沢（1）遺跡発掘調査報告書』Ⅳ　青森県教育委員会
塙　静夫ほか　1972「真岡市柳久保遺跡発掘調査概報」『栃木県史研究』第3号　栃木県史編纂専門委員会　56～73頁
濱石哲也　2000『入部Ⅹ―東入部遺跡群第2次調査報告（2）―』福岡市教育委員会

濱田耕作　1918「河内国国府石器時代遺跡発掘報告」『京都帝国大学文科大学考古学研究報告』第 2 冊　京都帝国大学　1～48 頁
濱田耕作　1921「薩摩国揖宿郡指宿村土器包含層調査報告」『京都帝国大学文学部考古学研究報告』第 6 冊　京都帝国大学　29～48 頁
濱田青陵　1919『南欧游記』大鐙閣
濱田延充　2011「二つの様式名―遠賀川式土器と遠賀川系土器―」『みずほ』第 42 号　大和弥生文化の会　59～66 頁
林　謙作　1990「素山上層式の再検討―M・Y・Iの主題による変奏曲―」『伊東信雄先生追悼考古学古代史論攷』伊東信雄先生追悼論文集刊行会　105～162 頁
林　謙作　1996「縄紋研究と型式学」『考古学雑誌』第 82 巻第 2 号　日本考古学会　50～61 頁
早野浩二　2014「東海の土器編年と関東」『久ヶ原・弥生町期の現在―相模湾／東京湾の弥生後期の様相―』西相模考古学研究会　101～104 頁
速水信也ほか　1994『一ノ口遺跡Ⅰ地点』小郡市教育委員会
Petrie, W.M.F., 1899 Sequences in Prehistoric Remains. *The Journal of the Anthropological Institute of Great Britain and Ireland*, Vol. 29 No. 3 / 4．pp. 295-301.
樋口隆康ほか　1951「平戸の先史文化」『平戸学術調査報告』京都大学平戸学術調査団　43～106 頁
久永春男　1955「各地域の弥生式土器・東海」『日本考古学講座』第 4 巻　河出書房　75～87 頁
比田井克仁　2004『古墳出現期の土器交流とその原理』雄山閣
飛野博文　1991『名残Ⅳ―福岡県宗像市所在遺跡の発掘調査報告―』宗像市教育委員会
平井　進ほか　1992『上八木田Ⅲ・Ⅳ・Ⅴ遺跡発掘調査報告書―新盛岡競馬場建設関連遺跡発掘調査―』岩手県文化振興事業団埋蔵文化財センター
平澤祐子ほか　1999『安倍館遺跡―厨川城跡の調査―』盛岡市教育委員会
廣野耕造　1996『石動遺跡平成 7 年度発掘調査概報』新潟市教育委員会
深澤芳樹　1989「木葉紋と流水紋」『考古学研究』第 36 巻第 3 号　考古学研究会　39～66 頁
深谷　昇　2006「周辺地域の様相 3「栃木県から」」『シンポジウム「印旛沼周辺の弥生土器」予稿集』シンポジウム「印旛沼周辺の弥生土器」実行委員会　53～58 頁
福島日出海　2005「城ノ越式土器の研究小史」『第 5 回遠賀川流域文化財研究会　遠賀川流域の弥生土器（2）―城ノ越式土器の今―』発表資料
福島雅儀ほか　2010『会津縦貫北道路遺跡発掘調査報告』10　福島県教育委員会
福島雅儀ほか　2011『会津縦貫北道路遺跡発掘調査報告』11　福島県教育委員会
福島雅儀ほか　2012『会津縦貫北道路遺跡発掘調査報告』12　福島県教育委員会
福田一志ほか　2005『原の辻遺跡　総集編Ⅰ―平成 16 年度までの調査成果―』長崎県教育委員会
福田友之ほか　1989『三厩村宇鉄遺跡発掘調査報告書（Ⅱ）―弥生甕棺墓の第 4 次調査―』青森県立郷土館
福田秀生　2013「桜町遺跡の発掘調査成果」『東北南部における弥生後期から古墳出現前夜の社会変動―福島県湯川村桜町遺跡資料見学・検討会―予稿集』弥生時代研究会　1～8 頁
藤井直正　1968「河内の土器」『河内考古学』第 2 号　河内考古学研究会　1～2 頁
藤尾慎一郎　1984「弥生式土器」『諸岡遺跡―第 14・17 次調査報告―』福岡市教育委員会　67～70 頁
藤尾慎一郎　2000「弥生文化の範囲」『倭人をとりまく世界―2000 年前の多様な暮らし―』山川出版社　158～171 頁
藤口健二　1986「朝鮮無文土器と弥生土器」『弥生文化の研究』第 3 巻　雄山閣出版　147～162 頁
藤沢　敦　2003「北の周縁域の墳墓」『前方後円墳築造周縁域における古墳時代社会の多様性』九州前方後円墳研究会　121～144 頁
藤田定市　1951a『天王山遺跡の調査報告』白河農業高等学校

藤田定市　1951b『天王山式土器の紋様図集』白河農業高等学校

藤田典夫　2000「栃木県における弥生後期の土器編年」『東日本弥生時代後期の土器編年』第2分冊　東日本埋蔵文化財研究会福島県実行委員会　794～798頁

藤波啓容ほか　1999『西台後藤田遺跡第1地点発掘調査報告書』都内第二遺跡調査会・西台遺跡調査団

藤沼邦彦ほか　1974『東北新幹線関係遺跡調査報告書』Ⅰ　宮城県教育委員会

藤巻正信　1999「縄文時代　漁撈」『新潟県の考古学』新潟県考古学会　156～159頁

藤森栄一　1969「いつまで編年をやるか」『月刊考古学ジャーナル』第35号　ニュー・サイエンス社　1頁

古川博恭　1976「地形・地質」『板付―市営住宅建設にともなう発掘調査報告書1971～1974―』福岡市教育委員会　17～26頁

古屋紀之　2013「横浜市都筑区北川谷遺跡群における弥生時代後期～古墳時代前期の土器編年」『横浜市歴史博物館紀要』第17号　横浜市ふるさと歴史財団　1～30頁

古屋紀之　2014「南武蔵地域における弥生時代後期の小地域圏とその動態」『久ヶ原・弥生町期の現在―相模湾／東京湾の弥生後期の様相―』西相模考古学研究会　29～44頁

古屋紀之　2018「久ヶ原・弥生町問題再論」『西相模考古』第27号　西相模考古学研究会　41～67頁

星　雅之ほか　2000『沢田Ⅰ遺跡発掘調査報告書―三陸縦貫自動車道（山田道路）関連遺跡発掘調査―』岩手県文化振興事業団埋蔵文化財センター

堀川義英　1980『柏崎遺跡群―唐津市柏崎所在―』佐賀県教育委員会

堀越正行　1973「土器型式の事象と論理―その相対的側面―」『史館』創刊号　市川ジャーナル　1～24頁

本間嘉晴　1948「佐渡先史時代考」『佐渡史学哲学年誌』創刊号　佐渡史学会哲学会　48～71頁

本間嘉晴　1957「新潟県佐渡郡岩陰遺跡」『日本考古学年報』第5号　日本考古学協会　52頁

本間嘉晴　1962「東蒲原郡内の考古学的調査」『阿賀―東蒲原郡学術総合調査報告書―』新潟県教育委員会　105～148頁

本間嘉晴ほか　1977『堂の貝塚―新潟県佐渡郡金井町堂の貝塚発掘調査報告―』金井町教育委員会・佐渡考古歴史学会

本間嘉晴ほか　1988「佐和田町の原始・古代」『佐和田町史』通史編Ⅰ　佐和田町史編さん委員会・佐和田町教育委員会　347～543頁

〈ま〉

蒔田鎗次郎　1902「弥生式土器と共に貝を発見せし事に就て」『東京人類学会雑誌』第17巻第192号　東京人類学会　233～239頁

正林　護ほか　1974『里田原遺跡』略報Ⅱ　長崎県教育委員会

正林　護ほか　1985『カラカミ遺跡―範囲確認調査報告書―』勝本町教育委員会

増田一裕　1990『山根遺跡発掘調査報告書―県営ほ場整備事業児玉南部地区に伴う埋蔵文化財発掘調査Ⅲ―』本庄市教育委員会

増山　仁　1989「小松式土器の再検討―小松市八日市地方遺跡出土土器の再整理を通して―」『北陸の考古学』Ⅱ　石川考古学研究会　61～84頁

松岡　史　1962「古代」『唐津市史』唐津市史編纂委員会　77～354頁

松田宏介ほか　2003「豊浦町礼文華遺跡出土土器群の再検討―二枚橋式波及期における噴火湾岸の土器様相―」『日本考古学』第16号　日本考古学協会　93～110頁

松本建速　1998「大洞A'式土器を作った人々と砂沢式土器を作った人々」『北方の考古学』野村崇先生還暦記念論文集編集委員会　225～251頁

松本　完　1984「弥生時代～古墳時代初頭の遺構と遺物について」『横浜市道高速2号線埋蔵文化財発掘調査報告書―No.6遺跡Ⅳ―』横浜市道高速2号線埋蔵文化財発掘調査団　71～131頁

松本　完　1986「土器の機能（1）―諸機能の素描―」『古代』第81号　早稲田大学考古学会　1～24頁
松本　完　1993「南関東地方における後期弥生土器の編年と地域性」『翔古論聚―久保哲三先生追悼論文集―』久保哲三先生追悼論文集刊行会　47～70頁
松本　完　1996「出土土器の様相と集落の変遷」『下戸塚遺跡の調査』第2部　早稲田大学校地埋蔵文化財調査室・早稲田大学　581～647頁
松本　完　2007「武蔵野台地北部の後期弥生土器編年―埼玉県和光市午王山・吹上遺跡出土土器を中心にして―」『埼玉の弥生時代』埼玉弥生土器観会　263～290頁
松本太郎　1998「市川市国府台遺跡の環濠集落」『史館』第30号　史館同人　135～145頁
松本友之ほか　1977『輪山遺跡―先土器・弥生時代遺構の調査―』いわき市教育文化事業団
松本直子　1996「認知考古学視点からみた土器様式の空間的変異―縄文時代後晩期黒色磨研土器様式を素材として―」『考古学研究』第42巻第4号　考古学研究会　61～84頁
松本彦七郎　1918「日本石器時代人類に就て」『人類学雑誌』第33巻第9号　東京人類学会　245～263頁
松本彦七郎　1919a「日本先史人類論」『歴史と地理』第3巻第2号　史学地理学同攷会　19～31頁
松本彦七郎　1919b「宮戸嶋里浜及気仙郡獺沢介塚の土器　附　特に土器紋様論」『現代之科学』第7巻第5号　現代之科学社　10～42頁
松本彦七郎　1919c「宮戸嶋里浜及気仙郡獺沢介塚の土器　附　特に土器紋様論（二）」『現代之科学』第7巻第6号　現代之科学社　20～48頁
松本彦七郎　1919d「宮戸嶋里浜介塚の分層的発掘成績（続）」『人類学雑誌』第34巻第10号　東京人類学会　331～344頁
馬目順一　1963「岩手県二戸郡発見の亀ヶ岡式直後の土器」『古代』第41号　早稲田大学考古学会　45～50頁
馬目順一　1972『伊勢林前遺跡―古代集落址の調査―』いわき市教育委員会
馬目順一　1976『伊勢林前遺跡B地区―弥生時代土坑の調査―』いわき市教育委員会
馬目順一　1979「入門講座弥生土器―東北　南東北5―」『月刊考古学ジャーナル』No.159　ニュー・サイエンス社　17～24頁
馬目順一ほか　1971『岩代陣場遺跡の研究―福島県安達郡本宮町荒井字陣場―』本宮町教育委員会
馬目順一ほか　1980『八幡台遺跡』いわき市教育文化事業団
間宮正光　2004『西野遺跡―第2次発掘調査報告書―』山武考古学研究所
丸山一昭　1998『松ノ脇遺跡―県営圃場整備事業（桐島・桐原地区）に伴う埋蔵文化財調査報告書―』和島村教育委員会
Munro, N.G., 1906 Primitive Culture in Japan. *Transactions of the Asiatic Society of Jap*an Vol.XXXIV, PartII. Kelly & Walsh, L'd etc. pp. 1-212.
Munro, N.G., 1911 *Prehistoric Japan.*（エヌ・ジー・モンロー（ママ）発行）
溝口孝司　1987a「土器における地域色―弥生時代中期の中部瀬戸内・近畿を素材として―」『古文化談叢』第17集　九州古文化研究会　137～158頁
溝口孝司　1987b「土器における属性伝播の研究―凹線文の発生と伝播―」『東アジアの考古と歴史―岡崎敬先生退官記念論集―』中巻　岡崎敬先生退官記念事業会　359～384頁
光井文行ほか　1990『長根Ⅰ遺跡発掘調査報告書―宅地造成工事関連遺跡発掘調査―』岩手県文化振興事業団埋蔵文化財センター
緑川正實ほか　1993『土浦北工業団地造成地内埋蔵文化財調査報告書Ⅰ―原田北遺跡Ⅰ・原田西遺跡―』茨城県教育財団
湊　晨　1935「佐渡の縄紋式資料」『史前学雑誌』第7巻第5号　史前学会　36～38頁
三村信男ほか　1994「砂浜に対する海面上昇の影響評価（2）―予測モデルの妥当性の検証と全国規模の評価

―」『海岸工学論文集』第41巻（2）　土木学会　1161～1165頁
宮井善朗　1996「吉武遺跡群に関する若干の問題―「前期末、中期初頭」を中心に―」『みずほ』第20号　大和弥生文化の会　56～63頁
宮里　修　2010「粘土帯土器文化の地域的様相について」『史観』第162冊　早稲田大学史学会　101～122頁
宮本一夫　2015a「長浜貝塚・今津貝塚資料掲載にあたって」『市史研究ふくおか』第11号　福岡市博物館市史編さん室　1頁
宮本一夫　2015b「長浜貝塚出土遺物の検討」『市史研究ふくおか』第11号　福岡市博物館市史編さん室　7～17頁
宮本一夫　2015c「中山平次郎採集今津貝塚資料」『市史研究ふくおか』第11号　福岡市博物館市史編さん室　18～25頁
宮本一夫ほか　2008『壱岐カラカミ遺跡Ⅰ―カラカミ遺跡東亜考古学会第2地点の発掘調査―』九州大学大学院人文科学研究院考古学研究室
宮本一夫ほか　2009『壱岐カラカミ遺跡Ⅱ―カラカミ遺跡東亜考古学会第1地点の発掘調査―』九州大学大学院人文科学研究院考古学研究室
宮本一夫ほか　2011『壱岐カラカミ遺跡Ⅲ―カラカミ遺跡第1地点の発掘調査（2005～2008年）―』九州大学大学院人文科学研究院考古学研究室
宮本一夫ほか　2013『壱岐カラカミ遺跡Ⅳ―カラカミ遺跡第5～7地点の発掘調査（1977・2011年）―』九州大学大学院人文科学研究院考古学研究室
向坂鋼二　1958「土器型式の分布圏」『考古学手帖』第2号（塚田　光発行）　1～2頁
向坂鋼二　1970「原始時代郷土の生活圏」『郷土史研究講座』第1巻　朝倉書店　257～299頁
村岡和雄ほか　1974『浄泉寺遺跡―福岡市西区片江所在遺跡調査報告―』福岡市教育委員会
村上裕次郎ほか　2016『入の沢遺跡―一般国道4号築館バイパス関連遺跡調査報告書Ⅳ―』宮城県教育委員会
村上義直　2003『越雄遺跡―日本海沿岸東北自動車道建設事業に係る埋蔵文化財発掘調査報告書ⅩⅥ―』秋田県教育委員会
村木　淳ほか　2004『是川中居遺跡―中居地区G・L・M―』八戸遺跡調査会
村越　潔　1965「東北北部の縄文式に後続する土器」『弘前大学教育学部紀要』第14号　弘前大学教育学部　27～34頁
村越　潔ほか　1985『垂柳遺跡発掘調査報告書―昭和59年度―』青森県教育委員会
村越　潔ほか　1988『砂沢遺跡発掘調査報告書』図版編　弘前市教育委員会
村越　潔ほか　1991『砂沢遺跡発掘調査報告書』本文編　弘前市教育委員会
村田章人　2012「松本彦七郎土器編年小考―山内型式学成立前夜の土器型式―」『縄文時代』第23号　縄文時代文化研究会　173～188頁
目黒吉明ほか　1998『鳥内遺跡』石川町教育委員会
森岡秀人　1991「土器移動の諸類型とその意味」『東海系土器の移動から見た東日本の後期弥生土器』Ⅰ―発表要旨・追加資料篇―　東海埋蔵文化財研究会　24～37頁
森岡秀人　1993「土器移動の諸類型とその意味」『転機』第4号（向坂鋼二発行）　29～45頁
森　浩一　1958「和泉河内窯の須恵器編年」『世界陶磁全集』第1巻　河出書房新社　239～246頁
森　三郎ほか　1969『佐渡浜端・夫婦岩洞穴遺跡の調査』立教大学博物館学教室・相川郷土博物館
森貞次郎　1961「福岡県夜臼遺跡」『日本農耕文化の生成』第1冊本文篇　日本考古学協会　79～87頁
森貞次郎　1966「弥生文化の発展と地域性―九州―」『日本の考古学』Ⅲ　河出書房新社　32～80頁
森貞次郎ほか　1961「福岡県板付遺跡」『日本農耕文化の生成』第1冊本文篇　日本考古学協会　37～77頁
森本六爾　1933「東日本の縄文式時代に於ける弥生式並に祝部式系文化の要素摘出の問題」『考古学』第4巻第1号　東京考古学会　7～11頁

〈や〉

八木奘三郎　1906「中間土器（弥生式土器）の貝塚調査報告」『東京人類学会雑誌』第 22 巻第 248 号　東京人類学会　271～278 頁

八木奘三郎　1907a「中間土器（弥生式土器）の貝塚調査報告（248 号の続き）」『東京人類学会雑誌』第 22 巻第 250 号　東京人類学会　134～142 頁

八木奘三郎　1907b「中間土器（弥生式土器）の貝塚調査報告（前号の続き）」『東京人類学会雑誌』第 22 巻第 251 号　東京人類学会　186～198 頁

八木奘三郎　1907c「中間土器（弥生式土器）の貝塚調査報告（251 号続き）」『東京人類学会雑誌』第 22 巻第 256 号　東京人類学会　409～411 頁

矢島敬之　1992「未報告資料」『弘前の文化財―砂沢遺跡―』弘前市教育委員会　81～100 頁

矢島敬之　2000「津軽・砂沢式直後土器雑考」『村越潔先生古稀記念論文集』弘前大学教育学部考古学研究室 OB 会　113～137 頁

安田　稔ほか　2005『会津縦貫北道路遺跡発掘調査報告』5　福島県教育委員会

谷内尾晋司　1983「北加賀における古墳出現期の土器について」『北陸の考古学』石川考古学研究会　295～332 頁

柳澤清一　1990「杉原荘介と"登呂"肇国の考古学―森豊『登呂遺跡』から―」『土曜考古』第 15 号　土曜考古学研究会　11～38 頁

柳澤清一　2004『縄紋時代中・後期の編年学研究―列島における小細別編年網の構築をめざして―』平電子印刷所

柳田純孝ほか　1974『野方中原遺跡発掘調査概報』福岡市教育委員会

柳田康雄　1983「糸島地方の弥生遺物拾遺」『九州考古学』第 58 号　九州考古学会　28～40 頁

柳田康雄ほか　2003『伯玄社遺跡―福岡県春日市伯玄町所在遺跡の調査―』春日市教育委員会

柳沼健二ほか　1997『大安場古墳群―第 1 次発掘調査報告―』郡山市教育委員会

矢野健一　2003「初期の「型式」と「様式」の相違―山内清男の「型式」と小林行雄の「様式」―」『立命館大学考古学論集』Ⅲ-2　立命館大学考古学論集刊行会　1031～1041 頁

山内利秋　2005「定住狩猟民の狩り―縄文・弥生のハンティング・システム―」『食糧獲得社会の考古学』朝倉書店　124～141 頁

山内利秋　2009「洞穴に暮らす人々」『弥生時代の考古学』第 5 巻　同成社　157～169 頁

山崎純男　1975「九州地方における貝塚研究の諸問題―特に自然遺物（貝類）について―」『九州考古学の諸問題』福岡考古学研究会　129～165 頁

山崎純男　1991「九州の弥生時代貝塚」『月刊考古学ジャーナル』No. 336　ニュー・サイエンス社　27～33 頁

山崎純男　2007「九州における海人集団の成立と展開」『古墳時代の海人集団を再検討する―「海の生産用具」から 20 年―発表要旨集』埋蔵文化財研究会第 56 回研究集会実行委員会　89～109 頁

山崎頼人ほか　2004「小郡市域における板付Ⅰ式併行期前後の様相」『板付Ⅰ式期の再検討―発表要旨集』埋蔵文化財研究会福岡大会実行委員会　78～97 頁

山田康弘ほか　2014「岩手県二戸市中穴牛遺跡における遠賀川系土器使用の土器棺墓について」『日本考古学協会第 80 回総会研究発表要旨』日本考古学協会　34～35 頁

山田洋一ほか　1986『大石平遺跡Ⅱ発掘調査報告書―むつ小川原開発事業関係埋蔵文化財調査報告書―』青森県教育委員会

山中英彦　2004「貝殻施文土器についての一考察」『古文化談叢』第 50 集（下）　九州古文化研究会　23～35 頁

山内清男　1928「下総上本郷貝塚」『人類学雑誌』第 43 巻第 10 号　東京人類学会　463～464 頁

山内清男　1929a「関東北に於ける繊維土器」『史前学雑誌』第1巻第2号　史前学会　1〜30頁
山内清男　1929b「文献 J. Nakaya: A Study of the Stone Age Remains of Japan. I. Classification and Distribution of Vases with Spouts.」『史前学雑誌』第1巻第2号　史前学会　90〜91頁
山内清男　1930a「斜行縄紋に関する二三の考察」『史前学雑誌』第2巻第3号　史前学会　13〜25頁
山内清男　1930b「所謂亀ヶ岡式土器の分布と縄紋式土器の終末」『考古学』第1巻第3号　東京考古学会　1〜19頁
山内清男　1932a「日本遠古之文化1―縄紋土器文化の真相―」『ドルメン』第1巻第4号　岡書院　40〜43頁
山内清男　1932b「日本遠古之文化2―縄紋土器の起原―」『ドルメン』第1巻第5号　岡書院　85〜90頁
山内清男　1932c「日本遠古の文化4―縄紋土器の終末―（4〜5）」『ドルメン』第1巻第7号　岡書院　49〜53頁
山内清男　1932d「日本遠古之文化6―縄紋式以後（中）―」『ドルメン』第1巻第9号　岡書院　48〜51頁
山内清男　1933「日本遠古之文化7―縄紋式以後（完）―」『ドルメン』第2巻第2号　岡書院　49〜53頁
山内清男　1934「土器型式の細別」『石冠』第2巻第4号　飛騨考古土俗学会　1〜4頁
山内清男　1935a「古式縄紋土器研究最近の情勢」『ドルメン』第4巻第1号　岡書院　36〜44頁
山内清男　1935b「縄紋式文化」『ドルメン』第4巻第6号　岡書院　82〜85頁
山内清男　1937「縄紋土器型式の細別と大別」『先史考古学』第1巻第1号　先史考古学会　29〜32頁
山内清男　1939a「十王台式」『日本先史土器図譜』第一部（関東地方）第Ⅰ輯　先史考古学会
山内清男　1939b『日本遠古之文化』補註付・新版　先史考古学会
山内清男　1941「安行式土器（後半）」『日本先史土器図譜』第一部（関東地方）第Ⅹ輯　先史考古学会
山内清男　1947「米作と日本の祖先たち」『新農芸』第2巻第6号　河出書房　45〜48頁
山内清男　1964「縄文式土器・総論」『日本原始美術』第1巻　講談社　148〜158頁
山内清男　1969「縄文文化の社会」『日本と世界の歴史』第1巻　学習研究社　86〜97頁
山内清男ほか　1923「大正十一年諏訪郡壮丁の人類学的研究（諏訪郡住民の人類学1）」『信濃教育』第440号　信濃教育会　3〜65頁
山内清男ほか　1964「日本先史時代概説」『日本原始美術』第1巻　講談社　135〜147頁
山内清男ほか　1971「山内清男先生と語る」『北奥古代文化』第3号　北奥古代文化研究会　59〜80頁
山本典幸　2000『縄文時代の地域生活史』アム・プロモーション
山本　博　1932「葉紋土器の数例について」『考古学雑誌』第22巻第10号　考古学会　51〜64頁
八幡一郎　1931「先史考古学に於ける分類」『人類学雑誌』第46巻第9号　東京人類学会　330〜332頁
八幡一郎　1967「古代人の洞穴利用に関する研究」『日本の洞穴遺跡』日本考古学協会洞穴遺跡調査特別委員会　357〜373頁
尹　昊　弼ほか　2005『泗川　芳芝里　遺跡』Ⅰ　慶南発展研究院歴史文化센터
尹　昊　弼ほか　2007『泗川　芳芝里　遺跡』Ⅱ　慶南発展研究院歴史文化센터
尹　武　炳　1975「無文土器 型式分類 試攷」『震檀学報』第39号　震檀学会　5〜41頁
横山邦継ほか　1975『板付周辺遺跡調査報告書』（2）　福岡市教育委員会
横山将三郎　1930「京城府外鷹峰遺跡報告」『史前学雑誌』第2巻第5号　史前学会　7〜18頁
横川好富ほか　1974『関越自動車道関係埋蔵文化財発掘調査報告』Ⅱ　埼玉県教育委員会
吉岡完祐　1980「稲作における水高面の転換について」『瑞穂―福岡市比恵台地遺跡―』日本住宅公団九州支社　176〜179頁
吉田健司ほか　1991『篠谷ツ・木曽呂北・木曽呂―市道南浦和越谷線新設工事に伴う埋蔵文化財発掘調査報告書―』川口市遺跡調査会
吉田富夫　1934「尾張国西志賀貝塚発見の土器に就いて（Ⅱ）」『考古学』第5巻第2号　東京考古学会　35〜

43 頁
吉田佳広　1994『須玖五反田遺跡』春日市教育委員会
吉留秀敏　1994「板付式土器成立期の土器編年」『古文化談叢』第 32 集　九州古文化研究会　29～44 頁

〈ら・わ〉

力武卓治ほか　2003a『雀居』7　福岡市教育委員会
力武卓治ほか　2003b『雀居』8　福岡市教育委員会
力武卓治ほか　2003c『雀居』9　福岡市教育委員会
若林邦彦　1997「中河内弥生中期土器にみる諸相―「生駒西麓型土器」のもつ意味―」『考古学研究』第 43 巻第 4 号　考古学研究会　58～76 頁
和島誠一　1951「山陰から北九州え（完）――考古学者の旅―」『歴史評論』30　民主主義科学者協会　54～58 頁
和島誠一（2015）「長浜貝塚発掘調査報告」『市史研究ふくおか』第 11 号　福岡市博物館市史編さん室　2～6 頁
和田　聡ほか　1998『県営低コスト化水田農業大区画ほ場整備事業塩川西部地区遺跡発掘調査報告書』3　塩川町教育委員会
渡邊朋和　2005「新潟市古津八幡山遺跡の調査について」『新潟県における高地性集落の解体と古墳の出現』シンポジウム新潟県における高地性集落の解体と古墳の出現実行委員会・新潟県考古学会　153～191 頁
渡邊朋和　2013「新潟県における弥生時代後期の様相―古津八幡山遺跡を中心に―」『東北南部における弥生後期から古墳出現前夜の社会変動―福島県湯川村桜町遺跡資料見学・検討会―予稿集』弥生時代研究会　23 頁・当日配布資料
渡邊朋和ほか　2001『八幡山遺跡発掘調査報告書』新津市教育委員会
渡邊朋和ほか　2004『八幡山遺跡群発掘調査報告書―第 11・12・13・14 次調査―』新津市教育委員会
渡邊裕之　2011「斎藤瑞穂氏の研究発表を聴いて」『新潟県考古学会連絡紙』第 90 号　新潟県考古学会　3 頁
渡辺　誠　1962「石城地方における弥生式土器（Ⅰ）―十王台式土器の分布の北限について―」『磐城考古』第 18 号　磐城考古同好会　3～7 頁
渡辺正気ほか　1962「筑紫郡大野町発見の古式弥生土器」『九州考古学』第 15 号　九州考古学会　11～12 頁

あとがき

本書に収録した論文の初出時のタイトルと発表年月は、次のとおりである。

第2章　九州弥生時代研究における福岡市城南区浄泉寺遺跡の役割（2010年3月）
第3章　北部九州における前期弥生壺の文様帯・雑考（2010年9月）
第4章　東北「遠賀川系土器」の拡散と亀ヶ岡文化の解体（2018年3月）
第5章　東北「遠賀川系土器」再論（2016年3月）
第6章　山田湾沿岸地域における弥生時代開始期の動向（2013年11月）
第7章　大石平4段階変遷案再考（2015年3月）
第8章　浜端洞穴研究序説（2012年3月）
　　　　洞窟・洞穴・岩陰と弥生時代の人々（2013年7月）
第9章　下戸塚式という視点（2010年3月）
第10章　埼玉の二軒屋式土器の位置と意義（2007年12月）
第11章　赤穴式対向連弧文土器考（2007年2月）
第12章　新潟市法花鳥屋B遺跡「重弧縄線文土器」小考（2012年2月）
第13章　十王台式の北漸と赤穴式羽状縄文技法の成立（2011年3月）
第14章　勒島式細別編年試案（2014年7月）

　収録にあたって、これらはことごとく改筆した。字句の統一や資料の追補はもちろんのこと、誤りを訂正し、あるいは論旨を変更して現在の理解を新しく提示した箇所も少なくない。あらためて忌憚のない御批判を仰ぎたいと思う。第1章と第15章は新稿である。

　私は、人間とはどういう存在か、考古学がそこへどう迫るかを深め続けている学者と、土器型式研究がもつ無限の可能性を開き続ける学者とから、特に大きな影響を受けた。本書が土器型式の運動に関わる事実の真理を追い求めたのは、この二人の考古学者が念頭にあったからであり、お二人の眼に触れることを想定して稿を起こしたからである。西を東と違えてする年齢に少々かかってしまったが。

＊

　まだ本にしないの？
　新潟大学に務めていた私に、めずらしく日本にいらっしゃった白石典之教授がそうおっしゃったのは、2015年の春を間近にした頃でなかったかと記憶している。
　博士論文を提出して学位を取得したのが2008年3月だから、7年の歳月を閲していた。川西宏幸先生から、リライトしてすぐ出版するよう言われたにもかかわらずである。本を出しませんか、と身に余るお誘いもいただいたが、しかし私は師の言い付けを守れなかった。正直に言えば、それは旧稿に寄せられた批判を清算しきれておらず、論の細部になお不安をかかえていたことによる。

視野を拡げているんだとの弁解を用意し、新しいテーマへの挑戦を逃げに使った。実際、研究の対象は弥生時代をはみ出して大きく広がった。

　当然、単著の2文字など頭からとうに消えていたから、突然の問いかけに気が動転。口は勝手に、すぐまとめます、頑張りますなどと答える始末である。それでも答えたからには、腹を括らざるを得ない。川西先生に同成社を紹介していただき、本の内容と2015年の年内を目途に脱稿する旨とを打ち合わせた。ちょうどその頃、清算を1つ終えたばかりということもあって（第7章に収載）、私は残るもう1つ（第4・5章に収載）もすぐ克服して成稿できると高を括っていた。橋本博文教授や矢田俊文教授が気に掛けてくださり、鈴木正博先生には何度となく議論にお付き合いいただいたが、しかし目論見は外れて執筆は難航し、年内の脱稿はかなわなかった。

＊

　同世代で、かつ、研究室が隣ということもあって、日本近現代史の中村元准教授には親しくしていただいた。語りあったのは学問に関してだけでなく、そのうえ筆者が取り組んでいた岩手県での復興支援活動にも御同道いただいたほどである。その中村准教授から、いま、本をまとめているんですとのお話を伺ったのは、本書の執筆に着手して1年半余り過ぎていた頃であった。学部の学務委員として多忙を極めておられるのを側でみていたから、何ともただ驚嘆する以外にない。いや驚嘆している場合でない、と慌てて気を引き締めたが、それでもなお脱稿にこぎつけるまでさらに1年を必要とした。

　仕上げの作業は、福岡の地で進めることになった。所属する埋蔵文化財調査室の宮本一夫室長や、折にふれ現場で御助言くださる総合研究博物館の岩永省三教授をはじめ、九州大学の個性豊かな先生方からは日々刺激をいただき、新しく学ぶことばかりである。この恵まれた環境で、気が緩んでしまわないよう同成社の佐藤涼子社長が尻を叩き続けてくださり、厄介な編集は山脇あやさんが携わってくださった。お世話になった方はあまりに多い。とてもお名前を挙げきれないが、心より感謝申しあげる次第である。

＊

　本書が成ったのは、ひとえに川西宏幸先生ならびに鈴木正博先生の永年にわたる御教導の賜物である。また、齋藤友里恵氏の力添えなくして、刊行の日を迎えることはできなかった。両先生の御壮健と、たくさんの幸せが彼女に訪れることを念じて拙著を献じ、大恩の数々の一端に報いたい。

　2018年8月　齋藤友里恵氏の誕生日に

齋藤　瑞穂

　本書は、平成30年度科学研究費補助金・研究成果公開促進費（課題番号18HP5113）の交付を受けて、刊行された。

弥生土器型式細別論
やよいどきけいしきさいべつろん

■著者略歴■
齋藤瑞穂（さいとう・みずほ）
1978 年、岩手県生まれ。
2000 年、筑波大学第一学群人文学類卒業。
2008 年、筑波大学大学院博士課程人文社会科学研究科修了、博士（文学）
福岡大学人文学部科研費研究員、新潟大学災害・復興科学研究所特任助教、新潟大学人文社会・教育科学系助教などを経て、
現在、九州大学埋蔵文化財調査室助教。
〔主要著作〕
「佐渡・岩屋山洞窟の宝篋印塔と中世の北東日本海物流」『新潟史学』第 65 号、2011 年。
「越後山古志の近世漆器―平成 16 年新潟県中越地震の救済資料から―」『新潟史学』第 71 号、2014 年。
『山田湾まるごとスクールのしおり』山田湾まるごとスクール事務局・新潟大学災害・復興科学研究所危機管理・災害復興分野、2014 年（共著）。
『歴史学による前近代歴史地震史料集』前近代歴史地震史料研究会、2015 年（共著）。

2018 年 11 月 15 日発行

著　者　齋　藤　瑞　穂
発行者　山　脇　由紀子
印　刷　亜細亜印刷㈱
製　本　協　栄　製　本㈱
発行所　東京都千代田区飯田橋 4-4-8
　　　　（〒 102-0072）東京中央ビル　㈱同 成 社
　　　　TEL 03-3239-1467　振替 00140-0-20618

Ⓒ Saitoh Mizuho 2018. Printed in Japan
ISBN978-4-88621-810-0 C3021